Carlos Lacerda/
cartas

Carlos Lacerda/ cartas
1933-1976

Família, amigos, autores e livros, política

ORGANIZAÇÃO
Cláudio Mello e Souza
Eduardo Coelho

Rio de Janeiro, 2014

Sumário

NOTA EDITORIAL v

CARTAS 1
1. Família 1
2. Amigos 37
3. Autores e livros 81
4. Política 125

ÍNDICE DE CARTAS 369
ÍNDICE ONOMÁSTICO 374

Nota editorial

A organização e seleção de cartas deste livro foi realizada por Cláudio Mello e Souza, que pesquisou em centros de documentação para fazer o levantamento de cartas de Carlos Lacerda, a partir de 2009. Suas consultas contemplaram o arquivo pessoal de Carlos Lacerda sob a guarda da Universidade de Brasília; o Arquivo-Museu de Literatura Brasileira da Fundação Casa de Rui Barbosa; a Fundação Biblioteca Nacional; o Instituto de Estudos Brasileiros da Universidade de São Paulo; o Centro de Pesquisa e Documentação de História Contemporânea do Brasil da Fundação Getúlio Vargas e o Acervo de Escritores Mineiros da Universidade Federal de Minas Gerais. Em seguida, as cartas recolhidas por Cláudio Mello e Souza foram agrupadas em cinco seções: "Família"; "Amigos"; "Literatura"; "Política informal" e "Política formal". Ele buscava, dessa maneira, criar a partir das missivas um perfil mais amplo e esclarecedor de Carlos Lacerda – por meio da demonstração vívida do processo de formulação das ideias que fomentavam cada ação do autor –, revelando ao mesmo tempo o homem, o intelectual e o político, de modo a evidenciar a complexidade dessa figura que protagonizou alguns momentos fundamentais da história do Brasil da século XX.

Infelizmente, Cláudio Mello e Souza faleceu em 2011, antes da conclusão do trabalho, cabendo a mim dar continuidade à organização desta edição. Novas consultas foram realizadas em centros de documentação para constatar a existência de documentos em arquivos ainda não arranjados por seus arquivistas.

O título da terceira seção, "Literatura", foi posteriormente alterado para "Autores e livros", pois há algumas poucas cartas a respeito de livros da área de história e sociologia no conjunto de missivas reunido. Não se justificava criar uma seção específica para elas. Outra alteração

v

nas seções foi operada em relação à "Política informal" e à "Política formal", fundidas sob o título "Política". Eu e Sebastião Lacerda, coordenador editorial deste livro, concluímos que a fusão das cartas informais e formais gerava contrastes mais facilmente percebidos quando distribuídas em uma mesma seção, os quais enriqueceriam a leitura e destacariam a complexidade desse tema.

Algumas cartas apresentavam pequenas notas de Cláudio Mello e Souza, que, conforme dito por ele a Sebastião Lacerda, pretendia desenvolvê-las concisamente, visto que a bibliografia sobre os períodos históricos aqui contemplados é vasta. Além disso, notas mais econômicas proporcionariam menos interferências, levando, consequentemente, a uma composição mais leve desse perfil múltiplo do autor em questão. Esse princípio foi adotado para a elaboração de todas as notas restantes, que contemplam sua quase totalidade.

Todas as cartas foram cotejadas com os originais e, logo após, busquei a fixação do texto, conforme as normas atuais do *Vocabulário ortográfico da língua portuguesa*.

A fixação do texto compreendeu ainda a adoção de normas editoriais mais convenientes ao nosso tempo, mas respeitando alguns usos consagrados e que ainda se encontram na maior parte das edições.

Destacam-se as padronizações realizadas:

NOMES PRÓPRIOS
Foram atualizados os nomes e sobrenomes das personalidades já falecidas com a grafia corrente da língua portuguesa. Apenas em alguns casos excepcionais foi respeitada a grafia consagrada, como em Gilberto Freyre ou Otto Lara Resende.

ABREVIATURAS E SIGLAS
Exceto as de partidos políticos, já muito consagradas, foram mantidas, mas receberam notas com seus nomes por extenso.

LOGRADOUROS

Os substantivos "avenida", "rua", "praça", entre outros dessa natureza, encontram-se sob caixa-baixa.

PRONOMES DE TRATAMENTO

Encontram-se em caixa-baixa, exceto no caso de "Vossa Excelência", por ser um tratamento ainda superior de formalidade.

SUBLINHADOS

Foram substituídos por *itálicos*.

PALAVRAS ESTRANGEIRAS

Todas foram grafadas em *itálico*, exceto as que se encontram registradas pelo *Vocabulário ortográfico de língua portuguesa*.

NOTAS DO AUTOR À MARGEM DOS DOCUMENTOS

Foram deslocadas para o fim das cartas e incluíram-se notas informando seu posicionamento no original.

LAPSOS DE PONTUAÇÃO

Foram incluídas as pontuações necessárias entre colchetes, indicando, assim, a interferência da organização. Colchetes com a palavra "sic" também foram empregados para indicar trechos sem coesão ou com formulações pretensamente anormais, como "vinteeum".

Agradecimentos a Eucanaã Ferraz, Laura Xavier, Marcello Braga, Rosângela Rangel e Vivi Nabuco.

Agradecimentos especiais a Silviano Santiago; Cristina Lacerda, pela dedicação; Liana Pérola Schipper, pelo cuidado da edição; e Sebastião Lacerda, por ter sido um colaborador imprescindível para a elaboração das notas.

Eduardo Coelho

1 Família

1 Carta enviada a Letícia Abruzzini. Nascida em Valença, no estado do Rio de Janeiro, em 1919, trabalhou como professora na escola local. Conheceu Carlos Lacerda em 1937, quando ele passava uma temporada na chácara de sua família, na mesma região. Casaram-se em 1938, no civil; e, em 1947, no religioso. Mantiveram-se casados por quarenta anos e tiveram três filhos, Sérgio, Sebastião e Maria Cristina. Ela passou a assinar apenas Letícia Lacerda. Faleceu em 1990.

2 Maurício Paiva de Lacerda (1888-1959), nascido em Vassouras, Rio de Janeiro, foi advogado, político e escritor. Seu pai, Sebastião de Lacerda (1864-1925), exerceu vários cargos durante a República Velha: foi prefeito de Vassouras, deputado estadual e federal, ministro da Viação e terminou a vida como ministro do Supremo Tribunal Federal. Maurício, formado em 1909, foi deputado federal a partir de 1912 e exerceu a prefeitura de Vassouras, de 1915 a 1920. Ligado aos movimentos operários e anarquistas, envolveu-se com as revoltas tenentistas da década 1920, e foi preso por longo tempo em 1924, pelo governo Artur Bernardes. Apoiou a Revolução de 1930, que levou Getúlio Vargas ao poder, mas logo entrou em desacordo com os rumos do governo. Em 1932, voltou à prefeitura de Vassouras, ficando até 1935. Pertenceu à Aliança Nacional Libertadora (ANL), que reunia setores de oposição e, no início de 1936, foi preso sob a acusação de ter participado da preparação da Intentona Comunista, sendo absolvido somente em julho de 1937. Isto explica a expressão "meu pai está na rua" e o afastamento entre pai e filho mencionados na carta. Em 1945, com a redemocratização do país, ingressou na União Democrática Nacional (UDN).

25 DE JUNHO DE [19]37

Minha gatinha[1], recebi hoje a tua carta. Ela chegou tão triste! Tão desencantada! Mas tão maravilhosa e querida, pela sua simplicidade em me dizer as coisas, que me deu uma emoção ao mesmo tempo satisfeita e melancólica. Não é possível que você não possa acreditar em nada e em ninguém. Ao menos em você, tem que acreditar. Poucas criaturas serão tão dignas de serem amadas quanto você, minha gatinha do meu coração. Ainda não se maculou nos teus sentimentos essa espontaneidade que é o melhor dom que a vida te deu. Conserva-a, e junta a ele um pouco mais de confiança nas tuas forças. Aí começarás a compreender como é injusta a tua permanente vigilância contra a esperança. Estado de guerra contra as serenidade do teu — do nosso — amor...

Agora, deixe falar um pouco de mim: esperei uma carta tua com enorme impaciência. Afinal chegou.

Não importa assim tanto que ela seja tristonha, desde que ela veio. Estou de novo falando de você, pois se só de você te queria falar!...

Mas é preciso contar com as coisas para você ficar a par.

Cheguei e no dia seguinte acabou aquele estado... Agora, ontem, meu pai também está na rua, embora ainda dependendo de processo. Nos encontramos depois de quase dois anos de separação.[2] Foi uma alegria em que só faltou você.

Começo a cuidar de umas questões urgentes. Estou trabalhando — nós, os "vagabundos"... — com mesquinho resultado, mas[,] em todo caso, dá para ir remediando esse período que é o começo de tempos melhores.

Minha peça[3] será daqui a um mês, em São Paulo, e daqui a dois e meio, no Rio. Assim que isso acontecer, terei um impulso enorme para ir adiante.

Se fosse te contar tudo numa carta só, ela teria de seguir num vagão de carga especialmente fretado.

Por conseguinte, fica para as outras cartas. Ao menos havia de me reatar o consolo de te escrever, enquanto durar esse tempo mau que me separa da minha gatinha (a pena é horrível, vou buscar a minha caneta).

---

3 Referência à peça *O rio*, escrita por Carlos Lacerda sob o pseudônimo de Júlio Tavares, e encenada pela Companhia de Arte Dramática Alvaro Moreyra, em 1937, primeiramente em São Paulo, no Teatro Boa Vista, e depois no Rio de Janeiro, no Teatro Regina. Foi publicada em livro em 1943, pela Editora Gaveta, de Alfredo Mesquita, com ilustrações de Lívio Abramo; e re-editada no volume *Três peças inéditas de Carlos Lacerda: "O rio", "A bailarina solta no mundo" e "Amapá, ou o lobo solitário"*, numa coedição da Editora da UNB, da Fundação 18 de Março (Fundamar) e da Imprensa Oficial do Estado de São Paulo, em 2001.

Não, tu não tens razão, pensando que tudo foi um sonho, uma bela *parola* apenas. Foi desses sonhos que ficam, que deixam marca. Querida marca, essa de teus beijos, essa sombra de teus gestos, de teu sorriso, que sempre me parece tão dentro, tão perto de mim. Meu estepe, meu amor, aqui um deserto de amor e um Amazonas de homens e ideias, você está sempre aqui. Fica a saudade de tua presença. Estupenda saudade essa, que[,] ao menos, é alguma coisa tua, alguma coisa de ti nos meus braços vazios. A tua inteligência, tua maneira de ser, de andar, de dizer, de não dizer; teu corpo, tua voz, teu riso, e até – que vergonha… – teu choro – são tudo o que eu recordo. Cada dia penso mais em você e a cada dia com maior necessidade do teu carinho, da tua doçura, meu amor.

Veja se você pode ir ao Rio.

Encontrei a Luci[4] no trem com a Haydée.[5] E outro dia, na cidade, eu ia com meu irmão, ela passou de repente, deu boa noite e foi andando depressa. Ela que me desculpe, mas só prestei atenção em você, uma saudade que só então se tornou física, viva, urgente. Não adianta estar falando. Espero, querida, e confia em nós. Em ti, que és dona do mundo, pela sua mocidade invencível, em mim, que sou uma coisa tua, um amigo, um companheiro, um homem que precisa do teu amor.

E sou o mesmo que você conheceu, e muito mais ainda: eu não tenho pena de você. Para quê? Por que você é amada como deve ser?

Só te peço para compreenderes que a vida não é só duas pessoas se gostarem e nada mais fazer. […][6] É preciso ir adiante de mãos dadas, vamos?

Um beijo. Dois. Mil. Uma saudade sem fim. Carlos.

4 Luci era amiga íntima e prima de Letícia Lacerda, pelo ramo materno, parte da família de Valença, no estado do Rio de Janeiro.

5 Haydée era uma das irmãs de Luci. Havia ainda duas outras, Raquel e Nina, todas primas-irmãs de Letícia Lacerda, pelo lado materno.

6 Trecho ilegível.

02 DE JULHO DE [19]37

Gatinha:[7] mandei uma carta. Quando ela seguiu, chegou notícia daquilo. E[,] agora, o teu silêncio me angustia.

Então, gatinha!, ânimo!

Você me faz uma falta enorme. É outro lado do mundo, esse que eu preciso ter comigo: você. Agora mesmo, estou te escrevendo da casa de um amigo, às 4 e meia da manhã. Ele foi dormir e eu me apossei do escritório dele para te escrever e ficar pensando em você.

Lá embaixo, anda a noite, os automóveis, a cidade. Mas tudo é tão pouco! Você dá um relevo, um sentido humano a todas as coisas.

Que raio, estou fazendo literatura barata... Mas deixe. A madrugada é a única hora que tolera essas coisas. Tua voz agora aqui, tua presença e em troca eu daria a quem quisesse a noite, os automóveis e a cidade que me pertencem.

Você não precisa duvidar dessa vez, porque sou eu o primeiro a duvidar: tenho saudade do tempo terrível que passei, só que ao menos era um tempo em que eu te via.

Gatinha, quanto que você não terá esquecido o nosso encontro, nem a nossa separação – que foi uma outra forma de se encontrar.

Gatinha: eu te amo, eu te amo, eu te amo.

Quantas vezes terei de repetir isso, tomara que sejam cada vez mais vezes. Como é que ficou a situação aí, tive ímpeto de embarcar e ir aí resolver a situação. Mas pensei um pouco e vi que seria pior para você, "graças" a isso fiquei amarrado a esse pensamento e a preocupação com você, com o que você pode estar sofrendo, me segue como uma sombra. Este mês tenho de passar dois dias em São Paulo, para providenciar a estreia da peça.[8] Quando for, te escreverei de lá.

Estive relendo tuas cartas, desde o primeiro bilhete – o das *misses* até a que veio outro dia, passando pela terrível... aquela... Mas todas são tão você! Este modo brusco, superficial, e, profundamente tão doce, tão sincera. Gatinha: eu te amo.

7 Carta enviada a Letícia Lacerda. Ver nota 1.

8 Ver nota 3.

Não posso assistir [a] uma fita de cinema sem te imaginar ao meu lado. Nem vejo ninguém parecida contigo, se ao menos eu visse[,] de relance, uma pequena com jeito igual ao teu, modo de andar, olhos, cabelo, riso! Mas nada. Nenhuma tem nada de você. E fico sozinho na minha saudade, tendo apenas para embalar essa querida saudade, a imaginação. Imagino teus olhos, tua boca, você. Uma palavra que você gosta de dizer, nas tuas horas tristes: é horrível. É horrível, nega,[9] tenho tanto ainda para te dizer! E quero ouvir tanto de você! Você precisa vir ao Rio, Ziloca.[10]

Vamos fazer de conta que estamos conversando, são dez horas. A luz ainda não foi desligada. Luci[11] e o outro[12] estão de bem (que milagre!).

E nós? Nós estamos conversando, você já falou muito, agora é a minha vez... Não, nega, não é possível. Escreve!

Um beijo. Quantos! E a saudade enorme, Carlos.

9 Até o fim da vida, Carlos Lacerda chamou sua esposa Letícia pelo apelido de "nega", o qual ele escrevia com letra minúscula, conforme reproduzido aqui.

10 Ziloca era o apelido familiar de Letícia Lacerda na infância e mocidade.

11 Luci, ver nota 4.

12 Referência a Moacir Werneck de Castro (1915-2010), primo e amigo de Carlos Lacerda. Nascido em Barra Mansa, Rio de Janeiro, foi jornalista, tradutor e escritor. Entre os livros publicados, destacam-se *O libertador – A vida de Simón Bolívar* (1988); *Mário de Andrade – exílio no Rio* (1989); *O sábio e a floresta* (1992); *Missão na selva* (1994); *A máscara do tempo – Visões da era global* (1996); e *Europa 1935 – Uma aventura de juventude* (2000), relato autobiográfico. Traduziu numerosos livros de Gabriel García Márquez, Dostoievski, e outros. Para a Bem-Te-Vi, organizou o volume *No tempo dos barões* (2004). Foi cofundador, com Jorge Amado e Oscar Niemeyer, de *Paratodos – Quinzenário da Cultura Brasileira* (1955-1957) e redator-chefe do jornal Última Hora (1958-1971). Foi ainda membro do Conselho Estadual de Cultura do Rio de Janeiro e do Conselho Deliberativo da ABI (Associação Brasileira de Imprensa).

10 DE JULHO DE [19]37

Gatinha,[13] tenho saudades mais do que nunca de você. Me lembro de você a todo instante.

Minha gata! Ontem foi estreia da peça nova no Teatro do Álvaro.[14] *O rei do câmbio*.[15] Hoje é o primeiro ensaio da minha peça,[16] que vai ser estreada daqui a duas semanas. Ainda não entendi São Paulo, me perco a toda hora. Mas é ótimo andar sem saber onde, sair no bairro turco, quando esperava sair no prédio Martinelli...

Escrevo-te agora de manhã, do Hotel Playa, onde está o Álvaro. Estou trabalhando na peça, para o ensaio logo de tarde. Hoje vou almoçar com um sujeito chamado Oswald de Andrade[17] e o Rubem Braga[18] com a mulher dele.[19] Estou com uma bruta dor de cabeça e aquela saudade de sempre. Gatinha, meu amor, amor! Eu te quero! Carlos.

---

13 Carta enviada a Letícia Lacerda. Ver nota 1.

14 Álvaro Moreyra (1888-1964), nascido em Porto Alegre, Rio Grande do Sul, diretor de teatro, jornalista e escritor, membro da Academia Brasileira de Letras, criou o Teatro de Brinquedo, um movimento que buscava modernizar a cena teatral no Brasil.

15 *O rei do câmbio*, peça de J. Carlos, com cenário de Oswald de Andrade Filho e direção de Álvaro Moreyra, foi uma das peças encenadas pela Companhia de Arte Dramática.

16 Ver nota 3.

17 Oswald de Andrade (1890-1954), nascido em São Paulo, foi poeta, romancista, teatrólogo e cronista. Trata-se de um dos principais autores do modernismo brasileiro.

Participou da Semana de Arte Moderna de 1922, realizada no Teatro Municipal de São Paulo, e nos anos subsequentes lançou o "Manifesto da poesia Pau-Brasil", em 1924, e o "Manifesto antropófago", em 1928, que defendiam um programa de renovação das artes no Brasil. Publicou, entre outros, *Memórias sentimentais de João Miramar* (1924), *Pau-Brasil* (1925), *Serafim Ponte Grande* (1933) e *O rei da vela* (1937). É interessante constatar que Carlos Lacerda, muito bem informado acerca da literatura brasileira, refira-se a Oswald de Andrade como a um estranho, ainda mais se levado em consideração que Oswald de Andrade Filho foi cenógrafo da peça *O rio*, de autoria de Carlos Lacerda. Talvez a expressão "chamado" tenha sido usada, nesta carta, com efeito conotativo.

18 Rubem Braga (1913-1990), nascido em Cachoeiro do Itapemirim, Espírito Santo, é um dos mais importantes cronistas da literatura brasileira e foi amigo pessoal de Carlos Lacerda. O estilo de suas crônicas é caracterizado por intenso lirismo, tom de conversa amistosa, observação do cotidiano e de temas triviais. Publicou, entre outros, *O conde e o passarinho* (1936), *Com a FEB na Itália* (1945), *Ai de ti, Copacabana!* (1960) e *Pecado de primavera* (1984).

19 Trata-se de Zora Seljan (?-2006), nascida em Belo Horizonte, Minas Gerais. Folclorista, contista, cronista, novelista, teatróloga e crítica, casou-se com Rubem Braga em 1936 e com ele teve um filho, Roberto Braga. Autora de *Três mulheres de Xangô* (1958), *Iemanjá e suas lendas* (1967), *Contos do amanhã* (1978), entre outros.

21 DE JULHO DE [19]37

Recebi tua carta de 18,[20] e hoje mesmo a respondo. Estou desolado e revoltado com o que te acontece. Só peço a você que me diga o que devo fazer. Não tenho nenhuma providência a tomar, porque os meus passos só poderão prejudicar você ainda mais.

Mas espero firmemente, com enorme ansiedade, que me digas o que julgas conveniente para você. De qualquer maneira, fica sabendo: eu te amo. Sofro muito com isso o que acontece. Não tanto pelas miseráveis intrigas daquele fracassado. Aquilo é um restinho de homem bem desprezível. Mas por se ter revelado tão rude para você aquele tio de quem você contava tantas maravilhas e que tanto você admira.[21]

Eu não desejaria intervir nas tuas questões com a família, para quê... Mais uma vez não se dissesse que sou um terrível inimigo dessa instituição tão sacrossanta e às vezes tão nojentinha. Mas também não quero que suportes sozinha uma guerra da qual sou eu o único culpado. Peço que com toda urgência me diga o que devo fazer. Não pense que não é por não saber eu mesmo o que tenho a fazer. Mas não quero fazer nada que possa aumentar tua aflição e te prejudicar.

Porque principalmente, e acima de tudo, eu te amo, gatinha. Peço-te para encarar com firmeza e coragem a situação. E o mais que te posso pedir é que não deixe de me dizer o que tenho a fazer em nosso favor.

Deixe que te diga "nosso", em vez de "teu" apenas. Pensei em escrever ao João[22] pedindo que vá aí esclarecer esse caso, mostrando quanto a calúnia envenenou nosso caso. Afinal é um dever dele, como amigo e como responsável. Ele tem sido correto conosco, não duvido que ele atenda ao meu pedido.

Se julgares que a minha ida aí possa servir para esclarecer a situação, mande dizer imediatamente. Não há nada a recear. Gosto muito das explicações claras.

Escreve gatinha. Não me deixe sem notícias tuas.

20 Carta enviada a Letícia Lacerda. Ver nota 1.

21 Em 1937, Carlos Lacerda e Letícia Abruzzini eram namorados. Ela enfrentava resistência familiar ao namoro pelo fato de Carlos Lacerda ser, nessa altura, comunista.

22 João Lacerda Paiva (1889-1967), primo e padrinho de Carlos Lacerda, nascido em Valença, era fazendeiro em Rio das Flores.

Junto te mando umas fotografias que tiramos ainda em Comércio,[23] treinando para o "campo de concentração" do Getúlio.[24] Tratarei de arranjar aqui alguma fotografia, melhor e mais nova, para te mandar em poucos dias. Escreve! Saudade a Luci,[25] abraço em tua irmã.[26] E para você todo o meu carinho, todo o meu amor e uma saudade!

Carlos

23 Em Comércio, atual Sebastião de Lacerda, distrito do município de Vassouras, no estado do Rio de Janeiro, fica a chácara que foi da família de Carlos Lacerda.

24 Apesar de o governo de Getúlio Vargas ter efetivamente criado "campos de concentração" para aprisionar famílias alemãs, italianas e japonesas durante a Segunda Guerra Mundial, estes só foram implementados a partir de 1942, com a entrada do Brasil na guerra. Nesta carta, de 1937, o termo refere-se a cadeias e presídios comuns, usados para detenção de presos políticos, antes ainda da vigência do Estado Novo, fase ditatorial do governo Vargas, como por exemplo o Instituo Penal Cândido Mendes, na Ilha Grande, no Rio de Janeiro, imortalizado no livro auto-biográfico *Memórias do cárcere* (1955), de Graciliano Ramos.

25 Luci, ver nota 4.

26 Francisca Rafaela Abruzzini, irmã de Letícia Lacerda, também era conhecida como Teta ou Teteta. Casou-se com Osvaldo da Cunha Fonseca, que foi prefeito de Valença e deputado federal. Na Comissão de Constituição e Justiça, relatou com parecer favorável o projeto da Lei 2004, que criou a Petrobrás, em 1953.

23 DE JULHO DE [19]37

Gatinha:[27] segue hoje pelo correio um livro. O *Angústia*,[28] que te prometi. Vou agora falar com o Graciliano[29] para ele fazer a dedicatória. Devo seguir breve para São Paulo, a peça estreia nos primeiros dias da semana que vem.[30] Vai escrevendo para aqui,[31] até que eu te avise.

Segue uma fotografia que ficou faltando. Hoje vou tirar umas outras, já vestido de civilizado. Gatinha, meu amor, tenho muitas saudades de você. Eu te beijo muitas vezes. Vens em agosto ou não?

Carlos

27 Carta enviada a Letícia Lacerda. Ver nota 1.

28 Trata-se do terceiro romance de Graciliano Ramos, lançado em 1936 pela editora José Olympio. Seu narrador, Luís da Silva, funcionário público, desgostoso, manifesta com angústia questionamentos de caráter existencial. Narrado em primeira pessoa, o livro revela um monólogo interior sombrio e violento. Como em 1936 Graciliano Ramos encontrava-se preso pela ditadura de Getúlio Vargas, *Angústia* foi publicado com auxílio de amigos.

29 Graciliano Ramos (1892-1953), nascido em Quebrangulo, Alagoas, é um dos mais importantes escritores brasileiros, geralmente associado ao regionalismo de 1930. Escreveu alguns clássicos da literatura brasileira, como *São Bernardo* (1934), *Vidas secas* (1938) e *Memórias do cárcere* (1953).

30 Ver nota 3.

31 Rio de Janeiro, onde Carlos Lacerda então vivia.

SÃO PAULO, 4 DE AGOSTO DE 1937

Minha gatinha;[32]

Afinal! Amanhã volto para casa. Tenho andado feito sonâmbulo, estou cansado de não fazer nada. Muito pau. E com uma saudade enorme de você, que não me escreve. Por quê? Por quê?

Um poeta espanhol, que foi assassinado pelos fascistas em Granada, escreveu[,] pouco antes da morte chegar, este poema que te mando:

ESPANHA
Federico Garcia Lorca

No hagas caso de lamentos
Ni de falsas emociones;
Las mejores devociones
Son los grandes pensamientos.
Y[,] puesto que, por momentos,
El mal que te hirió se agrava,
Resurge, indómita y brava,
Y antes que hundirte cobarde[,]
Estalla en pedazos y arde,
¡Primero muerta que enclava![33]

Assisti domingo a uma assembleia de republicanos espanhóis. Eles choravam. Eram seis mil pessoas.

A não ser isso nada mais fiz de bom em São Paulo. Vi minha peça mais de quatro vezes, já estou dela até aqui...

Mas sério mesmo, nega, por que você não me escreveu? Não recebi aqui nem uma palavra tua, e isso me assusta e me aborrece muito. Tinha resolvido pagar na mesma moeda, mas não é do meu jeito. Prefiro arriscar te escrevendo para saber o que houve.

O antropófago precisa tanto de você.

Um beijo,
Carlos Lacerda

---

32 Carta enviada a Letícia Lacerda. Ver nota 1.

33 O poema "¡España!" foi publicado em 1937 no *Cancionero de la guerra civil española*, com seleção e prefácio de Ildefonso Pereira Valdés, em Montevidéu, pelo Comité Pro-Defensa de la República Española. Federico Garcia Lorca (1898-1936), nascido em Fuente Vaqueros, é um dos mais importantes poetas e dramaturgos da Espanha. Foi perseguido por causa de suas ideias socialistas e pela homossexualidade. Executado sumariamente pelos nacionalistas em Granada, deixou obras notáveis, como *Romancero gitano* (1928), *Poema del cante jondo* (1931) e *Poeta em Nova York* (1940).

SÃO PAULO, 5 DE AGOSTO DE 1937

Gatinha:[34] a viagem é esta madrugada. A saudade é enorme. Você é linda.

Eu sou o seu mesmo gato, o mesmo de sempre. Estou te escrevendo de um bar onde viemos cear. Já te escrevi hoje uma carta e agora mando esta. Eugênia Moreyra[35] vai mandá-las ao correio amanhã, quando o meu trem já estiver correndo. E dentro dele eu sozinho com a minha saudade. Enorme.

Eu te amo, te amo, te amo!

Carlos

PS — Escreve para Ipanema afinal.

Acho engraçado um sujeito que se diz marxista e não estuda, contentando-se em acreditar em Marx como se fossem dogmas de fé. É necessário que cada um procure verificar a exatidão das conclusões de Marx.

Dir-se-á: e os trabalhadores, que não podem fazer essa investigação? Os trabalhadores fazem todo dia no seu trabalho, na sua folga, na sua vida — enfim, uma verificação experimental das verdades marxistas. [36]

Carlyle,[37] página 16. Entre outras coisas, a maioria dos camponeses — ação. São mais instintivos.

---

34 Carta enviada a Letícia Lacerda. Ver nota 1.

35 Eugênia Álvaro Moreyra (1898-1948), nascida em Juiz de Fora, Minas Gerais, foi atriz, diretora de teatro, jornalista e líder feminista. Com seu marido, Álvaro Moreyra, criou o Teatro de Brinquedo. Ver nota 12.

36 Karl Marx (1818-1883), nascido em Trier (na época no Reino da Prússia, hoje Alemanha), foi filósofo e economista. Redator, com Friedrich Engels (1820-1895),* do "Manifesto do Partido Comunista" (1848) e fundador da 1 Internacional Comunista, definiu sua doutrina em *O capital* (1876). O marxismo, baseando-se em uma explicação materialista e histórica dos fatos econômicos e políticos, considera que o capitalismo, concentrando a riqueza em algumas mãos, não poderá resistir ao assalto dos trabalhadores organizados, que acabarão por tornar-se donos dos meios de produção, numa sociedade coletivista.

*O nome Carlos Frederico Werneck de Lacerda é uma homenagem aos pensadores políticos Karl (Carlos) Marx e Friedrich (Frederico) Engels.

37 Thomas Carlyle (1795-1881), escritor e historiador escocês. Não foi possível localizar a que livro Carlos Lacerda faz referência.

8 DE AGOSTO DE [19]37

Gata,[38] recebi o teu cartão do dia 6. Você é engraçada. Pois se eu reclamei por não ter carta tua e você vem dizendo: "... Tenho um medo louco dessa indiferença que eu pressinto." Pois se eu sou [eu] mesmo! Pois se eu te amo!

Querida, não te queixes à toa. Você tem um sujeito que gosta de você, entre outros... É verdade que este é um antropófago terrível, de barba hirsuta, faca nos dentes, e almoça cada dia um recém-nascido com batatas fritas. Mas, em todo caso, é um antropófago que te ama.

Não falaste mais na tal festa de agosto. Ando fazendo uns planos de ir aí este mês, aproveitando a festa. Se você quiser e se os nossos amigos verdes não resolverem em contrário. Eles estão assanhados, e combinam com Gegê[39] coisas que não são decerto nada boas nem para a famíla, nem para a pátria, nem para a religião. Enfim, vamos ver se podemos, mais uma vez, salvar isto do fascismo, para que isto não vire Espanha ou Abissínia...

Escreve, nega. Não te queixes à toa, nem se faça de desimportante, você importa muito, você ocupa muito na minha vida: você ocupa o lugar que merece. Quando eu te digo que há na vida outras coisas além do amor, não falo só para mim. Falo também para você, nega, para todos. O amor é um impulso que nos leva adiante e nunca um freio.

Esquimó[40] do meu coração, estou com saudade dos teu olhos, dos teu cabelos, da tua boca tão querida e tão vermelha...

Saudades de você.

Você acha que repetir as histórias do teu amor e da tua saudade seria repetição. E eu, que não tenho feito mais do que repetir, e que sempre repetirei: te amo, te amo, te amo!

Gatinha: um beijo.

Depois, outros beijos. Carlos

PS – E setembro?

---

38 Carta enviada a Letícia Lacerda. Ver nota 1.

39 Provável referência a Getúlio Dornelles Vargas (1882-1954), nascido em São Borja, Rio Grande do Sul. Liderou a Revolução de 1930, que depôs o então presidente Washington Luís e impediu a posse do eleito Júlio Prestes, governando o país de 1930 a 1945. Em 1937, o governo Vargas exerceu forte repressão contra os comunistas sob respaldo do Superior Tribunal Nacional, que em 1936 tornou possível a condenação ou absolvição de réus por "mera atitude mental". De 7 de maio até dezembro de 1938, o Tribunal Superior Nacional sentenciou 1.420 réus comunistas.

40 Esquimó era uma forma de tratamento afetuoso que Carlos Lacerda dedicava a sua futura esposa, Letícia Lacerda.

NO TREM, 10 DE AGOSTO DE [19]37

Gatinha; [41]
Vou de repente para Belo Horizonte[42] de onde estarei de volta em poucos dias. Escreve sobrescritando para: Adalberto Pinheiro, gabinete do secretário de Agricultura de Belo Horizonte.

De lá, te mandarei dizer o endereço em que vou ficar, mas este que te mando serve muito bem.

Ninguém sabe com que saudade eu estou passando por Juparanã – tão perto de você! Enfim, me consola e anima a alegria de estarmos juntos muito em breve. Se, dos "nossos amigos", e amigos da nossa família e da nossa pátria[,] não fizerem a "noite de São Bartolomeu"[43] que estão pretendendo e que, decerto, não conseguirão. Toda a saudade e beijos, muitos beijos, Carlos.

41 Carta enviada a Letícia Lacerda. Ver nota 1.

42 Carlos Lacerda fez parte de uma caravana de estudantes que, em Belo Horizonte, atuou na campanha em torno da candidatura de José Américo de Almeida à presidência da República. Em seguida, os estudantes viajaram para a Bahia, aonde chegaram a 10 de outubro, justamente quando o governo decretou estado de guerra e gerou uma onda de prisões. Carlos Lacerda refugiou-se na ilha de Itaparica, mas logo em seguida foi descoberto e preso; posteriormente, seria transferido para o Rio de Janeiro.

43 Referência ao massacre ordenado pelos reis franceses, que eram católicos, contra os protestantes em Paris, em 1572. Foi tema do romance *A rainha Margot* (1845), de Alexandre Dumas, e do filme mudo *Intolerância* (1916), de D.W. Griffith.

15 DE AGOSTO DE [19]37

Gatinha:[44] nem uma linha tua. Sigo hoje pelo sertão do rio São Francisco para a Bahia.[45] A viagem dura cinco dias ou seis; demoro na Bahia uns três dias, em seguida estarei de volta – afinal. Você me escreve para Júlio Tavares,[46] pseudônimo, aos cuidados de Olga Werneck, rua Vitória 234, Salvador, Bahia. Olga é minha mãe.[47] Estou doido de saudades, com vontade imensa de te guardar em meus braços e nem uma linha tua! Escrevo apressado (é a terceira carta que em cinco dias te escrevo daqui de Belo Horizonte. Você recebeu alguma carta da viagem que mandei do trem?). Escreve, nega, para o endereço[,] que te mando aquilo. Um beijo, todo o meu carinho, peste feia e horrível. Carlos.

44 Carta enviada a Letícia Lacerda. Ver nota 1.

45 "O velho barco parava nas cidades localizadas ao longo do rio São Francisco, onde os estudantes participavam de comícios pró-José Américo. Nestas paradas, e noutras não programadas, quando o barco encalhava, Carlos interrogava a gente da região e, quando conseguia que vencessem a timidez, obtinha informações para uma nova série de cadernos. Escrevendo rapidamente, com os lápis mais macios que encontrava, Carlos tornou-se um repórter preparando futuros artigos, registrando dados sobre doenças, taxas de mortalidade, fertilidade da terra, pontos de vista, e preços de gêneros alimentícios, remédios, fretes e propriedades." DULLES, John W. F. *Carlos Lacerda, um lutador* (primeiro volume, 1914-1960). Rio de Janeiro: Nova Fronteira, 2000, p. 54. Ver também nota 42.

46 Pseudônimo usado por Carlos Lacerda para assinar artigos de jornal e outros textos (ver nota 3). Em 1938, ao colaborar com a revista Seiva, publicada na Bahia, adotou o nome Marcos Pimenta. Durante sua carreira, utilizou ainda Nicolau Montezuma, Marco Aurélio Júnior e João da Silva.

47 Olga Caminhoá Werneck de Lacerda (1892-1979), primeira esposa de Maurício Paiva de Lacerda (ver nota 2), com quem teve três filhos: Maurício Lacerda Filho (1911-1976), Vera Lacerda Paiva (1912-2006) e o caçula, Carlos Frederico Werneck de Lacerda (1914-1977).

25 DE NOVEMBRO DE [19]37

Muita saudade e um beijo.[48] Soube que escreveu para saber notícias minhas, agora mando diretamente. Tenho vontade de saber se recebeste uma carta minha da Bahia, na segunda quinzena de outubro. E se tiveste para ela alguma resposta.

Podes escrever lá para casa que lá mandarão entregar diretamente aos cuidados da secretaria da Casa de Correção onde estou.[49]

Outro beijo e todo o coração. Carlos

48 Carta enviada a Letícia Lacerda. Ver nota 1.

49 Ver nota 42.

RIO [DE JANEIRO], 24 DE DEZEMBRO DE [19]37

Gata:[50] saí do "internato" e vou para o Comércio,[51] em liberdade provisória, condicional, *etc*[.], *etc.*[52]

Gosto de ti, tenho uma saudade enorme e te beijo, Carlos.

50 Carta enviada a Letícia Lacerda. Ver nota I.

51 Ver nota 23.

52 "Um amigo de Maurício [pai de Carlos Lacerda] persuadiu Filinto Müller a permitir que Carlos passasse a véspera de Natal com a família, na casa de Vinoca [tia-avó de Carlos Lacerda], no Rio, sob a condição de que ele fosse imediatamente depois para a chácara dos Lacerda e não saísse de lá." DULLES, John W. F. *Carlos Lacerda, um lutador* (primeiro volume, 1914--1960). Rio de Janeiro: Nova Fronteira, 2000, p. 56. Ver também nota 42.

1 DE JANEIRO DE [19]38

Gatinha;[53] tinha te escrito e estava desapontado com o teu silêncio. Agora tive explicação. Mas, por outro lado, estou aborrecido com sua estadia aí, farrinhas, *etc*.

Eu te amo. Preciso de você. Quero você para minha companheira. Exijo que você examine a situação. Mas[,] antes de qualquer exame *"que só será possível quando nos encontrarmos"*, é indispensável que você compreenda a responsabilidade que isso te traz. Não perante ninguém, mas perante você mesma.

Minha querida Esquimó, vê se tens alguma coisa a me dizer. Precisamos nos encontrar. Tenho muita coisa para te dizer. Um beijo.

Carlos

53 Carta enviada a Letícia Lacerda. Ver nota 1.

10 DE JANEIRO DE [19]38

Gata;[54] escrevo-te depressa para alcançar o correio de hoje. Tenho esperado notícias diretamente de você. Eu te compreendo, eu te amo. Estás com medo de mim? O meu dever, o meu maior desejo é te procurar, ir aí, agora, significa para mim voltar à casa sombria de onde mal acabo de sair. Mas se preferes assim, se só assim você pode acreditar no meu amor e na certeza que tenho da nossa felicidade, será o que vou fazer. Está nas tuas mãos evitar o teu arrependimento e a destruição dos nossos melhores desejos. O teu medo não poderá ser maior que o meu. Pelo menos, o meu amor. Toda a saudade. Carlos

54 Carta enviada a Letícia Lacerda. Ver nota 1.

17 DE JANEIRO DE [19]38

É [,] gatinha:[55] tudo aqui ainda está cheio da tua presença. De tal maneira que ainda não me habituei com a solidão que isto era antes. Bastaram as horas que você andou aqui para dar a todas as coisas um ar de nunca vistas. Se ainda fosse necessária uma prova que, a mim mesmo viesse convencer do meu amor, a tua estadia seria a melhor e mais querida de todas as provas. Não tenho muitas palavras para te escrever. É engraçado e, aliás, muito natural. À medida que nos aproximamos e nos unimos mais, vou perdendo a possibilidade de te escrever longas cartas. É que tudo se torna mais exigente e mais profundo no nosso amor. As cartas são tão pouco, quando é da presença que se precisa e com ela que se vive sonhando.

Só não me explico como é que você pôde gostar de mim. E esse inexplicável eu te agradeço – e quanto! Gatinha, os dias começam a passar, alguma vez chegará o sábado da sua vinda. Alguma vez essa hora da tua chegada será um minuto depois daquele que eu estiver pensando em você.

É isso o que me anima e consola. O relógio – esse amigo trabalhador – mói as horas, infatigavelmente. Ele está fabricando a tua volta. Querido relógio!

Você esqueceu aqui aqueles óculos horríveis. Que bom. Esqueceu também um retrato (que mando nesta carta) e um livro. Ah! Falta contar. Teu sogro[56] está encantado contigo, depois direi as próprias palavras dele. Ele disse que você é um encanto e uma simpatia admirável, *etc*.

Espero ao menos [que] a viagem de volta tenha sido mais confortável. Vocês não dormiram, isso me dá remorsos.

Hoje chegou a tua carta que avisava a tua vinda no sábado... Era um bilhete tão apressado, fico esperando a tua carta e o resultado da tua conversa.

Minha gatinha, eu ia escrevendo que te amo. Mas isso não é mais coisa que se escreva.

A vida com você tem outra cara. Perde os óculos escuros – aqueles que você esqueceu aqui. Esqueceu não, aqueles que você já deixou aqui...

Saudade. Beijo. Carlos

55 Carta enviada a Letícia Lacerda. Ver nota 1.

56 Referência ao pai de Carlos Lacerda, Maurício Paiva de Lacerda. Ver nota 2.

28 DE JANEIRO DE [19]38

Gata;[57] recebi agora a tua carta como eu esperava. Satisfeitíssimo que tudo vai bem. Mas desolado por você não vir amanhã. É incrível. Tipo do suplício inútil, essa agonia de mais uma semana sem te ver. Domingo, vou passear o meu desespero nesta chácara, para mim tão vazia. Apesar do que você disse, não pensei que fosse sério isso de você não vir. Enfim, eu não posso querer aumentar o teu sacrifício que já é tão imenso. Não tenho o direito de me queixar. Desculpe esse desabafo, mas a ideia [de] que sem motivo havemos de levar quinze dias sem nos ver, é intolerável e bastará para justificar a minha ansiedade.

Quanto à ida do meu pai,[58] um pequeno detalhe gozado impede que ele vá ainda esta semana. Este detalhe, querida, é até ridículo. Roupa. Ele mandou buscar roupa no Rio porque a única vestível que ele trouxe para aqui é boa para andar entre as árvores, mas não entre os elegantes valencianos. Ele te manda um abraço. Assim que chegar essa famosa roupa, posso dizer o dia que ele vai, é muito breve, é claro.

Se eu ficar escrevendo, nunca mais acabo de me lamuriar por você não vir. E isso há de ser pau para você.

Desisto de continuar esta carta. Fico sozinho com a minha saudade que é um mundo. Um beijo. Carlos

PS — Domingo vou andar pelos nossos lugares e dizer a eles que você é uma ingrata... Vês? Virei Casimiro de Abreu[59] e a culpa é tua!

---

57 Carta enviada a Letícia Lacerda. Ver nota 1.

58 Maurício Paiva de Lacerda, ver nota 2.

59 Casimiro de Abreu (1839-1860), nascido em Barra de São João, distrito do atual município de Casimiro de Abreu, no Rio de Janeiro, foi um dos principais poetas da segunda geração do romantismo brasileiro. Publicou *As primaveras* (1859), livro de poemas caracterizado por intensa inocência, sentimentalismo e ternura.

3 DE FEVEREIRO DE [19]38

Darling;[60] recebi agora tua carta de ontem, que você datou de janeiro…

Estava com muita pressa de receber notícia tua, só fiquei um pouco mais tranquilo quando o Antônio[61] chegou dizendo que você até o meio do caminho fizera boa viagem.

Papai[62] está ali *escrevendo para a tua mãe.*[63]

E eu não tenho [nada] para te dizer. Falar de saudade já é muito pouco. De que outra coisa se há de falar. Escreve, Esquimó.

As horas são como lagartas, se arrastam e devoram a paciência de esperar. Perco toda a possibilidade de dizer seja o que for. Mando os retratos horríveis. Você não disse, afinal, se vai ou não vai ao Rio e quando (sempre desconversando…).

Domingo é um dia muito útil. Pelo calendário reformado da Liga das Nações… Bem, começo a não saber o que digo. E a culpa é tua, gatinha.

A saudade mora comigo. Você não tem ciúme? "Sou o respeitador", *etc.* (É assim que está na carta que papai acaba de me mostrar[.])

Sou o respeitador que te dá um beijo capaz de abalar as instituições.

Escreve, nega. Suas cartas são como os informes de um aviador durante um *ride*: acalmam a angústia de esperar o fim e dão a certeza de que o fim se aproxima. O fim, quer dizer, o começo.

Outros beijos, Carlos.

60 Carta enviada a Letícia Lacerda. Ver nota 1.

61 Antônio Belo, administrador da chácara da família Lacerda.

62 Maurício Paiva de Lacerda, ver nota 2.

63 Henriqueta Araújo Abruzzini, mãe de Letícia Lacerda. O pai de Letícia, Francesco Abruzzini, era um agrimensor italiano que veio para o Brasil trabalhar em uma companhia ferroviária, e faleceu quando a menina tinha apenas dois anos de idade, deixando a viúva com quatro filhos para criar.

CURITIBA,[64] 13 DE AGOSTO DE [19]39

Gatinha[64] do meu coração; escrevo-te com os dedos engelhados de frio, um bruto frio que de repente desceu sobre a cidade. Vou mais ou menos no meu trabalho, que não está andando quase nada, dificuldades de toda sorte. Sobretudo um aborrecimento como nunca antes tive tão grande, um tédio, desejo de ir embora, recuperar minha gatinha. Mas fiz a mim mesmo um juramento: de volta, saltarei em Barra de Piraí e vou direto a Valença, só depois seguindo para o Rio. Neguinha,[66] não posso mais te escrever, porque estou pessimista. Saudoso e triste. É espantosa a falta que você me faz. Anima este teu amigo. Beijos,

Carlos

64 Não foi identificado o motivo da viagem a Curitiba.

65 Carta enviada a Letícia Lacerda. Ver nota 1.

66 Além de "nega", às vezes Carlos usava o diminutivo "neguinha" para referir-se à esposa.

1940

Gatinha;[67] retardei esta carta, que agora te escrevo na cama, numa amarga solidão, para tentar ver claro o nosso caso.

Sei que você está sofrendo, malgrado a opinião que você tem sobre as minhas qualidades de monstro, estou mais do que nunca desamparado, porque me falta você e me falta meu filhinho,[68] cuja ausência deixou morte nesta casa abominável.

A conclusão a que cheguei, gatinha, não é nova para nós. Mas deve ser bem situada para que não fique desfigurada no meio das palavras duras, dos rancores e desajustamentos que há muito se foram acumulando em nossa vida. E a conclusão é esta, em toda a sua torturante simplicidade: nós nos amamos muito, mas tanto e de tal modo, que não somos capazes de compreender e mesmo aceitar os nossos defeitos. Você me conhece muito bem, quem sabe até se bem demais; mas nada me perdoa. Eu te conheço tanto quanto necessito de você; mas não consigo tolerar tuas exigências. Em tese, você compreende que o amor pode ser assim como eu o entendo, ou, melhor ainda, assim como eu o vivo. Mas[,] em nossa vida, você recusa qualquer possibilidade de entendimento e tolerância para com essa concepção. Por tudo, você se ofende; e com isso chega a ter na exasperação das discussões que você provoca, ou na situação constrangedora, ou desafiadora, que por isso se chega a criar reais motivos para se ofender.

A cada momento de nossa disputa você junta com uma imprevidência feroz todos os momentos anteriores — no entanto, já resolvidos, já assimilados, já transformados seus aspectos positivos em outros tantos motivos de afeto e mútua compreensão.

Ora, com isso estávamos apenas chegando a um resultado: a degradação do nosso amor. Nem sei mesmo se de sua parte não é mesmo esse o resultado, uma vez que você afirma não ter mais aquele abandono, aquele carinho infantil de antes, que foi o melhor encanto da tua vinda para os meus braços.

Nessas condições, só nos diminuímos um ao outro, você vendo, ou supondo ver — o que, para efeito de sofrer e fazer dá na mesma — em mim, todos os erros, todos os de-

67 Carta enviada a Letícia Lacerda. Ver nota 1.

68 Referência a Sérgio Carlos Abruzzini Lacerda (1938-1990), filho mais velho de Carlos e Letícia Lacerda. Nascido no Rio de Janeiro, foi empresário e editor.

feitos, todos os abandonos, todos os malfeitos, e eu passando de discussão em discussão, constrangido, sem querer que você sofra e, por isso, cada vez sofrendo mais.

Por isso, Gatinha, por tudo isso que agora tento mal e mal te explicar, é que eu aceitei a tua partida. Tenho a certeza, absoluta, inabalável, que você deve ter compreendido desde logo que minha declaração — que você tanto e tanto exigiu: "Não gosto mais de você." Foi pura invenção, diabólica, sim, mas salvadora [do] que até hoje pude ter de melhor, de único, na vida: o teu amor.

Mas, ainda mesmo com essa certeza, quero que você saiba, por minha própria mão, que isso foi uma dolorosa, mas necessária defesa do nosso amor, tão puro, tão suave, tão nobre, mergulhado em discussões espantosas, em delirantes buscas de intenções ocultas, de requintes de falsa maldade.

Só isso, nada mais, foi aquela declaração exasperada.

E agora, por defender intacto o único verdadeiro bem que a vida me deu — o teu amor — aí está você, pelo menos triste, e eu aqui, lançado nas mais desencontradas intenções, desejando qualquer coisa que salve da destruição. E com você está ao menos o guri que você tanto merece, e que me orgulha tanto que é a minha única obra. Da minha vida toda.

É injusto isso, é absurdo e cruel. Será muito fácil a você se ainda conservar longe de mim aquele encarniçamento inquiridor que tanto torturou a ambos, perguntar: de quem a culpa? E em seguida com a mesma facilidade encontrar um culpado: eu.

No entanto, como a vida não tem essas definições precisas e rígidas que lhe quer dar, com o rigor de fórmulas matemáticas, não sou eu o culpado, nem você. Fomos — e eu pelo menos, aparentemente, mais do que você — apenas agentes, executores de impulsos em conflito.

E, se alguma culpa nos cabe — e aí sim, mais a você do que a mim — é a de não ter sabido evitar esse choque pelo modo mais simples, que é pela indulgência que não é tão difícil, afinal, porque a indulgência muitas vezes é o outro nome do amor.

Não sei de suas intenções, não sei mesmo se com a sua iniciação nos mundos do Orgulho, da Ostentação de Força Aparente e outros planetas hostis, perdendo a tua antiga e magnífica simplicidade, você não estará se fazendo de forte e desprezando a confissão de minha fraqueza, absoluta e desgarrada solidão onde se levantam apenas os pensamentos cordiais de alguns amigos e a força contraditória mas sempre presente da tua recordação.

Seja como for, peço que me mandes dizer o que queres, o que pretendes, o que desejas; não o que te vier à cabeça (se nos viessem menos coisas à cabeça, não estaríamos assim). Mas o que realmente chegaste a resolver.

E não me afaste dos planos da sua vida. Porque, para bem ou para mal, nossas vidas estão ligadas para sempre, indissoluvelmente.

Beija o Sérgio, muitas vezes, com o melhor beijo que eu lhe possa dar. Abraça os meus bons amigos da tua família. Beija também Babá.[63]

E para você o carinho e a saudade, tão grandes ambos, tão medrosos por não saberem do acolhimento que você os dará.

PS – Outro engano seu a meu respeito: gosto muito de poesia. Tanto, que a procurá-la nos livros, antes vivo, do que a procurar dela na vida. Encontrei-a, em você – que por sinal não compreendeu isso.

63 Trata-se de Clara Freitas, que havia sido babá de Carlos Lacerda e, posteriormente, de seus filhos Sérgio e Sebastião.

RIO [DE JANEIRO], 23 DE AGOSTO DE [19]42

Gatinha,[70] na nossa cama, nesse nosso quarto que foi nosso, do qual agora procuro desligar-me, com a certeza de que nós é que criamos a nossa felicidade, e portanto o nosso ambiente e não ele a nós. Escrevo-te agora para pedir, mais uma vez, que confies em mim. Se te peço isto, é porque sendo tudo o que eu faça agora por um remetido do estímulo que você deu à minha vida, a sua confiança é indispensável para que essa influência seja permanente e criadora.

A decisão dos negócios será obtida até meados da semana que entra agora. Já encaminhei quase todos os assuntos. Resta agora esperar que ele chegue a conclusões satisfatórias e, enquanto isto, ir providenciando outras coisas, fazendo despedidas, *etc.*

Nega, eu quero saber notícias tuas. Não deixe de mandá-las, escreva aqui para casa, mande dizer onde está a chave da caixa do correio. Escrevo rapidamente porque é de manhã e vou sair. E os filhos?[71] Manda dizer muitas coisas sobre eles, querida. Beijos, abraços, mais beijo e mais saudade e todo o carinho.

Carlos

70 Carta enviada a Letícia Lacerda. Ver nota 1.

71 Referência ao filho mais velho do casal, Sérgio (ver nota 68), e ao segundo filho, Sebastião Lacerda, nascido em junho de 1942.

RIO [DE JANEIRO], 3 DE OUTUBRO DE 1942

Minha gatinha do coração.[72] Está tudo resolvido: a geladeira, mobília de quarto, os livros. Fui ao dentista. Segunda-feira ele aprontará metade, logo depois o resto do serviço.

Não tive coragem de esperar no antigo apartamento, a saída das últimas coisas que lá estão. Não pelas paredes — que bem me importa[m] elas! — mas tudo aquilo está tão marcado por você, pela nossa vida ali![73] Hoje, o dia inteiro, pensei muito em você, ontem no trem, como sempre, mais do que sempre. Minha única felicidade é encontrar com você, com essa confiança que você às vezes diz ser excessiva. Saber que você enfrenta serenamente a vida, comigo sempre, esteja ou não do teu lado. Porque sempre estarei com você, onde quer que eu vá, seja como e onde for. Os mesmos arrebatamentos, a mesma sinceridade esquiva, a mesma má fé "amorosa", instintiva, a mesma agressividade de gente muito castigada pela vida. Com você, sinto-me tão forte, e tão desolado e sem amparo longe de você!

Estou triste, Gatinha, mas não sem confiança. Tenho a certeza [de] que, dentro de algum tempo, estaremos com a nossa vida reconstituída. Tudo depende da firmeza de ânimo, da decisão serena e consciente, e[,] por que não dizer, com o espírito de sacrifício com que saibamos enfrentar o que estamos enfrentando.

A ausência, que é tão cruel, não é o pior em tudo isto. Devemos, nós dois, recorrer a toda a nossa firmeza de alma e ao nosso amor, o mais profundo, o mais digno, para reduzir os motivos de mais sofrimento e ficar só com a ausência, que já é bastante.

Sérgio, meu filho, escreve ao pai que gosta muito de você, manda notícias da mãe e do Sebastião.[74] Toma cuidado, meu filho, não desobedece à mãe, fica direitinho. Escreve e pede a mamãe para escrever. O pai não demora não, está trabalhando um pouquinho e vai logo. Neguinha, que presente você quer? Tem alguma preferência? Beijo, Saudade. Beijo, beijo, beijo.

Carlos

72 Carta enviada a Letícia Lacerda. Ver nota 1.

73 De acordo com a biografia *Carlos Lacerda, um lutador* (primeiro volume, 1914-1960), de John W. F. Dulles, Carlos Lacerda transferiu-se com a família para São Paulo, pois conseguira um emprego de tempo integral como editor de um boletim da Associação Comercial de São Paulo, *Digesto Econômico*, logo após o nascimento de seu segundo filho, Sebastião Lacerda, em junho de 1942. Porém, pouco depois de fixar residência com a família, desentendeu-se com a diretoria da Associação e largou o emprego. De volta ao Rio de Janeiro, trabalhou por um curto período em uma empresa de publicidade, a ADA, de Mário Rola, até ser contratado para reorganizar e dirigir a Agência Meridional, agência telegráfica da grande rede jornalística dos Diários Associados, de Francisco de Assis Chateaubriand (1891-1968). Satisfeito com o salário do novo emprego, encontrou um apartamento na avenida Nossa Senhora de Copacabana e trouxe a esposa e os filhos de São Paulo. No entanto, com a entrada do Brasil na Segunda Guerra Mundial — e apesar de ter desertado de sua convocação para o serviço militar em 1935 —, decidiu alistar-se, e mandou Letícia e as crianças morarem em Valença. Ainda conforme o livro, que reproduz o segundo parágrafo desta carta, até este ponto de exclamação, ele teria escrito enquanto desmontava o apartamento de Copacabana. Seu requerimento para entrar no Exército nunca foi despachado e ele continuou a trabalhar nos Diários Associados.

74 Sérgio e Sebastião, filhos de Carlos e Letícia Lacerda.

RIO [DE JANEIRO], 4 DE NOVEMBRO DE 1942

Minha gatinha;[75] finalmente! Sábado, no trem de 1 e 50, sairei daqui. Quero ver-te na estação! Quero ir com você para casa! Por favor, não me negue de te ver na estação. Levo sementes de horta para plantarmos, e também muitas de flores. Levo projetos de trabalho, de descanso — mas nada disso se compara com a saudade que eu levo.

Ha!, agora você é aquela gatinha que eu sempre sonhei e que é capaz de suportar a prova da separação com firmeza, hombridade e decência; agora que já vencemos a fase tão fácil do amor, agarradinho, de que é capaz qualquer casal de terceira ordem com qualquer amorzinho de quinta ordem, e já é tão pouco para nós. Sim, agora podemos estar longe um do outro, a confiança é a mesma, a certeza é a mesma, e o amor... aumenta! (Se é que isso é possível[.]) Não penso noutra coisa. Liquido às pressas tudo o que me prende aqui. Encerro os compromissos mais sérios, contanto que possa marcar definitivamente, o dia e a hora do meu embarque.

E sábado, meu amor, sábado às 13 e 50, não te esqueças, não esperes mais telegrama nem mesmo carta. Hoje é quarta-feira, amanhã quinta, depois sexta, sábado ao meio-dia e pouco estarei na estação impaciente, saudoso, alegre como quem sai do internato para as férias, as férias da vida inteira, o internato de tão duros dias. Gatinha, gatinha, como eu te amo! Sobretudo depois que sei que você não pensa mais mal de mim, pois já se convenceu de que o que faz o mal é pensar nele, falar nele, encarná-lo, vivê-lo. Somos dois amantes, dois irmãos, minha Esquimó, que se vão encontrar. Tudo é nosso, os dias, o tempo, os beijos, a saudade, o afeto sincero e profundo, tão forte e no entanto — e por isso mesmo — tão equilibrado agora, agora mais do que nunca *"pero menos que mañana"*.[76] Como dizia o velho tango... Amanhã, sábado, quando estivermos juntos.

Beijo de todo o coração e até já enquanto conto as horas que ainda faltam. Beije também os guris[77] e dê lembranças a todos, teu

Carlos

SÃO PAULO DOMINGO OUTUBRO [19]43

Minha gatinha;[78] sigo amanhã cedo para Porto Alegre, morro de saudades.

A cidade me pareceu agora vazia[,] quase hostil[,] sem a minha casa (que não fui ver), sem a minha gatinha do coração ali, a espera.

Senti-me forasteiro e provisório, como nunca me sentia antes de aqui morar com você.

Estive três vezes[,] bastante tempo[,] com Laide e Nono,[79] sempre os mesmos amigos, ela esperando uma segunda criança – a primeira está linda.

A inauguração da sucursal foi um bruto sucesso.[80] Cerca de trezentas pessoas, todo S.[ão] Paulo (como disse o jornal do dia seguinte).

A festa do Maurício,[81] empanada pela chuva, foi apenas potável.

Não fossem os nossos conhecidos (Luís[82] e Tarsila,[83] Laide e Nono, *etc.*) teria sido inteiramente pau, coitadinho dele. Não vi os Mendes da rua Stª Ernestina.[84]

Em compensação, na festa, vi o casal de Stº Amaro e aproveitei a ocasião para demonstrar claramente, explicitamente, a ambos, que não tenho qualquer espécie de interesse por eles, já que tudo se confunde com essa gente.

Sou sempre o teu amigo cheio de saudades, bons pensamentos e carinho para contigo, minha gatinha. Possa você compreender como te amo a como podemos ser felizes!

Almocei e jantei com o José César, gentilíssimo como sempre[,] e assim me penitenciarei de não tê-lo procurado quando estávamos morando aqui.

E você? Veja se pode ao menos me telegrafar[,] CHICA.[85] Não me deixe sem notícias, você que tanto sabe cobrá-las de mim.

As crianças?[86] Você estará mesmo em Valença, conforme nosso trato?

Seu pessoal? Encontrou todos bem? E meus livros? A mesa? A cômoda? E você meu amor do coração? E você? Você está bem guardada na minha saudade, minha enternecida saudade.

78 Carta enviada a Letícia Lacerda. Ver nota 1.

79 Vários prenomes nesta carta, que não trazem os sobrenomes, não puderam ser identificados, como Laide e Nono, José Cesar e "o casal de Stº Amaro".

80 Refere-se à inauguração de uma sucursal da Agência Meridional, dos Diários Associados, onde Carlos Lacerda trabalhava. Ver nota 73.

81 Não identificado. Não se trata de nenhum dos dois irmãos de Carlos que chamavam-se "Maurício", mas nunca moraram em São Paulo. Ver notas 99 e 125.

82 Luís Martins (1907-1981), nascido no Rio de Janeiro, terceiro marido de Tarsila do Amaral, foi cronista, memorialista, romancista, poeta, crítico de arte e jornalista.

Beijo do teu Carlos

p.s. Hoje cedo Rui[87] veio me buscar no hotel para ir ouvir música na casa dele. Durante o dia fomos um pouco ver o Mário[88] que fez ontem cinquenta anos e está, parece, muito doente. Muito mesmo... Triste.

Estou apreensivo quanto ao resultado de minha viagem a Porto Alegre. Conseguirei alguma coisa lá?

Carlos

83 Tarsila do Amaral (1886-1973), nascida no interior de São Paulo, em Capivari, foi uma das mais importantes pintoras do modernismo brasileiro. Sua tela *Abaporu* (1928) está relacionada ao surgimento do movimento antropófago proposto por Oswald de Andrade em seu manifesto.

84 Referência a Paulo Mendes de Almeida (1905-1986) e a sua esposa, Aparecida. Nascido em São Paulo, ele foi poeta, contista, biógrafo, crítico de artes plásticas e de cinema. Publicou, entre outros, *Cartazes* (1928) e *De Anita ao museu* (1961). Paulo Mendes de Almeida e Carlos Lacerda lançaram, juntos, o livro *1001 contos radiofonizados* (1943). Ver nota 73.

85 Chica era uma forma de tratamento afetuoso que Carlos Lacerda dedicava a sua esposa, Letícia Lacerda.

86 Sérgio e Sebastião, filhos de Carlos e Letícia Lacerda.

87 Rui Mesquita (1925--2013), nascido em São Paulo, jornalista, foi fundador do *Jornal da Tarde*, em 1966, e diretor do jornal *O Estado de São Paulo*, de 1996 até sua morte. "Doutor Rui", como era conhecido, foi um defensor aguerrido da liberdade de expressão. Os jornais de sua família apoiaram o golpe de 1964, mas romperam com o regime no ano seguinte, quando as eleições foram canceladas; entraram então para a história do jornalismo ao desafiar os militares com a publicação de poesias e receitas culinárias no lugar de textos censurados. Filho do também jornalista Júlio de Mesquita Filho, Rui e seus irmãos, Júlio de Mesquita Neto e Luís Carlos Mesquita, eram tratados como irmãos mais novos por Carlos Lacerda.

88 Mário Raul de Moraes Andrade (1893-1945), nascido em São Paulo, foi poeta e romancista, crítico literário e teórico de arte, musicólogo, folclorista e epistológrafo. Um dos líderes do movimento modernista de 1922, tinha a paixão pela experimentação e exerceu grande influência como guia das gerações intelectuais que lhe sucederam. Entre seus principais livros, destacam-se *Paulicéia desvairada* (1922), *Amar, verbo intransitivo* (1927), *Macunaíma* (1928), *Música no Brasil* (1941).

FORTALEZA,[89] 24 DE JANEIRO DE 1944

Minha Gatinha:[90] até que enfim! Parecia incrível que você não tivesse uma palavra para dizer ao seu amor. Então você não sabe que nos seis dias de minha viagem não toquei em porto nenhum, de onde pudesse te escrever? Foi ao chegar a Pernambuco que fiquei indignado, com a maior razão do mundo, não encontrando ali nenhuma carta sua, nada, nem um simples telegrama; e você tivera quase sete dias para escrever!

E como eu passei mais quatro dias em Recife e nem assim obtive uma só carta sua, minha saudade aumentando, cresceu com ela a raiva de você por me abandonar assim, como quem faz com um culpado. Por isso, só por isso, porque a solidão em que ando, nunca compensada pelos poucos amigos que aqui possuo, a falta que você me faz, a doída saudade de meus filhos, não é compensada por qualquer palavra sua de carinho e companhia, eu me indignei e procurei fazer com que você soubesse. Você bem sabe que eu não me queixo, não gosto de me queixar e acho desprezíveis as queixas e recriminações. Como poderia estar escrevendo a você para censurá-la por não ter me escrito uma só carta, em dez dias de ausência, se melhor do que eu você mesma deveria estranhar não ter me escrito nesse longo período?

A carta que hoje — e só hoje! Parece incrível! Recebi de você, anunciando uma outra que deve estar em Recife à minha espera, foi um bálsamo, apesar do tom amargo em que está escrita. Viajei quase 2.000 quilômetros de automóvel e a cada momento a saudade de casa me invadia, nunca tão forte assim, na paisagem desolada do sertão só pensava: ela terá escrito para Fortaleza? Ao chegar recebi um telegrama seu, como sempre me censurando (não faça isso, ao menos por telegrama, em jornal os telegramas quase sempre são abertos por se temer tratar-se de assunto urgente, foi o que aconteceu ao seu)[,] e uma carta de mamãe. Hoje, afinal, chegou a sua carta. Não importa as censuras que ela contenha, as recriminações de costume e um tom de mágoa que, Gatinha, pertence não a você. Então você

89 Em janeiro de 1944, Carlos embarcou no *Rio Branco*, um velho navio hidrográfico adaptado para a guerra, e viajou pela costa do Nordeste e do Norte brasileiros, cobrindo as atividades militares onde as forças norte-americanas haviam estabelecido bases aeronavais. Começou por Recife, passou por Fortaleza, e esteve ainda no Amapá e em Belém. Retornou ao Rio em março de 1944.

90 Carta enviada a Letícia Lacerda. Ver nota 1.

durante dez dias, inclusive seis que passo numa viagem arriscada, não encontra um minuto para me escrever, você que está na comodidade de casa, que tem notícias suas e dos filhos a dar, que praticamente nada tem que fazer, não encontra um minuto para me escrever e quer ter cartas minhas, eu — bem, deixemos esta parte, já é discutir demais, e eu não quero discutir, quero apenas te dizer que fiquei triste, muito triste, muito magoado e só, e só a tua carta de hoje me restabeleceu um pouco e me deu ânimo, pois até agora a minha vontade era voltar, não para você, mas para te dizer que o melhor era acabar tudo porque eu nunca seria feliz com você nem você comigo desse jeito.

A sua carta, Gatinha, é muito lógica, mas peca pela base. Você diz: "Você devia ter visto que poderia ter escrito para um lugar onde você não estivesse mais, como aconteceu. Já tinha escrito para Recife." Não. Absolutamente não. Para chegar a Recife levei seis dias. Com quatro que passei lá, são dez dias. Durante todo esse tempo não chegou uma só carta. E uma carta aérea leva quarenta e oito horas, no máximo, para ir do Rio a Recife. Portanto eu não poderia ter visto que você tinha escrito para lugar nenhum.

E, francamente, agora que releio a sua carta ela me parece acre e desagradável, dando a impressão [de] que você me escreveu forçada pelas circunstâncias. A minha proverbial exuberância epistolar, que você censura, não é pior do que a sua frieza, tão diferente agora do que eram antes as suas cartas. E eu não mudei nada, não se esqueça. A mesma exuberância epistolar, os mesmos motivos de queixa, talvez. Você é que mudou, e mudou tanto que me assusta e me deixa de sobreaviso. Gostaria que você fizesse, na minha ausência, um rigoroso exame de consciência para saber, sem discussão, nem vontade de ganhá-la, o que se está passando com você. O que há, afinal?

Se você se sente desarvorada, não parece, pois a sua carta não soa a queixa e sim a censura, a raiva. Dir-se-ia que você se queixa e me escreve não porque não tenha recebido carta minha — e só eu sei quanto me custou silenciar até que você cumprisse essa mais elementar das obrigações, para não dizer dos prazeres — mas sim porque eu fiz referências ao teu silêncio em cartas ao pessoal de Ipanema.[91] Que é

91 Referência à irmã de Carlos Lacerda, Vera Lacerda Paiva, casada com um primo, Odilon de Lacerda Paiva, que moravam em Ipanema, bairro da zona sul do Rio de Janeiro.

que você queria que eu fizesse? Afinal, eu preciso ter notícia da minha casa. E me vejo obrigado a mendigar notícias dos outros, indispensável explicar-lhes, para que se deem ao trabalho, que eu não recebo notícias de quem, antes de mais ninguém, deveria mandá-las. Além disso, não era essa a espécie de mágoa que eu esperava de uma criatura que de fato gosta de mim. Não deveria ser esse, nunca, nunca, o motivo capaz de fazer com que você me escrevesse.

Mas se só assim você se lembra de que eu preciso ter notícias suas e das crianças, viva esse motivo, qualquer motivo é bom, desde logo, quando produz esse resultado pelo qual venho esperando desde que saí do Rio.

Não fique magoada, como eu também não fico. Tenho a impressão de que sei o que está se passando com você. Todos os dias, sobretudo depois dos primeiros dias, que são mais fáceis, me contenho e me domino para não desembestar no caminho de volta. Se você ainda me quiser, ao chegar ao Rio ficarei em casa uma semana, o tempo necessário para escrever as minhas reportagens e descansar.

Há na sua carta um tom de que não gosto. Desconfio de você.

Estou muito cansado e com vontade de estar em casa com você e com as crianças, ficar um pouco sem fazer nada, sem pensar em nada. Faz um calor terrível. São duas horas da tarde. Estou nu da cintura para cima no quarto e suando como não sei o quê.

Ficarei aqui uns quatro dias, a contar de hoje. Logo a seguir irei para São Luís (um dia), Belém (uns dois dias), Manaus (mais dois dias), em seguida Natal, Recife, Maceió e Bahia, então tudo de corrida. De agora em diante viajarei só em avião. Conto os dias da minha volta. Encontrarei você melhor ainda, melhor do que nunca, mais minha amiga e minha querida? Ou você estará mudando? Que é que há com você? Sofro só de pensar nisso. Há em você um desassossego e uma capacidade de desassossegar inquietantes. Quando chegaremos ao melhor amor que é aquele sereno e amigo, firme e convicto? Ou você se desespera e me desespera com torturas e dúvidas... ou me esquece.

Nem uma coisa nem outra, Gatinha. Apenas me ame como eu te amo, com todo, todo o meu coração. E não me faça mal porque eu não quero te fazer nenhum mal também. Um beijo muito amigo do teu,

Carlos Lacerda

Sérgio: papai vai levar um presente pra você, outro pro Sebastião, outro pra mãezinha e outro pra babá.[92] Dá um beijo em todo mundo que o pai manda e fica com um beijinho pra você, outro pro Sebastião[,] do pai.

Fico quatro dias em Fortaleza. Se você escrever hoje mesmo[,] ainda dá tempo para mandar outra carta, se quiser.

92 Referências a Sérgio e Sebastião, filhos de Carlos Lacerda, a sua esposa Letícia e à babá Clara Freitas.

2 Amigos

93 Olímpio Guilherme,
nascido em Bragança
Paulista, foi ator
e posteriormente redator-
-chefe da revista
*O Observador Econômico
e Financeiro*, dirigido por
Carlos Lacerda.

94 Provável referência
ao Departamento Nacional
de Obras Contra as Secas,
criado em 1909 sob
a designação Inspetoria
de Obras Contra as Secas.

16 DE NOVEMBRO DE 1939

Olímpio,[93] bom dia.

Nossa conversa interrompida pelas "Obras Contra as Secas"[94] teve a vantagem de me fazer cessar o tom de primeira pessoa, que me horroriza. Mas não cessou a necessidade de pôr você, lealmente, a par da situação que provocou a inacabada conversa. A situação é esta, tal como esta carta descreve com a mais estrita fidelidade: estou sem saber quais as possibilidades, quais as perspectivas do momento em relação a mim (sem direito a perpetrar trocadilhos). Para estar ao nível da tarefa, representação, despreocupação com questões acessoriais, *etc.*, que o meu trabalho obriga, o que eu ganho não basta. Mas o pior não seria isso, pois, no caso de não haver remédio algum no momento, remediado estaria – como dizem os que entendem de provérbios. É insegurança no conhecimento de tais possibilidades que me leva a escrever esta carta. Talvez você não me conheça ainda, bem, sob certos aspectos, como por exemplo este que é o estado de inibição em que fico toda vez que, numa grande obra como é o *O Observador*,[95] na qual confio e à qual entrego minha esperança, tenho que interromper, por um momento que seja, o ritmo de nosso trabalhos, para tratar de assunto mesquinhamente pessoal meu. Só mesmo por ter a situação assumido para mim forma tão aguda, poderia tentar essa interrupção de um minuto e, ainda assim, por escrito...

O caso é este, Olímpio: tentei orçar minha despesa e[,] pelos mais modestos e apertados cálculos, só encontro uma solução para as despesas com a receita atual: uma pensão no Catete, nada de livros, nada de roupas, nada de empregada, um processo de mediocrização que irá desembocar, infelizmente, na burocratização do meu trabalho – à qual, de certo, algum dia iria eu preferir a própria vagabundagem lírica e higiênica, faminta, mas consciente. Certo se pode viver com muito menos do que eu recebo agora, mas em outras condições ainda piores, e, sobretudo, sem a pretensão de melhorar sempre, melhorar com livros, com um pequeno e elementar conforto, com roupas, com uma certa e indispensável tranquilidade de espírito, sem a chuva de contas, sem a incerteza

95 *O Observador Econômico e Financeiro*, revista mensal de propriedade do empresário Valentim Bouças, editada no Rio de Janeiro, de 1936 a 1962, era apoiada pelo Departamento de Imprensa e Propaganda (DIP), durante o Estado Novo. Em 1939, o DIP encomendou a Olímpio Guilherme um artigo sobre a história do comunismo no Brasil. O redator-chefe repassou a tarefa a Carlos Lacerda, que consultou o Partido Comunista sobre o assunto. Orientado pelo Partido, que pretendia aliviar a pressão que vinha sofrendo, Lacerda redigiu um texto afirmando que o Estado Novo havia derrotado o Partido Comunista no Brasil. Na sequência, foi injustamente acusado de traidor pelos comunistas.

absoluta, sem os desvios de atenção que os minúsculos mas imposturáveis problemas cotidianos vêm determinar.

A capacidade de renúncia é em mim muito grande, e só por isso pude conscientemente escolher esta nossa profissão. Portanto, não é em nome de apetites que falo, mas em nome de necessidades mínimas, exigidas pela própria natureza do trabalho que, com honra para mim, tenho a desempenhar na sua – na nossa – Revista –[96] permita que a chame assim. Caricaturando, posso imaginar, e você facilmente poderá também, que estímulo pode haver para certos trabalhos, quando estamos pensando no problema do almoço? Literalmente, Olímpio, o problema do almoço.

A melhoria na receita, portanto, importa em melhoria da qualidade do trabalho, e na concentração de toda atividade nesse trabalho que é, de um ano a esta parte, a maior preocupação da minha vida – o que, aliás, me honra e me alegra.

Mas não se pode obrigar as possibilidades a chegarem até onde se encontra a necessidade de cada um, senão em ocasiões raras, que nem sempre chegam no momento em que mais premente esta se torna, e mais imprecisa aquela se afigura. Por isso mesmo, a explicação é difícil, e o constrangimento, por meu lado, se torna enorme, principalmente com o pudor invencível, que me acompanha, de ocupar a atenção alheia com os problemas da minha vida. Não desejo que você interprete este monólogo como uma cobrança, ou qualquer coisa parecida. Pelo contrário, tomei a liberdade de conversar com você, tal como, espero, você faria comigo se fosse inversa a situação.

Também me escuso de fazer profissão de fé. Acredito no *Observador* e tenho por ele uma amizade – digamos assim – maior do que você mesmo pode supor. Minha aproximação com a Revista não foi um acaso senão na oportunidade inesperada de um contato pessoal com você. Mas ao chegar ao Rio, depois de alguns anos de adversidade, meu objetivo era *O Observador*. Creio que isso basta como profissão de fé, dispensando o resto do que eu guardo para mim.

Admitamos, portanto, para prosseguir esta carta que já vai maior do que pensei, que nenhuma possibilidade concreta, imediata, exista e que o máximo que *O Observador* pode pagar é precisamente aquilo que eu recebo, e que o máximo de serviço que eu posso prestar ao *O Observador* seja precisa-

96 Refere-se à revista *O Observador Econômico e Financeiro*.

mente esse que até agora, com oscilações para muito e para quase nada, tenho tido oportunidade de prestar.

Nesse caso, sem que em nada e para nada se haja de alterar nosso perfeito entendimento, eu queria ter de você uma palavra qualquer. Por exemplo: aguente firme. É desnecessário acrescentar que, embora triste pela necessidade de continuar enfrentando os problemas que me asfixiam ao sair da redação, aguentaria firme, tratando de reforçar o orçamento por fora, sem prejuízo do trabalho aqui, com traduções nas horas vagas, artigos, *etc.*, que possam sustentar esta vida burra.

O de que eu preciso, Olímpio, e nesse ponto quero dispor plenamente da sua capacidade de compreensão, é saber com que posso contar, para morar, viver, ler, enfim, para realizar todos esses atos complementares do trabalho e que ao mesmo tempo são por ele condicionados. E se não for sacar demais sobre o futuro, saber quando e como, com que trabalhos, com que oportunidades, irei contar para melhorar de vida e, portanto, melhorar o meu próprio trabalho. Se conto com o que venho tendo, então muito bem, vou para a pensão, para o picadinho da pensão, o banheiro da pensão, com certa amargura, por que não dizer? Mas também convencido de que[,] se você não fez mais, é porque não pôde fazer, e[,] sem ressentimento, sem mágoa, continuarei firme, até que se ofereça melhor ocasião. Se, pelo contrário, existem possibilidades imediatas, ou próximas, então poderei ousar melhor passadio, pensar com mais calma, trabalhar com mais eficiência.

(Aqui abro um parêntese para discordar de sua tese quanto às dificuldades quando se está no estrangeiro. Não personalizo aí a questão, falo apenas, como você, em tese. No estrangeiro, aventurosamente, tudo tem sabor de aventura, de dificuldade passageira e removível, e os compromissos sociais, os laços que nos prendem à miséria de cada dia são mais brilhantes. Aqui, no "habitat" [...],[97] esses laços são feitos de barbante de padaria.)

Faça de conta que de Belo Horizonte, ou de algum lugar, escrevi esta carta, e não daqui do escritório, circunstância que talvez torne irritante esta carta que de coração aberto agora lhe escrevo, com uma enorme vergonha da minha timidez, da minha impossibilidade de falar concretamente sobre um assunto vital para mim — e que tanto mais me envergo-

97 Palavra ilegível.

nha quanto mais vital me parece. Poupe-me o espetáculo da minha timidez para falar em mim, em matéria de dinheiro. É um vício de educação, um cacoete, qualquer coisa assim. De qualquer modo, não quero ruminar esta questão sozinho, e egoisticamente a atiro também para você, que anda tão cheio de ruminações próprias e alheias.

Em resumo, o que eu preciso é de uma certeza, qualquer que ela seja. Se for boa, tanto melhor. Se for má, que se há de fazer? Seja como for, amigo e colaborador – ouso arvorar este título, nos termos da sua carta ao dr. Civis Pereira[98] que Deus haja –, e sempre honrado pela oportunidade de trabalhar no *Observador*, sinal que me convenceu de que o mundo não é tão chato como se pensa, continuo seu funcionário, seu admirador e seu amigo certo,
Carlos Lacerda

98 Não identificado.

99 É provável que se trate de Maurício Caminha de Lacerda, jornalista, meio-irmão de Carlos Lacerda por parte de pai, filho do segundo casamento de Maurício Paiva de Lacerda, com Aglaiss Caminha. Carlos Lacerda tinha também um irmão Maurício Lacerda Filho, este filho de sua mãe, Olga Werneck de Lacerda, e que seguiu a carreira de médico.

100 A revista *Diretrizes* (1938-1944) foi criada por Azevedo Amaral (1881-1942) e Samuel Wainer (1912-1980). Apoiava o Estado Novo de Getúlio Vargas e se opunha ao liberalismo. Era controlada pelo Departamento de Imprensa e Propaganda (DIP), órgão responsável pela censura. Por divergências entre Azevedo Amaral e os colaboradores dessa revista, *Diretrizes* seria posteriormente dirigida por Samuel Wainer, quando ficou conhecida sobretudo pelo seu combate contra o nazifascismo.

101 Referência ao artigo "Carta do energúmeno à estrela de *A Manhã*", em que Carlos

Lacerda acusa o absenteísmo de Manuel Bandeira,* após este último ter se declarado isento da necessidade de politizar sua poesia, por ela ser "menor". O trocadilho do título alude ao livro de Bandeira, *Estrela da manhã*, de 1936, bem como ao espaço privilegiado que ele gozava no órgão oficial do Estado Novo, o jornal *A Manhã*, no qual assinava a coluna de artes plásticas e em cujo suplemento, "Autores & Livros", colaborava regularmente. Sobre esta discussão, Antonio Candido escreveu: "Há algum tempo, num artigo polêmico, mas perfeitamente justo nas suas apreciações de ordem estética, o sr. Carlos Lacerda agitou, a propósito do sr. Manuel Bandeira, a questão do poeta menor. De acordo com uma citação do artigo, este poeta teria qualificado a si próprio de menor, justificando assim a sua incapacidade para a poesia social. Neste caso, seriam maiores os poetas capazes de tal poesia, como Carlos Drummond de Andrade, Aragon, Day-Lewis, Castro Alves, etc. Será um critério? E

será pejorativo o qualificativo de poeta menor? A questão merece ser debatida." *Cf.* CANDIDO, Antonio. *Textos de intervenção*. Organização e notas de Vinicius Dantas. São Paulo: Duas Cidades; Editora 34, 2002, p. 129.

*Manuel Bandeira (1886-1968), nascido em Recife, Pernambuco, foi professor de literatura no Colégio Pedro II e na Faculdade Nacional de Literatura. Na poesia, iniciou-se como simbolista e veio a tornar-se uma das maiores figuras do Modernismo. Posteriormente, alcançou uma expressão mais pessoal, lastreada em emoção lírica. De sua obra poética, destacam-se *A cinza das horas* (1917), *Carnaval* (1919), *Libertinagem* (1930), *Estrela da manhã* (1936), *Lira dos cinquent'anos* (1940), *Belo, belo* (1948), *Estrela da tarde* (1960) e *Estrela da vida inteira* (1965). Também sua obra de prosador é digna de nota, como *Apresentação da poesia brasileira* (1944), *Itinerário de Passárgada* (memórias, 1954) e *Andorinha, andorinha* (crônicas, 1965). Foi eleito para a Academia Brasileira de Letras, em 1940.

102 Departamento de Imprensa e Propaganda (DIP), criado em dezembro de 1939, para difundir a ideologia da política de Getúlio Vargas.

103 Referência às reportagens "Eram assim os grã-finos de São Paulo" e "A milésima segunda noite da avenida Paulista", que consagraram o jornalista Joel Silveira* e que são tidas como clássicos do gênero "grande reportagem", uma marca do jornalismo doas anos 1940, forma encontrada pelos jornais para lidar com a censura imposta pela ditadura do Estado Novo de Getúlio Vargas e exercida pelo DIP.

*Joel Silveira (1918-2007), nascido em Lagarto, em Sergipe, foi jornalista. Autodidata, mudou-se para o Rio de Janeiro em 1937, onde trabalhou com Álvaro Moreyra e depois na revista *Diretrizes*, de Samuel Wainer, convivendo no mesmo ambiente que Carlos Lacerda. Foi escolhido por Assis Chateaubriand, dos Diários Associados para ser correspondente de guerra junto a F.E.B. Em mais de 60 anos de carreira, escreveu também para Última Hora, *O Estado de S. Paulo*, *Diário de Notícias*, *Correio da Manhã* e *Manchete*. Publicou cerca de 40 livros e foi agraciado com vários prêmios, entre eles o Prêmio Machado de Assis, o mais importante da Academia Brasileira de Letras, em 1998, pelo conjunto de sua obra.

104 Provável referência ao então presidente da República, Getúlio Vargas. Ver notas 39 e 115.

105 Não foi encontrada, entre os originais de Carlos Lacerda, a continuação desta carta.

RIO, 16.12.[19]43

Meu caro Maurício,[99]

Aí vão o livro e os recortes que lhe prometi.

Peço-lhe o favor de avisar ao Samuel[100] que eu não sou grã-fino daqui nem de S. Paulo e que não estou disposto a receber "pitos" de *Diretrizes*, no gênero dos que ela costuma passar em gente que não sabe, não pode ou não quer se defender. Reconheço no editorial "Ponto de Vista", conselheiral e absoluto, publicado na direção corrente de *Diretrizes*, o dedo personalista inconfundível daquele que mais fala contra o personalismo entre mangueiras, os nossos prezados sargentos ideológicos.

A esses, desejo sinceramente uma boa e saudável decadência no seu personalismo incurável. Não desejaria, no entanto, que *Diretrizes* se metesse com a minha simples pessoa, abusando da sua posição de vítima em estado potencial para distribuir prêmios e castigos aos escritores e políticos nacionais e estrangeiros, vivos e mortos. Sei muito bem o que fiz quando escrevi sobre Bandeira[101] e sobre a "desconversa". Um exemplo típico de desconversa, inteligentíssima e ferina, mas desconversa pela oportunidade... dipeana da publicação, é a reportagem sobre os grã-finos de S. Paulo (o DIP[102] diria: sobre S. Paulo) recentemente publicada, com inequívocos efeitos, mau grado a intenção honesta do Joel.[103]

Reconhecendo todo o valor da contribuição que *Diretrizes* vem dando à luta antinazista, atualmente, não creio, no entanto, que lhe caiba o papel de mentora universal do nosso comportamento. Se se trata apenas de "Unir, congregar — contra o nazi-nipo-fascismo" em torno do Papai Grande,[104] é bom que *Diretrizes* saiba que eu não estou de acordo com isto e tome logo as suas providências, denunciando-me como agente da Gestapo, por exemplo. E como não estou de acordo com isto, tenho liberdade de, na medida do possível, discordar. E se não discordo com mais veemência dessa adesão vergonhosa e divisionista que se está processando aos nossos olhos sob o pretexto de "esforço de guerra", é apenas e precisamente [...].[105]

RIO, 27 DE JULHO DE 1945[106]

Meu caro Borba,[107]

Convidado a participar do almoço que em sua homenagem e à guisa de despedida às vésperas de sua ida para Recife [que] lhe prestam os seus amigos e companheiros, aceitei com prazer tanto maior quanto já me havia lembrado da necessidade de assim reunir aqueles que acompanham a sua luta contra a ditadura numa cerimônia mais expressiva do que os simples abraços de aeroporto. Hesitei um pouco, mas, afinal, pensando melhor, aceitei pelos motivos que abaixo lhe exponho e sobretudo porque me foi dito, o seu amigo Macedo[108] verá com muito agrado a escolha do meu nome.

Por um dos promotores da homenagem, dias depois, fui informado de que haviam sido escolhidos três representantes para saudá-lo: Álvaro Lins,[109] por Pernambuco; Hermes Lima,[110] pela Esquerda Democrática; Prado Kelly,[111] pela UDN; e eu, pela chamada imprensa – ou seja, algo vago e indeterminado.

106 Em anotação manuscrita à margem do original, consta que a carta está "incorreta". Não foi possível identificar o motivo de sua incorreção.

107 José Osório de Morais Borba (1900-1960), mais conhecido como Osório Borba, nascido em Aliança, Pernambuco, foi jornalista e político. Em 1945, com o processo de redemocratização do país, participou da criação da União Democrática Nacional (UDN).

108 É possível que se trate de José Eduardo de Macedo Soares (1882-1967), nascido em São Gonçalo, Rio de Janeiro, militar, jornalista e político. Fundador do jornal *O Imparcial* e depois do *Diário Carioca*, tornou-se

editorialista a partir de 1932, sempre exercendo forte influência política nos governos estaduais e federais. Pai da urbanista e paisagista Lota (Carlota) Macedo Soares, amiga e colaboradora de Carlos Lacerda. Havia porém outros políticos com o sobrenome Macedo, o que deixa dúvidas sobre este episódio.

109 Álvaro Lins (1912-1970), nascido em Caruaru, Pernambuco, foi crítico de literatura e professor. Eleito para a Academia Brasileira de Letras, em 1955, chefiou a Casa Civil no governo de Juscelino Kubitschek e foi embaixador do Brasil em Portugal, de novembro de 1956 a outubro de 1959.

110 Hermes Lima (1902-1978), nascido em Livramento do Brumado, Bahia, foi advogado, jornalista e político. Com longa carreira de professor na Faculdade de Direito de São Paulo e no Instituto de Educação da cidade de Campos, foi também diretor da Escola de Economia e Direito da Universidade do Distrito Federal e diretor da Faculdade Nacional de Direito da Universidade do Brasil. Eleito para a Assembleia Constituinte de 1946, sua carreira política culminou com a chefia da Casa Civil da Presidência da República (1961-62), e no desempenho dos cargos de ministro do Trabalho e Previdência Social (1962), presidente do Conselho de Ministros, durante a breve experiência

parlamentarista ocorrida no governo João Goulart, e ministro das Relações Exteriores no mesmo governo. E, ainda, nomeado em 1963 ministro do Supremo Tribunal Federal, foi aposentado em 1969 pelo Ato Institucional nº 5. Eleito para a Academia Brasileira de Letras, em 1968.

111 José Eduardo do Prado Kelly (1904-1986), nascido em Niterói, no Rio de Janeiro, foi advogado e político. Membro da Assembleia Nacional Constituinte de 1946, foi vice-presidente da comissão de Constituição, presidida por Nereu Ramos. Fundador da União Democrática Nacional (UDN), foi presidente deste partido entre 1948 e 1949. Foi ainda ministro da Justiça, em 1955, no governo de Café Filho.

112 José Américo de Almeida (1887-1980), nascido em Areia, no estado da Paraíba, foi romancista e político. De 1935 a 1947, nomeado pelo presidente da República Getúlio Vargas, exerceu o cargo de ministro do Tribunal de Contas da União.

113 Odilon Ribeiro Coutinho (1923-2000), nascido em Santa Rita, no estado da Paraíba, foi político. Bacharelou-se pela Faculdade de Direito de Recife em 1947 e durante seu bacharelado participou intensamente da vida acadêmica, assumindo a presidência da União dos Estudantes de Pernambuco.

Talvez seja fácil alguém convencer-se de que eu gosto de fazer discursos, por fatalidade paterna ou desejo de progredir numa carreira política. Afirmo-lhe, no entanto, que isto seria puro engano. Os que tenho feito, desde que a luta contra a ditadura pôde sair à rua, resultaram da convicção de que é que todos falem — e ai de nós, sobretudo agora, quando algumas das melhores vozes estão cautelosamente quietas, sufocadas pela "linha justa". E de todo coração lhe confesso que nada me repugna mais do que ter de falar entre oradores demagógicos e privado de possibilidade de explicar lisamente as coisas, sem arroubos e figurações.

O convite, porém, para falar no almoço que lhe oferecem os seus amigos e companheiros, aceitei-o de bom grado e sem maiores escrúpulos, senão os decorrentes da situação peculiar em que nos encontramos, todos os que não ficamos com a "linha justa". Eis por que me resolvi a fazer um discurso escrito, ainda que curto, para evitar excessos e inconveniências de última hora. Ia escrevê-lo hoje, sexta-feira. Ontem, porém, fui informado, pelo mesmo bom amigo que me convidou, ter ficado decidido pela Comissão Organizadora do almoço, à frente da qual está o ministro José Américo,[112] que seriam mantidos apenas os três já mencionados oradores, pois havia um horror de gente a querer falar, o Odilon Coutinho[113] pelos estudantes, alguém por não sei quem, e assim por diante. Os mencionados eram quatro, os três que ficaram e excluíram o quarto, que sou eu. Eis-me portanto na desagradável posição do sujeito que não pediu para falar e é obrigado a dizer aqui o que, a convite, teria de dizer.

Ora, eu não me insinuei e nem mesmo me inculquei. Pretendia comparecer simplesmente ao almoço, ouvir o que lá se dissesse, bater palmas, abraçá-lo e voltar ao meu trabalho. A vários amigos adverti da necessidade de prestigiar a homenagem que lhe fazem, neste momento, aqueles que reconhecem as qualidades de verdeiro democrata e de adversário coerente da ditadura. Mesmo com a inequívoca decisão da Comissão Organizadora, ainda pretendia ir ao seu almoço, pois o desejo de participar da justiça que lhe fazem, meu caro Borba, ainda existe e em nada ficou prejudicado.

Sucede, porém, que um desses amigos, e ele veio a saber por terceiros, que iam comparecer ao almoço me comunicou ontem que, em consequência da atitude assumida para comigo, desistia de participar da homenagem que lhe prestariam amanhã. E se mostrou irredutível nessa resolução, alegando precisamente que o que me havia feito tinha um sentido político indisfarçável, o da progressiva capitulação diante da "linha justa", afastando de qualquer participação aqueles que, sem prejuízo de sua lealdade e da firmeza de suas convicções, ousam discordar da opinião do sr. Luís Carlos Prestes[114] sobre o exmo. sr. dr. Getúlio Vargas,[115] honrado ditador unitário. Ora, se alguém, por minha causa, e nem por mim se deixe convencer a ir ao seu almoço, já eu não posso comparecer [...].[116] Deixe, portanto, meu caro Borba, transmitir-lhe as linhas gerais do que seria o meu breve discurso de saudação dos seus colegas de imprensa. Será esta a homenagem que lhe posso prestar, como seu companheiro e sobretudo seu admirador de há tanto tempo.

Eu devia começar acentuando como aquela festa poderia ser, para todos, o início de uma nova união de forças democráticas, reatando os laços existentes no dia do embarque da Força Expedicionária e desgraçadamente desatados no próprio dia de embarque desses soldados.[117] Queria dizer com isto o seguinte: quando a FEB embarcou, entre apreensões e angústias, todas as forças democráticas estavam unidas na ilegalidade, sob a censura e a aparente apatia, na luta contra a ditadura. Ao voltar a Força Expedicionária, essas forças internas se encontram repartidas entre duas concepções de luta, uma de continuação do trabalho começado, outra de reconsideração do problema em bases inteiramente novas. Não seria, porém, impossível uma união dessas forças no terreno da ação e nada melhor para isto do que esse novo banquete de Apporelly,[118] que era o almoço a Osório Borba. Se no primeiro, sob a pressão da ditadura, pudemos estar reunidos, todos os democratas, para um desafio ao poder, podíamos talvez reunir-nos, agora, para fazer pressão sobre a ditadura, preparando a participação de todos no poder, com os reclamos de eleição livre.

E para isto — diria eu — nada melhor do que a homenagem feita a um jornalista cuja sinceridade está acima de qualquer suspeita, cuja dedicação à liberdade tem sido mo-

114 Luís Carlos Prestes (1898-1990), nascido em Porto Alegre, Rio Grande do Sul, foi um dos líderes do movimento comunista no Brasil. Comandou, junto com Miguel Costa, um movimento político-militar posteriormente conhecido como Coluna Prestes, uma marcha que percorreu 13 estados brasileiros, entre 1925 e 1927, divulgando sua insatisfação com a República Velha, promovendo a exigência do voto secreto, a defesa do ensino público e a obrigatoriedade do ensino primário para toda a população. Após o término da Coluna, Prestes esteve na Bolívia e na Rússia, onde estudou o marxismo, tendo retornado clandestinamente ao Brasil em 1934. Desde então, participou ativamente da vida política brasileira, como na formação da Aliança Nacional Libertadora, em 1935, e na Constituinte de 1946, quando foi escolhido para liderar a bancada do PCB, nequela época chamdo Partido Comunista do Brasil.

115 Getúlio Dornelles Vargas (1882-1954), nascido em São Borja, Rio Grande do Sul, foi um importante político brasileiro. Liderou a Revolução de 1930, que depôs o então presidente Washington Luís e impediu a posse do eleito Júlio Prestes, governando o país de 1930 a 1945. Na primeira fase de governo, instituiu leis trabalhistas e debelou uma revolta constitucionalista deflagrada em São Paulo, em 1932. Já em 1937, deu um golpe de Estado que cancelou as próximas eleições e manteve-se no poder sob nova Constituição, de cunho

ditatorial, redigida pelo então ministro da Justiça, Francisco Campos (1891--1968) e conhecida como "A Polaca". Este período foi chamado de Estado Novo. Naquele momento, Carlos Lacerda foi preso por motivos políticos e logo solto por falta de provas (ver as cartas de 25 de novembro e 24 de dezembro de 1937, na seção "A família" deste livro). Em seguida, Vargas voltaria à presidência da República por voto direto, de 1951 a 1954, quando se suicidou.

116 Trecho ilegível.

117 O embarque da Força Expedicionária Brasileira em direção à Itália começou a se dar de 30 de junho para 10 de julho de 1944, com o 1º Escalão. O 5º e último Escalão embarcou no dia 8 de fevereiro de 1945.

118 Referência à homenagem prestada a Aparício Fernando de Brinkerhoff Torelly (1895-1971) na Associação Brasileira de Imprensa, pelos seus 25 anos de atividade jornalística. "Apporelly" era seu pseudônimo usado a partir de 1926 na coluna "A manhã tem mais…", do jornal *A Manhã*. Também adotou o pseudônimo Barão de Itararé e criou um semanário que viria a se tornar um dos mais populares jornais de humor da história do Brasil, *A Manha*.

delo de persistência, de quase miraculosa intransigência, mas que é, ao mesmo tempo, tão tolerante quanto intransigente. Por outras palavras, é o exemplar típico do verdadeiro democrata segundo pode ser compreendido um homem de convicções políticas definidas na convivência dos seus adversários.

Pois o que realmente precisa ser revalorizado, intensamente atualizado e defendido é o espírito de tolerância. E falaria, Borba, para concluir, o elogio da tolerância e a justificação da sua vigência neste momento, se de fato queremos construir uma democracia. Estamos apenas chegando de tanta abjeta negação de todos os direitos, é natural que ainda estejamos habituados a só aceitar o pensamento alheio quando ele se adapta ao que consideramos seja a nossa verdade particular e definitiva. Devemos, no entanto, reagir contra isto – e reagir sobretudo dentro de nós, entre os nossos correligionários, junto aos nossos amigos. Longe de ser uma criação da intolerância e da ferocidade ideológica, a marcha do mundo para novos horizontes democráticos, agora poderosamente reforçada pela vitória trabalhista na Inglaterra, é a da evolução consciente, aquela que progride porque faz prosélitos, persuade, convence, anima e cria. Por outras palavras, é uma vitória da tolerância na prática, tanto quanto da intransigência na teoria. E a esse modelo de intransigência quanto aos princípios e de tolerância na convivência e na compreensão das razões dos adversários, este que só tem verdadeiramente um adversário inapelável, que é a ditadura, precisamente porque ela encarna a intolerância em sua forma aguda e satisfeita, a este jornalista cuja responsabilidade é enorme precisamente porque ele animou a resistência com o seu exemplo cotidiano, devemos prestar a homenagem mais significativa, que consiste em lhe dar a garantia de que à intransigência de ideias saberemos juntar a tolerância entre os aliados, a compreensão das razões de cada um, a reação contra a ferocidade dos costumes políticos, o prevalecimento da cordialidade brasileira, fonte de nossa relativa felicidade entre tantas amarguras, para que assim possamos preservar, ao menos com as razões simplesmente humanas, as bases de nossas afinidades políticas, tão profundas que às vezes nós mesmos as perdemos de vista, na superficialidade das táticas de cada momento.

Eis, mais ou menos, o que eu iria dizer no seu almoço, Borba. Infelizmente, porém, a minha pregação de tolerância chega tarde. Estamos em plena ferocidade, todos a se devorar, os aliados entre si, mais que aos inimigos, e os próprios membros de cada grupo a se dilacerar surdamente na corrida aos postos, aos cargos, às possíveis cadeiras. À crise de intolerância corresponde, talvez por isto mesmo, uma visível crise de transigência, menos política do que moral. A esquerda democrática — no seu oportunismo, que seria precisamente o equivalente brasileiro dos trabalhistas que acabaram de vencer na Inglaterra, à margem dos comunistas e contra os conservadores — em vez de se organizar namora a "linha justa". A pretexto de não servir de veículo à guerra, que por diferentes é movida contra Prestes, ela se presta ao papel de veículo da "linha justa" na UDN, incorrendo em desconfiança dos liberais e no desprezo dos comunistas. Com isto, fica a reboque de ambos, da UDN e do PC. Não ocupa o seu lugar na luta política precisamente porque deseja evitar a luta política. E[,] como não pode evitá-la, constitui uma espécie de "linha justa" encabulada. Não se trata de mobilizar a Esquerda Democrática contra Prestes e sim de frente única democrática contra a ditadura enquanto Prestes apoia a ditadura. Portanto[,] se o seu programa se aproxima do de Prestes, ela não é caudatária ou vassala da "linha justa", é ou tende a ser — pelo menos deveria ser — uma força independente. Em vez de reconhecer-lhe esse caráter, no entanto, procura-se dar-lhe o de força auxiliar de Prestes e do brigadeiro. Ei-la então reduzida às proporções em que deixam os nosso prezados amigos. A Esquerda Democrática luta pelo que não quer — Prestes, a "linha justa", *etc.* — mas não pelo que ela quer, o seu programa já adotado pelo brigadeiro.[118A] Em vez de se organizar e preparar os seus quadros, como vanguarda da luta contra a ditadura, de modo a assegurar, de futuro, a formação de um grande partido popular brasileiro, ela se posta como sentinela à porta do Partido Comunista, como a dizer: não atrapalhem, aí dentro estão trabalhando pelo futuro do Brasil.

118A Referência ao brigadeiro Eduardo Gomes. Ver nota 371.

Eis a razão pela qual o sr. João Mangabeira[119] acha que eu não devo participar da Esquerda Democrática, para não desgastar o sr. Prestes. Eis também, meu caro Borba[,] a razão pela qual eu não desejo participar da Esquerda Democrática. E há outra razão além desta, a de que na verdade eu não sou um político, não passo de um jornalista que faz papel de política para substituir as estolas enquanto faltam atores na companhia. À medida que estes ocupam os seus lugares na coxia e entram para a apoteose, eu me retiro para o meu lugar nas torrinhas — de onde reservo o direito de aplaudir e de vaiar, e infelizmente mais vaiar do que aplaudir. Esse papel — o de jornalista — é o que eu reivindico. Ele é tudo quanto pretendo.

A supressão do meu nome[,] entre os daqueles que vão saudar o jornalista Borba, ocasionou esta sem nenhum rancor e com a mesma velha e fiel simpatia. A intolerância venceu mais uma vez de avança [sic]. Eis-me sozinho, não direi orgulhosamente, mas — perdoe que lhe diga — dignamente só. Creio conhecê-lo bastante para saber que, nestas condições, você hoje gostaria de sentir-se, como eu, à margem dos aplausos, mas não dos sacrifícios. Pois, entre esses aplausos, Borba, estarão também os daqueles que nos "utilizam", nos "aproveitam", e no fundo desprezam a nossa capacidade de compreender e tolerar, a nossa intenção de defender, acima de tudo, esta chave da compreensão humana que é a tolerância, suprema prerrogativa da inteligência.

Com um abraço amigo do seu Carlos Lacerda.

---

119 João Mangabeira (1880-1964), nascido em Salvador, Bahia, foi político, com vários mandatos de deputado federal e senador. Foi também ministro da Justiça (1962-3). Em 1945, durante a elaboração dos estatutos da União Democrática Nacional, participou da criação da Esquerda Democrática, que defendia a necessidade de extirpar os "ranços conservadores" da UDN, conforme anunciado no manifesto lançado a 24 de agosto.

RIO, 18 E 19.3.53

Meu caro Marcelo:[120]

De volta do Nordeste e de Petrópolis, com escalas por Sérgio e Clarisse,[121] encontro em casa a sua carta, tão generosa e tão nobre, tão Marcelo. Aproveito, então, para lhe dar esta resposta bem meditada, que amanhã vou reler passada à máquina. Talvez a mande tal qual sai aqui, agora, para que não perca, a seus olhos, o tom de espontaneidade com que a escrevo.

Você estranha a minha crítica ao Odilon[122] por dois motivos, bem diversos, unidos pela mesma razão que é a sua amizade a ele e a mim. Estranha porque reputa o Odilon um bom chefe de família, um bom filho, um excelente amigo. Estranha, depois, porque no seu entender isto constitui grave indício de desequilíbrio emocional em mim.

Começaria por lhe mostrar, Marcelo, que você não esboça, sequer, a pergunta que me tem preocupado há muito tempo – e que seria decorrência lógica dessas duas estranhezas: por que, como, qual o processo que leva uma pessoa com as qualidades que você aponta no Odilon a proceder, como cidadão, tal qual ele procede?

Quanto a mim, é claro que não me considero um ser perfeitamente balanceado. Mas daí não se segue que a reação ante o que me parece errado seja a evidência de um desequilíbrio – que você não encontra no seu outro amigo. Afinal, Marcelo, as características de cada temperamento são praticamente imutáveis. Você está um pouco, ou talvez mais do que você e eu supomos, seguindo o seu temperamento que é o do *amigo*; desculpe a classificação pouco ortodoxa, que me levaria a longa explicação sobre o que pretendo resumir nessa alusão. Confio à sua imaginação decompor o que aí sintetizo: o amigo é o intercessor, a ponte, o aplainador de dificuldades, o negociador e, no fundo, o que coloca o sentimento da amizade acima de tudo. É uma bela conduta que basta, por si só, para justificar uma vida.

Mas nem eu nem o Odilon somos assim. Aqui, há de você permitir que, fora de meu estrito dever profissional,

120 Marcelo José de Amorim Garcia, grande amigo, médico e fundador do Hospital Municipal Jesus, que se tornaria chefe de campanha da candidatura de Carlos Lacerda ao governo da Guanabara. Quando eleito, em 1960, Carlos Lacerda fê-lo secretário da Saúde.

121 Sérgio Bernardes (1919-2002), nascido na cidade do Rio de Janeiro, foi arquiteto. Com cerca seis mil projetos, destacam-se como obras públicas o Pavilhão de São Cristóvão, no Rio de Janeiro, o Pavilhão da CSN, no Parque Ibirapuera, em São Paulo (do qual só resta uma ponte) e o Centro de Convenções Ulysses Guimarães, em Brasília. Entre as inúmeras construções particulares, registra-se a casa de Lota Macedo Soares – amiga e colaboradora de Carlos Lacerda –, em Samambaia, Petrópolis, na serra do Rio de Janeiro, que recebeu o prêmio da II Bienal de São Paulo, em 1953. Na época, era casado com Clarisse.

122 Odilon Baptista (1910-?), nascido na cidade do Rio de Janeiro, foi médico e chefe de serviço na Organização de Assistência Médica dos Empregados Municipais. Filho de Pedro Ernesto Baptista, ex-prefeito do Rio de Janeiro. Ver nota 124.

eu me obrigue à desagradável tarefa de fazer o exame de um amigo de outro que tanto e tanto prezo. A sua carta me obriga a isto, para não ficar sem resposta – o que seria, além de grosseria, falta de senso.

Devo começar por generalidades, absolutamente impessoais. Distingamos, desde logo, nossas duas posições. Você, até agora, não se considera obrigado a condenar, nos comunistas, o que há neles de entranhadamente antissocial, ainda mais do que de desamor por tudo o que nós pregamos, a liberdade e a dignidade do homem. Digo até agora porque apenas lhe falta uma experiência pessoal, direta e vivida, para aprender o que o PC[123] faz de um homem. O que você lê, o que você já sabe, impressiona-o mas apenas de leve o convence, não o engaja, não o obriga, não o compromete. Você assiste os comunistas serem comunistas. Certamente você reage desfavoravelmente se ouve alguém dizer – como ouvi há dias – que embora não me odeie *precisa* me odiar porque o Partido manda. (Isto ouvi de pessoa que você muito estima e eu muito lastimo.) Mas essa reação não vai a ponto de fazê-lo reconhecer, por verificação pessoal, a gravidade dessa deformação, o seu alcance, as suas consequências.

Quanto a mim, posso lhe dizer que embora curta a convivência com os métodos e as criaturas que eles modelam e que os aplicam, o comunismo (como no nazismo e ainda pior, pois no comunismo há a mistificação de ideais caros ao homem, e a matéria-prima que se usa para fins degradantes é a Justiça), essa convivência foi tão gravemente útil que não considero a "25ª hora" ou "Zero ao infinito" matéria apenas para ler, mas projeção literária, de caráter documental, do que realmente vi, vivi, percebi. O homem que o PC modela é um monstro, Marcelo.

Aqui, então, vem a pergunta: como pode um bom amigo e bom chefe de família ser um monstro? Esta é precisamente a razão da minha revolta: é ver agir como um monstro, na sociedade, aquele que na "sociedade" é um excelente sujeito. Se eu estivesse de consultório aberto, certamente procuraria estudar o problema psicológico desse ser. Como cristão, eu devo perdoar, *etc.* Mas[,] além dos deveres de compreensão e de solidariedade cristã, eu tenho outro: sou *jornalista*,

123 Partido Comunista.

Marcelo, quer dizer, tenho de zelar pelo bem comum; sou, entre tantos, também "o procurador da sociedade" (desculpe a citação). E tenho direito à indignação. Onde você diz *ódio*[,] diria melhor se visse *ira*. Ódio não tenho, Marcelo, ao Odilon nem a ninguém. Seria, por exemplo, incapaz de cortar relações com ele por ordem de partido nenhum, ou por detestação espontânea. Lembro-me de ter sido veemente – quase sempre. Injusto, algumas vezes. Odiento, nunca. Nem em público nem na intimidade de minha consciência. Para se fazer obra de amor, sem cair no chamego, é preciso saber detestar o erro e condenar o que está errado. Só faz justiça, absolutamente, o juiz que se dispõe, também, a condenar. Não é isto ódio. Não tenho ódio, repito. Mas[,] indignado, sou. Furioso, até na razão direta da responsabilidade de quem erra contra o bem comum e se destina em errar por meios escusos.

Detesto, cada dia mais, a posição cômoda e oportunista do *simpatizante*, do *inocente* útil – se é que ainda há disso entre os que servem ao PC. Compreendo e até admiro os que se entregam, os que se sacrificam. Ainda assim, combato-os porque não posso, em nome da compreensão das razões de cada qual, perder de vista o interesse geral, que me incumbe, nos meus parcos limites, defender com todas as minhas forças.

Mas o simpatizante, que colabora com o comunismo, há muito perdeu a razão de ser, aquela que o tornava, pelo menos, compreensível. O trabalho escravo, o expansionismo russo, a deformação sistemática dos fatos, a propaganda do ódio, agora até o requinte que é o antissemitismo, tornaram, entre outras evidências, impossível a ilusão que faz o simpatizante celebrar, na esperança[,] antes justificável, de contribuir para o advento de um mundo melhor.

O Odilon de 1935 eu compreendo, comprometendo toda gente, utilizando o pai,[124] safando-se para a Europa na hora do perigo para todos os que ele envolvera na aventura, por mercê de amizades propícias. Era o jovem deslumbrado com o Evangelho dos *slogans*. Compreendo, ainda, o que via no comunismo a vanguarda da luta contra o fascismo no mundo. Os erros que praticava, decorriam dessa premissa ilusória mas essencialmente generosa e pura.

124 Pedro Ernesto do Rego Baptista (1886-1942), nascido em Recife, Pernambuco, foi médico e político. Proprietário de uma casa de saúde no Rio de Janeiro, notabilizou-se como cirurgião e pela sua atuação em favor das classes menos favorecidas da cidade. Com grande prestígio popular, foi prefeito do Rio de Janeiro, então Distrito Federal, por dois períodos: de 1931 a 1934 e novamente de 1935 a abril de 1936, quando foi preso sob acusação de ter participado da Intentona Comunista. Fiel às suas origens pernambucanas foi grande incentivador de clubes de frevo no Rio de Janeiro e também de bailes carnavalescos, como o do Theatro Municipal. Pai de Odilon Baptista. Ver nota 122.

125 Não identificado. Certamente não se trata nem do meio-irmão, Maurício Caminha de Lacerda, nem do irmão Maurício de Lacerda Filho. Talvez, Maurício Joppert (ver adiante, nota 405). Ver nota 99.

126 Trata-se provavelmente de Pedro Xavier d'Araújo (1906-1984), político nascido em Capela, Alagoas.

127 Referência ao brigadeiro Eduardo Gomes (1896-1981), nascido em Petrópolis, no Rio de Janeiro. Foi candidato à presidência da República em 1945 e 1950 pela União Democrática Nacional (UDN) em oposição a Getúlio Vargas. Ver adiante, nota 371.

128 Trata-se de Iedo Fiúza (1894-1975), nascido em Porto Alegre, Rio Grande do Sul, que foi candidato a presidência da República em 1945 pelo PCB, então chamado de Partido Comunista do Brasil.

129 Palavra ilegível, manchada de tinta.

130 Ermírio Lima foi um famoso médico otorrinolaringologista. Foi presidente da Associação Médica do Distrito Federal na década de 1950.

Já não pude compreender, nunca mais, como pôde mentir a três amigos — aí estão, de testemunhas, o Maurício[125] e o Xavier de Araújo[126] — afirmando que não podia apoiar o Brigadeiro[127] por promessa à família de não mais "se meter" em política; e logo a seguir mete-se de cabeça, e ao próprio pai já morto, na "Constituinte com Vargas" e na candidatura de Fiúza.[128]

Então é ainda fácil compreender que a mentira é uma injunção a que o Partido obriga, desde que se mantenha a veracidade para com ele, Partido. Mas é difícil calar ante esse perigo que assim se arma sobre a sociedade e sobre a própria vítima de tais deformações de caráter.

Ainda assim, calei-me. Esperei muito, sem rancor, que [...][129] excessivo; confesso-lhe até que sem dar maior importância àquela grave falta de caráter e elementar lealdade a um antigo companheiro de prisão e, afinal, a três amigos que desinteressadamente confiavam em seu discernimento.

Eis que agora, porém, o partido trata de "organizar", isto é, de utilizar os médicos, atirando-os contra os doentes, enojando-os da medicina para ingressarem na militância.

À frente do movimento, como "inocentes" retardatários, além do dr. Ermírio Lima,[130] cuja fama vem de longa data, na Bahia e alhures, está o Odilon. O bom chefe de família, a quem, por seu silêncio, quanto a este particular, na sua carta você atribui um equilíbrio emocional pelo menos razoável, está contribuindo para lançar os médicos numa aventura que só convém ao PC. A serviço de ideais? Que ideais? Pode ele reconhecer, hoje, os ideais que inicialmente o comoveram? O antissemitismo? A matança dos médicos por motivos políticos, atribuindo-lhes crimes hediondos?

De duas, uma: ou se trata de um ser psicologicamente equilibrado, e neste caso é um crime revoltante o que ele pratica, por cima da própria consciência ou abrindo mão desta para não ter do que se justificar, — ou é um ser emocionalmente desequilibrado, neste caso deve receber a sua advertência para que se ajuste a uma sociedade que ele desfruta, com certo sadismo, na medida em que a quer destruir.

Em qualquer caso, é fácil condenar a veemência (que você chama ódio) de minha condenação. Mas não é tão fácil imaginar o que representa, para a 5ª coluna, um médico, pessoalmente, e por família e relações influentes na sociedade, a trabalhar para a destruição daquilo que constitui precisamente o que você nele louva. É preciso que se esteja convencido de que, já agora, desmascarado na sua brutalidade, no cinismo de seus métodos e nos seus sinistros objetivos, o comunismo constitui um inimigo do homem, pior ainda do que o nazismo – porque mais eficiente e jogando com a esperança dos humildes. A quem está convencido disto se afigura hedionda a participação malemolente do eterno "simpatizante", que tira a brasa para a sardinha do PC sem arriscar a situação social que desfruta, nem as amizades, nem a profissão, nem o dinheiro, nem a honra.

No caso específico do Odilon, a ajuda que ele dá à ação comunista no meio médico é algo que briga com tudo o que você diz e pensa acerca de suas qualidades. Isto não quer dizer – veja bem! – que tais qualidades não existam. Quer dizer – eis o que é terrível – que elas estão anestesiadas, a própria sensibilidade moral é trancada num compartimento e ele só lhe dá saída em certas ocasiões.

Pois então haverá insinceridade maior do que o Odilon reclamar, por meio de greve, aumento de salários? Dirá você que é para os outros. Repare que os líderes da Associação são médicos que têm tudo. Serão os outros, os necessitados, menores ou débeis mentais? Na realidade a situação dos médicos interessa tanto a esses "líderes" quanto qualquer outra reivindicação. O que interessa é o beco, quer dizer, o Partido....

Para compreender essa deformação, procure ler o *Witness*, de Whi[t]taker Chambers.[131] É um depoimento extraordinário, completo.

Receio que você se esteja deixando impressionar por um psicologismo *d'abord* que redunda num psicologismo que é a exageração, a sobrestimação da psicologia. É preciso não esquecer, Marcelo, que se cada qual escolhe o seu rumo de acordo com as tendências pessoais, esse rumo se exprime e está condicionado por uma concepção da vida e do mundo. Por uma filosofia, em suma, à qual a própria psicologia em grande parte se subordina e pela qual se explica e se justifica.

131 Whittaker Chambers (1901-1961), editor e escritor norte-americano, foi membro do Partido Comunista dos EUA e espião da ex-União Soviética. Em 1948, foi intimado a depor no House Un-American Activities Committee (HUAC), revelando-se um opositor do comunismo, o que foi relatado em seu livro *Witness*, de 1952.

Vejo-o muito preocupado com o temperamento e não tanto com o caráter, a reação deste sobre a conduta e desta sobre ele segundo a respectiva concepção de vida, que é o que propriamente se chama filosofia.

Quem tem, quem aceita, quem serve a uma filosofia que faz da mentira uma arma, do embuste um instrumento, e só tem honra quando o Partido deixa, e só frequenta os amigos que o Partido permite ou recomenda – e assim por diante – e ainda por cima age assim depois de *ver*, com os próprios olhos, pois já não há, entre pessoas medianamente informadas, quem não tenha visto o que é, na prática, até onde conduz, objetivamente, a filosofia comunista, ou é muito pouco inteligente ou está entregue a uma depravação moral e intelectual gravíssima.

Ora, eu não tenho por função zelar por este ou aquele, senão quando me é lícito fazê-lo sem prejuízo da comunidade, da qual, por profissão que abracei, me constitui procurador. Assim, ao ver a manobra comunista com os médicos, não são os conflitos morais do Odilon, não é a contradição em que ele vive, sem parecer que dela se apercebe, que me cabe tratar. É, sim, o efeito que essa tendência antissocial do Odilon, posta a serviço de uma filosofia de negação de todos os valores morais do homem, tem sobre os médicos, em particular e, em geral, sobre a incauta, desprevenida e descuidosa sociedade que é a nossa. Por outras palavras, Marcelo, releve-me a solenidade desta declaração, destruindo no Odilon os mitos que asseguram o êxito da manobra comunista, estou defendendo os seus filhos, os meus, de todos. E mais: estou a sacudi-lo para lhe dar uma oportunidade de despertar – como vocês esbofeteiam uma histérica para trazê-la a si.

Na sua carta há um ponto que precisa ser bem esclarecido. Por isto repito: não tenho ódio a ninguém. Digo tranquilamente que não tenho ódio, muito menos ao Odilon que, no fundo, para ser inteiramente franco, considero um bom rapaz, pouco inteligente e devorado por uma contradição que ele se recusa a enfrentar e resolver: a de ser sem ser, a de deixar de ser sem deixar de ter sido (comunista). Tenho pena de sua timidez, que o enreda nesse pseudodilema, numa armadilha que ele próprio põe à porta dele mesmo.

Mas, depois de longa paciência, à espera de que ao menos ele se retraísse, vejo a Associação Médica do D.F. enviar "emissário" como esse Ermírio Lima, para as cidades dos Estados da seca.

Eu já tinha visto a seca, Marcelo, e conheço a miséria, a ansiedade, a frustração do Nordeste. Sei o que é, ali, o prestígio do que vai do Rio. Facilmente imaginei o que seria essa constante crueldade com-[...][132]

[...] que Hitler não amou bastante Eva Braun?[133] Que Mussolini[134] não tinha aspectos humanos apreciáveis? Que Landru[135] não era um *causeur* delicioso? Que Lampião[136] não tinha seus motivos? "Tudo compreender é perdoar tudo", escreve Dostoievski.[137] Estou pronto a compreender e a perdoar. Mas, na hora da ação, enquanto esta se exerce com prejuízo da comunidade a que procuro servir, não se trata de ser tolerante e sim de ser justo. A ação do Odilon é nefasta. As suas virtudes, postas a serviço de uma orientação nefasta, agravam-se porque lhe aumentam a eficácia. Não estive tratando d[o] Odilon, no artigo, estive tratando de quebrar a eficácia da manobra a que ele serve.

E aqui termino com um grande abraço agradecido pela espontaneidade confiante de sua reação. Não desprezo nem desestimo a sua advertência. Mas faço-lhe também uma: não deixe um amigo como o Odilon é seu, por mal compreendido escrúpulo de respeito às opiniões alheias, viver uma contradição que agrava os efeitos da participação que ele tem na desagregação dos princípios sobre os quais, quaisquer que sejam as nossas deficiências no aplicá-los, assenta e pelos quais se justifica a nossa vida.

Novamente, muito obrigado.
Do seu
Carlos

132 A página 15 do manuscrito extraviou-se.

133 Eva Braun (1912-1945) foi secretária de Heinrich Hoffmann, fotógrafo que era amigo de Adolf Hitler (1889-1945), líder do Partido Nazista alemão e ditador do Terceiro Reich, o qual provocou a Segunda Guerra Mundial. Eva Braun e Hitler mantiveram relação amorosa por mais de uma década e se casaram poucas horas antes de suicidarem-se.

134 O político italiano Benito Mussolini (1883-1945) foi um dos personagens centrais na criação do Fascismo. Liderou o Partido Nacional Fascista e, em 1940, lançou a Itália à Segunda Guerra Mundial.

135 O francês Henri Désiré Landru (1869-1922) foi um assassino em série. Mais conhecido como Barba Azul, estrangulava e queimava suas vítimas.

136 Virgulino Ferreira da Silva, o Lampião (1898?-1938), foi o "capitão" de um grupo de cangaceiros que atacou diversas cidades e fazendas do Nordeste.

137 Referência ao escritor russo Fiodor Dostoievski (1821-1881), autor de obras-primas da literatura univeral, como *Crime e castigo* (1866), *O idiota* (1869) e *Os irmãos Karamazov* (1881).

NOVA YORK,[138] 2 DE DEZEMBRO DE 1955

Afonso[139]

que ano você escolheu para fazer aniversário!...

Com os vagares que virão, escreverei mais *despacio* — como dizem os naturais da fronteira. Mas, desde agora, venho lhe dar — e já com um certo atraso — um grande e afetuoso abraço pela data que o jornal comemorou modesta mas decentemente.

Vi o artigo de Afonsinho[140] sobre o pai. Que esforço ele fez para não dizer logo que te adora! Chama-se a isto um exercício literário para atletas do primeiro grau.

Até o dia 23 estarei no Hotel Gorham, 136 West 55th Street. A partir daí já numa casa que aluguei para nós, com o seguinte endereço:

ONE ALLEN ROAD

NORWALK

CONNECTICUT

Fica a uma hora, por trem, de Manhattan. É plácida e cercada de neve — por enquanto, cercada de roseiras secas.

---

138 Após o movimento de 11 de novembro de 1955, Carlos Lacerda asilou-se na embaixada de Cuba. Ainda no mês de novembro, embarcou para Cuba e de lá foi para os EUA, onde viveu com sua família na cidade de Norwalk, em Connecticut. Em meados do ano seguinte, se mudaria para Lisboa.

139 Afonso Arinos de Melo Franco (1905-1990), nascido em Belo Horizonte, Minas Gerais, filho do diplomata Afrânio de Melo Franco, foi historiador, jurista, professor e político. Autor da Lei Afonso Arinos

que, em 1951, estabeleceu as primeiras normas contra a discriminação racial. Em 1958, candidato ao Senado pelo Distrito Federal na legenda da UDN, teve o apoio de Carlos Lacerda, organizador das caravanas do "caminhão do povo", que percorreram a cidade com o candidato, e saiu-se vitorioso, com a maior votação até então recebida. No mesmo ano, foi eleito para a Academia Brasileira de Letras.

140 Trata-se de Affonso Arinos de Mello Franco (1930), conhecido como Afonso Arinos, filho, diplomata e político,

nascido em Belo Horizonte, Minas Gerais, filho de Afonso Arinos de Melo Franco e Ana Guilhermina Pereira de Melo Franco. Eleito para a Academia Brasileira de Letras em 1999, publicou *Primo canto – memórias da mocidade* (1976), *Três faces da liberdade* (1988), *Atrás do espelho – cartas de meus pais* (1994), *Perfis em alto relevo* (2002), *Diplomacia independente (um legado de Afonso Arinos)* (2002) e *Mirante* (2006).

Costuma haver inundação por perto, mas esta fica numa elevação, perto de um colégio para os meninos, dessas escolas públicas admiráveis que por aqui florescem, como diria o outro.

Enfim, por hoje é só o abraço. Mas, que abraço! Receba, com Annah,[141] o afeto que se encerra.

P.S. – Favor perguntar ao Alberto Torres[142] se ele recebeu uma carta minha, com a mesma data desta. É de agradecimento pelo discurso.

Abraço afetuoso
do
Carlos

141 Ana Guilhermina Rodrigues Alves Pereira, neta do ex-presidente da República Rodrigues Alves (1902-1906), casou-se com Afonso Arinos de Melo Franco (ver nota 129) em 1928. Mãe de Afonso Arinos, filho (ver nota 140).

142 Alberto Francisco Torres (1912), nascido em Niterói, no Rio de Janeiro, foi jornalista, professor e deputado federal. Em 1955, assumiu seu mandato na Câmara dos Deputados pela União Democrática Nacional (UDN).

NOVA YORK,[143] 17 DE FEVEREIRO DE 1956

Caro Fernando,[144]

Para que voltar? Para ser alvo das ressalvas, das reticências, para ser isolado do povo pelos bem pensantes? [...][145] Não meu caro, desta vez é pra valer. Para começo de conversa não é possível tomar como fato consumado o golpe de novembro.[146] Há de denunciá-lo todo dia e com a maior veemência. [...] O próprio tom do manifesto da UDN[147] é lastimável. Tem medo de falar nos pobres e fala ainda nas classes "menos favorecidas". Ora, com o perdão da palavra, os franceses usam nestas ocasiões, *merde*! Então, com a inflação a devorar o Brasil, a corrupção restaurada no poder, o que querem é que volte a pôr um pouco de ênfase na eloquência gomosa da UDN?

A UDN acabou. Não para ser dissolvida e substituída por outra. A contribuição que ela deu ao país foi boa, em 1945 e esporadicamente, em alguns episódios como na batalha parlamentar do dia 12 de novembro passado. Muitos de seus homens são altamente aproveitáveis. Mas o país não precisa de um partido que não tem programa e o pouco que tem não usa. Um partido que não se entrega, mas que também não se dedica. [...][148] Não reconheço a legitimida-

---

143 Sobre a estadia em Lisboa, ver nota 138.

144 Fernando Cícero da Franca Veloso, advogado e um dos amigos mais próximos de Carlos Lacerda, padrinho de seu filho Sebastião Lacerda.

145 Trecho ilegível.

146 Referência ao golpe que levou o marechal Lott a ocupar com tropas do Exército o Distrito Federal, a fim de garantir que Juscelino Kubitschek e João Goulart tomassem posse nos cargos de Presidência e Vice-Presidência da República, respectivamente. O movimento liderado por Lott em 11 de novembro de 1955 levou Carlos Lacerda, entre outros, a se abrigar no Ministério da Marinha e embarcar no cruzador *Tamandaré* para Santos, em São Paulo. Ver adiante, nota 424.

147 União Democrática Nacional.

148 Trecho ilegível.

de do governo Kubitschek.[149] É necessário tudo e tudo ao meu alcance farei para derrubá-lo antes que produza maiores desgraças para o Brasil — inclusive a venda do Brasil, que ele está negociando em Nova York e em Washington com alguns homens de negócio associados nessa empreitada a pretexto de combater o comunismo. [...][150] Alguns dos donos da UDN incluíram um apelo à minha volta, mas a volta para ser liderado pelos dirigentes da UDN. Alguém saberá dizer quem são? No Rio, é o Adauto.[151] Então estamos bem servidos de algum impulso de bravura cívica eventual, mas não de ideias, nem de programa, nem de lucidez pois ele não tem nenhuma. Não tem ideias e não se esforça por entender a dos outros. Não, mil vezes, não, meu caro. Estou muito moço para querer enganar os outros e muito velho para me deixar que me enganem. [...][152] Voltarei do exílio se e quando for possível reunir conosco todos os que, na medida de suas forças e segundo as suas capacidades, se dispuserem a enfrentar todas as responsabilidades que nos incumbem. Não volto para ser guarda noturno, enquanto os líderes dormem, às vezes embalados pelos próprios discursos. O que temos pela frente não são adversários. São inimigos; vejo que, mais de uma vez, procuram esses políticos deixar aos militares o encargo de defender a nação, enquanto eles tratam de, na melhor das hipóteses, defender o regime. Não dou aos militares esse privilégio, nem admito

149 Juscelino Kubitschek de Oliveira (1902-1976), nascido em Diamantina, Minas Gerais, foi prefeito de Belo Horizonte, governador de Minas Gerais e, finalmente, presidente da República, eleito por voto direto, de 1956 a 1961. Promoveu um plano de desenvolvimento industrial e a construção de Brasília, com a definitiva transferência da capital do país para o planalto central ainda durante seu governo.

150 Trecho ilegível.

151 Adauto Lúcio Cardoso (1904-1974), nascido em Curvelo, Minas Gerais, foi advogado e político. Amigo de Carlos Lacerda, foi padrinho de nascimento de seu filho mais velho, Sérgio Lacerda. Em 1947, ao lado de Lacerda, renunciou ao mandato de vereador do Distrito Federal como protesto contra as restrições de poder impostas pelo Senado à Câmara. A partir dessas restrições, o Senado conquistava o direito de examinar os vetos do prefeito do Distrito Federal.

sequer conceber a hipótese de que sejam eles afastados do dever de, conosco, criar condições para o estabelecimento da democracia no Brasil. A desunião dos militares foi completada pela omissão dos civis. A nossa tarefa consiste na reforma do Brasil. Como reformá-lo numa oposição meramente legalista, se lhe falta o essencial da lei, que é o órgão encarregado de interpretá-la? A mais grave podridão do Brasil está no seu poder Judiciário. Está a UDN disposta a denunciar a podridão do Judiciário e pleitear a sua reforma? Estão os advogados da direção da UDN dispostos a enfrentar os juízes prostitutos? Terão eles coragem de sustentar que o Supremo Tribunal Federal é um prostíbulo, onde os poucos homens dignos têm vergonha de serem heróis? [...][153] O povo está tão farto de promessas de oposição. Se os redatores de tais manifestos de oposição-laranja pudessem ler o que está no coração dos moços, saberiam porque a UDN, como os demais, estão enterrados vivos. De vez em quando sai de dentro dela um braço que braceja, depois um dedo que espeta o ar. Mas continua enterrado no corpo. Quanto à alma, meu caro, perdeu-a num desvão de escada, nos solilóquios do diletantismo, na sinistra omissão dos leguleios. [...][154] A Constituição, ou seja, a Lei do Brasil, terá de sair da Revolução. Ou seja, da reforma completa do Brasil. Uma das exigências dessa reforma é dos partidos.[155]

No mês anterior à redação desta carta, no dia 31 de maio, Adauto Lúcio Cardoso foi agredido ao tentar impedir que a Polícia Militar invadisse o prédio da União Nacional dos Estudantes (UNE). Nessa altura, os estudantes protestaram contra o aumento de 100% nas passagens dos bondes do Distrito Federal, levando a polícia a organizar uma represália.

152 Trecho ilegível.

153 Trecho ilegível.

154 Trecho ilegível.

155 Os originais desta carta não foram localizados. Reproduzem-se aqui os trechos publicados na *Gazeta Mercantil* nos dias 10, 11 e 12 de julho de 1998.

LISBOA,[156] 24.06.[19]56

Meu caro Fernando[157]

Hoje fui ao consulado buscar correspondência. Lá estava a sua carta de 18.6. Por isto só hoje lhe dou resposta, embora nesse ínterim você tenha, com certeza, carta minha escrita na ignorância desta sua, agora. Conto ter resposta à minha recente carta sobre a situação, pelo portador que vem esta semana.

Passo a responder à carta do dia 18.

1. Ótimo o que você informa sobre a situação dos meninos. Como poderá Deus te pagar o que você faz pelos amigos, Fernando – já que estes nunca poderão retribuir à altura?

2. Passagens. Gostaria de saber quanto é, em $, para ver o que faço. O que sobrar, do necessário às passagens[,] mande-me, pois estou curto; o que recebi dá para viver mas só casa, comida, empregados e gasolina.

Estou escrevendo ao Vítor,[158] como você recomenda. Quanto aos outros, quem são? Desculpe, mas não os identifiquei; razão pela qual não sei como me dirigir a eles.

O pedido que lhe fiz então foi forçado pelo excesso de despesas em Nova York. Saí de lá mais do que na hora, um pouco tarde, pois já não aguentava as despesas do [...][159] a 86...

3. Quanto à *Tribuna*, já dei em carta anterior algumas sugestões. Convém o Aluísio,[160] parece-me, dar duro na informação; a tendência da secretaria é para fazer do jornal uma revista sem as qualidades, gráficas e outras, de uma verdadeira revista.

Há informações, como os navios que chegam e saem; as conferências, os enterros, os casamentos, que são indispensáveis pois, sem elas, um jornal *não é* jornal. E certas fontes *de informação*, se inaproveitadas, secam e, depois, perdidos os anos que levam a formar-se, outros tantos são necessários para reconstituí-las.

Estou escrevendo ao Duarte,[161] por seu intermédio e do Aluísio, junto com esta.

4. Quanto ao júri. Sou totalmente contrário à presença do Sobral.[162] Não recebi resposta do Adauto[163] à minha carta.

Terei muita honra em prestar depoimento pessoal, mas

156 Sobre a estadia em Lisboa, ver nota 138.

157 Fernando Veloso, ver nota 144.

158 Vítor Bouças, filho de Valentim Bouças, e ex-cunhado de Fernando Veloso. Ver nota 144.

159 Palavra ilegível.

160 Aluísio Alves (1921-2006), nascido em Angicos, no Rio Grande do Norte, foi jornalista e político. Em 1949, trabalhou como redator-chefe da *Tribuna da Imprensa*, jornal do Rio de Janeiro de propriedade de Carlos Lacerda. Antes e depois disso, participou ativamente da vida política brasileira: foi deputado federal, governador do Rio Grande do Norte e ministro da Administração e, depois, da Integração Regional.

161 João Duarte, filho foi jornalista político do jornal *A Tribuna*.

não creio que deva ir ao Brasil a não ser que seja *só para isto e voltar logo em seguida*. Que acha você (e o Aluísio) desta solução? Tem várias vantagens. Mande-me dizer com a possível urgência, para combinarmos pormenores. Não é, em todo caso, a solução mais fácil.

5. Disto tenho tido notícia pelos jornais. O meu artigo sobre a lição do Etchegoyen[164] diz, ao menos, uma parte do que penso.

6. O grupo a que você se refere não tem direito a sugerir coisa alguma, sem me dizer, exatamente, por que faz semelhante sugestão. Quanto aos que acham que devo voltar imediatamente, há-os de todo gênero. Não posso, não quero e *não devo* afastar-me de uma linha que, todos reconhecem, acabará sendo adotada. Prefiro mudar a minha vida, perder tudo, *até a Pátria*, a mudar as ideias que considero necessárias à Pátria.

Não estou interessado em fazer uma carreira política à custa de subterfúgios.

Alguém deve dar o exemplo de sacrifício e de coerência. Acho cedo voltar.[165]

---

162 Heráclito Fontoura Sobral Pinto (1893-1991), nascido em Barbacena, Minas Gerais, foi advogado, voltando sua prática para a defesa dos Direitos Humanos, notadamente durante a ditadura do Estado Novo e o governo militar instaurado em 1964. Católico fervoroso, foi presidente do centro Dom Vital nas décadas de 1960 e 1980. Publicou as obras *Lições de liberdade* (1977), *Por que defendo os comunistas* (1979), e *Teologia da Libertação – o materialismo marxista na teologia espiritualista* (1984).

163 Adauto Lúcio Cardoso, ver nota 151.

164 Alcides Etchegoyen (1901-1956), nascido em Porto Alegre, Rio Grande do Sul, foi general do Exército. Ao lado do general Álvaro Fiúza de Castro, revelou-se contrário à intervenção do marechal Lott que, em 11 de novembro de 1955, acionou tropas do Exército para depor o presidente interino Carlos Luz e garantir, consequentemente, que o candidato eleito Juscelino Kubitschek pudesse tomar posse da presidência da República. Por causa dessa oposição, os dois generais foram detidos.

165 Carlos Lacerda voltaria em outubro de 1956, quando desembarcou na cidade do Rio de Janeiro. Reassumiu o mandato de deputado federal e a direção do jornal *Tribuna da Imprensa*.

Tenho na mais alta conta o esforço dos que aí estão; a esses nada de substancial posso acrescentar; considero que todos estão se desgastando numa luta, gloriosa talvez, à sua maneira, mas infecunda, pelas circunstâncias em que se processa. Acabou o tempo de ser *anti* e ser *da resistência*. Ou se propõe um caminho, *uma solução*, ou se perde todo mérito público e se atira fora todo o esforço desses longos anos.

Nem o ânimo do povo nem a situação brasileira, muito mais grave vista em conjunto, a distância, do que na sucessão de pormenores cotidianos; daí, permitem mais contemporizações.

Na última página (3ª) da sua carta você põe com muita clareza a questão, a meu ver. Mas não me interessa (nem adiantaria me interessar, pois não conseguiria) reforçar ou reabilitar esse tipo de oposição que precisa de estimulante. Ela que se desmoralize (a parte que deseja isto) imediatamente, então sim. Qualquer esforço, agora, iria fazê-la sobreviver a si mesma – com mais as piores consequências…

É preciso que com esse governo caia tudo o que *ele representa, inclusive a parte*

[…][166] *e… oligárquica* da oposição.

Veja as declarações do Café,[167] por exemplo (e fui eu, digo-lhe aqui entre nós, quem providenciou essa entrevista!…)[.]

Que coisa infeliz, errada, frouxa! Uma excelente pessoa – mas nada esqueceu e nada aprendeu, ao que parece.

Enfim, o que lhe digo parte do pressuposto de que *está tudo tão ruim, tão despreparado e informe quanto parece*. Se não está, mandem-lhe dizer, *verbalmente. Então estarei pronto a examinar a questão sob novos ângulos, à luz de realidades que, até o momento, desconheço.*

Outros assuntos

Câmara. Quando termina a minha licença, exatamente? Tenho entendido que, ao vencer-se esta, tenho direito a mais 3 meses. E depois? Tenho de ir?

Veja bem, Fernando. Se eu for, estando o país na situação em que se encontra, ou semelhante, tenho que dar o nome aos bois e censurar muito os omissos *de que um homem que cumpriu* o seu *dever* com o jornal trocado e outro que, na linha do seu interesse, faz o que tantos bravos patrio-

166 Palavra ilegível.

167 Referência a João Café Filho (1899-1970), político nascido em Natal, Rio Grande do Norte. Foi vice-presidente da República de 1951 a 1954. Após o suicídio de Getúlio Vargas, assumiu a presidência, em 1954. Em 3 de novembro de 1955, com complicações cardiovasculares, internou-se no Hospital dos Servidores do Estado, afastando-se de suas atividades políticas. Em seguida, seria impedido de retornar à presidência da República.

tas não fazem: engole agravos, passa por cima de regalias pessoais para tentar organizar uma base que lhe permita governar; governar mal, é claro, mas esta já é outra questão.

A minha impressão é que a crise brasileira vai se arrastar até um desfecho, *para muitos inesperada*: [...].[168] Estarei com estes e não com a oposição vacilante e medrosa nem com os heróis aposentados. Eu não queria uma reforma como uma espécie de pretexto para impedir a posse do Juscelino; queria e quero uma reforma para tornar possível a existência de um governo no Brasil.

Nessas condições, apenas atrapalhar o governo do JK me parece demais – e muito pouco.

À propósito, excelente o editorial de [...],[169] dia 21, sobre o *novo partido*. Convém, no entanto, não esquecer que dessa pequena oportunidade (a falta de legenda da dissidência do PSD)[170] podem resultar grandes coisas, inclusive a formação de um grande movimento de opinião, com base (ou simples pretexto) na formação de um grande partido.

Para isto, sim, eu iria – mas, chamado, nunca para me oferecer para burro de carga.

Estou convencido de que a reforma, com sua indispensável base militar, só virá tendo por mola impulsionadora um grande movimento de opinião. Este só pode surgir, no momento, de uma pregação revolucionária que use, por exemplo, a formação de um partido, como veículo e combustível.

Finalmente: devo dizer-lhe que não entendi bem o escrúpulo do J.D.[171] Há alguma coisa por trás ou é, como presumo, realmente só um escrúpulo? Vocês vejam – e entreguem [...]?[172]

Saudades a Carol e os meninos.[173] Abraços a todos os amigos. Especialmente ao Aluísio.

Do seu, do sempre,

Carlos

168 Trecho ilegível.

169 Nome ilegível.

170 Partido Social Democrático. •

171 Possivelmente João Duarte, filho. Ver nota 150.

172 Trecho ilegível.

173 Carolina Veloso, esposa de Fernando Veloso, e os filhos, Fernando Cícero e Braz.

RIO DE JANEIRO, 11 DE DEZEMBRO DE 1962

Meu caro Juraci[173]

Tenho estado em falta com você desde que viajei, quanto ao dever e desejo de lhe falar ou, ao menos, escrever. Não[,] porém, no que se refere aos meus pensamentos. Durante todo esse tempo tenho pensado muito em você, em nós, no Brasil. Ainda há dias, lendo a Carolina Nabuco,[174] sobre o Virgílio,[175, 176] como que o revi, através desse nosso inesquecido amigo, nos dias gloriosos daquele esforço do qual fui testemunha.

O que lhe ocorreu, o que nos ocorreu, a 3 de outubro, no que se refere à sua candidatura, foi uma imensa e dolorosa injustiça. Mas, foi também, por pior que nos pareça e mais difícil de reconhecê-lo, uma lição.

Não lhe posso dizer mais, por escrito. E por isto não lhe escrevi senão agora, quando a sua carta, a propósito de um caso do sr. Carlos Kohler[177] — pelo qual me interessei — seguindo-se ao seu carinhoso telegrama, obrigam-me a não mais adiar estas palavras, sinceras — você bem sabe — e, mais do que nunca, afetuosas.

Por difícil que lhe pareça, ainda, atravessar, essa fase, deixe que lhe diga, você não pode sair do Brasil agora. Não pode? Estou quase a dizer que [ninguém] mais neste país tem o direito de lhe proibir o que quer que seja; tão nobre, tão dignamente você conduziu, nesta fase crucial de desordem dos espíritos, de desalentos e deserções, a sua parte no sacrifício nacional.

Mas, compreenda, o Brasil merece sempre mais do que tudo o que possamos dar.

De que vale dedicar-nos aos netos se lhes deixamos um destino de escravos?

Há dias, em Roma, Maria Cristina[178] tomou-me pelo braço na rua e disse: "Foi preciso a gente vir à Europa para você sair sozinho a passear comigo, sozinhos, na rua."

De que vale descansar, Juraci, se não sabemos descansar neste inferno?

173 Juraci Montenegro Magalhães (1905-2001), nascido em Fortaleza, Ceará, foi militar e político brasileiro. Integrante do movimento tenentista, destacou-se na Revolução de 1930, liderando uma coluna que percorreu o litoral do Nordeste, sendo então nomeado por Getúlio Vargas interventor na Bahia, cargo depois confirmado por eleição indireta, mas deixou o governo com a instauração do Estado Novo, em 1937. Participou da Constituinte de 1946 e foi deputado federal e depois senador pela Bahia, pela UDN, partido do qual foi presidente no biênio 1957-59. Em 1957, chegou a general e em 1959 elegeu-se outra vez governador. Exerceu ainda os cargos de adido militar e embaixador do Brasil nos EUA, ministro da Justiça

Os perigos se avolumaram de tal modo que se tornou inútil confiar em que se desfaçam sozinhos.

Não me atrevo a lhe pedir que venha. Mas, diga e eu irei aí. Entendo que devemos reunir tudo o que nos resta, desmanchar todo desânimo, sublimar toda amargura, renunciar a todos os direitos mansos e usar apenas um: o da revolta contra o que estão fazendo à nossa terra e o que preparam para a nossa velhice e a mocidade daqueles que pusemos no mundo.

Você é um dos raros que podem atravessar, a nado, esse canal que não é da Mancha porque é do Mangue, e unir os desavindos, juntar os pedaços de antigas energias, conclamar as novas e cumprir o preceito: a ofensiva é a melhor defensiva.

Espero uma palavra sua.

Com muitas e carinhosas lembranças de Letícia[179] e de todos em casa a d. Lavínia[180] e aos seus, receba um abraço do seu amigo,[181]

---

e das Relações Exteriores. Foi também o primeiro presidente da Petrobrás e presidiu a Companhia Vale do Rio Doce.

174 Maria Carolina Nabuco de Araújo (1890-1981), filha de Joaquim Nabuco, nascida na cidade do Rio de Janeiro, foi escritora e tradutora, autora, entre outros livros, do romance *A sucessora* (1934) e do livro de memórias *Oito décadas* (1973).

175 Carolina Nabuco publicou, em 1962, o livro *A vida de Virgílio de Melo Franco* pela editora José Olympio, na coleção Documentos Brasileiros.

176 Virgílio Alvim de Melo Franco (1897-1948), nascido em Ouro Preto, em Minas Gerais, formou-se em Direito no Rio de Janeiro, foi jornalista e político.

Era filho de Afrânio de Melo Franco e irmão de Afonso Arinos de Melo Franco. Em 1922, foi eleito deputado estadual por Minas Gerais pela legenda do Partido Republicano Mineiro (PRM). Apoiou a Aliança Liberal e é considerado um dos grandes artífices da Revolução de 1930. Foi constituinte de 1933. Mais tarde, foi redator do "Manifesto dos mineiros" contra a ditadura Vargas e, na redemocratização pós-1945, um dos fundadores da União Democrática Nacional (UDN), partido que presidiu. Morreu assassinado em sua casa, no Jardim Botânico, bairro da cidade do Rio de Janeiro. Seu assassino era Pedro Santiago Pereira, um ex-empregado que também faleceu na mesma ocasião, ao receber os

disparos de revide de Virgílio. As razões do crime continuam desconhecidas.

177 Não identificado.

178 Maria Cristina Lacerda Simões Lopes (1951), filha caçula de Carlos e Letícia Lacerda.

179 Letícia Lacerda, esposa de Carlos Lacerda. Ver nota 1.

180 Lavínia Borges Magalhães, esposa de Juraci Magalhães (ver nota 173).

181 Carta não assinada. Trata-se provavelmente de cópia do autor.

RIO DE JANEIRO, 18 DE AGOSTO DE 1964

Meu caro Juraci[182]

Tinha resolvido não incomodá-lo por esses assuntos, mas diante da insistência de intrigas, e da frequência com que você por vários meios, em carta ao Eliezer[183] que a comunicou ao Flexa Ribeiro,[184] e já agora publicamente em carta ao Hélio Fernandes,[185] tem abordado o assunto, venho dirigir-me a você para o seguinte.

Fique absolutamente tranquilo no que se refere a minha confiança em você. Ouvi-o ao chegar a Nova York, e depois.

Se há uma coisa em que confio, é na sua capacidade de não me enganar. Nunca você me enganou, não iria fazê-lo agora, quando a nossa amizade mais do que nunca é sólida e pura e quando sei das razões profundas, respeitáveis e belas que você aflorou na sua carta ao Hélio.

Quanto a mim, não tenha cuidado. Confio em você e sei que se alguma vez tivéssemos de rever posições, eu seria o primeiro a ser avisado por você e nunca o último.

O esforço em separar uns dos outros, os homens e as tendências da revolução[,] é muito grande, mas espero que não o consigam, sobretudo na medida em que têm um homem com a sua experiência, inclusive a do sofrimento, podendo assim contribuir para desfazer equívocos bem maiores e anular perigos bem mais graves do que este a que perversamente aludem.

Pessoalmente eu lhe daria pormenores e erros que estão aqui sendo cometidos.

Disse ao Presidente que ele é um excelente piloto,[186] mas está com um grau de diferença na sua rota. Não é tão grave quanto o desvio de 90%, mas um grau basta para que ele não chegue ao porto. Essa pequena deriva é menos devida à sua vontade do que à corrente submarina, à ação dos ventos, *etc.*

Mas, para corrigir o pequeno desvio, que pode levar às pedras em vez de levar ao porto, é preciso uma vontade decidida e definida.

182 Juraci Magalhães. Ver nota 173.

183 Eliezer Magalhães (1899-1971), nascido em Fortaleza, Ceará, médico e empresário, participou da Aliança Nacional Libertadora. Era irmão de Juraci Magalhães.

184 Carlos Otávio Flexa Ribeiro (1914-1991), nascido em Belém, no Pará, foi político, historiador e professor. Ao tornar-se governador da Guanabara, Carlos Lacerda o nomeou seu secretário da Educação e Cultura, cargo que exerceu de 1960 a 1965.

185 Hélio Fernandes (1924), nascido no Rio de Janeiro, foi jornalista. Desenvolveu intensa atividade no jornalismo político.

Espero que a convivência aumente a confiança e anule a intriga.

A pressão aqui para a compra da Bond & Share[187] é muito grande. Eu não sou favorável. Acho que uma renegociação[,] em suas mãos, conduziria a muito melhores resultados e, sem prejudicar os acionistas, capitalizaria muito mais para o Presidente, inclusive do ponto de vista político. Isso mesmo eu disse a ele.

Espero em outubro poder dar um pulo aí, se se confirmar o convite do Governador da Flórida,[188] mas não tenho certeza, pois há muito o que fazer aqui e o estado de saúde de Letícia[189] não é nada tranquilizador.

Com um afetuoso abraço à d. Lavínia,[190] receba um aperto de mão do seu amigo.[191]

CL/RA[192]

186 Referência ao marechal Humberto de Alencar Castelo Branco (1897-1967), nascido em Fortaleza, Ceará. Tornou-se presidente da República quatorze dias após o golpe militar de 1964, que destituiu João Goulart do poder. No dia 17 de julho do mesmo ano, o Congresso aprovou a prorrogação de seu mandato até 15 de março de 1967.

187 Empresa norte-americana que explorava, no Brasil, o transporte a bonde.

188 Cecil Farris Bryant (1914-2002), político americano do Partido Democrata, governou a Flórida de 1961 a 1965.

189 Letícia Lacerda, esposa de Carlos Lacerda. Ver nota 1.

190 Lavínia Borges Magalhães, ver notas 173 e 180.

191 Carta não assinada. Trata-se provavelmente de cópia do autor.

192 Ruth Alverga, ou Dona Ruth, foi secretária de Carlos Lacerda desde os tempos do jornal *Tribuna da Imprensa*, e até o final de seu governo no estado da Guanabara.

RIO DE JANEIRO
6 DE JULHO DE 1971

Cara amiga:[193]

Por seu filho, Stephan, depois por você, fui honrado com o convite para fazer parte da Diretoria da Fundação Castro Maya,[194] na função de 2º tesoureiro. Tomado de surpresa quanto à função, já disse ao Stephan o que penso. Não é o meu gênero. Penso, aliás, que uma Fundação deve entregar a sua escrita a uma Auditoria contratada, de reputação firmada; até porque as fundações estão sujeitas, por lei, à fiscalização do Judiciário. E da opinião pública, por motivos óbvios, além do Conselho de Curadores constituído pelo instituidor dessa, nosso amigo e seu tio Raimundo de Castro Maya.[195]

Participar com vocês das atividades da Fundação que ele idealizou, seria para mim oportunidade de prestar algum serviço. Tenho algumas ideias a respeito do que se pode fazer, com um instrumento como esse, em proveito da criatividade, do aprendizado, da difusão de conhecimentos, da avaliação do progresso intelectual e artístico, na educação pós-escolar de jovens e de adultos. Tais ideias, quem sabe, poderiam ser aproveitáveis. Ocorre, por força dos estatutos, que a escolha da Diretoria depende de um Conselho de Curadores no qual, conforme adverti desde logo, podem nem todos estar de acordo com a sugestão que você lhes faz acerca de quem deva ser membro da Diretoria.

Parece que é o que se dá, ou antes, o que se deu. Chegou ao meu conhecimento a existência de divergências, não das naturais e contidas nos limites da convivência e da tolerância, mas sim ameaçadoras de crise para a Fundação.

Ora, não se trata de emprego ou negócio, e sim de um encargo, a ajuda a uma bela obra que não deve ser comprometida por dissensões estranhas ao seu campo e ao seu objeto. A obra me tenta. O trabalho não me afasta. Mas não me atrai a ponto de disputar ou pleitear o que quer que seja, muito menos o posto, simbólico, de 2º tesoureiro. Em todo caso, nunca a ponto de servir de motivo à discórdia e à desagregação.

193 Carta enviada a Betty Castro Maya, sobrinha de Raimundo Ottoni de Castro Maya.

194 A Fundação Castro Maya foi criada em 1963. No ano seguinte abriu o Museu do Açude, no Alto da Boa Vista, e, em 1972, o Museu da Chácara do Céu, em Santa Teresa.

195 Raimundo Ottoni de Castro Maya (1894-1968), nascido no Rio de Janeiro, foi empresário e colecionador de obras de arte.

Tenho suficientes inimigos, alguns dos quais rancorosos e ressentidos por lhes haver, real ou supostamente, prejudicado os interesses em luta desigual que me pareceu constituir, ao preço de sacrifícios e riscos, meu dever na defesa do interesse público. Afastado dessas lutas, reconciliado com aqueles que são capazes de superar agravos pessoais quando algo mais profundo e permanente está em causa, não pretendo servir de pasto a velhos ódios pequeninos e novas vinganças mesquinhas. Não me sinto mais obrigado a sofrer impertinências e suportar agravos por cumprir deveres de que fui compulsoriamente desobrigado.

A ajuda que vocês acharam que eu poderia dar só seria útil num clima de superior compreensão, de impessoal consideração pela obra a realizar, por bem cumprir a intenção de nosso amigo comum que instituiu a Fundação. Tanto mais no meu caso, pois a Fundação nasceu, por assim dizer, nos meus braços, quando Raimundo foi me declarar no Palácio Guanabara, onde eu então trabalhava, sua intenção de dotar o Rio de Janeiro de uma instituição a que destinaria uma parte do seu patrimônio. E este, como sabem quantos os conheceram, não consiste apenas de bens materiais, e sim também de elegância moral, espírito público e real respeito pela inteligência.

Estarei sempre pronto a colaborar com vocês, anonimamente, ocasionalmente, sem cargo nenhum, se e quando for considerada útil, por vocês, a minha ajuda, cujo único valor talvez consista numa relativa experiência dos fenômenos naturais. Por isto é sem remorso que peço licença para liberá-la do seu convite, enquanto reitero meu agradecimento pela generosa lembrança.

Peço-lhe o favor de levar ao conhecimento do Conselho de Curadores esta carta. E sou fiel simpatizante da Fundação e
seu amigo,

Carlos Lacerda

ILMA. SRA.
D. BETTY CASTRO MAYA
NESTA

RIO DE JANEIRO,
16 DE JANEIRO DE 1972

Caro Luís:[196]

O Ivo Barroso[197] vai morar em Lisboa, como responsável pela *Seleções*, em lugar do Tito Leite, que se retira em julho.[198] A mulher, Sílvia, é um soprano excelente e, sobretudo, uma pessoa muito agradável. O Ivo, além de poeta ele próprio, traduziu como ninguém os *Sonetos*[199] de Shakespeare e, agora, *Une Saison en Enfer*.[200] É uma formação literária excelente, por isto pensei em você para que se tornem amigos. Você, conhecendo-o, reconhecendo-o muito, assim como a Sílvia, a você e a Maria Helena,[201] a quem envio o beijo que para você é abraço.

Em março ou abril estamos tramando, o João Condé[202] e eu, uma viagem de redescobrimento da Madeira e definitivo desembarque nos Açores. Que tal andarmos e ver juntos essas raízes?

196 Luís Augusto de Sampaio Forjaz de Ricaldes Trigueiros (1915-2000), nascido em Lisboa, foi jornalista, escritor e crítico de literatura. Foi sócio correspondente da Academia Brasileira de Letras a partir de 1967.

197 Ivo Barroso (1929), nascido em Ervália, Minas Gerais, é crítico de literatura, poeta e tradutor. Autor de *Nau dos naufrágios* (1981), *O torso e o gato* (1991), e organizador de *Charles Baudelaire – poesia e prosa* (1995). Traduziu mais de trinta e cinco obras de poesia, ficção e ensaísmo. Casado com Sílvia Alves, conhecida como Sissi, cantora amadora. Ivo trabalhou com Carlos Lacerda na preparação da *Enciclopédia do século xx*.

Sobre esta colaboração, ver a carta de 28 de junho de 1973, para Gilberto Freyre, no final desta seção.

198 A revista de variedades Seleções, da editora norte-americana Reader's Digest, foi lançada no Brasil em 1942 e publicada até 1972, quando o editorial foi transferido para Portugal. Nas décadas de 1950 e 1960, tornou-se a revista de maior circulação no Brasil, com cerca de um milhão de leitores, e era dirigida pelo jornalista Tito Leite, que não aceitou a mudança de país, sendo então contratado Ivo Barroso para assumir o cargo em Lisboa.

199 Trata-se do volume 24 *Sonetos*, de William Shakespeare, publicado em 1971, pela Nova Fronteira,

editora de Carlos Lacerda, ilustrado por Isolda Hermes da Fonseca, com prefácio de Antônio Houaiss e introdução de Nehemias Gueiros.

200 Referência ao livro de Arthur Rimbaud, traduzido por Ivo Barroso sob o título *Uma temporada no inferno*.

201 Maria Helena de Albuquerque do Amaral (1922), esposa de Luís Forjaz Trigueiros.

202 João Condé (1912-1996), jornalista pernambucano e bibliófilo, foi responsável pela coluna "Arquivos Implacáveis" do suplemento literário Letras e Artes do jornal *A Manhã* e da revista *O Cruzeiro*.

Um abraço do

P.S.: Petrópolis agora está um pouco maior e o jardim mais bonito. Venham.

A minuta desta carta ficou extraviada em minha casa, por isso só agora está seguindo. Aproveito para informar que chegarei em Lisboa no próximo dia 25, pelo voo 386, da TAP.

C.L.

CL/MTM[203]

ILMO. SR.
DR. LUÍS FORJAZ TRIGUEIROS,
RUA DA IMPRENSA, 19 — 1A
LISBOA, PORTUGAL

---

203 Maria Thereza Moreira Correa de Mello, secretária de Carlos Lacerda, era amiga e parente-afim de Ivo Barroso, e foi quem apresentou os dois. Em 1969, quando Ivo morava na Holanda e Lacerda lá esteve, após deixar o Brasil devido à sua cassação pelo AI-5, ela enviou uma encomenda que foi entregue em mãos. Daí surgiria uma sólida colaboração que inclui a participação de Ivo na *Enciclopédia do século XX*, dirigida por Lacerda, e a publicação, pela Nova Fronteira, editora de Carlos Lacerda, de traduções de poesia realizadas por Ivo.

RIO DE JANEIRO,
II DE DEZEMBRO DE 1972

ILMO. SR.
DEOCLÉCIO REDIG DE CAMPOS,[204]
MUSEI VATICANI
CITTÀ DEL VATICANO
ROMA, ITÁLIA

Meu caro Deoclécio:

Há muito tempo não o vejo, mas continuo seguindo a distância a sua extraordinária carreira, com uma constante admiração e antiga simpatia.

Há alguns anos passados, se você está bem lembrado, pedi-lhe que fosse comigo a um antiquário da Via del Babuino, para examinar um quadro representando a Piazza de San Marco, em Veneza. Lembro-me bem do espanto do homem da loja quando o identificou. Na ocasião você confirmou o que o homem dissera, isto é, que era um quadro do século XVIII, atribuído a um certo Bolla, pintor secundário daquele século. Eu trouxe o quadro para o Brasil e agora cedi-o a um amigo.

Gostaria de, sem comprometê-lo maiormente no assunto, ter mais informações sobre esse pintor. Não sei bem como, lembro-me que na ocasião encontrei no *Benezit*[205] informações mais circunstanciais sobre o autor desse quadro. Agora, porém, na edição de 1966, encontro apenas o seguinte (vol.I, pg.747):

BOLLA, Giovanni
*Peintre, travaillant à Parme, né vers
1650, mort le 15 septembre 1735 (Ec. Ital.)*

Será sobre o mesmo que terei lido, noutra obra qualquer, outras referências? Em suma, em que você poderia me ajudar a dar uma informação mais completa ao meu amigo Carlos Alberto Aulicino,[206] a quem passei o quadro?

204 Deoclécio Redig de Campos (1905-1989), nascido em Belém, Pará, foi curador e diretor do Museu do Vaticano. Estudioso do Renascimento, coordenou a restauração da *Pièta*, de Michelangelo, e de *A escola de Atenas*, de Rafael, entre outras grandes obras.

205 Trata-se de um dicionário de artes muito respeitado por sua enorme abrangência e profundidade, cobrindo desde os artistas mais importantes até os mais obscuros de cada período, não só do Ocidente, mas também da Ásia. Com o título de *Dictionnaire des Peintres, Sculpteurs, Dessinateurs, et Graveurs*, a obra do francês Emmanuel Bénézit (1854-1920) foi publicada pela primeira vez em três volumes, na França, entre 1911 e 1923, tornando-se uma fonte de consultas indispensável para museus, leiloeiros, colecionadores e estudiosos em geral, por reproduzir imagens das assinaturas dos artistas. Em 1999, saiu uma nova edição em 14 volumes, contendo cerca de 170 mil biografias de artistas, e,

Agradecendo um momento do seu tempo que sei tão tomado, fico à sua disposição em nosso novo Banco de Investimentos.

Banco Novo Rio de Investimentos, s.a.
Rua do Carmo, 27 – 10º andar
zc-00 – Rio de Janeiro, gb
Brasil (20.000)

e lá em casa

Rua Pompeu Loureiro, 156 – 10º
zc-07 – Copacabana
Rio de Janeiro, gb
Brasil (20.000)

Com minhas recomendações, sou o seu admirador e amigo,

Carlos Lacerda

em 2011, na comemoração do centenário, uma edição *on-line*, em inglês, foi colocada à disposição do público pela Oxford University Press.

206 Seguidor político de Carlos Lacerda, de quem se tornou muito amigo, o jornalista e escritor Carlos Alberto Aulicino era de Santos, litoral de São Paulo. Publicou o livro *Crônicas da praça* (1985).

13.10.[19]75

Vivi[207]

De volta de viagem encontro sua carta. Respondo à máquina porque minha letra está cada vez pior. Li a coisa da *Veja*. Só não li o manifesto pelo qual v. conseguiu o prodígio de fazer o Afonso[208] redigir um texto que protesta sem protestar, ofende sem ofender, *etc.*[209]

Desnecessário dizer que a nota, achei péssima. Mas, necessário dizer que a ideia do manifestinho me parece muito má. Faltou-lhe assessoria, minha querida. Inclusive para redigir a carta à redação, que está muito espontânea mas, francamente, mal redigida.

Porém o que me parece errado não é nada disso. É o manifesto em si mesmo.

Matar alguém me parece péssimo. Mas, por que só na Espanha?

O Papa[210] é descendente espiritual de antecessores que torturaram e mataram. Falar em morte por motivos doutrinários no Vaticano, afinal de contas, é gafe. Giordano Bruno[211] (vide *O herege*)[212] que o diga.

Os terroristas estão matando gente cuja existência, como seres humanos, é tão respeitável quanto. Será que a motivação, alegada, como esta, justifica a morte que praticam nos reféns?

Aqui no Brasil, de lado a lado matou-se e morreu-se, e não vi protestos nem gritos ponderáveis. Em Portugal estão sendo feridas centenas de pessoas, e muitos milhares são humilhados pior do que a morte. Que manifesto você fez, Vivi querida, pela gente de Angola? Pelas mulheres de Moçambique, violadas na frente dos maridos e dos filhos pelos bravos "libertadores" desse novo membro da ONU? Será que a causa justifica o crime?

De torturas e outras finesses vivem a nossa segurança e a nossa sacrossanta prosperidade. Desde que nos deem a honra de aceitar o nosso imposto de renda, aliás crescente, não se fala no assunto.

No caso específico da Espanha:

207 Sylvia Maria da Glória de Mello Franco Nabuco, conhecida como Vivi Nabuco, neta de Joaquim Nabuco, é empresária.

208 Afonso Arinos de Melo Franco, tio de Vivi Nabuco. Ver nota 129.

209 Referência ao manifesto encomendado por Vivi Nabuco a seu tio Afonso Arinos de Melo Franco, diplomata, contra a execução de revolucionários espanhóis.

210 Referência ao papa Paulo VI, nascido Giovanni Battista Enrico Antonio Maria Montini (1897-1978), em Consesio, na Itália, cujo pontificado começou em 1963 e durou 15 anos, até sua morte.

211 Giordano Bruno (1548-1600), nascido no Reino de Nápoles, foi filósofo, escritor e frade dominicano, condenado à fogueira pela Inquisição de Roma por heresia.

212 Referência ao livro *O herege*, de Morris L. West, publicado em 1969 pela editora, Record, com tradução de Carlos Lacerda.

213 A expressão "garrote vil" designa um instrumento de tortura e de execução, em que a vítima, amarrada a uma cadeira, era estrangulada. Na Espanha, esse instrumento foi usado legalmente até 1975.

214 Referência à nota da coluna "Brasil" da revista *Veja* de 8 de outubro de 1975, que descreve de modo agressivo e irônico a tentativa de Vivi Nabuco enviar um manifesto à Embaixada da Espanha contra a execução de revolucionários espanhóis.

215 Andrei Dimitrievich Sakharov (1921-1989), nascido em Moscou, na Rússia, foi físico nuclear e dissidente político. Criador da bomba de hidrogênio, notabilizou-se pelas críticas a seu governo com relação à falta de liberdades individual e política, sendo por isso confinado na Sibéria. Foi laureado com o prêmio Nobel da Paz em 1975.

216 Aleksandr Soljenitzyn (1918-2008), nascido em Kislovodsk, na Rússia, foi romancista, dramaturgo e historiador. Suas obras, tais como *Um dia na vida de Ivan Denisovitch* (1962), *Pavilhão dos cancerosos* (1968), *O primeiro círculo* (1968) e *Arquipélago Gulag* (1973-1978) denunciavam o sistema totalitário da URSS e alertavam o mundo quanto aos *gulags*, sistema de campos de trabalhos forçados. Recebeu o Nobel de Literatura de 1970. Foi deportado para a Alemanha em 1974, e estabeleceu-se nos EUA a partir de 1976, retornando à terra natal somente em 1994, depois do fim do regime socialista, que se dera em 1991.

217 Trecho ilegível.

1. O garrote vil,[213] por vil que seja, é uma forma de execução como outras, apenas com o nome — e acredito que na prática também — pior do que as outras. Quero dizer com isto que tanto me faz morrer de bomba atômica ou de meningite, o que não quero é morrer. Mas, realmente, garrote vil é exagero.

2. Os tais fuzilados foram fuzilados e não garroteados. E deles, a maioria não foi fuzilada.

3. Parece que mandar pelos ares um cidadão só porque abominamos o regime a que ele serve é pelo menos tão digno de protesto quanto fuzilar os sujeitos que o mataram, depois de um julgamento, qualquer que seja. Não foi menos sumário o julgamento a que foram submetidas as vítimas desses atentados todos. Um soldado, com família e tudo, está de sentinela à porta de um quartel. Passa um automóvel e com uma rajada de metralhadora mata o soldado, às vezes, nem por acaso, pelas costas. Os da metralhadora são presos. Alguns são fuzilados. E daí? Matam-se uns aos outros? Mas, Vivi, os espanhóis matam-se uns aos outros há séculos! Era menos digno de viver o soldado de sentinela à porta do quartel? [...] Então: guerra é guerra.

4. Pode parecer cínico o que lhe digo. Mas, sem ofensa, diria que cínico é protestar contra uma execução quando não se protesta contra as matanças que deram motivo a essa execução. Evidentemente não estou te chamando de cínica. Estou é querendo entender por que a *Veja* te deu uma gozada.[214] Porque, lá para ela, você é uma boneca da sociedade que de repente dá uma de sensível ofendida pela brutalidade da vida e dos costumes penais espanhóis. Não sabem quanto existe de sincero ainda que ingênuo nessa atitude.

Nessa atitude. Pois, afinal, bem consideradas as coisas, foi uma atitude. Quer no bom quer no sentido não tão bom.

5. Uma atitude. Não das mais felizes. Pois, a onda internacional contra o regime espanhol não visa, realmente, a proteger o gênero humano. Se visasse, teria feito algo por Sahkarov.[215] Teria prestado a atenção devida aos apelos e denúncias de Solitzyne [sic][216] (cujo nome nem encontrou ainda uma grafia mais fácil de escrever e ler). [...][217] Teria exigido a apuração dos massacres russos na Polônia. Onde estão aquelas fotos de crianças bombardeadas em Saigon

enquanto havia guerra? Hoje, não há guerra. Não há fotos, tampouco. Há apenas crianças famintas e escravizadas.

Penso em você e em tudo o que a sensibilizou para essa atitude. Penso nesse pobre povo espanhol, que passou da guerra civil à ditadura e agora passa da ditadura à guerra civil. E no Portugal vizinho, véspera do Brasil — pois para lá estamos caminhando — e ninguém sabe, e ninguém se dá conta, ninguém quer ver.

Creio que foi um pouco, ou muito, essa sensação de futilidade, não do protesto, que permitiu a revista à gozação de mau gosto que ela fez. De outra vez procure melhores assessores, Vivi. Há muitos mais manifestos a fazer.

E muito obrigado pela carta. Um beijo do

Carlos

RIO, II DE DEZEMBRO DE 1975

SEN. AFONSO ARINOS[218]
RUA DONA MARIANA, 63
BOTAFOGO — RIO DE JANEIRO

Afonso.

De volta da Europa encontro os seus 70 anos subitamente celebrados. Embora já os esperasse, fui de certo modo surpreendido. E se agora lhe escrevo, ainda por cima à máquina para evitar-lhe o trabalho de decifração, é para dar conta da surpresa. Dispenso as observações habituais — o tempo passa, *etc*. O que mais me agradou no seu septenário é o modo pelo qual você o atingiu. A simplicidade olímpica, coisa que você sempre desejou, agora teve. A modéstia orgulhosa. Ou seja — um traço de humildade numa imagem altiva, senão mesmo vaidosa.

Temos, Letícia[219] e eu, sempre saudades de nossos primeiros anos de amizade. Da confiança plena. Da não-competição. Ela conservou sempre por você, não direi que sem tal ou qual mágoa, essa carinhosa admiração que hoje livremente mantém. Eu, não. Talvez por medida preventiva, com aquele temor que as pessoas têm umas das surpresas que as outras são capazes, agredi por temor de agressão — e afinal fui agredido. Podia dizer que não adianta falar nisto. Mas, adianta, para dizer que a sua curiosa expressão "reamigo" tem um sentido muito profundo, ao mesmo tempo que um pouco falso. Pois na verdade estou convencido de que não se deixa de ser amigo quando se briga, apenas é uma forma negativa, distorcida, às vezes até hedionda, de amizade. Não foi o nosso caso. O nosso foi caso de impaciência, de desconvivência, de desconfiança e, sobretudo, de um equívoco enorme: você tinha uma ambição política muito maior do que a minha, e eu não sabia; tal como você não sabia que a minha ambição política (digo: política) era bem menor do que supunha. Outra coisa: nossas divergências políticas eram bem maio-

218 Afonso Arinos de Melo Franco, ver nota 139.

219 Letícia Lacerda, ver nota 1.

res do que nossas convergências faziam supor. Ao primeiro afastamento, elas explodiram.

Mas, graças a Deus, o tempo e o que temos de melhor em nós prevaleceram afinal. Ao chegar você aos setenta anos eu me sinto muito perto. Pelo menos o suficiente para, sem frases, sem cerimonial nenhum, nem qualquer tipo de convenção, abraçá-lo fraternalmente, com a admiração e o carinho de quem tem ambos, carinho e admiração, em grande atraso. Li na *Manchete*[220] o que você diz da presença de Annah.[221] Ainda bem que você a merece. E quanto.

Não mostrei esta carta a Letícia,[222] mas estou certo de que ao mostrá-la ela ficará duplamente contente. Quanto a mim, paro aqui para não derramar nem uma gota deste bom sentimento que guardo em mim, por seus imensos, em geral luminosos 70 anos. E se alguma coisa agradeço é ter vivido também já o bastante para não perder a oportunidade que me dá esta vida de lhe trazer este abraço.

Carlos Lacerda

220 Revista de variedades semanal criada por Adolfo Bloch em 1952 e publicada pela Bloch Editores até o ano de 2000.

221 Ana Guilhermina de Melo Franco (Annah), ver nota 141.

222 Letícia Lacerda, ver nota 1.

3 Autores e livros

223 Carta datilografada, com acréscimos manuscritos, em papel timbrado da Casa do Estudante do Brasil, onde a revista foi criada com a colaboração de Carlos Lacerda. A sede da Casa do Estudante do Brasil era localizada no largo da Carioca, nº 11, 1º e 2º andar, na cidade do Rio de Janeiro.

224 Mário de Andrade, ver nota 88.

225 Referência à resposta de Mário de Andrade à enquete da revista *Rumo* acerca dos vinte livros mais relevantes para se conhecer o Brasil. A enquete foi publicada no terceiro número dessa revista, em 1933, na p. 7.

226 A rapsódia *Macunaíma* foi publicada em 1928 em edição do autor. Desenvolvido a partir de lendas registradas por Theodor Koch-Grünberg

em *Vom Roroima zum Orinoco* (Stuttgart: Verl. Strecker und Schröder, 1924. 5 Vols.), o protagonista desse livro de Mário de Andrade, conforme seu subtítulo, é um "herói sem nenhum caráter". Acerca dessa questão, escreveu o próprio autor: "O que me interessou por Makunaima foi incontestavelmente a preocupação em que vivo de trabalhar e descobrir o mais que possa a entidade nacional dos brasileiros. Ora, depois de pelejar muito, verifiquei uma coisa que me parece certa: o brasileiro não tem caráter... E com a palavra caráter não determino apenas uma realidade moral, não. Em vez, entendo a entidade psíquica permanente, se manifestando por tudo, nos costumes, na ação exterior, no sentimento, na língua, na História, na andadura, tanto no bem como no mal". Cf. ANDRADE, Mário de apud RAMOS JR., José de Paula.

Leituras de Macunaíma: primeira onda (1928-1936). São Paulo: Editora da Universidade de São Paulo; Fapesp, 2012. p. 264.

227 Rosário Fusco (1910--1977), nascido na cidade de Rio Branco, em Minas Gerais, foi poeta, ensaísta, romancista e teatrólogo. Em Cataguases, participou do grupo de escritores da revista *Verde*, cujos seis números datam de setembro de 1927 a maio de 1929, revelando novos autores e publicando nomes já consagrados do modernismo brasileiro, como Manuel Bandeira e Mário de Andrade. Autor de *Fruta do conde* (1929) e *O agressor* (1943), entre outros.

228 A revista *Rumo*, de caráter modernista, uma publicação da Casa do Estudante do Brasil, foi criada nos anos 1930

13 DE JUNHO [19]33[223]

Sr. Mário de Andrade;[224]

acabo de receber sua resposta. Pessoalmente, de acordo. Parabéns. Falta ali,[225] mesmo sem vontade de fazer elogios, *Macunaíma*.[226] Fica sendo o vinteeum [sic].

Sua resposta chegou um bocado tarde para entrar no segundo número, não faz mal. Ficou pro terceiro.

O Rosário Fusco,[227] que tomou no outro dia uma trombada de automóvel mas está passando bem, felizmente, me disse que o sr. atenderia com prazer a um convite nosso para fazer uma conferência no Rio sobre um tema qualquer, à sua escolha. Digo convite nosso porque não seria só meu. Seria de *Rumo*[228] e da s.o.s. (Sociedade de Observações Sociais),[229] associação que funciona aqui dentro, para estudar uma coleção de problemas malalinhavados pela gente ilustre e cheia de adjetivos difíceis desta nossa terra.

O convite está aí. A vontade de que o sr. possa atendê-lo também está aí. Falta agora a sua resposta, que nós, do *Rumo* e da s.o.s., esperamos com uma vasta ansiedade. Ansiedade é uma palavra que não se usa mais. Mas cabe aqui, forçando um pouco.

Creio que ainda cabe também um abraço respeitoso de quem não tem nem toma intimidade, mas que gostaria de ouvi-lo falar aqui no Rio sobre uma coisa qualquer interessante.

Cordialmente, esperando a resposta,

Carlos Lacerda

Marquei a conferência pra 2 de outubro ou 30 de setembro.[230]

---

e dirigida por Carlos Lacerda. Posteriormente, a revista foi desvinculada dessa fundação e tornou-se de responsabilidade única de Carlos Lacerda e Evandro Lins e Silva.

229 A Sociedade de Observações Sociais estava vinculada à Casa do Estudante do Brasil.

230 Mário de Andrade realizou sua conferência na Sociedade de Observações Sociais em outubro de 1933, com o título "O sequestro da dona ausente", cujo resumo encontra-se no quarto número de *Boletim*, de 1937, publicação dessa mesma sociedade. Esse ensaio a respeito do sentimento amoroso na poesia oral luso-brasileira manteve-se inacabado.

15 DE JULHO DE 1933[231]

Sr. Mário de Andrade;[232]

abraço.

Soube, pela Clotilde Cavalcanti,[233] que o sr. Caio Prado Júnior[234] está na boa terra. E que chega em agosto. Se ele chegar, queria um novo favor seu, ou melhor, dele. Que mandasse pra gente do *Rumo*[235] uma impressão daquilo. Estou pra dar umas coisas sobre o ensaio materialista dele, que é a primeira coisa séria, depois de uns pedaços do *Mauá* do Castro Rebelo[236] e de uns trechos de discursos, numa ocasião, do Leônidas de Resende,[237] primeira coisa séria sobre interpretação materialista da história do Brasil, tratada feito anedota pelos rochas pombos[238] felizes (esta *machina* tem preocupações freudianas, note a cisma que ela tem).[239]

O Fusco[240] vive me amolando com a história das minúsculas. Disse mesmo que você vai inticar com isso, quando tiver mais intimidade. Calculo. A questão é que eu fiz isso até o terceiro número, para irritar um pouco. Reclame comercial, entende? Já sei que aí isso nem chama atenção mais. Aqui chama. Acredite.

Por esses dias segue o terceiro número do *Rumo*. Recebi uma colaboração boa do Sérgio Milliet.[241] Quando quiser mandar alguma coisa, disponha. Gostei daquela coisa sobre cinema na *Literatura*. Mas não está completamente detalhado aquele estudo, por isso é que não está Mário de Andrade. Ficou mesmo com o pseudônimo, não é?[242]

Esta carta está duma imbecilidade alarmante, mas são seis horas da tarde, e *machina* está puxando mais pra trás do que a Academia Brasileira de Letras. Como vão os integralismos daí?[243] Os daqui estão-se dissolvendo em ridículo.

Bom, té logo.

Carlos Lacerda

231 Carta datilografada em papel timbrado da Casa do Estudante do Brasil. Ver nota 223.

232 Mário de Andrade, ver nota 88.

233 Clotilde Cavalcanti, então estudante universitária, fazia parte da Casa do Estudante do Brasil e da União Universitária Feminina. Em 1938, após a aprovação do estatuto da União Nacional dos Estudantes (UNE), compôs sua primeira diretoria oficial como primeira secretária de Relações Internacionais, conforme Arthur José Poerner no livro *O poder jovem*: *história da participação política dos estudantes brasileiros* (5ª edição, ilustrada, revista, ampliada e atualizada. Rio de Janeiro: Booklink, 2004. p.130).

234 Caio Prado Júnior (1907-1990), nascido em São Paulo, foi historiador e político. Em 1932, publicou *A evolução política do Brasil*, livro a que Carlos Lacerda faz referência. Nessa obra, o autor contrapôs-se às leituras então vigentes que consideravam o Brasil colonial representativo de uma fase de transição entre o feudalismo e o capitalismo. Segundo sua análise, o sistema socioeconômico brasileiro da época, baseado no comércio e no lucro, com intensa acumulação de

capital, tornava a palavra "feudalismo" uma "figura de retórica". Publicou, entre outros, *Formação do Brasil contemporâneo* (1942), *Diretrizes para uma política econômica brasileira* (1954), *A revolução brasileira* (1966) e *História e desenvolvimento* (1968).

235 Revista *Rumo*, ver nota 228.

236 O livro *Mauá: restaurando a verdade*, de Edgardo de Castro Rebelo (1884-1970), professor da Faculdade Nacional de Direito, no Rio de Janeiro, é uma das primeiras obras de orientação marxista de autor brasileiro. Castro Rebelo por meio dela se opôs às teses que revelavam uma visão positiva acerca dos empreendimentos de visconde de Mauá, analisando os benefícios e favorecimentos que recebeu do Estado.

237 Leônidas de Resende (1889-1950), nascido na cidade de Juiz de Fora, Minas Gerais, foi professor de economia política da antiga Faculdade Nacional de Direito, no Rio de Janeiro, e seu trabalho estava ligado ao pensamento marxista. Autor de *A formação do capital e seu desenvolvimento* (2011).

238 José Francisco da Rocha Pombo (1857-1933), mais conhecido como Rocha Pombo, nasceu em Morretes, Paraná. Sócio efetivo do Instituto Histórico e Geográfico Brasileiro e membro da Academia Brasileira de Letras, foi historiador, poeta e romancista. Autor de *História do Brasil* (publicada de 1905 a 1917), uma das obras mais adotadas no ensino escolar. A referência de Carlos Lacerda aos "rochas pombos felizes" deve-se provavelmente ao fervor patriótico e ufanista desse autor.

239 Nesta carta datiloscrita, todas as ocorrências da letra "o" aparecem inteiramente preenchidas de tinta, formando um círculo de cor preta.

240 Rosário Fusco, ver nota 212.

241 Sérgio Milliet (1898-1966), nascido em São Paulo, foi artista plástico, ensaísta e poeta. Participou da Semana de Arte Moderna de 1922. Entre outros, publicou *L'oeil de boeuf* (1923), *Terminus secos e outros cocktails* (1932), *Roteiro do café* (1938), *Pintores e pintura* (1940), *A marginalidade da pintura moderna* (1942) e *Poemas do trigésimo dia* (1950).

242 O primeiro número da revista *Literatura*, de 5 de julho de 1933, traz o ensaio "SPAM", de Raul de Moraes (pseudônimo de Mário de Andrade). Nessa crônica, o assunto é a Primeira Exposição de Arte Moderna da Sociedade Pró-Arte Moderna, realizada em São Paulo. Nesse mesmo número, há uma resenha assinada por João Miramar, "Cinema – O anachronica (a maneira de Lafayette Silva*)", que Carlos Lacerda atribui a Mário de Andrade. A discussão acerca da autoria vai ser retomada na próxima carta, de 20 de julho de 1933.

*Lafayette Silva, autor de *História do Teatro Brasileiro*, publicado em 1938, pelo Ministério da Educação.

243 Fundada por Plínio Salgado em 1932, a Ação Integralista Brasileira (AIB) foi um movimento caracterizado pela adesão ao ideário fascista. Entre suas principais características, destacam-se o combate à "liberal democracia", o antissocialismo, o antissemitismo e o intento de a "técnica capitalista" assumir "uma função eminentemente social", conforme seus textos programáticos.

20 JUL[HO] [19]33[244]

Mário de Andrade: [245]

A rata serviu pra tirar cerimônias.[246] Aliás[,] a rata não é minha. É do Fusco,[247] que estava comigo no café Far West quando nós começamos a ler a *Literatura*,[248] que aliás – não é pra falar mal não – está muito gordinho sinistro, muito pássaro cego...[249] Quando esbarramos no *João Miramar* ele disse: é o Mário. Isso é dele. Eu, que não sabia, pensei. Não pensei muito com medo daquela coisa. Por isso mandei falar no artigo que de fato, seu ou do Oswald, não estava completamente detalhado, mas estava bem feito.[250]

Esclarecida a rata, vamos adiante, que tem mais importância.

A "evolução da música brasileira" é um assunto bamba, principalmente daquela forma que você quer dar. Mas creio que a "dona ausente", comunicação sobre *folk-lore* será mais inédita, não é?[251]

Assim sendo, creio que o segundo fica preferível.

Quanto ao convite da s.o.s.[252] não se assuste. Ele segue. Apenas o único cargo fixo dela, que é o de secretário, está ausente, isto é, o dono dele, que é o meu colega Jaime Assis Almeida[253] volta no dia 30 deste mês.

Como a s.o.s. é uma sociedadezinha despretensiosa, que tem quinze sócios e não quer ter mais, que se reúne assim com uma simplicidade de pensão familiar – sem as intrigas, está claro – creio que não há inconveniente em adiar o convite dela mais um pouco. Mesmo porque a turma dos quinze da s.o.s. está integralmente com você, com a sua literatura, *etc.*, *etc.*, *etc.* (não há de querer elogios, parece).

Não há perigo portanto de bancar o oferecido. Pelo contrário. Escreveremos umas tiras de pano com estas palavras. Hosanna!

Carlos Lacerda

244 Esta carta foi datilografada em papel timbrado da Casa do Estudante do Brasil. Ver nota 223.

245 Mário de Andrade, ver nota 88.

246 "Rata", brasileirismo, significa "gafe", "mancada".

247 Rosário Fusco, ver nota 227.

248 Em nota de Manuel Bandeira, na carta enviada a Mário de Andrade, de 10 de abril de 1933, explica: "*Literatura*. Jornal literário, editado pela Livraria Católica, do qual Augusto Frederico Schmidt era inventor e diretor, e eu o redator principal. Durou alguns números... Mas foi, creio, a primeira publicação literária do gênero e formato em que hoje brilha o *Jornal de Letras* dos irmãos Condé." A revista foi lançada em 5 de julho de 1933 e seu último número data de junho de 1934. Cf. ANDRADE, Mário de; BANDEIRA, Manuel. *Correspondência Mário de Andrade & Manuel Bandeira*. Organização, introdução e notas de Marcos Antônio de Moraes. São Paulo: Editora da Universidade de São Paulo; Instituto de Estudos Brasileiros, Universidade de São Paulo, 2000. Coleção Correspondência de Mário de Andrade, v. 1, p. 555.

249 O apelido "gordinho sinistro" refere-se a Augusto Frederico Schmidt (1906-1965), nascido no Rio de Janeiro, que foi poeta, ficcionista e empresário, e colaborador do presidente Juscelino Kubitschek. Já "pássaro cego" refere-se ao título de seu livro de poemas publicado em 1930. Autor de *Estrela solitária* (1940) e *O galo branco* (1948), entre outros. Ver nota 450.

250 Ver nota 239, na carta anterior a esta.

251 Ver nota 230, sobre a conferência "O sequestro da dona ausente".

252 Sociedade de Observações Sociais.

253 Não foram encontradas informações mais detalhadas acerca de Jaime Assis Almeida. Contudo, Evandro de Lins e Silva, em artigo para o *Jornal da ABI*, nº 388, de março de 2013, esclarece: "Haroldo Mauro e Jaime Assis Almeida, estudantes acima do estalão comum, e que depois viriam a ter merecido relevo na vida administrativa do País, constituíram o primeiro núcleo de oposição ao autoritarismo de Alceu [Marinho Rego, que pertencia ao Clube da Reforma]. Chagas Freitas [(1914-1991), governador da Guanabara de 1971 a 1975, e do Rio de Janeiro, de 1979 a 1983], que fez parte da primeira Câmara dos Pares, não estava muito afinado com os seus companheiros de diretoria. Foi quando surgiu Carlos Lacerda para engrossar as fileiras da oposição. Formou-se um bloco de resistência, de fluida e não de nítida conotação esquerdista." (p.13).

UBERABA 23 OUT[UBRO] [19]34

Mário;[254]

ainda estou num porre de trem que só vendo. Mil e não sei quantos quilômetros não é pra menos. Esta noite quando dormi estranhei o silêncio e a estabilidade, sem os solavancos eróticos da minha amiga Rosyana.[255]

O integralismo nesta zona está se alastrando.[256] Em novembro vou ver Recife, pulso do norte, mas acho que já posso dizer que o centro do integralismo está em São Paulo. Culpa dos seus PRP, PD, PC (constitucionalista),[257] que desiludiu os homens de São Paulo antes que eles pudessem ver o verdadeiro caminho para sair da crise; culpa de quem lhes incutiu essa mística guerreira. Um jovem integralista que mal me conhecia me mostrou, com um orgulho de criança que mostra brinquedos, as geringonças da guerra de [19]32:[258] capacetes, cachenês de tricô, de crochê, cantis, pentes com bala de fuzil: eles se habituaram com a matança, coisa que nem prova a absoluta inocuidade do pacifismo platônico dos que querem "desarmar os espíritos". Trata-se[,] antes de mais nada, de desarmar um sistema, não é mesmo?

Desarmar esse sistema que assenta sobre a força armada, significa destruí-lo.

Uberaba é mineira cruzada com paulista. Tem o largo e a matriz, as ruas de longas ladeiras, de Minas. De São Paulo tem o pó vermelho de terra roxa, um certo espírito empreendedor. E as mulheres daqui lucrariam com esse cruzamento. São mineiras que olham de frente, aparecem nas ruas, se parecem com artistas de cinema e até escrevem artigos anticlericais.

Tem a grande praga de São Paulo: Faculdade de Direito.

§

Enquanto fiquei paulomoralizando me esqueci de dar as outras razões que explicam o desenvolvimento do integralismo aqui: já dei duas, baseadas na observação e no fundamento da argumentação dos integralistas daqui.

254 Mário de Andrade, ver nota 88.

255 Não indentificada.

256 Ver nota 243, sobre o Integralismo.

257 Respectivamente, as siglas são do Partido Republicano Paulista, Partido Democrático de São Paulo e Partido Constitucionalista de São Paulo.

258 Referência à Revolução Constitucionalista de 1932, um movimento armado conduzido por lideranças políticas do estado de São Paulo para destituir Getúlio Vargas do governo provisório instaurado como resultado da Revolução de 1930. Os constitucionalistas, que reuniam a oligarquia paulista e as classes médias, defendiam uma reforma econômica e social, que deveria ser sancionada por meio de uma nova Constituição. Além disso, buscavam retomar o controle de São Paulo, que estava nas mãos do poder getulista.

As outras razões são: a reação contra o separatismo, a falta de um Partido Comunista bastante forte para se estender em todos os sentidos destes vastos brasis e de São Paulo cheios de usinas, fábricas e latifúndios; vim encontrar, na margem do Rio Grande, que separa São Paulo de Minas, uma usina (do açúcar União) que é uma cidade, com Igreja, gente à beça e com certeza uma polícia interna que não me deixará entrar lá.

E, sobretudo, a razão principal que é o desespero da crise.

Bem! acabo, já que estão me chamando pra jantar e comer aqui é uma palavra de ordem.

Pelo jeito da letra e por uma certa vontade de divagar me lembrei que estou um pouco "largado", quase feliz, depois daquela angústia do Rio, dias escuros e brabos.

Mário, vou jantar.

Abraço

Carlos

RIO 3 JULHO [19]35

Mário;[259]

peguei na portaria o envelope branco e as duas páginas verdes da tua carta. Fui lendo no ônibus e te ficando grato e me ficando satisfeito com a amizade que você me deu, expondo lealmente tudo o que você achava necessário expor.

Aliás, isso quase não era para mim diretamente. Isso me pareceu uma explicação a você próprio, daquilo que você acha errado ou pelo menos retorcido, diferente. Só que tem Mário, e é ótimo que assim aconteça, que você vê o que está errado naquilo que está certo, e vê uma deserção naquilo que não passa de tomada de posições.

Andarei nesta carta com imenso cuidado nas palavras, porque estou cansado à beça, é de madrugada, a cabeça fervendo de mil coisas, e receio que cada palavra transborde do seu sentido verdadeiro — daquele sentido que eu lhes quero dar — e chegue até aí deformando tudo o que eu quis dizer, exagerando o que se possa ter pretendido afirmar.

Encantam os teus planos no Departamento sonoro que você dirige.[260] Pena que o desencanto não te tarde, que tudo isso termine na formação de planos planos planos. Nada de tão maravilhoso pode ser feito por enquanto, Mário. Isso não é uma opinião, muito menos uma impressão. É uma simples verificação. Esbarrarás sempre

259 Mário de Andrade, ver nota 88.

260 Referência ao Departamento de Cultura (hoje Secretaria Municipal de Cultura) de São Paulo, criado em 1935. Mário de Andrade foi um dos autores do projeto de realização desse departamento e seria, posteriormente, seu primeiro diretor, mantendo-se a sua frente até 1938.

261 *Tesouro da juventude* foi uma enciclopédia publicada nos anos 1920 e reeditada em 1958, baseada em original da Inglaterra, e que exerceu grande influência na formação de leitores brasileiros. Era composta de dezoito volumes, com cerca de trezentos e cinquenta páginas cada. Contemplava ciências, história, literatura, entre outros temas.

262 Paul Rivet (1876-1958), nascido em Wassigny, na França, foi etnólogo. Desenvolveu importantes estudos sobre os povos ameríndios. Fundador do maior museu de antropologia, o

nas dificuldades exteriores, e na dificuldade mais íntima, mais obscura, que nem sempre se define com perfeição, mas que sempre se manifesta com intensidade: a dificuldade que está dentro de ti mesmo.

Quando fores fazer por exemplo "bibliotecas populares ambulantes" nos bairros proletários, que livros irás escolher? E depois, quando esses leitores estiverem famintos, ou fizerem uma greve, que significação terá essa biblioteca, qual será a sua função na luta?

Terás de te resignar, portanto, nessas bibliotecas, ao *Tesouro da juventude*.[261] Eis aí, rapidamente apontada, uma dificuldade imediata. E as outras, as resistências tuas, as resistências alheias, as honestas e as desonestas, as legítimas e as da puta?

Etc.

"Não me diga, eu sei, as reservas e as acusações que você faria ao município por criar este departamento e a mim por ter aceitado dirigi-lo?" Vamos à segunda parte, Mário. Por que restrições a você por ter aceitado dirigi-lo?

Deixe primeiro, segundo um velho vício meu, que você detesta, mas que tem a vantagem de simplificar as coisas, vamos aos exemplos pessoais: que restrições se faz a Paul Rivet,[262] agora eleito conselheiro municipal de Paris, como representante da Frente Única Antifascista,[263] pelo fato dele ter organizado o Museu do Trocadéro,[264] dele ter participado em comissões científicas notáveis??? Pelo contrário, a adesão dele à FU deixou de ser a adesão

Musée de l'Homme, de Paris. Membro do Partido Socialista desde o fim da Primeira Guerra Mundial, tornou-se presidente do Comité de Vigilance des Intellectuels Antifascistes em março de 1934. Autor, entre outros, de *As origens do homem americano* (1943).

263 Carlos Lacerda adotou o nome da organização brasileira, criada em 1933 para combater o crescimento da Ação Integralista Brasileira. Na França, trata-se do Front Antifasciste. Suas orientações foram publicadas em 1933, no livro *Front Antifasciste*: *Organe de l'Association Ouvrière Antifasciste d'Europe*.

264 O Museu Etnográfico do Trocadéro, fundado em 1878, em Paris, fica localizado próximo à Torre Eiffel, na Place du Trocadéro 17, na Ala Passy do Palais de Chaillot. Tornou-se Musée de l'Homme, ou Museu do Homem, por ocasião da Exposição Universal de 1937. Vinculado ao Museu Nacional de História Natural, é dedicado à apresentação de um vasto painel relativo às ciências humanas, com itens que vão da pré-história até a contemporaneidade, passando pelas áreas da antropologia, etnologia, arqueologia, biologia, meio-ambiente, história e geografia, sempre tendo a raça humana, com sua evolução e cultura, como ponto focal. Possui dois espaços principais: a Galeria de Antropologia, e a Galeria da Pré-História, incluindo fósseis importantes como Lucy, uma *Australopithecus afarensis* com cerca de 3,2 milhões de anos de idade.

de monsieur Untel pra ser a adesão do cientista, do braço Paul Rivet. Não é amor por medalhões. É que assim fica evidenciado que os verdadeiros valores da cultura estão do lado da Revolução, porque opor-se a ela significa formar com os que pretendem destruir a cultura, amordaçá-la, reduzi-la a tristes farrapos.

Notei em você quando estiveste aqui, e depois numa carta que você escreveu ao Lúcio, ou ao Murilo,[265] não me lembro, esse vazio de que você se queixa. Estava te faltando um "centro de interesse", como se diz na gíria da "escola nova"... Você estava prurido, com a sua atenção posta no ar, um pouco nos seus livros, um pouco na vida que ainda não foi para os seus livros, mas não tinha, sério, profundo, um motivo de interesse, um gancho te prendendo na vida, nas atividades da vida.

Isso você foi procurar no mandarinato que te deram.

E aí – espante-se se quiser, se não quiser espere um pouco que te explico – aí você andou muito certo, muito lógico, e não se pode fazer restrição nenhuma, essa é que é a verdade.

Por quê?

(Está um caso sério, com o baita cansaço não consigo condensar as ideias, elas vão saindo assim muito diluídas, talvez só saia asneira, me desculpe.)

Antes que me perca em divagações, que o cansaço traz, deixe que te diga algumas quatro palavras:

1ª – Fizeste bem. (Sei que não é propriamente a minha opinião que te interessa, mas acredite que te dou sem você pedir, com uma grande boa vontade.)

2ª – A aceitação desse cargo, com a honestidade que você tem, e outras coisas que se a gente elogiar fica ridículo, contribuirão para desmanchar a miragem que ainda te prende ao deserto da burguesia. Você verá, e depois converse comigo.

3ª – A aceitação do cargo não significa pacto com os filhos da puta, e muito menos aceitação do filhadaputismo deles.

4ª – Deixe de procurar razões *apolíticas* para esse passo que você deu, Mário. Sei que a tua intenção é sincera, mas o tom com que a gente ouve o resultado dessa intenção soa mal. É por uma questão de necessidade política – política

265 A carta foi escrita, no dia 15 de maio de 1935, a Murilo Miranda e não a Lúcio Rangel: "Positivamente não escrevo nada, não penso em nada, não faço nada, me tendo deixado neste estado não apenas as ocupações surgidas de sopetão, principalmente preocupações, como até uma espécie de desocupação natural em quem espera dum momento pra outro ver a sua vida completamente transformada. [...] E não comento nada, estou sem vontade e sem poder. [...] Como é difícil 'subir' na vida pros indivíduos que nem eu, especialistas da paz do seu próprio quarto. Si (sic) você quiser me compreender com amizade, posso lhe confessar que... tenho medo. É bem mesmo uma espécie de medo, e não de esperança ou desejo, que me fez ficar assim como estou, estes tempos, completamente ausente de mim." (Cf. ANDRADE, Mário de. *Cartas de Mário de Andrade a Murilo Miranda*. Rio de Janeiro: Nova Fronteira, 1981. p. 15.)

no melhor, no grande sentido – que você aceita esse cargo. Você mesmo não diz que é a necessidade de "ter para onde ir", de *fazer*, de *ser*, de *acontecer*? O que é isso?

É política.

E porque é política é que essa tua formidável atividade em que você entra agora vai te restituir o senso de "valor" das coisas, o senso do "valor" (valores humanos, e outros que positivamente esse meu já citadíssimo cansaço não me deixa explicar melhor). E assim poderás tomar uma posição *progressista* franca, justamente porque você tem um posto, tem um lugar na luta. Você já pode ser *anti*, porque já tem alguma coisa para defender. Terá a sua obra, ou a intenção da sua obra, ou a intenção de defender a intenção da sua obra. E já terá planos, não será um literato disponível. Ganhou um valor, uma utilidade imediata, e não conseguirá, nunca mais, cada vez menos, escrever por amor à arte...

Voltando à velha imagem, a torre de marfim se desmoronou e você está lutando cá em baixo. Que importa que você esteja dentro do terreno inimigo? Todas as armas são armas e todos os terrenos são terrenos...

Mário: creio que o que tornou necessário aos teus olhos esse ensaio de justificação que você fez foi a impressão um pouco atrasada de quem ainda está vivendo na impressão de que os comunistas são aqueles mesmos sectários ferozes, proprietários do nome de Carlos Marx,[266] donos da Revolução. Não, Mário. Nós estamos agora num caminho justo, um caminho de realizações concretas. A luta da Aliança Nacional Libertadora terá a colaboração da pequena burguesia.[267] Faremos a revolução democrático-burguesa, agrária e anti-imperialista. Depois, num desdobramento, sem deixar morrer o facho da revolução em marcha, caminharemos até à revolução operária e camponesa. É assim, será assim, tem de ser assim.

Estou te vendo, talvez entusiasmado (perdoa essa pretensão), olhando estas palavras de convicção, e apreciando talvez essa firmeza, esse convencimento com que te digo essas coisas. Também estou te vendo, com um pouco de desprezo no fim das contas, por essa simplicidade, essa brusqueza no dizer que as coisas são assim e assado. Duas vezes errado, Mário. A convicção não é nenhum

266 Ver nota 36.

267 A Aliança Nacional Libertadora (ANL) foi uma organização política brasileira fundada em 1935. Respeitava as orientações do PCB (na época, Partido Comunista do Brasil): combatia o fascismo e o imperialismo, além de defender os interesses das classes trabalhadoras. No próprio ano de sua fundação, um decreto determinou seu fechamento, mas seus representantes mantiveram-se atuantes na clandestinidade. Sua desarticulação se daria por inteiro após a Intentona Comunista de 1935.

resultado milagroso, nem nenhum prodígio complicado. Chega-se a ela com a luta, com a verificação direta, imediata. Não se pode chegar a ela vendo de cima. É preciso estar no meio, misturado, para se convencer.

Mas[,] como eu ia dizendo (veja a dispersão), nessa luta cabem todos, e todos podem ser úteis. Por que então você há de se considerar "queimado" para qualquer obra útil? Passamos da fase mitológica para a fase histórica. Entramos agora na fase contemporânea, Mário. Essa que estamos vivendo é a etapa decisiva, na qual todos são chamados à luta.

Você não merece prêmio, nem castigo. Me deixe encurtar isto, porque positivamente não consigo me explicar como queria. Fica – quem sabe? – para um outro dia, quando não houver [...] comício de 5 de julho a preparar, nem doze trabalhos para um Hércules franzino que ainda por cima caiu de bicicleta em Paquetá no domingo e escalavrou o rosto no tronco duma árvore.

Me alegro que você espere com ingenuidade dois anos para satisfazer essa "expectativa" para a qual você apela. Dois anos, é demais. Dois anos teremos nós para construir o Brasil. E aí, Mário, você poderá se espalhar.

Me lembro da legenda eleitoral com a qual o pc na região de Pernambuco foi às urnas. Era: "trabalhador, ocupa o teu posto." Você já ocupou o seu. Agora é lutar, Mário, que nem toda luta se faz com fuzil Mauser.

268 A carta, datiloscrita, recebeu este acréscimo manuscrito.

E me conserve, discreto e distante, na sua amizade. E ainda por cima guarde um abraço, não digo de parabéns, mas um abraço só, sem nada, um simples abraço do amigo sempre amigo.

Carlos

p.s. – Cuidado, Mário. Não pense que vai construir em terreno estável. Lance alicerces profundos, drena o terreno, demore nos alicerces bastante, porque eles são a única coisa que se aproveita quando, muito breve, as coisas forem construídas por nós mesmos. Não faças construções para rendimentos imediatos. E perdoa esta considerável besteira. Carlos[268]

5 FEV[EREIRO] [19]38

Mário;[269]

Abraço-saudades. [–*Ah!*] [*s*]*i vous saviez la quantité de silence nous portons en nous!* [...][270]

Mário, esta carta é só para dizer que continuo amigo.

E para um detalhe; muito sério, amoroso e profundo. Vou me casar agora na primeira quinzena de março.[271] Absolutamente sério. Uma porção de silêncios, como vês...

Não, Mário, eu não sou um fracasso, senão na aparência. A maior imaginação é sempre silenciosa. Não tem meios de se exprimir.

Peço-te para transmitir a notícia ao Paulo Mendes —[272] amigo que também nunca esqueço – cujo endereço perdi na Bahia de Todos os Santos.

Um abraço para vocês.

Viver às vezes é uma tarefa bem pesada. Por que não dividi-la? (Pensamento.)

Alguma vez te apresentarei minha mulher. Você concordará. Ela é linda.

Parece uma esquimó.[273] Eu acho. Ela vem comigo para uma casa assombrada.

Vim para aqui porque me mandaram. Agora farei um livro, plantarei muitas árvores. Não farei filhos[,] só se o Espírito Santo não ajudar.

Amigo firme. Brigão, mas certo.

Carlos

269 Mário de Andrade, ver nota 88.

270 Tradução: Ah, se soubesses a quantidade de silêncio que carregamos em nós! Do conto "Sentimentalisme", de Auguste Villiers de l'Isle-Adam (1838-1889), poeta romântico francês nascido em Paris, ficcionista e teatrólogo. O conto "Sentimentalisme" foi publicado em *Contos cruéis* (1883).

271 Carlos anuncia seu casamento com Letícia Lacerda. Ver nota 1.

272 Paulo Mendes de Almeida, ver nota 83.

273 Ver nota 40, sobre o apelido "Esquimó".

SÃO PAULO, II DE OUTUBRO DE 1941

Mário,[274]

Acabo de saber pelo Rubem Braga,[275] que me autorizou a mencioná-lo, de uma situação profundamente decepcionante, criada por você, que exige uma providência imediata, para preservar nossa amizade ou desmascará-la como convém.

Numa roda em que estava, além de vocês dois, o Sérgio[276] e o Mário Neme,[277] que não conheço, falou-se do professor Varnorden Shaw,[278] o qual foi impedido de exercer a profissão de correspondente da imprensa americana e, creio, fora também detido por algum tempo. Imediatamente você afirmou, com a mais categórica leviandade, que essa perseguição ao Paul Varnorden Shaw fora devida "ao Almeida".[279] E explicava: você me contara que o professor Shaw pretendia organizar linha de artigos brasileiros para os Estados Unidos; naturalmente eu referira essa iniciativa ao Almeida, que[,] por ser concorrente e com relações no DIP[280] e na polícia, teria obtido essa medida punitiva e restritiva contra o pobre do professor Shaw.

274 Mário de Andrade, ver nota 88.

275 Rubem Braga, ver nota 18.

276 Sérgio Milliet, ver nota 241.

277 Mário Abdo Neme (1912-1973), nascido em Piracicaba, estado de São Paulo, foi jornalista e funcionário público. Mudou-se para a cidade de São Paulo em 1936, colaborando para diversos jornais, como *Última Hora* e *O Estado de S. Paulo*. Tornou-se escriturário da Câmara Municipal Paulista e, após o golpe de 1937, foi requisitado para a Divisão de Documentação Histórica e Social da Prefeitura, quando coordenou a produção da *Revista do Arquivo Municipal* e o *Boletim Bibliográfico da Biblioteca Municipal de São Paulo*. Autor dos livros de contos *Donana sofredora* (1941) e *Mulher que sabe latim* (1944). Dedicou-se também ao estudo do português falado no Brasil, tendo publicado *Estudinhos brasileiros* (1944) acerca dessa questão.

278 Paul Varnorden Shaw (1898-1970), nascido nos EUA, foi historiador e professor da Faculdade de Filosofia, Ciências e Letras da Universidade de São Paulo.

279 Armando d'Almeida, dono da Agência Interamericana, onde Carlos Lacerda trabalhou a partir de junho de 1940. Criada para traduzir e publicar no Brasil material vindo dos Estados Unidos, a partir do esforço norte-americano de combater a propaganda nazista no Brasil, a agência ampliou seu programa de atuação com a publicação de artigos escritos no Brasil por Carlos, entre outros, e com o financiamento de conferências, a fim de estreitar os laços culturais entre os dois países.

Ora, Mário, isto é uma infâmia.

Você nunca me contou, senão muito por alto, qualquer projeto do professor Shaw. O Almeida nem sabe de quem se trata e, ao ver nos jornais a notícia de punição contra esse professor, veio perguntar-me quem era. O Almeida não é concorrente do professor Shaw, aliás um vulgar cavador, que mistificou vocês todos em São Paulo. O professor Shaw, atingido pela ira governamental por ter escrito uma correspondência violenta para Nova York, acerca da prisão de Monteiro Lobato,[281] é o mesmo professor Shaw que[,] durante o primeiro estado de guerra, quando havia crimes incontáveis nas prisões, especialmente nas do Partido Democrático de São Paulo, escreveu um artigo dizendo que mandara informar aos intelectuais americanos que então protestavam contra as barbaridades do incipiente fascismo brasileiro de que nada disto existia, que tudo aqui vivia no melhor dos mundos possíveis, que os presos eram bem tratados, *etc.*

Ainda assim, crapuloso ou mártir, o Almeida nada tem a ver com isso, e você cometeu contra uma pessoa que não conhece, e que só lhe fez gentilezas, e ainda por cima usando do meu nome, uma infâmia dessas que fazem perguntar:

---

280 Departamento de Imprensa e Propaganda, ver nota 102.

281 O cronista, ficcionista e editor José Bento Renato Monteiro Lobato (1882-1948), nascido em Taubaté, São Paulo, escreveu uma carta ao presidente da República Getúlio Vargas, em 24 de maio de 1940, acusando-o de "displicência" acerca da questão do petróleo no Brasil. O conteúdo de sua missiva discutia sobretudo o retardamento da criação da grande indústria petrolífera brasileira, o que se devia, segundo ele, à tendência de o Conselho Nacional de Petróleo servir aos interesses do truste Standard-Royal Dutch. Logo em seguida, escreveria ao chefe do Estado-Maior Pedro Aurélio de Góis Monteiro, com a mesma finalidade de criticar a perseguição sofrida pelas empresas nacionais em favorecimento aos trustes internacionais. O general Júlio Horta Barbosa, presidente do Conselho Nacional de Petróleo, solicitou averiguação do caso junto ao presidente do Tribunal de Segurança Nacional, por considerar as cartas de Monteiro Lobato "injuriosas" em relação aos poderes públicos, o que infringia o decreto-lei nº 431, de 18 de maio de 1938, artigo 3º, nº 25. Abriu-se então um inquérito contra o autor da carta e o procurador Gilberto Goulart de Andrade concluiu, em 28 de fevereiro de 1941, que Monteiro Lobato estava "incurso" no referido artigo e, portanto, "sujeito à pena de seis meses a dois anos de prisão". Vinte dias depois, o mesmo procurador solicitou a prisão preventiva do acusado por tentativa de escapar do país. O pedido foi acatado pelo Tribunal de Segurança Nacional e o escritor permaneceu na Casa de Detenção de São Paulo durante seis meses.

em nome de que poderá você condenar o Jorge Amado,[282] seu inimigo declarado, se você assim golpeia, por desfastio ou por depravação de inteligência, os seus amigos e os amigos dos seus amigos?

Agora aproveito para esclarecer também a questão da Interamericana, também objeto da sua inacreditável leviandade. Ao ser convidado para fazer conferência patrocinada pelo Instituto, você ouviu toda a explicação acerca dessas conferências, sua organização, como nós organizávamos e pagávamos, fazendo-lhe toda a publicidade, imprimindo depois em folheto, *etc.* E[,] como éramos uma organização comercial, quem patrocinava era o Instituto, para dar mais prestígio à série de conferências. Você achou ótimo, fez a conferência, aliás excelente, recebeu o cheque correspondente, recebeu os exemplares gratuitos do folheto em que ela foi impressa, teve uma publicidade como nunca, com declarações nas primeiras páginas dos jornais, *etc.*[,] e agora, tempos passados, faz-se de repente virginal para dizer que tudo isto era muito esquisito, a conferência patrocinada pelo Instituto e paga pela Interamericana, *etc.*

Esquisita é a sua atitude que até agora não consigo explicar, pois não me habituara a ver em você um exibicionista, capaz de insinuações e de afirmações caluniosas pelo simples prazer de "brilhar". Este sim é um brilho e – um brilho indigno.

E[,] como você tem feito algumas insinuações sobre a minha posição na campanha de aproximação com os Estados Unidos, afirmando amavelmente que eu faço isso "porque preciso viver", é bom que você saiba ao menos aquilo que pode saber, para não levar além essas insinuações.

Ao ser consumada a obra fascista tão vigorosamente apoiada pelos democráticos de São Paulo com a Lei de Segurança e outras, não restaram no Brasil forças organizadas capazes de fazer frente a essa nazificação do país. Só uma força existente, externa que fosse, poderia galvanizar aqui as energias esparsas, e em torno dela criar uma nova consciência, e, sobretudo, uma nova consciência organizada e pronta para a ação democrática. Quando digo democrática, você se arrepia, habituado às piruetas democráticas dos seus amigos aos quais você servia enquanto eles

282 Jorge Leal Amado de Faria (1912-2001), nascido em Piranji, na Bahia, foi um dos mais proeminentes romancistas brasileiros do século XX e amplamente reconhecido no exterior, com traduções para várias línguas. Filiado ao PCB (então Partido Comunista do Brasil), tornou-se deputado federal em 1946. Membro da Academia Brasileira de Letras. Autor de mais de vinte romances, como *Cacau* (1933), *Gabriela cravo e canela* (1958), *Dona Flor e seus dois maridos* (1966), *Tenda dos milagres* (1968) e *Tieta do agreste* (1977); biografias, como *O cavaleiro da esperança: a vida de Luís Carlos Prestes* (1942); memórias; teatro; e poesia; entre outros.

283 O mineiro José Joaquim da Maia (1757-1788) foi estudar em Montpellier no fim do século XVIII. Designado pelos inconfidentes a contatar

praticavam crimes irreparáveis contra tudo aquilo que hoje faz você gemer de espanto e mágoa impotente. A democracia a que me refiro é outra, evidentemente, mas tem de partir de um ponto qualquer, onde haja um mínimo de liberdade. E por esse mínimo estão trabalhando aqueles que não temem as suas insinuações tão cômodas, tão fáceis, tão mesquinhas, tão burras para dizer a palavra exata.

Quando eu combatia o imperialismo americano, você nem sabia o que era isso. Agora é que você descobriu, para o efeito de condenar os que trabalham como eu, esse imperialismo, precisamente no momento [em] que o inimigo não é este ou outro imperialismo, mas sim a força nazista, interna e externa!

Insinuações como as que você faz, naturalmente sentido por ver o seu amigo "vender-se" aos americanos, devem ser também dirigidas a gente mais alta do que este seu amigo. Ao estudante Maia, que ofereceu a Jefferson vantagens de todo gênero em troca do apoio americano à independência do Brasil.[283] A Chiang Kai-Chek,[284] que acaba de

---

Thomas Jefferson (1743--1826), correspondeu-se sob o pseudônimo Vendek, a partir de 1785, com o embaixador norte--americano residente em Paris, discutindo ideias republicanas e tratando da independência do Brasil. Em carta de 21 de novembro de 1786, escreveu: "Sou brasileiro e sabeis que a minha pátria geme em atroz escravidão, que se torna todos os dias mais insuportável depois da vossa gloriosa independência, pois que os bárbaros portugueses nada poupam para tornar-nos desgraçados com medo que vos sigamos as pisadas, e como sabemos que estes usurpadores, contra a lei da natureza e da humanidade, não cuidam senão de oprimir-nos, estamos decididos a seguir o admirável exemplo que acabais de dar-nos e,

por conseguinte, quebrar as nossas cadeias e fazer reviver a nossa liberdade, que está de todo morta e oprimida pela força, que é o único direito que os europeus tem sobre a América." Em seguida, pede auxílio para o empreendimento da independência do Brasil: "[...] é a vossa nação que julgamos mais própria para ajudar-nos, não somente porque foi quem nos deu o exemplo, mas também porque a natureza fez-nos habitantes do mesmo continente e, por conseguinte, de alguma sorte compatriotas; pela nossa parte estamos prontos a dar todo o dinheiro que for necessário e a manifestar a todo tempo a nossa gratidão para com os nossos benfeitores." Cf. *Autos de devassa da Inconfidência Mineira*. Brasília: Câmara dos Deputados, 1977. Vol. 8.

284 Chiang Kai-Chek ou Chang Kai-Chek (1887-1975), nascido na província de Chekiang, na China, militar e político, tornou-se líder do Kuomintang em 1925. Durante a Guerra Civil Chinesa (1926-1949), lutou contra os comunistas chineses, mas foi derrotado e transferiu seu governo nacionalista para Formosa (também conhecida como Taiwan), onde continuou atuando como presidente da República da China nessa ilha. Durante o início da Guerra Fria, seu governo foi considerado legítimo pelos países ocidentais, reconhecido pela ONU e teve apoio econômico e militar dos EUA. Porém, em 1971, Taiwan foi excluída da ONU, em favor da República Popular da China (a China continental e comunista) e, em 1978, os EUA romperam suas relações diplomáticas.

dar aos americanos o direito de exploração, por noventa e nove anos, das minas de tungstênio, *etc.*, na China, em troca de apoio americano à guerra contra o Japão. Eu, é claro, não ofereci nada do Brasil, porque não tinha nada para oferecer. Não dei nada do Brasil. Dei de mim mesmo, venci todas as restrições, abandonei todas as prevenções, e entrei nessa política de colaboração, de corpo e alma, e não apenas "para viver", como você disse, porque não costumo mascarar as situações com pretextos pessoais, culturais ou sentimentais. Estou convencido de que só pelo estímulo americano se pode organizar uma força de resistência democrática ao nazismo no Brasil. Esta convicção está sendo demonstrada pelos fatos, e aquele sobre o qual falamos há dias é uma clara demonstração dessa verdade. Por outro lado, só reforçando a posição dos Estados Unidos, pode-se conseguir que a corrente nazista no governo seja superada pela outra, mais esperta ou mais convicta, que veja na amizade americana uma garantia de continuação com aprovação pública e de proteção em caso de guerra. E ainda, no apoio aos americanos, como aos ingleses, está um dever de consciência em face do inimigo comum, do inimigo único, que é o nazismo.

Graças a esse meu trabalho "para viver", como diz você, tenho podido evitar muito mal-entendido e tenho provocado muito benefício de que você não tem notícia, porque não estou trabalhando para você saber. Todos esses fatos que poderia citar são simples episódios de um grande trabalho contra o qual você não tem direito de pronunciar uma só palavra, embora depois desta carta, talvez, por mesquinha vaidade você talvez se encanzine.

Como homem público, digamos assim, bem pouco importam os seus julgamentos políticos que são desvalidos de qualquer coerência, dada a sua já confessada incapacidade para atitudes consequentes, isto é, aquelas atitudes que exigem ação tanto quanto pensamento. Como amigo, porém, é desagradável vê-lo insinuar pequenas infâmias contra amigos como eu tenho sido — como eu tenho orgulho de ser —, sempre leais, sempre devotados, mesmo quando discordantes. Por essa miúda infamiazinha, você talvez pretenda se apresentar como um puro diante de uma devassada consciência. Não, Mário, se há alguém de consciência devassa entre nós, é você, que serviu ao Rao,[285] que serve ao Estado Novo,[286] pior talvez do que aqueles que servem abertamente, porque o seu papel é o de desconversador, encarregado de distrair com piruetas disfarçadas em profundidades mitológicas os verdadeiros problemas da cultura no Brasil neste momento. Sob o pretexto de que certas besteirinhas são problemas que interessam à cultura em sua eternidade, você abre mão da exigência deste momento e finge esquecer que as exigências de cada momento são o que faz a eternidade da cultura.

No Estado Novo, os homens como você têm uma função: a de deconversadores, isto é, de homens a quem se pergunta: "Por que no Brasil não pode haver liberdade de pensamento?" e dos quais se recebe esta resposta: "Vamos ver que perfeição de pronome tem aquele senhor que acaba de entrar para a Academia?" Você é agora um acadêmico do lado de fora, um acadêmico que bebe chope e

285 Vicente Rao (1892-1978), nascido em São Paulo, foi advogado, político e professor de direito da Universidade de São Paulo. Participou da criação do Partido Democrático (PD) de São Paulo e apoiou a Revolução de 1930, liderada por Getúlio Vargas e pelo tenente-coronel Pedro Aurélio de Góis Monteiro. Diante do rompimento do PD com Getúlio Vargas, aderiu à Frente Única Paulista e à Revolução Constitucionalista de 1932, tornando-se em seguida um dos fundadores do Partido Constitucionalista (PC), vindo a ser ministro da Justiça e dos Negócios Interiores do governo Vargas. Autor da Lei de Segurança Nacional de 1935, que estabeleceu censuras aos meios de comunicação. Em 1936, criou a Comissão Nacional de Repressão ao Comunismo.

286 Mário de Andrade (ver nota 88), a convite do ministro Gustavo Capanema Filho (1900-1985), participou da elaboração de projetos circunscritos ao Ministério da Educação e Saúde Pública do governo Getúlio Vargas. Entre eles, destaca-se a criação do Serviço do Patrimônio Histórico e Artístico Nacional (SPHAN) e a direção do Instituto de Artes da Universidade do Distrito Federal, cargo que assumiu em 1938.

com chope consegue a irresponsabilidade suficiente para caluniar, difamar e corromper tudo aquilo que representa sacrifício obscuro, esforço constante, intenção refletida.

Não está ao meu alcance corrigi-lo e transformá-lo em outra criatura, como você poderia vir a ser, senão deixasse predominar certos traços do seu temperamento e acentuasse o valor de outros mais nobres. Está ao meu alcance, porém, e mais ainda, é meu dever evitar que a nossa amizade se desfaça e impedir que você se transforme num caluniador da pior espécie, mandando-lhe esta carta — que você fará o favor de ler na minha frente — e esperando que você a exiba ao Sérgio Milliet e ao Mário Neme, o primeiro por me conhecer, o segundo por não me conhecer, a fim de que eles saibam que você foi apenas leviano e que, como não poucas vezes você tem feito, também tem[,] com a leviandade, a nobreza de reconhecer o seu erro e de corrigi-lo a tempo.

Sem essa providência, nossa amizade não poderá continuar, e com isso perdemos ambos, você inclusive, pois sempre teve em mim um amigo certo, incapaz de cometer essa indignidade. Com ela, tudo se esquecerá e continuaremos amigos, melhores ainda, porque a nossa amizade ficará igualmente demonstrada por esta carta e pela ação que ela provocar em você.

Carlos Lacerda

RIO DE JANEIRO, 13 DE DEZEMBRO DE 1960

EXMA. SRA.
DINÁ SILVEIRA DE QUEIRÓS[287]
AVENIDA COPACABANA, 259
RIO DE JANEIRO, GB

Minha querida Diná

Das mãos do nosso querido desembargador,[288] recebi ontem o recorte de uma crônica sua que realmente me havia escapado nos trabalhos destes dias.

Muito obrigado pelo conselho e pelo carinho de sua crônica. Fique certa de que não sou homem de ficar satisfeito facilmente e tenho alergia à adulação. A adulação tem um efeito de me irritar profundamente e creio mesmo que me irrita muito mais do que a invectiva ou a injúria.

Para quando o Congresso dos Escritores da Guanabara?

Até breve e um abraço do[289]

CL/RA[290]

---

287 Diná Silveira de Queirós (1910-1982), nascida em São Paulo, foi escritora e segunda mulher a assumir uma vaga da Academia Brasileira de Letras. Entre outros, publicou os romances *Florada na serra* (1939) e *A muralha* (1954).·

288 Trata-se de Dário Moreira de Castro Alves (1927-2010), nascido em Fortaleza, no Ceará, diplomata brasileiro e marido de Diná Silveira de Queirós.

289 Carta não assinada. Trata-se provavelmente de cópia do autor.

290 Ruth Alverga, ver nota 192.

RIO DE JANEIRO, 3 DE JULHO DE 1961

ILMO. SR.
JOSUÉ MONTELO[291]
RUA FIGUEIREDO MAGALHÃES, 403 AP. 801
RIO DE JANEIRO

Meu caro Josué Montelo

Recebi sua carta de 30, agora.

Exposta a questão como você faz, Paul Claudel passaria a ser um sujeito abominável...[292]

No entanto, veja bem, as suas informações foram colhidas no volume *O riso de Paul Claudel*, onde não visaram a tirar efeitos contrários ao Brasil ou a quem quer que seja.[293]

Há uma liberdade de observação e de crítica, que não se deve recusar a ninguém, muito menos a um homem de talento.

As observações sobre Borges de Medeiros,[294] se contêm pilhérias por um lado, são, por outro, generosas. A comparação da baía de Guanabara com uma espécie de Luna Park geográfica[295] parece-me imaginosa e nada ofensiva. Por que

291 Josué Montelo (1917--2006), nascido em São Luís, no Maranhão, jornalista e ficcionista, foi diretor da Biblioteca Nacional, diretor-geral do Museu Histórico Nacional, fundador e diretor do Museu da República e embaixador do Brasil junto à UNESCO, entre outros cargos de destaque. Membro da Academia Brasileira de Letras, onde ocupou a presidência no período 1994-5. Publicou os romances *Janelas fechadas* (1947), *Os degraus do paraíso* (1965), *Os tambores de São Luís* (1975), entre outros.

292 Paul Claudel (1868--1955), nascido em Villeneuve-sur-Fère, na França, foi escritor e diplomata. Sua obra, de inspiração católica, trata frequentemente do conflito entre a carne e o espírito. Autor de *O anúncio feito a Maria* (1912) e *O palácio de cetim* (1943).

293 Referência à coletânea *Le rire de Paul Claudel*, publicada em 1960, pela editora Gallimard.

294 Antônio Augusto Borges de Medeiros (1864-1961), mais conhecido como Borges de Medeiros, nascido em Caçapava do Sul, no Rio Grande do Sul, foi um dos principais políticos gaúchos da Primeira República. Governou três vezes o estado do Rio Grande do Sul, entre 1898 e 1928. Apoiou a Revolução de 1930 e em seguida aderiu à Revolução Constitucionalista de 1932. Eleito deputado federal em 1935, foi deposto pelo Estado Novo.

seria ofensiva essa comparação? Ele não diz nada que, na época, não fosse dito por muitos.

Quanto a tratar assuntos da Brazil Railway,[296] lembro-lhe que é uma obrigação estrita de todo embaixador cuidar dos interesses naturais do seu país no país no qual está acreditado.[297]

Tenho, por outro lado, expressivas demonstrações do apreço de Claudel pelo Brasil.[298]

É claro que você terá sempre a liberdade de criticar a ideia de se dar o nome de Claudel a um logradouro no Rio.[299] Mas não creio que tenha razão, pois não há compromisso de dar nome em logradouro aos conformistas e aos medalhões, apenas.

Exatamente uma das qualidades de Claudel é a de se ter sempre recusado a ser medalhão e a de não ser nunca um conformista.

Em tudo isto, lucrei um livro e um livro muito bom por sinal.

O ufanismo é uma planta que não nasce no meu jardim. Gostaria que todos os escritores do mundo demonstrassem o seu amor ao Brasil ajudando-nos a corrigir os nossos erros, criticando-nos ao mesmo tempo que nós pudéssemos criticar e ajudar os seus respectivos países.

295 Luna Park é uma casa de eventos de Buenos Aires, na Argentina, inaugurada em 1934, com capacidade para oito mil pessoas.

296 Brazil Railway Company foi uma empresa ferroviária brasileira criada no início do século XX.

297 Paul Claudel (ver nota 292) foi ministro plenipotenciário da França no Brasil de 1916 a 1918.

298 Claudel fez inúmeras observações sobre o Brasil e sua cultura em seu diário e em suas cartas.

299 Localizada no Jardim de Alah, que separa os bairros do Leblon e de Ipanema, no Rio de Janeiro, a praça Paul Claudel foi criada em 1938.

Neste passo, teríamos que demolir a estátua de Pedro Álvares Cabral porque teve a audácia de nos descobrir, retirar o monumento a Mauá porque era um comerciante,[300] não permitir qualquer busto de Molière porque zombava da humanidade, destruir qualquer estátua de Jefferson porque não ajudou o estudante Maia[301] e assim sucessivamente. Cordialmente,[302]

CL/RA[303]

300 Irineu Evangelista de Sousa, o visconde de Mauá (1813-1889), nascido em Arroio Grande, no Rio Grande do Sul, foi banqueiro e empresário. Trata-se de uma das figuras centrais no desenvolvimento industrial e urbanístico brasileiro durante o século XIX.

301 José Joaquim da Maia, ver nota 283.

302 Carta não assinada. Trata-se provavelmente de cópia do autor.

303 Ruth Alverga, ver nota 192.

RIO DE JANEIRO, 12 DE AGOSTO DE 1961

Meu caro Daniel[304]

Recebi a coleção das obras de Dostoievski.[305] Não me lembro do artigo a que você se refere, senão vagamente. Se não me engano, não era grande coisa. Em todo caso vale a intenção e a circunstância de ter sido o primeiro sobre a notável obra que vocês realizam, editando em português todo o Dostoievski, sobretudo porque assim nos livramos de conhecer somente aquela edição francesa do marquês de Vogüé,[306] que sem aviso prévio frustrava o leitor incauto, cortando capítulos inteiros, única na qual os nossos pais e alguns de nós ficamos conhecendo o que esse marquês nos quis mostrar de Dostoievski.

Neste fim de semana espero poder folhear os volumes para começar vendo as ilustrações. Estou reduzido a ver figuras, mas de vez em quando ainda posso ler um bom romance.

304 Daniel Joaquim Pereira, irmão de José Olympio, ingressou na Livraria José Olympio Editora logo após a conclusão do curso de direito, tornando-se responsável pelas relações públicas dessa casa editorial e pela leitura de originais.

305 A coleção das obras de Dostoievski publicada pela Livraria José Olympio Editora foi lançada de 1944 a 1952, reunindo dez volumes desse autor russo. Fiodor Dostoievski (1821-1881), nascido em Moscou, na Rússia, é um dos mais importantes ficcionistas da literatura universal. Escreveu *Crime e castigo* (1866), *O jogador* (1867), *Os irmãos Karamazov* (1879-1880), entre outros.

306 A difusão internacional da obra de Fiodor Dostoievski se deu a partir do ensaio-manifesto *Le roman russe* (1886), do visconde (e não marquês, conforme Carlos Lacerda) francês Eugène-Melchior de Vogüé.

Agora mesmo, estou lendo um cuja tradução recomendaria com vivo empenho, tal a atualidade do assunto e a forma insólita por que está tratado.

Mas, acredito que vocês tenham a sua programação já bastante carregada.

Diga a José Olympio[307] que apreciei muito a coincidência que ele notou com seu bilhete, mas ainda não estamos na reforma desejável.

Por outro lado, convenci-me de que só poderei escrever esse livro, no fim do meu mandato, quando estiver desligado de qualquer compromisso político. Um livro como esse que penso fazer, deve ser um livro muito objetivo e muito honesto. Não é possível fazê-lo no meio de compromissos que nos entravam para não causar mal maior.

Um abraço agradecido pela sua gentileza e amizade. Outro abraço para o sobrinho, felicidades à Casa, do seu amigo,[308]

CL/RA[309]

307 José Olympio Pereira Filho (1902-1990), nascido em Batatais, São Paulo, foi livreiro e criador de uma das principais editoras brasileiras, a Livraria José Olympio Editora, responsável por revelar notáveis escritores, como José Lins do Rego (1901-1957), Graciliano Ramos (1892-1953), Guimarães Rosa (1908-1967), Clarice Lispector (1925-1977), e pensadores, como Gilberto Freyre (1900-1987) e Sérgio Buarque de Holanda (1902-1987).

308 Carta não assinada. Trata-se provavelmente de cópia do autor.

309 Ruth Alverga, ver nota 192.

RIO DE JANEIRO,
23 DE JUNHO DE 1967

ILMO. SR.
HEITOR GRILO[310]
AVENIDA MARECHAL CÂMARA, 350
RIO DE JANEIRO — GB

Meu caro Heitor Grilo,

Não sei como, doença, viagem a São Paulo, só esta manhã abri o envelope do Conselho Nacional de Pesquisa[311] que trouxe a sua carta e a cópia da "Cantata da cidade do Rio de Janeiro", que Cecília Meireles dedicou a este seu amigo.[312] Que dizer? Apenas acabo de lê-la, na sua envolvente beleza. Não conheço o Camargo Guarnieri.[313] Você acha que se lhe escrever isto poderá animá-lo a concluir a música?

310 Heitor Grilo (1940--1972), nascido no Paraná, foi o segundo marido da poetisa Cecília Meireles. Formado na Escola Superior de Agricultura e Medicina Veterinária (atual Universidade Federal Rural do Rio de Janeiro). Nos anos 1955 e 1956, foi vice-presidente do Conselho Nacional de Pesquisa; em 1965, voltou a trabalhar como vice--presidente dessa instituição.

311 Conselho Nacional de Pesquisa, atual Conselho Nacional de Desenvolvimento Científico e Tecnológico (CNPq).

312 Cecília Benevides de Carvalho Meireles (1901-1964), nascida no Rio de Janeiro, foi cronista, educadora e uma das mais importantes poetisas

brasileiras. O poema "Cantata da cidade do Rio de Janeiro" foi publicado originalmente no livro *Crônica trovada da cidade de Sam Sebastiam do Rio de Janeiro no Quarto Centenário da sua fundação pelo Capitão-Mor Estácio de Sá*, em 1964, e reproduzido no livro *Poesia completa* (4ª Ed., introdução de Walmir Ayala e ilustrado com xilogravuras de Graciela Fuensalida. Rio de Janeiro: Nova Aguilar, 1993. P. 869), com uma dedicatória a Carlos Lacerda. Cecília publicou, entre outros, *Cânticos* (1927), *Viagem* (1939), *Retrato natural* (1949), *Romanceiro da Inconfidência* (1953), *Poemas escritos na Índia* (1953), *Solombra* (1963) e *Ou isto ou aquilo* (1964).

313 Mozart Camargo Guarnieri (1907-1993), nascido sem São Paulo, foi compositor, maestro e pianista. Teve em Mário de Andrade um dos principais divulgadores de sua obra. Foi regente titular da Orquestra Sinfônica da Universidade de São Paulo e da Orquestra Municipal de São Paulo. Fundador da Academia Brasileira de Música.

Por que não me telefona, um destes dias, o mais cedo possível? Gostaria tanto de visitá-lo. Meu telefone é 31-5830, escritório, onde estou sobretudo na parte da manhã. Mande me chamar.

Um abraço agradecido do

Carlos Lacerda

CL/AMR[314]

314 Ana Maria Ribas, secretária de Carlos Lacerda.

ARQUIVADA PASTA
"C PART n. 1º"

RIO, 24.6.[19]70

Otto,[315] só hoje, depois de muito ouvir falar dele, li o seu artigo, trazido pelo Sérgio.[316] Lindo, lindo, lindo – para ficar também no vocabulário do dia. Difícil ler algo sobre esse assunto tão bem escrito, entre correto e ameno. Perfeito. Ah, se o lessem e o entendessem! Curioso, havia de ser de Minas, uma vez mais – ó vocação! – o novo Manifesto dos Mineiros[317], nas letras do Carlos Castelo Branco,[318] e nestas suas, entre corajosas e pundonorosas, senão pudicas, porém altivas. Leitura confortadora, não confortável. Exaltante. E, sobretudo, vingadora. Pois é uma desforra de inteligência. Um abraço muito grato do,

Carlos Lacerda

315 Otto de Oliveira Lara Resende (1822-1992), nascido em São João Del Rei, Minas Gerais, foi jornalista e escritor. Mudou-se para o Rio de Janeiro, onde colaborou em vários jornais e revistas. Muito ligado a Mário de Andrade e ao também jornalista e dramaturgo Nélson Rodrigues, Otto formava um famoso "quarteto mineiro" de amigos escritores com Fernando Sabino, Paulo Mendes Campos e Hélio Pelegrino. Membro da Academia Brasileira de Letras, publicou livros de vários gêneros, como *O lado humano* (contos, 1952), *O braço direito* (romance, 1964), *Bom dia para nascer* (crônicas, 1993) e *A testemunha silenciosa* (novelas, 1995).

316 Sérgio Lacerda, ver nota 68.

317 Referência ao "Manifesto dos mineiros", lançado em 24 de outubro de 1943, em defesa da redemocratização do país. Foi a primeira manifestação pública de setores liberais em oposição ao Estado Novo de Getúlio Vargas, que sofreu, a partir de então, significativo enfraquecimento. O texto, cuja redação final é de Afonso Arinos de Melo Franco, em cima de versões anteriores preparadas por Odilon Braga, Virgílio de Melo Franco e Dario de Almeida Magalhães, foi assinado também por Adauto Lúcio Cardoso, Artur Bernardes, Bilac Pinto, João Franzen de Lima, José de Magalhães Pinto, José Maria Lopes Cansado, Mílton Campos, Pedro Aleixo, Pedro Nava e Tristão da Cunha, entre outros.

318 Carlos Castelo Branco (1920-1993), nascido em Teresina, no Piauí, foi escritor e jornalista. Em 1961, tornou-se secretário de Imprensa do presidente da República Jânio Quadros. Na "Coluna do Castelo", inicialmente publicada na *Tribuna da Imprensa* de julho a dezembro de 1962 e depois, até 1972, no *Jornal do Brasil*, firmou-se como um dos principais colunistas políticos do país. Autor de *Introdução à revolução de 1964* (1975), *Os militares no poder* (1977) e, lançado postumamente, *A renúncia de Jânio* (1996), além dos *Continhos brasileiros* (1952), obra de ficção.

RIO, 8.10.[19]70

Otto,[319]

Não quis humilhar ninguém. É que um dicionário de anjos não é coisa que se compre duas vezes. Devolvê-lo, porém, não o exime de comparecer para um papo — e nos despedimos do Flamengo, donde estamos nos mudando soluçantes.

Passei metade da noite passada lendo o primeiro volume das Memórias do velho.[320] Arrastadas, às vezes, contudo, são deliciosas, e de uma humanidade extraordinária, uma umidade, parece avenca da mata. Talvez para o segundo volume vocês pudessem convencê-lo a enxugar um pouco, ficariam ainda melhores. Os episódios, uns mais do que outros, são muito bons.
Até breve? Espero.

Um abraço do,

Carlos

319 Otto Lara Resende, ver nota 315.

320 Provável referência ao livro *Baú de ossos*, do médico e memorialista mineiro Pedro Silva Nava (1903-1984), nascido em Juiz de Fora. A data de publicação é 1972, mas talvez Lacerda tenha lido os originais. O livro foi editado pela Editora Sabiá, pertencente aos escritores mineiros Fernando Sabino e Rubem Braga, amigos de Otto, e que surgiu de uma divisão da Editora do Autor, que também era de propriedade de Otto Lara Resende. Os outros seis volumes que deram continuidade às memórias de Pedro Nava são *Balão cativo* (1973), *Chão de ferro* (1976), *Beira-mar* (1978), *Galo das trevas* (1981), *O Círio perfeito* (1983), *Cera das almas* (2006, póstumo e incompleto).

RIO, 30.6.[19]71

A Otto Lara Resende[321]

Otto, acabei de ler a entrevista no *Correio* de hoje. Só não entendi a *vinda* de Guignard. Deve ser engano.[322] O mais, ótimo, com aquele pouco de melancolia que você não consegue disfarçar além da conta. E reli o "Retrato na gaveta", o conto, que é muito bom.[323]

Me deu saudades. Seria de quê? Da pensão em que você morava, onde nunca entrei mas o deixava na porta, de volta da praia.

Abraço do,

Carlos

---

321 Otto Lara Resende, ver nota 315.

322 Alberto da Veiga Guignard (1896-1962), nascido em Nova Friburgo, no Rio de Janeiro foi um pintor famoso por seus quadros que retratavam a paisagem mineira. Formado na Europa, voltou ao Brasil na década de 1920 e tornou-se um dos nomes representativos da pintura modernista brasileira. Foi professor de vários artistas das gerações seguintes. Já nos anos 1940, mudou-se para Minas Gerais, a convite do então prefeito de Belo Horizonte, Juscelino Kubitschek. O engano a que Carlos Lacerda se refere diz respeito à entrevista publicada no jornal *Correio da Manhã*, e que falava numa suposta "vinda" do pintor ao Rio de Janeiro, quando na realidade ele falecera quase dez anos antes, e o que viria seria apenas um quadro.

323 O conto "O retrato na gaveta", de Otto Lara Resende, foi publicado no livro homônimo, de 1962.

RIO DE JANEIRO, 2 DE JANEIRO DE 1973

Meu caro Érico,[324]

Aproveitei o feriado e uma gripe para, em três arremetidas, ler o *Solo de clarineta*,[325] que a MPM[326] teve o bom gosto de me mandar, nessa iniciativa creio que única, mas felicíssima, de comprar uma primeira edição e promover, assim, uma festa de portas fechadas.

Pois é uma festa a leitura do teu primeiro livro de memórias. Antes que de memórias, ele é o teu melhor romance. Pequenas imperfeições, sobretudo quanto a expressões que ficam abaixo do tom geral do livro, algumas das quais marquei, nem de longe comprometem a grandeza do livro. Sua marca, por excelência, é a de uma severa integridade de espírito, um desejo de não trapacear nem com a memória nem com os sentimentos. Cada tipo é um personagem, cada cena uma criação. As constantes referências, a certa altura compondo quase todo um capítulo, que estabelecem relação entre as memórias e os romances, sobre serem extremamente úteis, são curiosamente coincidentes com o que tenho pensado — e creio que toda gente que te lê.

Mais curioso, porém, de que tudo — pelo menos para mim — é a afinidade profunda, de situações e de reações, entre a sua infância e a minha. Aparentemente não há vidas

324 Érico Veríssimo (1905-1975), nascido em Cruz Alta, no Rio Grande do Sul, foi escritor, editor, tradutor e professor. Sua obra capital, a trilogia *O tempo e o vento* [*O continente*, 1949; *O retrato*, 1951; e *O arquipélago*, 1962], recria, em amplo painel, as tradições culturais da história gaúcha. Autor também de *Clarissa* (1932), *Música ao longe* (1935), *Olhai os lírios do campo* (1938), *Incidente em Antares* (1971), entre outros.

325 O livro de memórias *Solo de clarineta*, de Érico Veríssimo, foi publicado em 1973, pela editora Globo, de Porto Alegre.

326 Trata-se de uma grande agência de publicidade dos anos 1970, a MPM Propaganda, empresa criada em 1957 por Antônio Mafuz, Petrônio Corrêa e Luís Macedo.

mais dessemelhantes. No entanto... Não só a relação pai-filho, como logo se pode pensar. Muito mais. Há cenas e reações suas que eu não saberia descrever melhor acerca de mim mesmo. Será por isto que o livro me pareceu tão bom?

Com certeza, e não há mal nisto, é claro. Mas, há mais. Há um despojamento, uma economia de imagens de tal modo feita que ao empregar alguma é como quem nunca toma aspirina, quando toma, cura. Certos episódios, sobretudo certas descrições de sentimentos, que lembram Rousseau (*As confissões*),[327] foi pena não ter desenvolvido mais, ainda que em detrimento de outras mais factuais e menos interessantes, a não ser pela informação que trazem de episódios e tendências. Os seus primeiros romances, suas influências e pretensões são exatamente o que sempre pensei, a tal ponto que, tenho a impressão, você inutilizou quaisquer pretensões de interpretar e reconstituir sua formação e suas influências ao longo de sua obra. A descoberta do drama dos parados, da psicologia profunda dos aparentemente estáticos homens de campo, foi o que me levou a cometer uma peça de teatro. *O Rio*, que é exatamente isto – e por isto.[328] Quando Graciliano publicou *São Bernardo*,[329] escrevi na *Revista Acadêmica*, do Murilo Miranda,[330] uma nota intitulada "São Bernardo e o cabo da faca", na qual salientava – com a ferocidade sectária própria da época – que Graciliano interpretava a realidade rural do ponto de vista do cabo da faca, isto é,

327 Jean-Jacques Rousseau (1712-1778), nascido em Genebra, na Suíça, foi escritor e filósofo. O livro *Confissões*, escrito ao fim de sua vida, revela que o progresso corrompe os homens ao invés de torná-los melhores. Nessa obra, o autor respondeu ainda a uma série de acusações do filósofo francês Voltaire (1694-1778) a partir de fatos biográficos e experiências pessoais. Autor de *O contrato social* (1762) e *Emílio ou da educação* (1762), entre outros.

328 Ver nota 3, sobre a peça *O rio*.

329 Graciliano Ramos (ver nota 29) foi um dos mais importantes escritores do regionalismo dos anos 1930. O livro *São Bernardo* (1934), no entanto, caracteriza-se mais pelo hábil aprofundamento psicológico acerca do protagonista desse romance, o que já levou muitos críticos a relacioná-lo à ficção de Machado de Assis (1839-1908). Escreveu, entre outros, *Vidas secas* (1937) e *Memórias do cárcere* (1955).

330 A *Revista Acadêmica*, dirigida por Murilo Miranda, foi publicada de 1933 a 1948, contando com a colaboração de muitos dos principais nomes da literatura brasileira de então, como Carlos Drummond de Andrade, Manuel Bandeira e Mário de Andrade.

do fazendeiro, e deixava na penumbra os sentimentos do homem rural do lado da lâmina, o espoliado, o cabisbaixo. Recebi dele uma carta, que deve ter sido queimada junto com outras por um sujeito que teve medo da polícia, na qual dizia aproximadamente o que segue: você tem razão, mas eu só sei descrever o que conheço e só conheço a realidade desse lado, que tem sido o meu. Não sei interpretar e descrever sujeitos calados, que não se exprimem, que não se abrem, que permanecem, para mim, fechados.

Fiquei muito feliz com as referências que você fez ao Maurício Rosenblatt e à sua mulher.[331] São duas pessoas de quem tenho saudade verdadeira, depois de algum ou alguns mal-entendidos que os afastaram de nós, mas com uma lembrança nunca toldada nem desfeita. Sua sensibilidade me faz falta, e uma das glórias dos Veríssimo é ter merecido essa dedicação, essa amizade.

Poderia ficar falando com você muito, mas muito mesmo, sobre esse livro, uma vez aberta a cortina de um pudor estúpido, que nos leva a falar pouco o bem que desejamos e a admiração que temos. Acho difícil que o segundo volume iguale o primeiro, pois a esse faltarão a infância e a adolescência. Penso que vale a pena ter cuidado para que não fique episódico demais, muito factual, um rol de acontecimentos e um desfile de nomes. Precisamente o que não se deu, senão, muito raramente, no primeiro volume. Das [cenas] corriqueiras, como o diálogo com o homem do espelho, às insólitas, como a presença do manequim, os instrumentos de que você se vale são bem seus, e poderiam ser de qualquer pessoa – mas quantas pessoas, se pensar bem, e entre as capazes de notar, quantas poderiam descrever tais fenômenos?

Um tratamento um pouco anacrônico de certos temas, à luz de um freudianismo fácil, é um imposto que você paga às más leituras... Todo mundo mais ou menos caiu nessa. Mais vale aplicar Stendhal do que Freud,[332] que está cada dia mais furado.

Veja se é possível tirar de alguma obra sua um texto que, ilustrado devidamente, dê um livro fora de mercado. Experimentei com os *24 sonetos* de Shakespeare, traduzidos pelo Ivo Barroso.[333] Apesar de alguns tropeços,

331 Maurício Rosenblatt (1906-1988), nascido em Rosário, na Argentina, foi editor das editoras Globo e José Olympio. Responsável pela publicação de obras marcantes da literatura universal, como *Em busca do tempo perdido*, de Marcel Proust. Casado com Luíza Russowski Rosenblatt.

332 Carlos Lacerda destaca a narrativa de Stendhal (1783-1842) pela sua capacidade analítica e pela complexa psicologia de seus personagens. Entre os romances desse autor francês, nascido em Grenoble, destacam-se *O vermelho e o negro* (1830) e *A cartuxa de Parma* (1839). Desde os anos 1960, a teoria psicanalítica de Sigmund Freud (ver adiante, nota 351) sofria dura oposição diante do crescimento de consciência política na Europa.

333 Ivo Barroso, ver notas 197 e 203.

causados pela ausência, ainda, de algum especialista da matéria, foi um êxito e o tradutor ganhou o que ninguém ganhou ainda, no Brasil, nessa matéria.

Conto ir em breve a Porto Alegre, então conversaremos. Na realidade, não conversaremos, pois você está sempre cheio de gente e eu, de horários. Mas, só o fato de nos encontrarmos, de rever vocês, já é confortador. Hoje quero apenas, desejando-lhe saúde e paz, dizer quanto amo este teu livro de memórias, quanto foi bom ter podido lê-lo e quanto agradeço, pela parte que me toca, o tê-lo escrito.

Gostei também de rever o David,[334] pois ainda não perdi a esperança de podermos juntá-lo à nossa máfia tecnológica. Com lembranças, um abraço especial à Mafalda,[335] se avistar com ele, outro abraço ao Mário,[336] aos homens da Globo,[337] que têm o privilégio de editá-lo, os Rosenblatt, que nunca esquecemos, por mais que não pareça, receba um abraço do

Carlos Lacerda

p.s.: Letícia[338] vai ler agora o *Solo*: Assim que sair na livraria, vou mandá-lo à Cristina,[339] que está em Londres.

334 Trata-se provavelmente do físico David Jaffe, genro de Érico Veríssimo.

335 Mafalda Volpe Veríssimo, mulher de Érico Veríssimo.

336 Trata-se provavelmente de Mário Quintana (1906--1994), poeta nascido em Alegrete, no Rio Grande do Sul, que residia em Porto Alegre. Escreveu, entre outros, os livros *Sapato florido* (1947), *Caderno H* (1973) e *Da preguiça como método de trabalho* (1987).

337 Érico Veríssimo trabalhou na editora Globo e exerceu importante papel no desenvolvimento de sua linha editorial. Acerca de sua relação com os proprietários dessa editora e de suas atividades, Veríssimo escreveu o livro *Um certo Henrique Bertaso – Pequeno retrato em que o pintor também aparece* (1972).

338 Letícia Lacerda, ver nota 1.

339 Cristina Lacerda, ver nota 178.

RIO DE JANEIRO, 5 DE JUNHO DE 1973

ILMO. SR.

BRUNO DE ALMEIDA MAGALHÃES[340]

RUA SÃO CLEMENTE 514 APARTAMENTO 301

RIO DE JANEIRO

Caro amigo.

Recebi, e já li, o seu livro sobre Artur Bernardes.[341] É um esforço digno de todo respeito, e por muitos títulos louvável. Não podia deixar de ter qualidades o homem que mereceu, de outro como você, independente e fiel aos seus compromissos com a dignidade, tamanho panegírico. Sem dúvida, perde em objetividade de historiador quem se atreve a fazer obra de amizade, de admiração e dedicação à memória de uma figura histórica. Não raro, no seu livro, você comete pecados contra a História, de qual — noutras oportunidades — é tão cioso. Mas, isto em favor do seu propósito, que foi o de realçar as qualidades de um homem público que deixou exemplos de firmeza, de coerência e de seriedade no cumprimento da missão que se traçou. Foi pena não entrar mais fundo no espírito de missão, nessa espécie de messianismo que foi, penso, um traço de Artur Bernardes. O seu julgamento sobre os fatos e circunstâncias que o precederam, no ciclo revolucionário que, a partir de Rui Barbosa, ganhou velocidade no governo Bernardes, é parcial em ambos os sentidos, pois é faccioso e incompleto. Isto, sem prejuízo da contribuição que você traz, com esse retrato, unilateral mas fremente de sincera admiração pelo retratado.

Como provavelmente haverá uma segunda edição[,] rogo-lhe o favor de esclarecer, numa oração intercalada, que o Falsificador das cartas de Bernardes nada tem a ver com a minha família, também citada no livro. Trata-se de família de igual nome...

Você enfrentou a dificuldade de escrever sobre figuras históricas ainda ao calor da amizade e da convivência. O que isto retira de visão histórica, numa perspectiva mais ampla, acrescenta em calor humano, dando ao livro um tom de depoimento ainda vivo. Bem haja.

340 Bruno de Almeida Magalhães diplomou-se em direito pela Universidade Federal do Rio de Janeiro. Promotor de Justiça, foi membro do Instituto dos Advogados do Brasil. Publicou a biografia do visconde de Abaeté.

341 Trata-se do livro *Artur Bernardes – Estadista da República*, publicado em 1973 pela Livraria José Olympio Editora na coleção Documentos Brasileiros.

342 Referência à visita do presidente da Argentina, general Alejandro Janussi ao Brasil, em 12 de março de 1972, e às divergências entre Brasil e Argentina quanto à construção da usina hidrelétrica de Itaipu no rio Paraná, que viriam a se acirrar ainda mais após a assinatura do Tratado Itaipu, um acordo bilateral entre Brasil e Paraguai, no ano de

Um abraço do

Carlos Lacerda

P.S. Se me lês, te leio... Aí vai a separata de um artigo que saiu no *Estado de S. Paulo*, sobre a política que o Brasil deveria seguir com Portugal e a África. Parece que o Itamaraty descobriu um novo modo de fazer política. Convida o general da Argentina para vir cá e aqui se desentende sobre a represa perto da fronteira, criando um incidente, quase uma guerra...[342] Promove a ida do general Médici[343] a Portugal para, nessa grata oportunidade, comunicar ao governo português que, para não prejudicar a ideia de vender coisas aos países independentes, o Brasil não pode liderar uma política do Atlântico Sul, que permita ao próprio Brasil reunir interesses e necessidades independentemente de preconceitos raciais brancos ou negros,[344] *etc.*

1973. A Argentina temia pela navegação na bacia do Prata e alegava a necessidade de consulta prévia aos países ribeirinhos para a realização de obras em rios internacionais. A solução do impasse só veio em 1979, com a assinatura de um acordo tripartite, entre Brasil, Argentina e Paraguai.

343 Emílio Garrastazu Médici (1905-1985), nascido em Bagé, no Rio Grande do Sul, foi militar e político. Tornou-se chefe do Serviço Nacional de Informações (SNI) de 1967 a 1969 e presidente da República de 1969 a 1974. O período de seu governo ficou conhecido pelo impulso desenvolvimentista conhecido como "Milagre econômico" e pela intensa repressão à imprensa e aos movimentos de esquerda. Sua política externa, chamada de

Diplomacia do Interesse Nacional, pregava a "autonomia no alinhamento", isto é, que o Brasil, apesar de manter-se ao lado dos EUA na Guerra Fria, não abriria mão de suas metas de crescimento econômico contidas no projeto Brasil Grande Potência, voltado para a promoção do rápido desenvolvimento do país.

344 Em outubro de 1972, o ministro das Relações Exteriores do Brasil, Mário Gibson Barboza, realizou uma visita a nove países da África Ocidental: Costa do Marfim, Togo, Benim, Zaire, Camarões, Gabão, Nigéria, Gana e Senegal. Esteve ainda no Quênia, no ano seguinte. Em termos de aproximação com a África, considerada a "fronteira leste" do Brasil, o Itamaraty buscava a diversificação de parcerias, com finalidades

tanto comerciais, contra o protecionismo das nações desenvolvidas, como políticas, de apoio à autodeterminação dos povos. Esta tese, porém, era contrária à de outros setores do governo, que defendiam uma posição pró-Portugal, tanto no que diz respeito aos interesses portugueses no país, como à sua política colonialista.

RIO DE JANEIRO, 28 DE JUNHO DE 1973

ILMO. SR.
DR. GILBERTO FREYRE[345]
APIPUCOS
50.000 — RECIFE, PE

Gilberto,

Recebi, de volta de viagem, a sua carta. Parece que você tomou a peito a queixa que fiz pela sua ausência na recepção da Novo Rio em Recife. É claro, e ficou dito, que seu filho o representou como ninguém poderia mais. Mas, fique também claro que não tive mágoa pela ausência, senão por não ter, com ela, oportunidade de vê-los, a você e a Madalena.[346] No mais, *no bad feelings*, pois acho que você tem mais do que fazer do que ir a *cocktails* formais; eu por mim não vou a nenhum, salvo por obrigação.

Mas, a propósito, você estranha que uma enciclopédia dirigida por mim e editada pela José Olympio[347] dedique menos linhas ao autor de *Casa grande e senzala* do que a outros, como Jorge Amado,[348] por exemplo. Devo-lhe, pois, uma explicação. Não adianta dizer que a importância dada a um autor, numa enciclopédia, não se mede somente pelo número de linhas. Mas, se medisse, você veria que as vinte e quatro linhas que lhe são dedicadas são excedidas em oito linhas pelo verbete Jorge Amado porque: (1) a lista de obras de Jorge Amado é mais numerosa — refiro-me à lista e não à importância — que a sua. Uma linha é dedicada a dizer que ele é primo de Gilberto Amado.[349] Em nenhuma linha está dito que ele escreveu obra fundamental da literatura brasileira. No verbete Gilberto Freyre está dito esta elementar verdade: "renovador das bases do estudo da formação da sociedade no Brasil com *Casa grande e senzala*, obra fundamental da moderna sociologia brasileira", *etc.*

Mas, a explicação vai mais longe. Fui abordado há tempos pelo então diretor de uma editora (não a José Olympio) que me pediu para rever uma enciclopédia.

345 Gilberto Freyre (1900-1987), nascido em Recife, no estado de Pernambuco, foi escritor, sociólogo e professor de humanidades e de direito da Faculdade de Direito do Recife. Em oposição às orientações criativas e ideológicas do modernismo, organizou o 1 Congresso Brasileiro de Regionalismo em 1923, quando também lançou o "Manifesto regionalista", a que se ligaram Jorge de Lima, José Américo de Almeida, José Lins do Rego e Luís Jardim. Autor de *Casa grande e senzala* (1933), *Sobrados e mocambos* (1936), *Ordem e progresso* (1959), entre outros.

346 Madalena Guedes Pereira de Melo Freyre, esposa de Gilberto Freyre.

Depois que aceitei a incumbência, verifiquei que os colaboradores já haviam sido convidados e que, na realidade, tratava-se de acrescentar uns verbetes brasileiros numa enciclopédia de última ordem, inglesa, mas péssima. Era tarde para recuar, mas cedo para tentar corrigir a improvisação e a verdadeira impostura que resultaria desse processo. Trabalhei durante algum tempo sozinho, até que consegui uns poucos colaboradores de minha confiança, que afinal se resumiram no Ivo Barroso,[350] um sujeito realmente extraordinário de seriedade e dedicação. Revimos tudo o que era humanamente possível. Escrevi à coordenadora da obra, uma senhora intratável, mais de mil memorandos, dos quais tenho cópia para lhe mostrar no dia em que você quiser. Para psicologia haviam chamado um professor behaviorista que, por isto, e ignorando tudo sobre os deveres de uma enciclopédia, não queria dar importância à obra de Freud,[351] Jung,[352] *etc*. Para his-

347 Trata-se da *Enciclopédia do século XX*, coordenada por Carlos Lacerda e publicada pela Livraria José Olympio Editora em 1972, traduzida e adaptada a partir da edição norte-americana *Hutchinson's New 20th Century Encyclopedia*.

348 Jorge Amado, ver nota 282.

349 Gilberto Amado (1887-1969), nascido em Estância, no estado de Sergipe, foi diplomata, jurista e escritor. Membro da Academia Brasileira de Letras, é autor de *Grão de areia* (1919), *Dança sobre o abismo* (1932), entre outros.

350 Ver a carta de 16 de janeiro de 1972, na seção "Os amigos" deste livro, e as notas 197 e 203, referentes a ela.

351 Sigmund Freud (1856-1939), nascido em Freiberg, na região da Morávia, então parte do Império Austríaco e atualmente na República Tcheca, formou-se em medicina e especializou-se em neurologia. Estudou a histeria, os distúrbios neuróticos e os sonhos, entre outras questões. Elaborou diversas teorias psicanalíticas e desenvolveu o método de análise do inconsciente por meio de livres associações de ideias. Publicou *A interpretação dos sonhos* (1900), *Três ensaios sobre a teoria da sexualidade* (1905), *Totem e tabu* (1912), *O mal-estar na civilização* (1930), entre outros livros.

352 Carl Gustav Jung (1875-1961), nascido em Kesswil, na Suíça, foi um discípulo de Sigmund Freud que viria a se distanciar das teorias de seu mestre. Criou a psicologia analítica e introduziu os conceitos de inconsciente coletivo e de arquétipo. Autor de *Metamorfoses e símbolos da libido* (1912), *Tipos psicológicos* (1920), *Psicologia e religião* (1939), entre outros livros.

tória do Brasil, um professor que chamava a Inconfidência Mineira de Mineira, Conspiração — porque, dizia ele, inconfidência era o termo dos reinóis contra os nacionalistas. Em suma, vivi dias de absoluto horror pela incumbência que aceitara. Fiz o que pude para melhorar a obra, rever, acrescentar, cortar coisas como o verbete no qual uma professora de filosofia dizia sobre Abelardo "sofrera grande dissabor" por seu amor a Heloísa —[353] o dissabor, como você sabe, consistiu em que o tio de Heloísa, o bispo, mandou castrar o filósofo.

Finalmente: convencido de que a enciclopédia iria vender pouco, fiz o que pude para me desincumbir da tarefa, até como exercício para um dia trabalhar noutra, mais organizada, mais planejada e melhor executada. Eis senão quando a editora fez um acordo com a José Olympio, para a venda da obra — e ao que parece tem vendido muito. Teve, então, uma repercussão inesperada. Resta perguntar como é que você colaborou numa obra que sabia fraca? Para, quanto possível, melhorá-la. Depois, porque a não ser a *Delta Larousse*[354] nenhuma outra no Brasil é tão melhor do que essa. Não imagina quantos verbetes cortei que eram cópias da *Delta Larousse*, pela simples razão de que alguns colaboradores eram os mesmos e não se pejaram de copiar, convencidos de que as duas iam sair ao mesmo tempo — o que não se deu, afinal. Em suma, Gilberto, esta explicação talvez não satisfaça, mas é a que tenho para lhe dar. Mando-as em caráter particular, pois o assunto não merece mais — e seria maldade decepcionar gente que agiu de boa-fé, apenas não teve discernimento bastante para convidar uma equipe de colaboradores mais homogênea e mais compenetrada das responsabilidades de escrever verbetes para enciclopédia. Basta dizer que, para sociologia, não havia colaborador especializado... enquanto para literatura havia vários, todos com veleidades de crítico literário, o que obrigou a cortar, emendar, rasurar, *etc.*, para reduzir a um resumo objetivo cada verbete. Houve exceções notáveis, como a do Roberto Teixeira Leite,[355] em artes plásticas. Mas, poucas. Daí as disparidades, as impropriedades e, principalmente, a ausência de um plano. Consegui

353 Heloísa (1101-1164), nascida em Paris, aluna do filósofo e teólogo Abelardo (1079-1142), nascido em La Pallet, casou-se secretamente com ele. O tio de Heloísa, o cônego Fulbert, em vingança ao matrimônio entre Heloísa e Abelardo, determinou sua castração. O casal então separa-se e Heloísa entra para o convento, onde mantém uma correspondência apaixonada com Abelardo.

354 A *Enciclopédia Delta-Larousse* é uma obra em 12 volumes temáticos, adaptada da *Encyclopédie Larousse*, de origem francesa e publicada no Brasil pela editora Delta, de Abrahão Koogan, em 1968. A obra foi organizada pelo filólogo brasileiro Antônio Houaiss (1915-1999) e teve entre seus colaboradores Aurélio Buarque de Holanda e Ivo Barroso, entre muitos outros. Em 1972, saiu uma nova versão, com verbetes organizados em ordem alfabética, chamada *Grande Enciclopédia Delta Larousse*, com 15 volumes e muitos dos mesmos colaboradores.

355 José Roberto Teixeira Leite (1930), nascido no Rio de Janeiro, é crítico de artes plásticas e professor da Universidade Federal do Rio de Janeiro.

dilatar de uns poucos meses para mais de um ano o prazo de elaboração – e ainda assim...

Um abraço do Carlos Lacerda.

P.S.: O que não disse, por que não vem ao caso, mas talvez acentue a boa-fé com que trabalhei: não me dou com o Jorge[356] desde o tempo do pacto teuto-soviético.[357]

356 Jorge Amado (ver nota 282) só voltaria a reatar uma relação amistosa com Carlos Lacerda ao fim da vida deste, nos anos 1970.

357 Referência ao Pacto Ribbentropp-Molotov de Não-Agressão, assinado entre a Alemanha e a União Soviética, em 1939. A aliança nazi-comunista ajudou muito a Hitler, que invadiu a Polônia contando com a neutralidade russa e dando início à Segunda Guerra Mundial. Nos dois primeiros anos da guerra, sem preocupação com a frente oriental, a Alemanha concentrou seus esforços na conquista da Europa Ocidental. O pacto foi rompido em junho de 1941, com o ataque dos alemães à URSS.

4 Política

RIO, 28/5/[19]47

ILMO. SR.
DR. SOBRAL PINTO[358]

Meu caro dr. Sobral Pinto,

Só hoje – parece incrível – abri a sua carta que veio da redação do *Correio da Manhã* junto com outra. Refiro-me à carta de 10 de maio, na qual você comenta o meu artigo "Luto nacional no dia do armistício". Raras vezes tenho discordado da sua opinião, mas desta vez discordo de tal modo que me parece uma injustiça que só um comunista seria capaz de me fazer. Acredito que você tenha pesado bem a gravidade da sua afirmação. O que esta acarreta, porém, não creio que tenho sido objeto de cogitação. Do contrário não me explicaria como se pode esclarecer o povo e dizer a verdade sobre o Partido Comunista sem que um homem como você possa amanhã atribuir-nos responsabilidade no fechamento desse partido. É certo que você tem tido abundante correspondência com os comunistas, dizendo-lhes "verdades mais amargas" do que as que eu publiquei. Mas não se ofenda, se lhe digo que as suas cartas ao sr. Prestes,[359] se não contribuíram para o fechamento do Partido Comunista[360] também não impediram que esse partido se convertesse numa real ameaça para a liberdade no Brasil. Para um evangelizador como você[,] a campanha epistolar tem um sentido e uma eficácia reais. Para um comentarista político, que tem de estar todos os dias na estacada esclarecendo, afirmando, analisando e concluindo, não vejo como poderia desmascarar o Partido Comunista em cartas aos seus membros e afagá-los nos meus artigos.

Discordo ainda da sua conclusão acerca da contribuição desses artigos para o fechamento do Partido Comunista. Acredito que a atitude tomada nas vésperas do fechamento deve ter contribuído mais para atenuar e impor pelo menos certo decoro ao governo do que alguns ma-

358 Sobral Pinto, ver nota 162.

359 Luís Carlos Prestes, ver nota 114.

360 Em março de 1946, Luís Carlos Prestes declarou ao *Jornal do Commercio* e à *Tribuna Popular* que ficaria ao lado da União Soviética caso houvesse uma guerra contra o Brasil. No dia 23 de março, o advogado Honorato Himalaia Virgulino, ex-procurador do Tribunal Nacional de Segurança, encaminhou ao Supremo Tribunal Eleitoral um pedido de cancelamento do registro do Partido Comunista Brasileiro (PCB) – então chamado Partido Comunista do Brasil – em função das declarações de Prestes. No dia 26 de março, deputados acusariam o PCB de participar de um comando internacional liderado por Moscou, que punha em risco os interesses do Brasil. Após sindicância, o TSE considerou legítimas as acusações contra o PCB e, consequentemente, cancelou o seu registro.

nifestos e abaixo-assinados divulgados pelos inocentes úteis na *Tribuna Popular*.

A sua carta, generosa como sempre, é, no entanto, de uma tal injustiça que antes preferia não ter aberto o envelope. Recuso-me ao paralelo entre a sua correspondência particular entre os comunistas e os meus artigos de jornal sobre o Partido Comunista. Confesso que a minha admiração por você não me há de impedir de lhe dizer que a sua posição é, sem dúvida, muito mais cômoda e confortável. E não lhe dou o direito de julgar problemas de consciência do ponto de vista de uma posição confortável como essa de só dizer a verdade em cartas e deixar o povo entregue à mentira comunista, à mistificação comunista, a título de poupar o Partido Comunista. O seu extremado censo de justiça leva-o, às vezes, a cometer injustiças e *rebours*.[361]

Quando critiquei as atitudes reacionárias do presidente da LEC,[362] você defendeu-o. Agora, entre as cartas de insulto e os memoriais de repugnantes lisonjas que tenho recebido por motivo da atitude assumida em face do fechamnto do PCB, vem a sua carta como uma palavra desarticulada, um conselho que não se saberia como seguir, pois na realidade nada aconselha, uma advertência que não previne. Afinal, se o Partido Comunista é mau, se o comunismo é um erro, é preciso dizer isso. E dizer publicamente enquanto ele age publicamente e vive publicamente. Se o preço da existência do Partido Comunista é a cessação de todo combate democrático a ele, neste caso, meu caro dr. Sobral, você estaria dando razão ao general Dutra,[363] que seria o maior dos brasileiros vivos. Pois[,] se o combate do Partido Comunista deve ficar limitado à correspondência particular de cada um de nós, então estaremos apenas fazendo aquilo que o Pedro Nava chamava "a mímica do cumprimento do dever": desobrigamo-nos gentilmente e, quanto ao povo, que se dane.

De fato tenho apontado o Partido Comunista como um partido russo e Prestes como submetido aos interesses da Rússia. Pergunto-lhe: é verdade ou é mentira? Se é verdade, tenho o dever de publicar e, neste caso, quem está em falta é você, que se limita a dizer isto em carta ao próprio Prestes. Evidentemente por razões muito huma-

361 *Rebours*: palavra francesa que originalmente significava o lado avesso de um tecido, e que ficou consagrada na expressão *à rebours*, usada figurativamente para se referir a algo que é contrário, antagônico ou hostil; negativo, desfavorável ou danoso; erro, desacerto, ou engano. Expressão usada também para referir-se a "contagem regressiva".

362 Liga Eleitoral Católica, formada para orientar os eleitores para a Constituinte de 1934 e presidida na época desta carta pelo cardeal dom Sebastião Leme.

363 Eurico Gaspar Dutra (1883-1974), nascido em Cuiabá, Mato Grosso, foi militar e político. De 1936 a 1945, esteve à frente do ministério da Guerra. Atuou na deposição de Getúlio Vargas e, em seguida, foi eleito presidente da República, de 1946 a 1951. Logo após assumir o poder, líderes comunistas foram aprisionados e sedes do PCB, então Partido Comunista do Brasil, sofreram interdição.

364 Em 1945, durante a elaboração dos estatutos da União Democrática Nacional (UDN), foi criada a Esquerda Democrática, que defendia a necessidade de extirpar os "ranços conservadores" da UDN, conforme anunciado no manifesto lançado a 24 de agosto.

365 Acusada de traição, Elza Fernandes (pseudônimo de Elvira Cupelo Calônio), com dezesseis anos, foi assassinada nos anos 1930 por ordem do PCB, com o voto decisivo de Luís Carlos Prestes.

366 Filinto Müller (1900-1973), nascido em Cuiabá, no Mato Grosso, militar e político, participou da Revolução Paulista, da Coluna Prestes e da Revolução de 1930. Durante o Estado Novo (1937-1942), foi chefe de Polícia do Distrito Federal. Acusado de torturar prisioneiros comunistas e um dos responsáveis pela deportação de Olga Benário (1908-1942) para a Alemanha, país em que nasceu e onde seria executada pelos nazistas, após dar à luz uma filha de Luís Carlos Prestes.

367 Carta não assinada. Trata-se provavelmente de cópia do autor.

nas e compreensíveis, como a ternura que no seu coração ficou da convivência com esse homem no tempo em que ele era um prisioneiro sofredor. Não sei como poderia atacar o fascismo hoje se não combatesse igualmente o Partido Comunista, que de todos os inimigos da liberdade e da dignidade do homem é aquele que mais poder iminente apresenta aqui. Não há que destacar, na minha campanha, uma frase, um período, um artigo. Nunca preguei o fechamento do Partido Comunista e sempre disse que contra ele [não] me insurgiria ao menos enquanto não fossem apresentadas provas definitivas da sua conivência com o imperialismo russo. Não sei se ainda hoje você estará com a mesma impressão, apressada, incompleta, que lhe ditou a carta do dia 10 de maio. Seja como for, fico-lhe grato pela sinceridade e pela lealdade amiga. Mas[,] se alguma vez errou na sua apreciação de uma atitude, foi certamente ao escrever esta carta. A minha prudência não se sente comprometida com a responsabilidade que você me atribui no fechamento do Partido Comunista com expressões dignas de um honrado dirigente da Esquerda Democrática,[364] por exemplo, quando afirma que eu deveria prever que estava "lançando lenha para a fogueira". Lembro-lhe que quem acendeu a fogueira não fui eu e sim o sr. Prestes, que dali tirava as brasas para a sua sardinha.

No fundo há uma generosa ingenuidade na sua carta. Você quer que se combata o comunismo, mas em voz baixa. Em voz alta só o general Dutra. Pergunto-lhe: e o que aconteceu ao povo russo? Interessa menos do que aconteceu ao povo alemão? A morte de Elza Fernandes[365] é menos significativa do que a morte de um preso nas mãos de Filinto Müller?[366] Você, no entanto, poderá sempre julgar melhor do que eu. Apenas lhe peço que nunca julgue antes de pensar duas vezes. Pois das muitas injustiças que me têm sido feitas, sem dúvida, as que mais doem são as que porventura partem de um homem justo como você.

Um abraço do seu[367]

RIO DE JANEIRO, 30 JUNHO [19]50

Sobral:[368]

Eu sabia que sou mero empregado da *TRIBUNA DA IMPREN-SA*:[369] Mas não pensei que você chegasse a me lembrar essa circunstância com tanta insistência. Julguei que cabendo-me a responsabilidade de levar adiante um programa e consolidar um empreendimento como este, tivesse aqui ao menos a liberdade de que dispunha no *Correio da Manhã* até que esse jornal me apontou a porta da rua.[370]

Se é isso o que você pretende agora, com as sucessivas crises que vem criando, ora em nome do futebol, ora em nome do brigadeiro,[371] e sempre em seu próprio nome, é melhor que fale com franqueza, deixando de parte as declarações de um afeto que, permita dizê-lo[,] você não sente por mim pois quem de fato é amigo não faz maus juízos com tanta facilidade e tanta pressa.

368 Sobral Pinto, ver nota 162.

369 Carlos Lacerda lançou o jornal *Tribuna da Imprensa* em dezembro de 1949.

370 Em 1945, Carlos Lacerda começou a colaborar com o jornal *Correio da Manhã*, do qual seria demitido em 1949 por causa de um artigo de sua autoria contra a família Soares Sampaio, uma das beneficiadas pelo presidente Dutra na distribuição de licenças para refino de petróleo e que mantinha amizade com o proprietário desse jornal, Paulo Bittencourt.

371 Trata-se do brigadeiro Eduardo Gomes (1896-1981), nascido em Petrópolis, Rio de Janeiro. Militar e político, foi um dos líderes do Tenentismo e sobrevivente dos Dezoito do Forte, em 1922. Participou da Revolta Paulista de 1924 e da Revolução de 1930. Comandou 1º Regimento de Aviação contra o Levante Comunista de 1935 mas, com a decretação do Estado Novo, exonerou-se do comando. Já no final do regime, após o atentado contra Carlos Lacerda, opôs-se ao governo de Getúlio Vargas, colaborando para seu encerramento. Candidatou-se duas vezes à presidência da República (em 1945 e 1950) e foi ministro da Aeronáutica nos governos de Café Filho (1954-1955) e Castelo Branco (1965-1967).

A definição do papel do Conselho Consultivo, que você exige em suas cartas que, a serem todas respondidas, far-me-iam entregar o jornal às mãos de terceiro para me dedicar a uma atividade epistolar impossível, está contida no estatuto. Basta que você a releia. Além dessas há outra a que realmente me prendo de boa-fé e de boa vontade: o conselho dos amigos, dos companheiros, dos colaboradores. Este foi o que procurei suprir, ouvindo a gente da redação, a gente da resistência – onde aturei muitas impertinências e até grosserias, inclusive suas, em atenção a sua idade e ao que você, por muitos outros e justíssimos títulos, merece de quem tantas amarguras tem passado ultimamente por sua causa. Realmente não o procurei, então, para ouvir-lhe a opinião, e me penitencio disso, não apenas agora com os seus ultimatuns perigosos, mas publicamente, na própria resistência. A questão, evidentemente, estava em você procurar sentir que não houve a intenção de menosprezar ou evitar o seu parecer. Mas, creio, isto se vai tornando difícil, pois você vê em cada amigo um inimigo potencial e em cada companheiro um que esquece as suas contribuições a causa comum ou um ambicioso vulgar, ou um despeitado, que sei eu.

Você está alimentando artificialmente uma crise que pode dar por terra com a *TRIBUNA* ou comigo. Se o que você quer é me tirar da *TRIBUNA*, diga logo, Sobral, mas poupe as manifestações de amizade que não existem nos fatos. Reconheço ao Conselho Consultivo todos os direitos, contanto que os meus sejam respeitados. Sei de suas responsabilidades, mas você deve saber das minhas.

A sua ordem para que a *TRIBUNA* cesse imediatamente "qualquer hostilidade à candidatura do brigadeiro", é extemporânea, descabida e profundamente, violentamente injusta.

Não houve e não há hostilidade ao brigadeiro. Há o compromisso da verdade, que transcende o próprio brigadeiro. Se este aceita o apoio do PRP,[372] a *TRIBUNA* é OBRIGADA A DISCORDAR, ou a pôr a questão nos termos em que ela julga do seu dever colocá-lo. Se o brigadeiro recusa-se a aceitar a tese da união antitotalitária e se entrega ao eleitoralismo, a *TRIBUNA* tem o dever de advertir seja a quem

372 Partido de Representação Popular, criado em 1945 por Plínio Salgado com o intuito de reativar as propostas do integralismo.

for, seja ao brigadeiro ("O Escolhido", como lhe chama o *Correio da Manhã*), ou ao dr. Sobral Pinto, sobre o perigo dessa superconfiança baseada nos relatórios de alguns idiotas que se espalham num otimismo pueril.

Isso não é hostilidade ao brigadeiro. Ao contrário. Os íntimos do brigadeiro é que estão hostilizando a TRIBUNA por isso. E você[,] não por adjetivos mas por substantivos, faz coro com eles. Já agora vejo-o concordar com a Frente Democrática, que lhe parecia detestável. É um progresso. Mas há de qualquer inclinação do seu raciocínio ter como condição a tortura a que você me submete, em nome dos demais?

Querem reunir-se comigo? Nunca desejei outra coisa senão ter mais ajuda, mais assistência do que tenho encontrado. O jornal toma-me o tempo do dia além do possível e normal[,] de tal sorte que o meu problema é de tempo material e de nervos para suportar as dificuldades de todo lado. A tudo isso você é estranho porque se desinteressa de tudo o que não seja a sua opinião pessoal sobre o que lhe parece errado, ou, como diz você, um "desastre". Quando resolve reunir-se em conselho, é à minha revelia para tomar decisões nas quais o mínimo que se poderia desejar é que eu também opinasse. Pois afinal por mais que eu seja apenas um assalariado da *TRIBUNA*, creio que tenho o direito de opinar ao menos nos artigos que escrevo assinados. De repente vejo-me cercado pelo histerismo das solteironas do brigadeiro e, ao mesmo tempo, por essa curiosa amizade que você me manifesta, a qual consiste em escrever mais ou menos assim: "meu caro canalha", ou "afetuosamente abraço a você, seu cachorro", *etc.*

Sobral: eu luto porque não posso deixar de lutar. Mas detesto as retaliações entre amigos dessa espécie de masoquismo afetivo e intelectual que consiste em as pessoas se escreverem cartas ameaçadoras que criam e acentuam tensões apenas para o prazer de afinal resolver questões como quem se desafoga descalçando um sapato apertado.

Também eu descanso. Também tenho, embora emprestado, o meu Teresópolis, como o Adauto.[373] Também tenho filhos, como todos vocês. Também tenho opiniões, como vocês. Também tenho nervos. Também tenho caráter, não creia que seja um seu privilégio. Também tenho defeitos – creio

373 Adauto Lúcio Cardoso, ver nota 151.

que você ainda não crê que já os não possua. Tenho amor próprio, infelizmente[,] e não suporto que me digam desaforos com ar de quem diz delicadezas, e armem suspeições num tom de quem descobriu a verdade no quintal de casa.

Seria ridículo e iníquo que a *tribuna* devesse malograr-se por causa do brigadeiro, sendo ela mais importante e devendo ser mais duradoura do que o brigadeiro e seja o que for neste mundo – ao menos para mim, que me despedi de tudo e queimei as amarras ao vir trabalhar neste jornal que não é meu. Mas, se você coloca como possível a renúncia do Conselho Consultivo[,] saiba que eu também coloco, como alternativa, a minha saída da *tribuna*.

A solidão não me assusta, Sobral. Talvez eu precise dela para purgar os meus pecados e acertar as minhas contas com Deus, de quem você tanto lança mão, esquecendo-se, porém, com tanta frequência, da sua humildade e da sua caridade. Talvez a *tribuna* valha menos do que um assomo, um arrebatamento, um ponto de vista, uma teimosia.

Se você quer tirar isto a limpo, saiba que nunca me recuso. Devendo seguir amanhã para São Paulo, se melhorar da gripe, a fim de tratar de assuntos do jornal, peço-lhe que marque para hoje, se possível em minha casa, uma reunião. Digo em minha casa porque ultimamente só vejo meus filhos quando adoeço ou quando estou com visitas em casa. E[,] já que tem de ser assim, seja ao menos com a presença de amigos a quem tanto prezo, e que tanto se esmeram agora, por seu prestimoso intermédio[,] em me torturarem e me levarem ao desespero. (Depois ficou para as dezessete horas, hoje, no escritório do Adauto.)

Se é isto o que você queria, conseguiu-o brilhantemente. Não respondi sua primeira carta precisamente para poupar-lhe estas coisas. Mas a sua segunda e terceira cartas – elas agora veem aos pares – não posso mais.

O que nunca lhe ocorreu é que pode ser que eu tenha razão. Isto não lhe pode ocorrer, Sobral, porque você não se sente capaz de colocar o seu amor próprio abaixo já não direi do jornal, mas ao menos da opinião de homens como o Dario[374], o Mário[375] e tantos outros.

Já é bastante que eu não possa fazer o que quero, no jornal que dirijo. Seria demais que eu tivesse de fazer o

---

374 Dario de Almeida Magalhães (1908-2007), nascido em Belo Horizonte, Minas Gerais, foi advogado e jornalista. Tornou-se diretor do jornal *O Estado de Minas* já aos 21 anos de idade, e dos *Diários Associados*, aos 23. Eleito para a Constituinte de 1933, renunciou, elegendo-se novamente no ano seguinte suplente de deputado federal no DF, cargo que assumiu em 1935 e que ocupou até o fechamento do Legislativo pelo Estado Novo, em 1937. Em 1943, foi um dos signatários do "Manifesto dos mineiros" (ver nota 317). Com o fim do Estado Novo, em 1945, participou da criação da UDN, mas logo mudou para o Partido Republicano. No início da década de 1950, aproximou-se de Carlos Lacerda e ajudou-o a criar a *Tribuna da Imprensa*. Durante o governo de Lacerda, foi presidente do Banco do Estado da Guanabara.

375 Mário Martins, ver adiante nota 842.

que não quero, e não por capricho não quero, e sim por julgar que o meu dever não é não querer.

Não sou queremista do brigadeiro, e portanto não agirei como se fosse. Tenho responsabilidade definida no jornal que dirijo, na vida pública, e assim por diante. Enquanto eu estiver aqui[,] não cessarei aquilo a que você, impropriamente, injustamente, chama "hostilidade à candidatura do brigadeiro".

A situação do país é muito grave para que nos permitamos estas dilacerações, epistolares ou não. Quanto à minha situação, creio que somente é grave quando começa a se tornar irremediável. Pois você me encosta a faca ao peito: ou concordo com você — que já tem procuração do Alceu[376] e certamente acabará tendo de todos os demais, que não desejam contrariá-lo — ou vocês se demitem, quer dizer, assinam o atestado de óbito da *TRIBUNA*.

Você se esqueceu da alternativa, Sobral: eu vou-me embora, você, que recebeu do céu a missão de eleger o Escolhido, assume a direção do jornal.

Estou à disposição de vocês, hoje à noite, onde quiserem, à hora que entenderem.

Com muita mágoa mas igual afeto, sou o seu empregado atento,

Carlos

376 Conhecido também pelo seu pseudônimo Tristão de Ataíde, Alceu Amoroso Lima (1893-1983), nascido na cidade do Rio de Janeiro, foi ensaísta e professor; e membro da Academia Brasileira de Letras. Um dos mais importantes críticos da literatura brasileira do início do século xx, ajudou Carlos Lacerda a criar, em 1949, o jornal *Tribuna da Imprensa*.

RIO DE JANEIRO, 29 DE OUTUBRO DE 1951

ILMO. SNR.

DEPUTADO AFONSO ARINOS DE MELO FRANCO[377]

CÂMARA DOS DEPUTADOS

PALÁCIO TIRADENTES

NESTA

Meu caro deputado Afonso Arinos:

O jornal *Última Hora* publica hoje proposta para que se constitua uma Comissão Parlamentar de Inquérito a fim de apurar a origem dos recusos da imprensa. Essa proposta tem como ponto de partida a insinuação infamante, que se permitiu fazer, o referido jornal, sobre pretensas subvenções estrangeiras à *TRIBUNA DA IMPRENSA*, que tenho a honra de dirigir, a fim de que este jornal defenda os bancos estrangeiros.[378]

377 Afonso Arinos de Melo Franco, ver nota 139.

378 De propriedade do jornalista Samuel Wainer (ver nota 395), o jornal *Última Hora*, que apoiava Getúlio Vargas, foi um dos principais alvos de Carlos Lacerda, a partir de 1951. O jornal foi favorecido com um financiamento ilícito de 300 milhões de cruzeiros recebido do Banco do Brasil. Segundo Carlos Lacerda, tratava-se de um "fenômeno de corrupção através da imprensa". Em 1953, a Câmara dos Deputados formou uma comissão parlamentar de inquérito, proposta por Armando Falcão, do PSD, (ver nota 397) para verificar o assunto. Buscava-se, por meio desse inquérito, constatar os procedimentos indevidos entre o jornal *Última Hora* e Getúlio Vargas, com o objetivo final de enfraquecer o governo e levar o presidente da República a um *impeachment*. No *Dicionário histórico- -biográfico brasileiro* da Fundação Getúlio Vargas, Sílvia Pantoja afirma que segundo depoimento de Lourival Fontes, chefe do Gabinete Civil da Presidência da República de 1951 a 1954, havia bilhetes de Getúlio Vargas em seu arquivo pessoal que comprovavam a importância dada pelo presidente da República ao jornal *Última Hora*.

Peço ao eminente amigo e ilustre deputado, na ausência de nosso redator-chefe, o deputado Aluísio Alves,[380] atualmente licenciado, que apresente indicação ao plenário pedindo que seja constituída a Comissão Parlamentar de Inquérito a que se refere essa proposta.

Atenciosamente,

Carlos Lacerda

380 Aluísio Alves, ver nota 160.

381 Dom Hélder Câmara (1909-1999), nascido em Fortaleza, Ceará, foi arcebispo de Olinda e de Recife. Um dos fundadores da Conferência Nacional dos Bispos do Brasil (CNBB), em 1958, também esteve envolvido no combate contra o autoritarismo do regime militar brasileiro. Em 1974, recebeu o Prêmio Popular da Paz da Noruega.

382 D. Hélder tornou-se amigo e confessor de Carlos Lacerda após a conversão deste ao catolicismo, em 1948. A amizade foi abalada quando D. Hélder apoiou a posse de Juscelino Kubistchek, contestada por Lacerda.

383 Carlos Lacerda conheceu Geneviève Flusin em Paris. Ela foi uma educadora e heroína da resistência francesa. Apoiou Carlos Lacerda a criar o jornal *Tribuna da Imprensa* e este depois

RIO DE JANEIRO, 19 DE DEZEMBRO DE 1952

D. HÉLDER CÂMARA[381, 382]

E/M

D. Hélder,

Depois do relatório de mlle. Geneviève Flusin,[383] cuja cópia lhe foi presente, creio nada ter a acrescentar sobre a situação do *Bamba*.[384]

Fiel ao compromisso que assumi com V. Ex., quando me procurou com René Finkenstein para encarregar a TRIBUNA DA IMPRENSA do esforço de editar no Brasil uma revista de boa leitura para crianças,[385] sacrifiquei até agora a *TRIBUNA*, com prejuízo acima de suas forças.

Fiel, ainda, a esse compromisso, estou tentando agora a sobrevivência do *Bamba* com a ajuda da sra. Paes de Carvalho, da Associação de Pais e Família. Se essa dedicada senhora nada conseguir, no sentido de concretizar o apoio moral que não tem faltado ao *Bamba*, fecharei a revista em janeiro próximo.

Para isto, peço desde já que V. Ex. me desobrigue do compromisso que até aqui tratei de cumprir do melhor modo possível, com a inestimável colaboração de muito poucas mas devotadíssimas pessoas.

Verifico a impossibilidade ou, alternativa terrível, a inutilidade de um esforço que as crianças espontaneamente não desejam e os demais, senão uma escassa minoria, consideram necessário apenas para os outros.

Creio que só uma organização poderosa e rica, tendo fartos recursos, poderá desviar para essa perda constante uma parte do que houver acumulado por processos diferentes.

A mim fica-me a lição, por amarga que seja sempre útil, pela qual me confesso muito agradecido, subscrevendo-me com elevada estima e apreço.

Atenciosamente[386]

CL/RA[387]

---

buscou em Mlle. Flusin uma colaboradora para tentar impulsionar a revista *Bamba*. Cf. DULLES, John W. F. *Carlos Lacerda – A vida de um lutador*. Rio de Janeiro: Nova Fronteira, 2000. Vol. 2, p. 145.

384 A revista *Bamba* substituiu em 1951 o suplemento infantil da *Tribuna da Imprensa* e agravou ainda mais a crise financeira por que o jornal passava. Por causa disso, a publicação da revista *Bamba* chegaria ao fim logo após esta carta de Carlos Lacerda a dom Hélder Câmara.

385 Carlos Lacerda era contra a publicação de histórias em quadrinhos.

386 Carta não assinada. Trata-se provavelmente de cópia do autor.

387 Ruth Alverga, ver nota 192.

RIO DE JANEIRO, 19 DE DEZEMBRO DE 1952

ILMO. SNR.
DR. GENOLINO AMADO[388]
AVENIDA PRESIDENTE WILSON, 164
NESTA

Meu caro Genolino:

depois de nossa conversa, e atendendo à sua ponderação, não tenho dúvidas em fixar o meu pensamento acerca da situação que se criou entre o seu amigo, embaixador Lourival Fontes[389] e este outro seu amigo, menos assíduo mas não menos admirador seu.

A questão que se criou entre nós dois é incidentalmente pessoal e essencialmente política, como lhe expliquei, em resposta às suas perguntas.

Tive o cuidado sempre de preservar o que me parecia ser a amizade do embaixador Lourival Fontes, até o momento em que essa aparência me surgiu sob aspectos sumamente desagradáveis.

A seguir, com o crescente cerco econômico feito ao jornal que tenho a honra de dirigir,[390] reclamei do embaixador Lourival Fontes uma definição. Disse-lhe, então, que os homens antes de se desentenderem precisam se entender. Do mesmo modo considero que depois de se desentenderem os homens podem sempre entenderem-se.

É muito fácil reconhecer no sr. Lourival Fontes a marca de algumas qualidades mestras, como a inteligência, a honradez em matéria de dinheiro, a coerência e a fidelidade às suas ideias. Já lhe disse o que me parece constituir o quadro dos seus principais defeitos, e você compreenderá por que não insisto.

Enquanto estava eu ameaçado de ir ao fundo com o jornal, em consequência do cerco a que fui submetido, não poderia tolerar a simples ideia de um entendimento que se pudesse interpretar como capitulação. Hoje, porém, graças a Deus, não há como interpretar esse entendimento,

388 Genolino Amado (1902-1989), nascido em Itaporanga, Sergipe, foi ensaísta, jornalista, professor e tradutor. Ocupou alguns cargos públicos, como o de chefe da Censura Teatral e Cinematográfica de São Paulo e redator-chefe do Departamento de Propaganda do Rio de Janeiro. Foi membro da Academia Brasileira de Letras.

389 Lourival Fontes (1898-1967), nascido em Riachão do Dantas, Sergipe, foi escritor, jornalista e político. Primeiro diretor do Departamento de Imprensa e Propaganda (DIP), tornou-se uma figura importante no processo de censura engendrado pelo Estado Novo. De 1951 a 1954, ocupou a chefia do Gabinete Civil da Presidência da República no governo de Getúlio Vargas.

390 Carlos Lacerda dirigia então o jornal *Tribuna da Imprensa*.

se ele convier ao sr. Lourival Fontes, senão como o recíproco desejo de desfazer agravos e esclarecer equívocos, para reatar, se possível, uma amizade interrompida, ou[,] pelo menos, corresponder, honrosamente, às nossas responsabilidades na vida pública.

Estas são sem dúvida diversas, na qualidade e na quantidade.

Mas acarretam um iniludível ponto de contato, que é a obrigação de servir ao que temos em comum, que é o Brasil.

Considero, neste ponto, a hostilidade desapoderada, entre nós, facilitando a intriga, inutilizando possibilidades de consulta e de esclarecimento, um desserviço ao país. Não por sobrestimar o que possa eu fazer por ele, mas com segurança o digo, pelo que um jornal como a *TRIBUNA* pode e certamente trata de fazer no serviço do país.

E[,] se ao seu amigo sobram conselhos, nunca lhe seria demais a advertência leal de um adversário.

Não me considero autorizado a sobrepor a esse propósito, que me norteia a vida, os agravos pessoais e os prejuízos que tais agravos tenham causado ao jornal.

Creio que o Brasil merece bem uma explicação. Se há nisto certa ênfase, você me desculpe. É que considero a situação do nosso país muito mais grave do que habitualmente se supõe e não sei até que ponto eu teria o direito de fazer com que mágoas pessoais e divergências políticas prevalecessem sobre esta consideração fundamental. Ou melhor: sei que não tenho direito algum, nesse particular, pois bem cedo estaremos ambos, todos, defrontando um perigo que só entendidos, ainda que cada qual à sua maneira, poderemos conjurar.

Normalmente, eu deveria deixar a quem está, como se diz, "de cima", a iniciativa de um entendimento. Mas não lhe quero dar esse privilégio, pois que se trata realmente de um raro privilégio esse de provar na prática que ressentimentos não são ódios e não poderiam ser mais fortes do que o amor da Pátria.

Falo-lhe de Pátria, meu caro Genolino, sem exagerar. Cada dia que passa estou mais convencido de que nós, todos nós, destruiremos este país se não nos entendermos, ao menos para saber exatamente como cada qual pretende reconstruí-lo.

Estou à sua disposição, portanto, para encontrar o sr. Lourival Fontes e com ele tratar, sem prevenções, do interesse público e, se julgarmos conveniente e de nosso agrado, também da questão pessoal que entre nós, à margem da outra, se formou.

Agradeço a sua nobre intervenção de verdadeiro amigo. Muito mais a compreendo e a reconheço como uma interferência de quem deseja, mais do que a aproximação de dois amigos seus, a de duas pessoas que, pela função que exercem, podem fazer algum bem ou muito mal a este país.

Cordialmente, seu[391]

391 Carta não assinada. Trata-se provavelmente de cópia do autor.

RIO DE JANEIRO, 26 DE JUNHO DE 1953[392]

Prezado amigo deputado Afonso Arinos.[393]

Ante o seu enérgico desmentido à informação, ontem prestada por um dos acusados, à Comissão Parlamentar de Inquérito sobre os negócios da *Última Hora* no Banco do Brasil,[394] sinto-me no dever de dirigir ao líder da UDN na Câmara dos Deputados, esta carta que traduz a certeza em que estou de que nenhum verdadeiro líder da UDN seria capaz de inventar as fantásticas e injuriosas histórias atribuídas a um "alto prócer da UDN" pelo acusado Samuel Wainer.[395]

Foi o discurso de um deputado udenista, o bravo representante pela Bahia, sr. Aliomar Baleeiro,[396] que colocou o problema do inquérito suscitado pelo requerimento de iniciativa do valoroso deputado Armando Falcão,[397] no plano de grave problema nacional esse da intervenção do poder econômico do Estado na vida da imprensa.

392 Carta datiloscrita em papel timbrado do jornal *Tribuna da Imprensa*, localizado na rua do Lavradio, nº 98, na cidade do Rio de Janeiro.

393 Afonso Arinos de Melo Franco foi líder da União Democrática Nacional (UDN) de 1952 a 1954. Ver também nota 139.

394 Ver nota 378.

395 Samuel Wainer (1912-1980), de origem estrangeira – ele alegava ter nascido no Brasil, mas ficou definitivamente comprovado que veio em criança da Bessarábia, região situada na parte oriental do Principado da Moldávia (atual Romênia), e assim chamada pelo Império Russo –, foi jornalista. Iniciou sua carreira na revista *Diretrizes*, criou o jornal *Última Hora* e colaborou para a *Folha de S. Paulo* como comentarista de assuntos políticos.

396 Aliomar Baleeiro (1905-1978), nascido em Salvador, na Bahia, político, elegeu-se duas vezes deputado federal e foi ministro do Supremo Tribunal Federal de 1965 a 1975.

397 Armando Falcão (1919-2010), nascido em Fortaleza, no Ceará, foi político. Eleito três vezes deputado federal, entre 1951 e 1968, esteve duas à frente do Ministério da Justiça (1959-1961 e 1974-1979). Conduziu a fusão dos estados da Guanabara e Rio de Janeiro, a reforma da propaganda eleitoral, conhecida como Lei Falcão, e também as do Judiciário e da Lei de Segurança Nacional.

Congresso e imprensa têm, mais do que quaisquer instituições da vida nacional, um destino comum, inseparável.

A crescente subordinação da imprensa ao poder econômico do Estado, exercida em proveito de grupos econômicos que empolguem o Executivo, corresponderá sempre, necessariamente, um aumento de poder de pressão sobre o Congresso.

Inversamente, a energia e decisão com que o Congresso se esforça por dignificar a missão da imprensa, conservando as características de expressões das diferentes tendências da opinião pública, sem a interferência do poder do Estado, avivam no país a chama da confiança e entusiasmo pela ação do Congresso, assim como esclarecem todas as camadas da população acerca da indispensabilidade do Poder que mais representa a opinião pública na estrutura do país, qual é, sem dúvida, o Legislativo, que o meu prezado amigo honra e dignifica.

Com todas as críticas que lhe possam ser feitas, algumas das quais têm partido da TRIBUNA DA IMPRENSA na convicção de melhor servir à missão para a qual nasceu, é a UDN, entre os partidos nacionais, aquele que de certo modo constitui a matriz dos movimentos democráticos que começaram a destruir a ditadura e a restabelecer, pouco a pouco, o hábito da vida constitucional.

Por isto mesmo, atribuir "a um alto prócer da UDN" propósitos difamatórios em relação a jornais que lutam por impor o respeito à liberdade e à dignidade da imprensa é caluniar duplamente a UDN, pois[,] além de atribuir a líder seu o propósito de traição, também se lhe imputa uma ininteligência completa acerca do destino inseparável do Congresso e da Imprensa livre.

Tudo isto, e mais o que escorre da logorreia incoerente e contraditória com que o acusado Wainer, no inquérito parlamentar, à guisa de defesa nos atribui, ao mesmo tempo, a situação de falidos e a de representantes do ouro americano, é a reprodução exata da técnica adotada pelo peronismo para destruir o primeiro obstáculo ao seu total domínio sobre as consciências: a imprensa independente, simbolizada por *La Prensa*.[398]

As acusações que nos fazem, envolvendo "um alto pró-

398 De 1951 a 1955, o jornal argentino *La Prensa*, antiperonista, foi expropriado e em seguida manteve-se sob o controle da Confederação Geral do Trabalho, servindo, consequentemente, aos interesses do governo do presidente Juan Domingo Perón (1895-1974).

cer da UDN", constituem para nós uma honra como os ferimentos de um soldado em guerra justa, as mesmas com que se procurou ferir, antes de matá-lo, em Buenos Aires, o grande jornal de Alberto Gainza Paz.[399]

O que caracteriza o líder, ou, para usar a linguagem do sr. Wainer, o "alto prócer", é a sensibilidade política, a extrema acuidade na percepção dos fenômenos e o modo profundo com que o espírito de liderança apreende e reage sobre os acontecimentos, inutilizando a tática para desbaratar a estratégia do inimigo.

O modo enérgico e imediato pelo qual reagiram o líder da UDN na Câmara e o presidente do partido no país, o meu prezado amigo deputado Artur [dos] Santos,[400] mostra bem quanto se enganaria quem pretendesse, no aceso da luta, dividir-nos e, em relação a nós, neutralizá-los.

A esta hora[,] Wainer está desmentido pelo chefe da Casa Civil da Presidência da República, cujo governo ele diz ter nascido para apoiar.[401]

E também é desmentido pelos líderes da UDN aos quais nem a lisonja entibiou.

Com um abraço cordial, subscrevo-me

Carlos Lacerda

CL/RA[402]

399 Alberto Gainza Paz (1899-1977), nascido em Buenos Aires, na Argentina, foi editor do jornal *La Prensa* e um dos mais importantes opositores do regime de Juan Domingo Perón.

400 Artur dos Santos (1894-1972), nascido em Curitiba, no Paraná, foi eleito duas vezes deputado federal e ocupou uma cadeira do Senado. No período em que liderou a União Democrática Nacional (UDN), foi um dos mais ativos opositores de Getúlio Vargas (1951-1954).

401 Ver nota 378.

402 Ruth Alverga, ver nota 192.

MEU CARO AFONSO:[403]   30.II.[19]54 LISBOA

peço que me envie, com a possível urgência, a sua opinião, como líder da UDN e como amigo, sobre a situação criada pelo lançamento da candidatura Juscelino.[404] Estou telegrafando ao Maurício,[405] Aluísio,[406] Murilo Melo[407] e Duarte,[408] sobre o assunto. Pedi-lhes que consultassem você, o Artur [dos] Santos,[409] o Odilon,[410] o Kelly[411] e outros companheiros, inclusive – é claro – os que estão à frente da *Tribuna*.

Utilize a *Tribuna* para mandar, via telegráfica, a sua informação, que me é indispensável. Prefiro manter-me, enquanto possível, fora dessas preliminares de afogadilho. Mas não tardarei um minuto além da hora certa para contribuir com a minha parte no esforço para darmos, juntos, solução digna – e condigna – à crise brasileira.

Tenho pensado muito no nosso destino, no vulto de nossas responsabilidades e na necessidade de nos colocarmos, mais do que nunca, como uma linha inexpugnável de preservação de uns quantos valores pelos quais a nossa vida se justifica.

403 Afonso Arinos de Melo Franco, ver nota 139.

404 Em novembro de 1954, o nome de Juscelino Kubitschek já encontrava boa parte do Partido Social Democrático a favor de sua candidatura às eleições presidenciais de 1955.

405 É possível que se trate de Maurício Joppert da Silva (1890-1985), nascido no Rio de Janeiro, engenheiro, titular da pasta de Viação e Obras Púbicas no governo de José Linhares e professor. Deputado federal, tornou-se presidente da seção carioca da UDN em 1951, e atuou ativamente no processo que levaria à criação da Petrobrás, em 1953.

406 Aluísio Alves, ver nota 160.

407 Murilo Melo Filho (1928), nascido em Natal, Rio Grande do Norte, é escritor e jornalista. Autor de *Testemunho político* (1997), entre outros. Membro da Academia Brasileira de Letras. Trabalhou com Carlos Lacerda na *Tribuna da Imprensa*. Também foi colaborador do *Jornal do Commercio*, *Estado de S. Paulo* e na revista *Manchete*.

408 João Duarte, filho, ver nota 161.

409 Artur dos Santos, ver nota 400.

Visto a distância, o panorama brasileiro parece o de uma ilha de loucos, uns mansos, outros furiosos, que encarceraram os homens de juízo e ficam na praia, agitando-se, a dar impressão de que são os seus únicos habitantes. A timidez dos homens de bem, no Brasil, é mais do que uma omissão; é um crime. Hesitar é próprio de quem quer escolher bem. Mas, como no caso presente, parece que o governo Café[412] pretende passar à história como o governo que, recebendo o Brasil à mão de ladrões execrados, o vai entregar a ladrões consagrados. Isto é mais grave precisamente porque ele tem nas mãos e no seu leal coração qualidade e condições para pôr o povo do seu lado.

Espero, ansioso, as informações e juízo para afirmar o meu e decidir sobre o que me convém fazer agora.

Lembranças à Annah, parabéns ao Afonsinho[413] pelo aniversário — e lembranças também ao Francisco,[414] homem de madura reflexão.

Abraço do seu inconveniente e incômodo mas muito leal e sincero amigo Carlos

Aos cuidados do cônsul geral em Lisboa[415]

---

410 Odilon Braga (1894-1958), nascido em Guarani, Minas Gerais, foi advogado e político. Ainda estudante, no Rio de Janeiro, engajou-se na campanha civilista de Rui Barbosa. Apoiou a Revolução de 30, mas rompeu com o Estado Novo, preferindo dedicar-se à sua carreira no Banco do Brasil. Foi dirigente da OAB e signatário do "Manifesto dos mineiros". Um dos fundadores da UDN, concorreu como candidato a vice-presidente na chapa do brigadeiro Eduardo Gomes, em 1950, e exerceu a presidência do partido de 1950 a 1952.

411 José Eduardo do Prado Kelly, ver nota 111.

412 Café Filho, ver nota 167.

413 Ana Guilhermina de Melo Franco e Afonso Arinos, filho. Ver notas 140 e 141.

414 Francisco Manoel de Melo Franco, filho de Afonso Arinos e de Ana Guilhermina de Melo Franco.

415 O embaixador Rui Paes Barreto foi cônsul geral do Brasil em Lisboa, de 1954 a 1958.

NORWALK, 30 DE JANEIRO DE 1956

Meu caro Carlos Alberto,[416]

Respondo à sua carta de 19 de janeiro. Não lhe dei resposta antes porque, além do acúmulo de trabalho aqui, inclusive para tentar cumprir o agradável dever de responder a quantos me mandaram bilhetes e cartões de Natal (e isso foi de modo a me ocupar dias inteiros e ainda estou longe de ter terminado), quis esperar a passagem de dias para poder responder, com inteira segurança, o que realmente penso e sinto.

No entanto, ainda não creio ter chegado o momento de lhe dizer tudo, por motivos óbvios. Basta que lhe diga, por enquanto, que não pretendo voltar ao Brasil, como você sugere, logo que termine o sítio.

Os motivos são vários e complexos, e você me desculpará por não enumerá-los agora. Mas, sobretudo, considero a minha ausência mais útil ao Brasil do que a minha obstinada e afinal inútil presença.[417] Servi de bode expiatório e armazém de pancada durante dois anos, ou quase, na esperança de que os que com isso eram poupados pudessem ou quisessem ou soubessem agir. Agora, voltar seria recomeçar o ciclo infernal de nossas tribulações, de uma amargura que absolutamente não desejo cultivar, para dar aos maiores responsáveis alento e pretexto para não agirem. Não. Agora eles têm que agir ou desonrar-se, ou desaparecerem como líderes, que verdadeiramente não têm sido.

O que na minha profissão, pelos meios ao meu alcance, podia fazer, eu fiz. Se não foi melhor, foi mais do que a minha capacidade fazia prever. Agora façam os que ficaram inertes, os que por causa de palavras não agiram. A minha ausência é pelo menos um protesto. A minha presença, desde que não contribuiria para a ação, seria quando menos uma aceitação. Ora, eu não aceito o que está acontecendo no Brasil.

Submeter-se, contemporizar com palavras, com pretextos mesmo respeitáveis, como o de evitar o derramamento de sangue, é em última análise um subterfúgio. Ou o Brasil realiza a sua revolução agora, ou terá uma guerra civil den-

416 Carlos Alberto Aulicino, ver nota 206.

417 Ver notas 138 e 146.

tro de pouco tempo. Esse é o dilema que resulta, logicamente, de um desenvolvimento de atos e omissões que levaram o nosso grande e desgraçado país a esta ignomínia.

Não quero mais ser o indesejável, o desagradável, o desmancha-prazeres que fui no governo Café Filho,[418] no meu partido e um pouco por toda parte. Tenho algo de mais sério a fazer do que receber todo o peso do ódio, a fim de que outros mantenham uma política de paz e amor que levou a essa situação, em que a nação não conhece a paz e desfigura o amor.

Peço-lhe que dê muitas lembranças aos amigos, aos de Santos e aos de São Paulo. Algum dia, é claro, voltarei e peço a Deus que não seja tarde demais para que eu possa dar ao Brasil alguma substância do meu sonho. Mas não voltarei para bracejar no vazio, vendo o povo em grande parte animar-se com o que se lhe diz, mas decompor-se, desalentar-se, desacreditar de tudo e de todos, ante a inércia e incapacidade de se unir[em] e de se definir[em] os seus propósitos, de se dispor para a ação e de dar os nomes aos bois, característica da falência de uma democracia que nunca chegou, ainda, a abrir verdadeiramente as suas portas.

Não estou desanimado e nem desesperado. Apenas creio que devo esperar para não agir, como até aqui, não somente a tempo e a contratempo, mas até antes do tempo.

Um abraço e muito obrigado pela sua carta, pela presença dessa flor que nos mandou e que lhe agradecemos, minha mulher, meus filhos e eu, comovidamente. Até qualquer dia.

Carlos

418 Presidente Café Filho, ver nota 156.

NOVA YORK, 27 DE FEVEREIRO DE 1956

Caro Fernando,[419]

A verdade, a dura e necessária verdade, ainda que inoportuna e favorável, de certo modo, à promiscuidade que tanto convém aos inimigos, é que Prado Kelly,[420] Mílton Campos,[421] Adauto Lúcio Cardoso,[422] *etc.*, com graus variados, têm uma responsabilidade variada no que se passou e ainda está se passando no Brasil. Não o digo por malquerença, pois a vários deles admiro e respeito e a alguns tenho estima pessoal. O Kelly, por exemplo, é um homem de virtudes morais relevantes. Mas como pode ele exercer a chefia parlamentar da UDN sem ao menos explicar o que foi que ele fez no Ministério da Justiça?[423] Que foi ele fazer ali? Que contas presta ao país pelo Ministério que não sabia de uma conspiração preparada desde julho e por nós denunciada há tanto tempo?[424, 425]

419 Fernando Veloso, ver nota 144.

420 José Eduardo do Prado Kelly, ver nota 111.

421 Mílton Campos (1900--1972), nascido em Ponte Nova, Minas Gerais, foi político e um dos fundadores da União Democrática Nacional (UDN). Apoiou a Revolução de 1930. Tornou-se governador de Minas Gerais (1947-1951). Foi duas vezes candidato a vice-presidente da República na chapa da UDN, e presidiu o partido de 1955 a 1957. Após o golpe militar de 1964, assumiu o Ministério da Justiça e Negócios Interiores, demitindo-se em 1965, por não concordar com a edição do Ato Institucional Nº 2. Em 1966, foi senador pela segunda vez.

422 Adauto Lúcio Cardoso, ver nota 151.

423 Em 1955, Prado Kelly (ver nota 111) foi nomeado ministro da Justiça pelo presidente da República Café Filho, com o objetivo de garantir o processo democrático relacionado às eleições presidenciais daquele ano, bem como a posse do candidato eleito.

424 Após a morte de Getúlio Vargas, em agosto de 1954, a presidência da República foi assumida pelo vice, João Café Filho. Já na eleição de outubro de 1955, venceu Juscelino Kubitschek, com 36% dos votos, numa coligação que incluía o PSD e o PTB. A UDN tentou impugnar o resultado da eleição, sob a alegação de que Juscelino não obteve vitória por maioria absoluta dos votos, o que, na época, não era uma exigência constitucional. A posse de Juscelino e do vice-presidente eleito João Goulart só foi garantida com um levante militar liderado pelo ministro da Guerra, general Henrique Teixeira Lott, que, em 11 de novembro de 1955, depôs o então presidente interino da República Carlos Luz (Café Filho encontrava-se afastado por motivo de saúde). Carlos Luz, alguns ministros, militares e políticos, inclusive Carlos Lacerda, embarcaram no cruzador *Tamandaré*, em direção a Santos, em São Paulo. Assumiu a presidência, após o golpe de 11 de novembro, o presidente do Senado Federal, Nereu Ramos, do partido de JK, o PSD. Nereu Ramos concluiu o mandato de Getúlio Vargas que fora eleito para governar de 1951 a 1956. O Brasil permaneceu em estado de sítio até a posse de JK, em 31 de janeiro de 1956. Ver notas 138 e 146.

425 Carta não assinada. Trata-se provavelmente de cópia do autor.

LISBOA, 19 DE JULHO DE 1956

Meu caro:[426]

Tive um dos maiores sustos da minha vida. Sem resposta de vocês às consultas que fiz, desde Norwalk, aqui renovada por recado verbal recente, estava à espera de solução para o caso da licença, do suplente, *etc*. De repente, uma consulta marginal que, atendendo a uma sugestão dele próprio, mandei fazer ao meu primo[427] que é lá de dentro e recebi ontem uma carta deste na qual me diz – e prova, com a ata do Diário do Congresso – que a licença terminava dia 18.[428] Acrescentava que eu devia mandar requerimento de prorrogação para estar aí no sábado dia 21. Ora, o avião sai hoje à noite. Qualquer atraso (e eles têm sido frequentes) seria irremediável. Mesmo nesse incompreensível 21, a mesma carta dizia que ele não pôde falar com você e Aluísio,[429] como sugeri, porque ambos estavam fora. A carta, aliás, era datada de 14, minha secretária, cujos horários estão muito discutíveis, somente me entregou dia 16, para um prazo que ela achou fatal. Quanta displicência! Foi então que corri ao telégrafo e gastei mais de dois mil escudos de telegramas urgentes para ver se, ontem à noite, teria uma solução; pois, de outro modo, embarcaria hoje para o Rio a fim de tentar salvar o mandato e lutar por ele, já com uma dificuldade à vista, pois a Panair[430] está sem lugar vago. Acabo de receber, agora de manhã, telegrama de casa dizendo que está tudo bem. Pelo que me disse ontem a sua secretária, a quem agradeço a informação tranquilizadora que me deu ao telefone, você lançou mão de requerimento que tinha aí. Não sei como se arrumou a questão de datas.

Peço que não deixe sem alguém vigiando a solução da mesa, pois à menor complicação ou problema irei solucioná-lo em pessoa, a fim de evitar uma falseta dessa gente. Não se deve confiar neles nem um dia. Muito menos agora.

Não sei o que se terá passado para esse descontrole que evidentemente houve. Saiba, no entanto, que nem por um momento eu duvidei que só um motivo imperioso, ou um lapso desses de terríveis consequências, mas inteiramen-

426 Carta enviada a Fernando Veloso. Ver nota 144.

427 Geraldo Werneck, funcionário administrativo da Câmara.

428 Carlos Lacerda, então deputado federal, encontrava problemas na Câmara por causa de seu afastamento desde novembro de 1955, quando asilou-se em Cuba, em seguida nos EUA, na cidade de Norwalk, em Connecticut, e, por fim, em meados de 1956, em Lisboa. Retornaria ao Brasil em outubro de 1956. Ver nota 138.

429 Aluísio Alves, ver nota 160.

430 A Panair do Brasil S.A., subsidiária de uma empresa norte-americana, foi uma das companhias aéreas pioneiras do Brasil e por décadas dominou o setor de aviação no país, principalmente por seus vôos internacionais de baixa tarifa. Teve sua licença cassada em 1965, sob alegação de dívidas com o governo, e foi totalmente extinta em 1969.

te involuntário, poderia explicar a quebra da sua habitual eficiência – e do resto nem lhe falo para não ficar piegas.

Peço-lhe que, aproveitando a ocasião, dê resposta a uma série de consultas que tenho feito a você, ao [...], ao [...] *etc.*,[431] e que tem ficado sem resposta. Por exemplo, a questão das remessas, sobre as quais formulei um questionário até hoje não solucionado nem respondido; ele limitou-se a mandar, como sempre, nos dias de sempre, pelos meios de sempre. Eu bem sei quanto vocês têm que fazer e que pensar e tenho remorsos, às vezes, de os atormentar ou pelo menos importunar com essas questões. Mas esta é a única forma de não tornar inútil e contraproducente a minha permanência aqui.

Penso seriamente em voltar. Mas, para quê? Já agora deveria perguntar: como? Para entrar em luta com as grandes figuras da inércia nacional? Para ser de novo isolado por elas? Gostaria, por exemplo, que você fizesse sentir ao xará do meu irmão[432] (você sabe quem é, doravante chamemo-lo Túnis)[433] que não me parece razoável nem útil que os "grandes" encomendem a um eminente componente de spu[434] um projeto de lei orgânica que substitua provisoriamente essa cartinha que anda aí, sem consultar também a mim. Mais: pode dizer que não admito isto. Chega de governos à Café Filho.[435] Acho errada essa exclusão ou "esquecimento" por várias razões, nenhuma das quais afeta o respeito e amizade que me ligam ao homem de São Paulo e seus familiares. Mas o projeto que venha dele será, por formação e deformação, juridicamente bem feito no sentido, digamos, técnico de expressão, pois certamente o encomenda a pessoas do tipo Rao,[436] *etc*. Mas, política e socialmente, historicamente, em suma, estará forçosamente fora dos nossos propósitos e das necessidades a que visamos atender. Não quero criar casos nem complicar ou dar pretextos. Mas, realmente, não admito que me excluam dessa preparação e reclamo o maior respeito pelo que, imerecidamente, mas decididamente, eu represento. Convém que ele pese bem o que estou a dizer, pois sem dúvida concorda comigo – ou eu muito me engano. Desta vez é preciso que não nos dividam, mas não pagarei, pela união, o preço de deixar os bonzos e os monumentos nacionais

431 Nomes ilegíveis.

432 Possivelmente, Mauricio Joppert. Ver nota 405.

433 "Bei de Túnis" era o título do governante otomano da Tunísia, instituído no século XVI. Já no século XIX, quando as potências ocidentais queriam interferir na política do norte da África, bombardeavam, a qualquer pretexto, o bei de Túnis, e humilhavam-no, a ele e ao povo que ele representava. Eça de Queirós escolheu-o então como figura de referência em algumas das suas crônicas para *a Gazeta de Notícias*, do Rio de Janeiro. Quando não tinha assunto ou quando queria apontar alguém como culpado pelas malfeitorias da política caseira, Eça "desancava" o bei de Túnis. Ele próprio resume ironicamente seu procedimento em uma carta aberta a Pinheiro Chagas, de 1880, publicada no livro póstumo *Notas contemporâneas*: "Sabe você o que eu fiz numa destas agonias, sentindo o moço da tipografia a tossir na escada, e não podendo arrancar uma só ideia útil do crânio, do peito, ou do ventre? Agarrei ferozmente da pena e dei, meio louco, uma tunda desesperada no bei de Túnis... No bei de Túnis? Sim, meu caro Chagas, nesse venerável chefe de Estado, que eu nunca vira, que nunca me fizera mal algum, e que creio mesmo a esse tempo tinha morrido. Não me importei. Em Túnis há sempre um bei: arrasei-o."

434 Trata-se provavelmente da Secretaria do Patrimônio da União.

435 Presidente Café Filho, ver nota 167.

436 Vicente Rao, ver nota 285.

437 Embora fora do Brasil desde novembro de 1955, Carlos Lacerda publicava artigos na *Tribuna da Imprensa* defendendo medidas para a superação da crise política que se acentuou com os governos dos presidentes interinos da República Carlos Luz e Nereu Ramos. Colaborou também, nesse período, com os jornais *O Globo* e *O Estado de S. Paulo*.

438 Refere-se à deposição de Getúlio Vargas da presidência da República, em 29 de outubro de 1945, e ao suicídio dele, em 24 de agosto de 1954.

em granito e papelão tomarem o poder para entregá-lo, mais uma vez, de volta por não saberem o que fazer com ele nas mãos.

A informação de que o projeto foi encomendado não é uma suposição mas uma absoluta realidade. Não desejo que o Túnis comente essa informação como coisa partida de mim. Não convém, de modo nenhum. Mas chega de ser usado como instrumento e depois posto de parte enquanto a "reserva moral" recebe os encargos. Estou nisso porque tenho o que dizer e pretendo fazer muita coisa.[437] Portanto, não se descartam de mim com uma palavra amável de dez em dez anos. Preciso saber qual pensamento dos tais sobre a minha participação, pois também me reservo o direito de dizer, inclusivamente de público, para ressalvar a minha responsabilidade, o que penso desses indecisos, desses incapazes de unidade atuante, responsáveis até aqui relapsos pela situação a que chegou o país. Mesmo que tais opiniões venham a retardar o que se precisa fazer — e já vêm com atraso… — não hesitarei em contribuir para retardar o que se precisa fazer a fim de que, afinal, seja feito como é preciso e não como tem sido até agora, sempre incompleto, sempre frustrado e sempre incapaz de se manter porque fundado num pensamento reacionário e numa incapacidade política que se contenta em manobrar sem conceber, como se a manobra, sem servir a nenhuma concepção, pudesse levar a algo mais do que a um pífio resultado como os de 29 de outubro e 24 de agosto.[438]

Não cobro erros nem exijo retratações e autocríticas. Mas não admito que se prepare uma base teórica e legislativa sem me ouvir; ou não contem comigo, ou melhor, contem comigo contra essa tentativa, uma vez que não é possível ser neutro ou ficar indiferente. Não posso mais, não tenho mais o direito — se é que alguma vez isto foi um direito — de ver essa gente fazer burrada e não poder senão dizer, por meias palavras, diante das quais as sensitivas logo se encolhem e até me viram, durante anos, a cara. Eles é que estão em falta para com o país. Não eu, que dei mais do que tinha — enquanto eles se pouparam, não quiseram perder nem mesmo a reputação de democratas para salvar a democracia.

Se entender conveniente, mostre esta carta ao xará do meu irmão e ao Gustavo,[439] assim que este chegar aí. Este teve comigo longas conversas, sabe bem o que penso e eu sei o que ele pensa. O outro é uma inteligência ágil, de rápida percepção, uma das melhores cabeças que tenho conhecido para esses assuntos. Estão, ambos, em condições de avaliar a extensão do que aqui lhe digo, além de você, é claro; e, pois, poderão agir em consequência.

Desejo, preciso mesmo, uma resposta rápida a essa questão, que se resume no seguinte: (1) Posição dos grandes em relação a mim. Idem, dos outros. (2) Situação dos preparativos legais, dos documentos básicos; orientação fundamental desses documentos, de modo a que eu possa dar a minha contribuição crítica construtiva. Chega de fazer revolução e chamar pessoas que nada têm com ela para sustentar os seus pontos decisivos. O resultado se viu em novembro. Creio ter demonstrado, ao menos na previsão, capacidade política pelo menos comparável à dos chicharros em que esses grã-senhores tanto acreditam. Se não é assim na opinião deles, terá de ser assim na opinião pública, pois estou absolutamente resolvido a não permitir que desta vez se escamoteie aos que fazem a revolução o rumo que ela tem de dar ao país, e que é o rumo da reforma para a democracia e não o de um conservantismo reles e mesquinho, vencido e ultrapassado em todos os países do mundo, dos Estados Unidos a Portugal, da Inglaterra à Índia, do Egito à Itália.

Creio que já é tempo desses senhores confiarem em mim. Se não confiam, pior para eles. Pois com aqueles que em mim confiam irei para adiante nem que seja necessário retardar o passo para desmascará-los primeiro, caso me convença de que eles são, não os promotores, mas precisamente os que atrasam a marcha do Brasil para tais reformas.

Se eu sou capaz de não contar agravos, desconsiderações e erros muito mais do que pessoais, porque de consequências trágicas para a nação, em benefício de um entendimento profundo que leve em conta as qualidades mais do que os defeitos de cada qual, eles que o sejam também, ou não merecem consideração nem respeito, muito menos solidariedade e obediência.

439 Gustavo Eugênio de Oliveira Borges (1922), coronel-aviador reformado da Aeronáutica, desenvolveu sua carreira militar no Sistema de Controle do Espaço Aéreo Brasileiro (SISCEAB), onde exerceu diversos cargos na Diretoria de Rotas Aéreas (DR), hoje DECEA, no período de 1945 a 1955; e em atividades internacionais, de 1955 a 1957, como delegado do Brasil junto ao Conselho da Organização de Aviação Civil Internacional (OACI, ou, em inglês, ICAO), em Montreal, Canadá. Valendo-se da antiga amizade estabelecida com o grupo de oficiais da Força Aérea Brasileira quando do episódio do atentado que, em 1954, vitimou o major Rubens Vaz, no qual ele próprio támbém foi atingido, Carlos Lacerda, ao assumir o cargo de governador da Guanabara, nomeou-o para secretário de Segurança do Estado e incumbiu-o de elaborar um plano de segurança para a sede do governo estadual, no Palácio Guanabara.

Mande a resposta somente por pessoa de confiança, e não precisa fazer referência expressa a nomes próprios.

Outro ponto em que é preciso bater é o da necessidade de não esperar que os adversários tomem a ofensiva. Esta vai ser preparada com muita eficiência, que até longe se percebe. Do ponto de vista de preparação da opinião pública, o trabalho é – convém reconhecer! – magistral. Está cansando o povo da leviandade e incapacidade do K,[440] amarra a oposição no medo perpétuo que esta tem de tirar dos fatos a sua necessária consequência, e portanto reduz a oposição a um bate-boca que não interessa ao povo, ansioso por uma solução de fundo e não pela mera repetição do tipo de oposição que se fez a Vargas.[441] Enquanto isso, vai criando a mentalidade de aceitação como inevitável, da evolução de novembro para a nova mas, mais do que esperada, transformação. Prepara-se a opinião pública para aceitar o fato consumado, como quem sai de um pesadelo. Para cúmulo, o adversário ajuda-os pois espalha que eles querem imitar o caso deste país aqui. Ora, essa versão é simpática a grandes setores da classe média, às classes conservadoras ansiosas por ordem para poder ganhar dinheiro, e mesmo setores da classe operária – às quais isto não aparecerá assim mas, como diz o Nemo Canabarro Lucas[442] no gabinete do Lott,[443] como

---

440 K., de Juscelino Kubitschek. Ver nota 149.

441 Getúlio Vargas, ver notas 39 e 115.

442 Nemo Canabarro Lucas (1908-1990), nascido em São Francisco de Assis, no Rio Grande do Sul, foi militar. Participou da Legião 5 de Julho, que defendia os ideais tenentistas. Colaborou com a formação da Aliança Nacional Libertadora (ANL). Opositor do governo de Getúlio Vargas, exilou-se no Uruguai e depois, em 1937, integrou o grupo que combatia o autoritarismo de Francisco Franco na Espanha. Cobriu, para o jornal *A Noite*, as atividades do Exército brasileiro na Segunda Guerra Mundial. Apoiou Henrique Lott para evitar um golpe de Estado e o impedimento da posse do presidente e do vice-presidente da República eleitos, Juscelino Kubitschek e João Goulart, respectivamente. Ver nota 111.

443 Henrique Lott (1894-1984), nascido em Antônio Carlos, Minas Gerais, foi militar e político. Seu papel foi determinante para que Juscelino Kubitschek pudesse tomar posse na presidência da República. De 1954 a 1960, assumiu o Ministério da Guerra. Em 1960, candidatou-se à presidência da República, perdendo as eleições para Jânio Quadros. Durante o regime militar, foi afastado da vida política do país.

"uma democracia social embora não socialista". É um grave sinal de imaturidade e inexperiência política fazer o jogo da propaganda adversária. É isto, no entanto, o que se está fazendo.

Ouço dizer que reina o otimismo. Pode ser que me engane, que será fácil com a distância, *etc*. Mas não vejo razão para otimismo. Só o adversário principal é que fala; a preparação da opinião pública pertence-lhe, o povo volta-se para ele e não para "os grandes" em busca de uma saída. Não há ressentimentos mais profundos pela traição de novembro,[444] até porque esta foi uma traição a um governo que se pôs à margem do povo, que não aliciou, um governo que não se casou com o povo, celibatário por esterilidade e não, propriamente, por castidade.

Se o Lott der ao povo uma saída, encerrando o capítulo de Kubitschek como um erro que ele próprio emendou, conquistará popularidade, além de força política que já tem nas mãos e força militar, que se acrescentará. Então, nem em muitos anos se conseguirá tirá-lo. É importante responder-lhe não com insultos mas com uma análise popular, objetiva, fria, de suas proposições e contradições, da má-fé e da [...][445] de suas posições. É preciso criar um clima de resistência, de sublevação prévia, contra a lenta mas crescente aceitação do "fato consumado" que ele prepara no seu gabinete. É preciso desmascarar os planos com coragem, para isto é preciso que os "grandes", se querem justificar a sua liderança, se exponham um pouco, que raios!, ponham o nariz de fora, pois só eles têm autoridade para ferir a fera no seu covil. Até agora ela tem os movimentos livres, só não age porque é cautelosa e traiçoeira, não porque o adversário a impeça de agir. Considero a ideia de esperar que ela aja um desastre que será ainda mais difícil de compensar, causará mais sacrifícios e terá uma solução ainda mais duvidosa do que uma solução imediata (relativamente imediata, note bem).

A preparação da opinião pública deve ser feita imediatamente. O nome, importantíssimo fator, deve ser Revolução Democrática Brasileira. O propósito resumidamente declarado, o de criar condições para a democracia e o progresso do país. É preciso falar de uma força existente,

444 Referência ao movimento de 11 de novembro de 1955, liderado por Henrique Lott, que pretendia garantir a posse dos candidatos eleitos à presidência e à vice-presidência da República, Juscelino Kubitschek e João Goulart, respectivamente.

445 Palavra ilegível.

para que o povo conte com ela, espere dela alguma coisa, e não de Lott – que deve ser insistente e competentemente ligado aos erros de Kubitschek, pelos quais ele é o responsável máximo, pois envolveu o Exército na aventura de um bando de politiqueiros e negocistas que estão pondo o Brasil em leilão, *etc.*, *etc.*

Peço-lhe transmitir este texto à leitura (só à leitura) dos mencionados e transmitir-me de volta, diretamente deles ou em carta sua, o melhor será[,] de ambas as formas, a reação. Há portador seguro no fim desta semana, não creio que haja tempo, mas pergunte a esse quando haverá portador seguro novamente, ele lhe dirá. Mande a carta de modo a que eu possa verificar se foi ou não aberta (lacrada, com uma marca qualquer, por exemplo, dentro de um envelope grosso fechado normalmente, não lacrado).

Muitas lembranças e crescentes saudades. Ouço dizer, em cartas que têm insistido nisso, que vocês pensam em vir. Então, venha, rapaz! Venham! Estamos ansiosos para abraçá-los aqui; prometo não importuná-los muito e proporcionar-lhes passeios realmente inesquecíveis. Só assim sairei a passear, pois tenho andado muito preso, primeiro com a doença de minha mulher – que felizmente melhorou nos últimos dias –, depois com a preocupação de manter contatos e não perder portador e estar sempre atento ao desenrolar dos acontecimentos... e dos não-acontecimentos.

Pois estou convencido de que isso aí está por pouco. É questão de ver quem tem capacidade de ação e decisão bastante para agir na frente. E bem sabemos quem a demonstrou, até agora, com raro brilhantismo.

Abraço do,

Carlos Lacerda

446 Referência ao jornal *Tribuna da Imprensa*.

447 Esta carta, datiloscrita, recebeu alguns acréscimos manuscritos, em forma de notas.

PS – O jornal tem estado bem melhor, ao menos por fora. E por dentro, como vai? Não recebi balanço nem nada.[446, 447]

CASA DOS CEDROS[,] LISBOA, 21 [DE] JULHO [DE] 1956
RUA DE SANTA RITA
SÃO JOÃO DE ESTORIL

Meu caro Afonso:[448] aqui os jornais já começaram a dar notas sobre o projeto e sua repercussão. Recebo, hoje, a sua carta de 17, com a cópia do substitutivo, ou melhor, do projeto (pois o meu era um esboço, apenas).

De pleno acordo com as suas observações. O projeto agora ficou perfeito. Não dê muita atenção às observações do Serviço de Registro de Estrangeiros, famoso precisamente pelas dificuldades que cria... para registrar estrangeiros.

Como está o projeto, logra levar a sua marca e, realmente, acho que é um complemento à lei Afonso Arinos.[449] Com efeito, há uma série de medidas a adotar, algumas legislativas, outras de diversa natureza, para restabelecer no Brasil a compreensão e a aceitação do seu papel de nação a ser formada pela imigração, em termos bem diversos do que seria o simples crescimento da população e da geração de filhos nessa terra.

Já vi um médico do Porto, certa vez, gabar-se de haver barrado a entrada no Brasil a um imigrante porque não tinha um dedo... Quanto ao português, criaram-se preconceitos fortes, contra os quais — *et pour cause* — não se esforça um governo que procura endereçá-los preferencialmente para a África. É claro, o imigrante prefere ir para onde a vida lhe sorri com mais promessas. Vai, hoje, para o Canadá (onde entram aos magotes para ter terras e plantar trigo, *etc.*), para a Venezuela (onde cultivam as hortaliças para vender a preços de petróleo, tornando a Venezuela autoabastecida de vitaminas, em vez de importá-las da América) e para a Austrália, mais do que para o Brasil!

Por que o português, que faz agricultura em jardim, só vai aí para o comércio? Em primeiro lugar, o comércio também é necessário e se houver muitos armazéns, ao contrário da economia de Schmidt,[450] o que a economia ainda ensina é que baixam os preços... Mas a razão dessa preferência é que não se trata de preferência e sim... de não haver alternativa. A "carta de chamada" foi uma garantia do emigrante português e do Estado brasileiro. Deve continuar a existir,

448 Afonso Arinos de Melo Franco, ver nota 139.

449 Em 1951, o Congresso Nacional aprovou a Lei 1390, que tornava contravenção penal o preconceito de raça ou de cor. Ela é conhecida como Lei Afonso Arinos.

450 Além de poeta e editor (ver nota 249), Augusto Frederico Schmidt era um empreendedor polivalente, com passagem pelo ramo de supermercados até o de energia nuclear. Amigo pessoal do presidente Juscelino Kubitschek, escreveu-lhe inúmeros discursos: foi ele quem criou o famoso slogan "50 anos em 5", além de aconselhar o presidente em assuntos de economia e política externa. Foi ainda chefe da Missão do Brasil junto à onu e na Comunidade Econômica Europeia. Nesta carta, Lacerda faz uma ironia com a semelhança entre o nome do empresário brasileiro e o de escocês Adam Smith (1723-1790), pai da economia moderna, autor do clássico *A riqueza das nações*, e considerado o mais importante teórico do liberalismo econômico.

mas sob a condição de não ser o único meio, nem mesmo o dominante, dessa imigração. Para pagar a passagem, responsabilizar-se pelo imigrante, contratar, à distância, um desconhecido, é claro, só aparecem os parentes já estabelecidos no Rio e outras praças. Importam, então, caixeiros para as suas lojas. Quanto aos artífices, aos profissionais que a escola portuguesa prepara cada dia mais numerosos e competentes, e que aqui não encontram trabalho bastante (em Cabo Verde os habitantes quase todos têm curso ginasial e muitos deles remam nos barcos que levam turistas à praia), não seguem para aí porque não têm quem se responsabilize por eles, quem os mande chamar. E[,] ao chegarem, que discriminações e dificuldades!

Bem, aguardo notícias, pelos jornais, da marcha do projeto. Quanto a você, se quiser vir tem direito a 50% nas passagens aéreas e a um quarto, com vinho, em nossa casa. Quarto e banheiro, cozinha, *etc*. Faríamos grandes tertúlias, acertaríamos os nossos relógios para o que virá. Ah, como gostaria de falar com você, a esse respeito. Creio que tenho algo a lhe dizer, sobre isso — de utilidade para ambos e, desculpe, para o Brasil.

Quem sabe você quereria fazer isso? Conversa bastante aí, depois vem cá, conversamos bastante, revemos Elvas e Bucelas,[451] dom José na sua praça,[452] o palácio dos Seteais restaurado como hotel[453] (só para espiar, pois é caríssimo, mas espiar é tudo), o trigo na montanha sobre o mar, na serra de Sintra — e as árvores de dom Fernando[454] e as cismas de dom Manuel.[455] Outro dia fui a Vila Viçosa, dos Bragança.

---

451 Cidades de Portugal.

452 Trata-se da estátua de dom José I, O Reformador (1714-1777; rei de Portugal de 1750 até sua morte), que fica na praça do Comércio, mais conhecida como Terreiro do Paço, situada próximo ao rio Tejo, no coração de Lisboa. A praça é um dos pontos mais visitados da cidade, por sua localização central e pelos monumentos históricos, como a referida estátua e o Arco Triunfal, que dá para a rua Augusta.

453 Palácio em estilo neoclássico construído no século XVIII e localizado na cidade de Sintra, em Portugal.

454 Dom Fernando II (1816- -1885) foi rei de Portugal. Construiu, no século XIX, o palácio da Pena, bem como o parque da Pena, na serra de Sintra. Nesse parque, em estilo romântico, dom Fernando, também conhecido como Rei-Artista, plantou muitas árvores.

455 Dom Manuel II (1889-1932) foi o último rei de Portugal. Nesta carta, a referência às "cismas" é vaga e torna-se difícil precisá-las: talvez estejam relacionadas ao crescimento dos partidos republicanos e à perda de força política dos monarquistas, o que levaria Portugal, em 1910, à Revolução Republicana. Consequentemente, dom Manuel II exilou-se na Inglaterra.

E lá[,] dom Manuel, o último, dizia que Portugal, naquela altura, precisava descobrir o bom senso, "mais difícil de achar do que a Índia e o Brasil".

Grandes seres, meu caro. Dom João VI partindo de Queluz naquela noite era uma espécie de gênio político...[456]

Bem, resolva. Vi o *debut* do Virgilinho.[457] Começa cedo a frequentar a crônica política.

Creio estar informado, como você diz. Por isto dispenso-me de maiores comentários. O que me preocupa, agora, é o futuro [...][458] governo. Você disse, nos idos de agosto, que ninguém podia pleitear nada nem recusar nada. Foi uma fórmula feliz e decente. Mas, desta vez, é preciso exigir tudo e recusar nada. Não tem mais cabimento que o Brasil seja governado pelos que não têm compromissos com coisa alguma, senão com os interesses criados. Ah, creio que de alguns dias de colaboração, aqui, grandes coisas surgiriam.

Letícia[459] e eu beijamos Annah[460] (eu, na testa). Abraços ao Francisco,[461] à família Afonsinho.[462]
E a você, do

Carlos

Qualquer coisa, mande entregar à d. Ruth![463]

Quando estiver com o Zezé,[464] diga-lhe que ele é um tratante, não me escreve.[465]

456 Dom João VI (1767-1826) tornou-se rei de Portugal em 1772 e dois anos depois, com o incêndio do palácio da Ajuda, mudou-se para o palácio de Queluz. Por causa da invasão napoleônica à península Ibérica, dom João VI transferiu a corte de Portugal para o Brasil, em 1808. Talvez, em função dessa iniciativa, é que Carlos Lacerda tenha se referido a dom João VI como "uma espécie de gênio político".

457 Virgílio de Melo Franco, neto recém-nascido de Afonso Arinos de Melo Franco (ver nota 139), filho de Afonso Arinos, filho (ver nota 140). O menino viria a falecer em 1962.

458 Palavra ilegível.

459 Letícia Lacerda, ver nota 1.

460 Ana Guilhermina de Melo Franco, ver nota 141.

461 Francisco Manoel de Melo Franco, ver nota 414.

462 Afonso Arinos, filho, ver nota 140.

463 Ruth Alverga, ver nota 192.

464 José Thomaz Nabuco Filho, sobrinho de Afonso Arinos.

465 Nesta carta, datiloscrita, há acréscimos manuscritos: de "Letícia e eu [...]" até o encerramento da missiva. A frase que trata de Zezé foi incluída à margem esquerda, verticalmente.

RIO, 25.4.[19]60

Afonso:[466]

hoje, *por volta de 10 da manhã, haverá uma reunião em casa do Magalhães,*[467] que pode ser decisiva – e *deve ser decisiva.*[468]

Rogo-lhe um favor, ao amigo e ao companheiro. Leve esta carta, agora mesmo, ao Magalhães. Não me custou escrevê-la; esta é uma alegria que me fica, pois mostra que ainda não me apodreceu a política tal qual se faz neste país.

A razão pela qual lhe peço o favor de levá-la em mão própria é tão evidente que me dispenso de dizê-la. Compreendendo-a à primeira vista[,] você não fará justiça apenas à sua inteligência, mas ao seu amigo, que o abraça,

Carlos

466 Afonso Arinos de Melo Franco, ver nota 139.

467 Juraci Magalhães, ver nota 173.

468 Trata-se provavelmente de reunião em torno da candidatura de Carlos Lacerda ao governo da Guanabara. As articulações acerca disso tornaram-se mais intensas a partir da publicação da Lei nº 3.752, de 14 de abril de 1960, que determinava a transferência da Capital Federal para Brasília. Lacerda elegeu-se o primeiro governador da Guanabara, com 35% dos votos, derrotando seus candidatos opositores Ângelo Mendes de Morais, Sérgio Magalhães e Tenório Cavalcanti. Sua posse como governador realizou-se a 5 de dezembro de 1960.

RIO DE JANEIRO, 26 DE ABRIL DE 1960

meu caro e eminente amigo dr. Júlio [de] Mesquita Filho,[469]

Acabo de ler, apreensivo e comovido, o editorial de *O Estado de S. Paulo*, hoje. Venho prestar-lhe, e aos seus leitores, os esclarecimentos a que têm direito, pelo que representa na vida nacional o seu exemplo, materializado nesse grande jornal. É tempo de trazer a público, para que não se agrave a confusão, a razão principal, e inarredável, da minha atitude.

Cumpre dizer que ela não é súbita nem deixou de ser cautelosa. Quando a candidatura do sr. Magalhães Pinto[470]

469 Júlio de Mesquita Filho (1892-1969), nascido em São Paulo, capital, foi advogado e jornalista. Em 1927, com o falecimento de seu pai, veio a substituí-lo na direção geral de *O Estado de S. Paulo*. Apoiou a Frente Única Paulista (FUP) e participou da Revolução Constitucionalista de 1932, sendo preso e, em seguida, exilado em Lisboa. Ao retornar ao Brasil, seu projeto de criação de uma universidade paulista foi aprovado e, em 1936, surgiu a Universidade de São Paulo. Com a implementação do Estado Novo de Getúlio Vargas, foi perseguido e preso algumas vezes. Nos anos 1940, ligou-se à União Democrática Nacional (UDN). Apoiou as candidaturas de Eduardo Gomes e Jânio Quadros à presidência da República. Porém, o governo Jânio Quadros logo sofreu resistência de udenistas que consideravam suas iniciativas distantes das orientações do partido.

Formou-se um grupo opositor, liderado pelo então governador da Guanabara, Carlos Lacerda, com a participação de Júlio de Mesquita Filho. Esse movimento de resistência levou à renúncia do presidente da República, com menos de um ano de governo. Posteriormente, manifestou-se também contrário ao governo do presidente da República João Goulart. Com a deposição de Goulart em 1964, pôs-se a favor do regime militar, mas revelou insatisfação com a permanência dos militares no poder e com as restrições sofridas pela imprensa. Em 1966, foi eleito presidente da Associação Interamericana de Imprensa. A publicação do Ato Institucional nº 5 ampliou o cerco contra *O Estado de S. Paulo*, que foi apreendido após a publicação do editorial de sua autoria "Nota um". Em seguida, por problemas de saúde, abandonou a direção do jornal.

470 José de Magalhães Pinto (1909-1996), nascido em Santo Antônio do Monte, Minas Gerais, foi político. Deputado federal com diversos mandatos entre 1946 e 1985; governador de Minas Gerais de 1961 a 1966; ministro das Relações Exteriores e senador, participou intensamente de muitos dos principais fatos históricos do século XX no Brasil. Em 1943, assinou o "Manifesto dos mineiros", que se opôs ao Estado Novo. Foi uma das figuras centrais na criação da União Democrática Nacional (UDN). Em 1958, tornou-se presidente desse partido e, em 1960, apoiou a candidatura de Jânio Quadros à presidência da República. Em 1961, assinou o "Manifesto dos governadores", que assumia o compromisso de resistir à crise política brasileira relacionada à renúncia de Jânio Quadros. Em 1962, passou a defender a volta ao presidencialismo, substituído pelo parlamentarismo desde

foi proposta pelos que desejavam uma candidatura pessoalmente digna e desejável, a do sr. Juraci Magalhães,[471] mas posta em termos de perpetuação do grupo e do sistema que, há tantos anos, domina o Brasil, postou-se contra ela, com galhardia, com sinceridade e com lealdade, a do sr. Herbert Levy.[472] Nessa ocasião, como é óbvio, para este iam os nossos votos.

Procurou-me o sr. Magalhães Pinto, então, para assegurar que não tinha qualquer compromisso com a candidatura Juraci Magalhães, assentada, a meu ver e ainda por cima como uma emboscada política, pelo grupo dominante no governo. Como prova do que dizia, e para atender às suas conveniências em Minas, onde não queria ser antecedido no apoio ao sr. Jânio Quadros[473] pelos srs.

a renúncia de Jânio Quadros, como tentativa de superação da crise. A campanha que empreendeu a favor do presidencialismo também estava relacionada com sua pretensão de lançar-se candidato às eleições presidenciais de 1965. Já em 1964, apoiou o processo que culminaria na queda do presidente João Goulart, junto com os também governadores Ademar de Barros (SP), Carlos Lacerda (GB) e Ildo Meneghetti (RS). Em seguida, participou das negociações com representantes do Exército e outros políticos, muitas delas realizadas no gabinete de Carlos Lacerda, no Rio de Janeiro, até chegarem a um acordo quanto à indicação do nome de Castelo Branco para ser votado pelo Congresso Nacional para governar o país. Em 1966, integrou a Aliança Renovadora Nacional (Arena), apoiando a candidatura do general Artur da Costa e Silva à presidência da República. Em 1978, criou a Frente

Nacional de Redemocratização; em 1979, com Tancredo Neves, fundou o Partido Popular. Em 1984, em entrevista para o *Jornal do Brasil*, Magalhães Pinto propôs um "pacto de transição institucional", em que o regime militar seria substituído por um processo de eleições diretas, restaurando, consequentemente, a democracia.

471 Em 1959, Juraci Magalhães (ver nota 173) foi substituído na presidência da União Democrática Nacional (UDN) por José de Magalhães Pinto. Pretendia então candidatar-se à presidência da República, mas os membros da UDN, liderados por Carlos Lacerda, apoiaram a candidatura de Jânio Quadros.

472 Herbert Vítor Levy (1911-2002), nascido em São Paulo, foi jornalista, banqueiro e político. Participante da Revolução Constitucionalista de 1932, tornou-se um dos

fundadores e dirigentes do Partido Constitucionalista. Nos anos 1940, lutou pela redemocratização do Brasil e se ligou ao grupo que formava a União Democrática Nacional (UDN). Deputado federal com dez mandatos, de 1947 a 1987, naquele momento lançou-se contra a candidatura de João Goulart à presidência da República. Mais tarde teve participação no movimento pela deposição do presidente João Goulart, entre outras participações em relevantes fatos históricos. Autor dos livros *Problemas atuais da economia brasileira* (1934), *Trabalhos parlamentares* (1948), *Economia e bem-estar* (1967), entre outros, tornou-se ainda professor da Universidade de São Paulo (USP).

473 Jânio Quadros (1917--1992), nascido em Campo Grande, Mato Grosso, foi político e professor. Em 1950, tornou-se deputado estadual pelo Partido Democrata Cristão (PDC). Em 1953 e 1954, pelo mesmo

Mílton Campos,[474] Pedro Aleixo,[475] José Bonifácio,[476] Bilac Pinto,[477] Guilherme Machado,[478] João Franzen de Lima[479] e outros, que[,] discretamente mas firmemente, se opõem aos processos políticos do sr. Magalhães Pinto, este último compareceu à casa do senador Afonso Arinos, [480] em minha companhia, e ali, pela mão do sr. Afonso Arinos, com a minha colaboração, redigiu-se o trecho do relatório que o sr. Magalhães Pinto, então presidente da UDN mineira, iria apresentar em Belo Horizonte. Esse trecho era o de lançamento da candidatura Jânio Quadros em Minas.

Diante disto, compreendi que o esforço de unidade do partido e de sua mobilização para ajudar a vitória do sr. Jânio Quadros devia conduzir-me a votar no sr. Magalhães Pinto. Isto comuniquei ao sr. Herbert Levy, a quem fiz —

partido, em coligação com o Partido Socialista Brasileiro (PSB), esteve à frente da prefeitura da cidade de São Paulo, quando empreendeu a demissão em massa de funcionários municipais, estabeleceu uma série de normas reguladoras do serviço público da cidade e, dessa maneira, destacou-se pela busca de moralização. De 1955 a 1959, em coligação do PDC com o Partido Socialista Brasileiro (PSB) e o Partido Trabalhista Nacional (PTN), governou o estado de São Paulo. Em 1961, os candidatos eleitos Jânio Quadros (UDN) e João Goulart (PDT) tomaram posse, respectivamente, como presidente e vice-presidente da República. Logo nos primeiros meses de sua gestão, enfrentou forte oposição de Carlos Lacerda, governador da Guanabara, e de outros udenistas. Renunciou ao cargo no dia 25 de agosto de 1961. De 1986 a 1989, voltaria a ser prefeito de São Paulo.

474 Mílton Campos, ver nota 421.

475 Pedro Aleixo (1901--1975), nascido em Mariana, Minas Gerais, foi político. Participou da Revolução de 1930. Assinou o "Manifesto dos mineiros", de 1943, e colaborou com a fundação da União Democrática Nacional (UDN), em 1945. Foi ministro da Educação em 1966 e vice-presidente da República de 1967 a 1969, exonerado após ser o único a votar contra o AI-5.

476 José Bonifácio Lafayette de Andrada (1904-1986), nascido em Barbacena, Minas Gerais, foi político e professor. Participou da Revolução de 1930, tornando-se um dos seus assistentes civis. Nesse mesmo período, criou o *Jornal Revolucionário*, onde também publicou artigos de sua autoria. Com a vitória de Getúlio Vargas, que assumiu a presidência da República no fim do ano de 1930, exerceu o cargo de prefeito de Barbacena de 1931 até 1934, quando elegeu-se deputado estadual pelo

Partido Republicano Mineiro. Assinou o "Manifesto dos mineiros" em 1943, que se opôs ao Estado Novo de Getúlio Vargas, e participou em 1945 da fundação da União Democrática Nacional (UDN), elegendo-se deputado federal no ano seguinte. Foi reeleito algumas vezes deputado federal, mantendo-se nessa função até 1979. Durante o governo de Juscelino Kubitschek, tornou-se primeiro-secretário da Mesa da Câmara dos Deputados e, embora avesso à mudança, acompanhou com rigor a transferência da capital do Estado para Brasília. Após a deposição de João Goulart da presidência da República, filiou-se à Aliança Renovadora Nacional (Arena). Em 1965, foi eleito vice-presidente da Câmara dos Deputados e, em 1968, tornou-se seu presidente. Mais uma vez reeleito deputado federal, em 1975 tornou-se líder da Arena na Câmara dos Deputados. Defendia então a manutenção do regime militar.

como sabe o meu caro amigo – apelos para desistir de sua candidatura.

A convenção estava toda preparada para a vitória do sr. Magalhães Pinto. O sr. Juraci Magalhães tinha a certeza do apoio deste ao esquema do Catete – e tinha para tanto os seus motivos. Em vez de dividir a convenção, e com ela o partido, e arriscar uma derrota dos que desejavam o apoio ao sr. Jânio Quadros, votei no sr. Magalhães Pinto – mediante o compromisso, público, do apoio a esse candidato.

Eleito presidente, o sr. Magalhães Pinto começou a ter encontros clandestinos com o sr. Juscelino Kubitschek[481] e a manobrar contra a candidatura de Jânio Quadros. O nome do sr. Leandro Maciel,[482] por exemplo, na convenção que escolheu os candidatos à eleição de 3 de outubro,

477 Olavo Bilac Pereira Pinto (1908-1985), nascido em Santa Rita do Sapucaí, Minas Gerais, foi político e professor. Assinou o "Manifesto dos mineiros", de 1943, que se opôs ao Estado Novo de Getúlio Vargas. Deputado federal de 1951 a 1961, quando houve, em outubro, eleições. José de Magalhães Pinto (ver nota 470) tornou-se então governador de Minas Gerais e convidou Bilac Pinto para assumir a Secretaria de Finanças do estado, que deixaria no ano seguinte. Depois disso, foi deputado federal, embaixador do Brasil na França e ministro do Supremo Tribunal Federal.

478 Guilherme Machado (1916-1997), nascido em Guanhães, Minas Gerais, foi político. Participou da formação da União Democrática Nacional (UDN). Elegeu-se deputado federal três vezes, exercendo suas atividades entre 1951 e 1971. No governo de José Magalhães Pinto à frente de Minas Gerais, tornou-se secretário de Finanças. Após a extinção dos partidos políticos em decorrência da publicação do Ato Institucional nº 2, filiou-se à Aliança Renovadora Nacional (Arena). Foi o criador da expressão "Metralhadora giratória," para definir a atuação política de Carlos Lacerda.

479 João Franzen de Lima (1897-1994), nascido em Ouro Preto, Minas Gerais, foi advogado, político e professor da Faculdade de Ciências Econômicas da Universidade Federal de Minas Gerais, da qual foi diretor em 1941. Participou da formação da União Democrática Nacional (UDN), em 1945, quando também presidiu o Instituto dos Advogados de Minas Gerais. No ano seguinte, tornou-se secretário da Fazenda de Minas Gerais e, em 1947, foi nomeado prefeito de Belo Horizonte.

480 Afonso Arinos de Melo Franco, ver nota 139.

481 Juscelino Kubitschek, ver nota 149.

482 Leandro Maynard Maciel (1897-1984), nascido em Rosário do Catete, Sergipe, foi político. Filiado ao Partido Social Democrático (PSD), tornou-se deputado federal da Constituinte de 1934. Foi senador, deputado federal, já pela UDN, e governador de Sergipe. Nomeado pelo presidente da República Jânio Quadros, em 1961 tornou-se presidente do Instituto do Açúcar e do Álcool (IAA). Com a publicação do Ato Institucional nº 2, filiou-se à Aliança Renovadora Nacional (Arena) em 1966, voltando depois ao Senado.

surgiu como uma precipitada, urgentíssima solução para evitar o que se tramava: a candidatura Magalhães Pinto à vice-presidência da República, em substituição de última hora ao compromisso que, por causa do sr. Juraci e do sr. Cid Sampaio,[483] a UDN e o sr. Jânio Quadros haviam assumido: de integrar a chapa com um nome do Nordeste.

Do Nordeste, por meio de um de seus governadores e do senador Afonso Arinos, ouvi então, dois dias antes da convenção nacional da UDN, que a solução para o sr. Jânio Quadros seria a candidatura vice-presidencial do sr. Magalhães Pinto. As razões, exatamente iguais, eram estas: o sr. Magalhães Pinto tinha trânsito junto ao general Lott[484] e junto ao sr. Kubitschek. A nota com a qual o sr. Jânio Quadros repelira a manobra da "união nacional" deixara-o a descoberto no Catete e no ministério da Guerra. O sr. Magalhães Pinto seria o homem para lhe dar essa cobertura, tranquilizando o governo quanto ao sr. Jânio, se figurasse na chapa.

Repeli a manobra dizendo ao sr. Magalhães Pinto que chegaria ao extremo de concorrer com ele na convenção, mesmo para perder, mas para deixar claro o seu jogo. Ele negou o fato, mas, como sempre, acrescentou evasivas e enumerou as condições nas quais aceitaria a sua candidatura. Eram exatamente as que eu conhecia... Por isto, surgiu o nome do sr. Leandro Maciel, com o sacrifício de outros dignos udenistas do Nordeste, notadamente do sr. João Agripino.[485]

483 Cid Feijó Sampaio (1910--2010), nascido em Recife, Pernambuco, foi político. Participou da criação da União Democrática Nacional (UDN), em 1945. Foi governador de Pernambuco, quando dedicou-se à criação do Conselho de Desenvolvimento do Nordeste (Codene), mais tarde chamado Superintendência do Desenvolvimento do Nordeste (Sudene).

484 Henrique Lott, ver nota 424.

485 João Agripino (1914-1988), nascido em Brejo da Cruz,
na Paraíba, foi advogado e político. Exerceu diversas funções na política brasileira: deputado federal, ministro das Minas e Energias, senador, governador da Paraíba e ministro do Tribunal de Contas da União. Participou da criação da União Democrática Nacional (UDN), em 1945, e foi diretor do diretório regional desse partido na Paraíba. Foi um dos idealizadores da Superintendência do Desenvolvimento do Nordeste (Sudene). Apoiou a candidatura de Jânio Quadros à presidência da República.

Opus-me, a princípio, a essa solução porque entendi que o sr. Leandro Maciel não teria ambiente para a sua vitória, e muito menos por parte da direção da UDN. O sr. Magalhães Pinto, ao ser proposto o nome do sr. Leandro Maciel, já sabia que o PDC,[486] neste caso, não deixaria de apoiar o sr. Ferrari.[487] Foi o que me disse quando o interpelei. Quer dizer que, conscientemente, o sr. Magalhães Pinto sonegou essa informação ao partido. Por que não revelei isto no plenário da comissão? Porque seria cindir a UDN por causa da vice-presidência, na hora em que tínhamos de uni-la para a presidência.

De então por diante, e poupo-lhe inúmeros episódios, o meu esforço na UDN tem sido o de evitar a revelação de certos fatos que a desmoralize, ao mesmo tempo evitando que o prosseguimento de certas manobras destruam a candidatura Jânio Quadros.

O episódio da renúncia do sr. Jânio Quadros, por exemplo, foi cuidadosamente montado pelo sr. Magalhães Pinto. Este sabia que o sr. Jânio Quadros estava decidido a renunciar se naquela indescritível conversa de palanque, em São Paulo, não se chegasse a um acordo. O sr. Magalhães Pinto sonegou ao sr. Leandro Maciel o desejo, manifestado pelo sr. Jânio, de uma conversa a sós com o seu companheiro de chapa – e só disse isso ao sr. Leandro quando era tarde demais, de volta ao Rio. Interpelado por mim, o sr. Magalhães

---

486 Partido Democrata Cristão.

487 Fernando Ferrari (1921-1963), nascido em São Pedro do Sul, Rio Grande do Sul, foi político e professor. Participou da fundação do Partido Trabalhista Brasileiro (PTB), em 1945, tornando-se deputado federal de 1951 a 1963. Membro da Liga de Emancipação Nacional (LEN), sociedade civil criada em 1954, lutou pela democracia e pelo desenvolvimento econômico do Brasil. Colaborou com o marechal Henrique Lott durante o Movimento 11 de Novembro, que buscou garantir a posse do presidente e do vice-presidente eleitos, Juscelino Kubitschek e João Goulart, respectivamente. Na chapa formada por Jânio Quadros como candidato à presidência da República, Fernando Ferrari foi um dos que se lançou, em 1959, à campanha para indicação de seu partido à vice-presidência. Nesse período, por divergências com o PTB, fundou o Movimento Trabalhista Renovador (MTR). Não conquistou a vaga de candidato à vice-presidência, então ocupada por João Goulart.

Pinto negou que soubesse da disposição do sr. Jânio Quadros. Interpelado em reunião do diretório, não pôde mais negar, mas alegou que não havia levado a sério essa ameaça.

No próprio dia do enterro do meu pai, na hora em que devia embarcar para São Paulo, o sr. Magalhães Pinto procurou-me para anunciar que estava certo de que decisões muito graves poderiam decorrer da conversa entre os srs. Jânio e Leandro; pedia-me que fosse no seu lugar... Recusei-me, dizendo-lhe que incumbia ao presidente do partido estar presente e evitar a crise.

Anunciada a renúncia, chamou-me o sr. Magalhães Pinto a São Paulo e quando cheguei, esquivando-se a se encontrar comigo, embarcou para o Rio, onde disse que eu seguira para implorar ao sr. Jânio que voltasse, mesmo com desprestígio da UDN, só não disse, nem ao sr. João Agripino, nem a ninguém, que eu fora a São Paulo a seu chamado — quando a renúncia, que ele sabia possível, se efetivou.

Renunciante o sr. Jânio Quadros, procurei o sr. Magalhães Pinto e dele ouvi a solução de que sua preferência é a da "União Nacional" (com Kubitschek e Cia.). Mas que iria trabalhar pela solução Jânio porque via que esta era a opinião dos amigos e do partido. Disse-lhe que, na medida em que o considerava um homem interessado no bem do país, passava a não confiar nele — pois estava certo de que trabalharia pela solução conveniente ao país, e não pela dos amigos, apenas. Em conversa que tive, longa e em parte assistida pelo senador Arinos, a quem ele convocou à minha revelia, disse-lhe tudo o que suspeitava e tudo o que pensava. Mais: comuniquei-lhe que não podia mais continuar a confiar nele, e para não abrir crises na UDN, prejudiciais à candidatura e à vitória do sr. Jânio Quadros, iria atender a convites para uma viagem à Europa, e de lá somente voltaria quando não mais pudesse manter-me fora do meu trabalho dos deveres do meu mandato.

Entretanto, a rede de informações tendenciosas, truncadas ou provocadoras, montada pelo governo, foi completada pela do sr. Magalhães Pinto, sobre a qual prefiro não entrar em pormenores. Os homens da UDN são lançados uns contra os outros por fontes que procedem da própria direção da UDN. As reuniões mais sérias, mais confidenciais, saem no dia imediato, inclusive em jornais do governo federal, torcendo fatos existentes, sempre no sentido da manobra contra o sr. Jânio Quadros, ou contra a UDN, o que vem a dar na mesma.

De volta do estrangeiro, encontrei as crises que deixara e outras mais, notadamente essa, gravíssima, da renúncia do sr. Leandro Maciel pelos motivos que, agora, ele expôs à nação. Durante quase um mês, esforcei-me por obter a solução dessas crises.

Finalmente, o líder João Agripino teve uma conversa muito franca, para dizer o menos, com o atual presidente da UDN. Dessa conversa saiu a ideia, levada pelo sr. João Agripino, de passar a uma comissão a direção da campanha da UDN pelos seus candidatos; e os nomes indicados, entre os quais o meu, foram propostos pelo sr. João Agripino. O sr. Magalhães Pinto aceitou-os e, para guardar as aparências, ficou com a iniciativa de propô-los ao diretório nacional, que os aceitou unanimemente.

No dia imediato, surgiram os reparos do grupo chamado "nacionalista" contra nós – e a exigência de incluir um "nacionalista" na comissão. E mais: os reparos visavam a apresentar o senador Calazans,[488] o deputado Bilac Pinto e eu como homens de "direita", capazes, portanto, de comprometer a candidatura Jânio pela marca do conservantismo. Esses reparos, além de extemporâneos, insólitos, vinham de um grupo no qual o sr. Magalhães Pinto tem influência pouco notória, mas profunda. E isto depois de haver esse grupo deitado manifesto reclamando uma "reformulação" da oposição em termos de aceitação do "desenvolvimentismo" como filosofia política, isto é, de oposição mansa ao sr. Kubitschek de prestigiamento [sic] deste exatamente nos pontos mais graves do seu governo: a inflação e a demagogia.

O propósito de torpedear a comissão tornou-se evidente. Por isto mesmo, com aqueles ilustres homens públicos fixamos uma posição: a de reclamar do sr. Magalhães Pinto uma explicação que situasse exatamente os seus propósitos. Tanto mais quanto, ao mesmo tempo em que se apresentava de público a comissão, como uma nova orientação da direção udenista, o convite que o presidente

488 Benedito Mário Calazans (1911-2007), nascido em Paraibuna, São Paulo, foi jornalista, padre, político e professor. Entusiasta do movimento da Juventude Operária Católica (JOC), atacava o Estado Novo de Getúlio Vargas em seus sermões. Filiou-se à União Democrática Nacional (UDN), tornando-se senador de 1959 a 1967. Apoiou o movimento de 1964 que depôs o então presidente da República João Goulart do poder.

do partido nos transmitiu foi para mera "reestruturação" de uma Comissão de Ação Partidária, que há quatro meses existiu e jamais funcionou, presidida pelo mesmo sr. Magalhães Pinto e secretariada pelo próprio secretário geral da UDN, sr. Aluísio Alves.[489]

Marcou-nos o presidente da UDN um encontro para as 8h30 e recebeu-nos dizendo que não poderia conversar com tempo porque ia embarcar, minutos depois, com a família para Brasília. Dignou-se a conceder-nos alguns minutos mais, durante os quais lhe expusemos, mais uma vez e com franqueza crescente, as nossas apreensões.

Dissemos-lhe que não tínhamos confiança nele, como nele não confiavam outros homens da maior responsabilidade no partido. Mostramos-lhe que[,] se ele dizia, de boa-fé, ser impossível nas presentes condições do país mobilizar devidamente o partido, muito menos poderíamos nós fazê-lo, se nos reduziam a ser uma simples facção, sem recursos e sem outra força que não a da nossa disposição de trabalhar.

Disse-nos o sr. Magalhães Pinto que poderia obviar essa falta de confiança apresentando sua renúncia. Por minha conta, observei então que este era um problema de sua consciência, e não da nossa. E que sabíamos que a situação em Minas, com a sua candidatura a governador já proposta, poderia pôr tudo a perder naquele estado, de influência decisiva para o sr. Jânio Quadros. E que, portanto, a sua oferta não era uma proposta, era uma ameaça.

Esta se confirmou, afinal agora, quando chamado à casa do sr. Afonso Arinos, o sr. Jânio Quadros foi noticiado, pelo sr. Magalhães Pinto e pelo presidente da UDN mineira, que se retirariam da campanha se não obtivessem uma retratação sobre fatos por mim trazidos a público, e que reputavam desonrosos para o sr. Magalhães Pinto.

Posto contra a parede o sr. Jânio Quadros, chegou a minha vez. Compareci à casa do sr. Afonso Arinos, onde o presidente da UDN mineira disse-me que a candidatura de Jânio estava nas minhas mãos, pois se eu insistisse o sr. [...][490]

489 Aluísio Alves, ver nota 160.

490 A continuação desta carta não foi localizada no Arquivo Carlos Lacerda, sob a guarda da Universidade de Brasília.

RIO DE JANEIRO, 11 DE MAIO DE 1960

Memorandum
Ao presidente Jânio Quadros[491]

O Rio, ou estado da Guanabara, tem possibilidade de resolver o seu principal problema, o do transporte, com uma obra fundamental: a coordenação de um sistema de transporte que inclua o trem, os veículos na superfície e o metropolitano.

Os estudos para isso estão feitos. Não há mais segredos nem há o que descobrir, na matéria. Falta disposição de atacar o assunto, honestidade para tratá-lo com seriedade e continuidade para levá-lo a bom termo.

Um projeto brasileiro, iniciado pelo engenheiro Jorge Schnoor,[492] cujos estudos conheço desde que fui vereador, em 1946, foi aprovado a 30 de dezembro de 1959 pelo prefeito Sá Freire Alvim,[493] depois de estudado e consagrado por uma comissão de engenheiros que incluiu os da prefeitura e os da Central do Brasil.

Esse projeto, já perfeitamente estudado, é incomparavelmente superior ao do grupo francês que veio com o ministro Pinay[494] e condicionou a sua obra a várias facilidades.

Para pôr em prática o projeto, na sua parte decisiva, falta a cooperação garantida do governo federal.

491 Jânio Quadros, ver nota 473.

492 Em 1962, o engenheiro Jorge Schnoor, que preconizava o metrô, publicou o estudo *Metropolitano no Rio de Janeiro*, pela Secretaria de Viação e Obras. Depois, publicou também *A harmonia do transporte urbano em função da rede de transporte de coletivo de massa*, pelo Banco Nacional de Habitação (BNH), em 1975, e, em 1977, *O metropolitano do Rio de Janeiro e de São Paulo*.

493 José Joaquim de Sá Freire Alvim (1909-1981), nascido no Rio de Janeiro, foi advogado e político, com extensa carreira no serviço público. Foi nomeado prefeito do Distrito Federal pelo presidente Juscelino Kubitschek, em julho de 1958 e durante sua administração, que coincidiu com a construção de Brasília, empreendeu grandes obras de saneamento, retomou com ênfase as construções do túnel Catumbi-Laranjeiras (Santa Bárbara), da avenida Perimetral e do aterro do Flamengo. Sabe-se que Carlos Lacerda apreciava suas decisões sobre melhorias urbanísticas na cidade. Deixou o cargo em abril de 1960, quando a capital federal transferiu-se para Brasília. Em sua homenagem, o túnel que liga a rua Barata Ribeiro à rua Raul Pompeia, sob o morro do Cantagalo, em Copacabana, recebe seu nome.

494 Antoine Pinay (1891-1994), nascido em Saint-Symphorien-sur-Coise, foi político francês. De 1950 a 1952, ocupou o cargo de ministro de Obras Públicas, Transporte e Turismo; de março a dezembro de 1952, foi primeiro-ministro da França.

Trata-se do seguinte.

Na zona marginal da Central do Brasil há uma forçosa desapropriação a fazer. Com ela, obtém o estado, ao mesmo tempo, em cooperação com a União, as seguintes obras:

1. Ampliação do leito da Central do Brasil, com desafogo do tráfego urbano e do interior. Mais duas linhas.

2. Abertura da avenida Radial Oeste que, partindo da praça da Bandeira, continua a avenida Presidente Vargas no subúrbio ferroviário da Central.

3. Implantação de duas linhas do Metropolitano, em superfície, para mergulhar na altura da estação Pedro II e formar depois as linhas subterrâneas, por conta do estado da Guanabara.

Para essa obra, a Guanabara precisa de ajuda do governo federal. A ajuda é de ordem de Cr$ 3 bilhões para as desapropriações necessárias.

Com elas, ao mesmo tempo e com uma só despesa tornam-se possíveis as três obras.

Resultados:

1. Desafogo do centro urbano.

2. Solução do problema do transporte dos trabalhadores do subúrbio carioca.

3. Interligação das zonas da cidade.

4. Ampliação do gargalo da Central.

5. Formação de um sistema integrado de transporte urbano e suburbano.

6. Alívio ao problema das favelas, pelo transporte rápido e locais de residências mais baratas [e próximas] aos locais de trabalho.

Não se trata de um estudo ou de um projeto vago, mas de algo já pronto, que apenas espera um governo federal e um governo estadual entrosados e dispostos a uma cooperação que beneficie três milhões e duzentos mil brasileiros, que são quatro milhões e setecentos mil em 1970.

Venho pedir-lhe, hoje, que assuma com o povo da Guanabara o compromisso de lhe proporcionar esse apoio para a tríplice obra, da qual resultará tamanho benefício.

Grato pela atenção, e pela visita, sou o seu amigo,

Carlos Lacerda

Feita em
27/6/1960
Ruth[495]

Meu caro Glycon,[496]

Estou para responder a sua carta do dia 13 mas ainda não desanimei de vê-lo aceitar o convite que não foi apenas formal.

Compreendo o seu motivo e me inclinaria diante dele — se você fosse capaz de dieta e despreocupação. Mas, entre a vida que você leva e a que eu lhe ofereço, parece que há uma só diferença, aquela que de modo um pouco imprudente eu lhe apresentei no nosso encontro em casa do Miguel:[497] a diferença entre colocar sua capacidade a serviço de empreendimentos sérios e bem encaminhados, na atividade privada[,] concentrá-lo no mais sério de todos os empreendimentos e também no mais infeliz, que é o governo do novo Estado.

---

495 Acréscimo a lápis de d. Ruth, secretária de Carlos Lacerda. Ver nota 192.

496 Glycon de Paiva Teixeira (1902-1993), nascido em Uberaba, Minas Gerais, foi geólogo. Chefiou de 1934 a 1939 o departamento Nacional da Produção Mineral, do Ministério da Agricultura; dirigiu em 1943 e 1944 o Serviço de Produção Mineral da Coordenação da Mobilização Econômica. Foi presidente do Banco Nacional do Desenvolvimento Econômico e Social (BNDES) de 1955 a 1966. Um dos organizadores, em 1961, do Instituto de Pesquisas e Estudos Sociais (IPÊS), órgão privado que realizava estudos para fornecer fundamento ideológico e captava recursos a serem distribuídos como fonte de financiamento de campanha para políticos de oposição ao governo do presidente João Goulart.

497 Miguel Monteiro de Barros Lins (1911-1995), nascido em Belo Horizonte, Minas Gerais, advogado, aos cuidados de quem Glycon de Paiva Teixeira enviou carta a Carlos Lacerda em 13 de junho de 1960, recusando por motivos particulares a participação no primeiro governo eleito da Guanabara. Carlos Lacerda e Miguel Lins conheciam-se desde que eram estudantes universitários e fizeram parte do Clube da Reforma na faculdade de direito. Acerca dessa época, Lacerda escreveu em *Depoimento*: "Nessa ocasião [início dos anos 1930] Miguel Lins, Alceu Marinho Rego, Mauro Barcelos, que foi repórter de *O Globo* [...], César Luchetti e outros, fizeram o Clube da Reforma, que era um clube muito estranho: tinha todas as opiniões lá dentro e uma estrutura monárquica. O Miguel Lins, uma espécie de rei, era o presidente. Tinha um gabinete e um primeiro-ministro, *etc*. Dali saiu gente para todos os lados. Para o integralismo saíram alguns poucos, para o comunismo muitos, e para um vago liberalismo alguns." Cf. LACERDA, Carlos. *Depoimento*. Prefácio de Rui Mesquita. Organização do texto, notas e revisão da 3ª edição de Cláudio Lacerda. Rio de Janeiro: Nova Fronteira, 1987. p. 28-29.

Confesso que me sentiria mais tranquilo o tendo como corresponsável do meu gabinete; e digo gabinete de propósito, porque gostaria de trabalhar na base de um Conselho de secretários-ministros.

Se de todo não lhe for possível reconsiderar a primitiva decisão, aceito que me faça as sugestões a que alude. Não sou pobre soberbo...

Quanto a nomes[,] reservo-me, é claro, o direito de adotá-los ou não. Mas, quanto a ideias, creia que praticamente estarão de antemão aceitas; pois confio muito no seu critério e capacidade.

Entendo, porém, que esta seria a sua maior oportunidade, além de o ser também para o Estado e para mim. Ainda que seja outra imprudência estar a insistir com você, espero sempre a sua colaboração.

Com um abraço do[498]

498 Esta carta, datiloscrita, sofreu uma série de emendas a lápis de Carlos Lacerda e nem foi assinada. Trata-se sem dúvida alguma de um rascunho.

RIO, 28 DE OUTUBRO DE 1960

Meu caro Padilha,[499]

Em complemento à nossa definitiva conversa de ontem, venho informar-lhe que convidei para secretário de Finanças do Estado um excelente funcionário da secretaria, elemento dos mais destacados do quadro, o sr. Mário Lorenzo Fernandez. Espero que ele tenha também a sua aprovação e possa contar, como eu, com a sua colaboração.

Reitero, nesta oportunidade, o meu pesar por não poder contar com a sua presença na pasta, sem prejuízo, como lhe disse, de sua colaboração no governo em outro setor dos tantos de que você se poderá desincumbir com o seu talento e o seu espírito público.

A este, exatamente, recorri em busca de compreensão para a decisão que tomei e que, aliás, já havia sido por você manifestada antes do seu embarque para Brasília. As vicissitudes de sua vida financeira e bancária, sem nenhuma quebra de sua honorabilidade e de suas qualidades intelectuais e morais, tornam inconveniente para você, para mim e, sobretudo, para o nosso governo, a sua designação para a pasta das Finanças do Estado. É que exatamente nessa pasta, além das qualidades morais e intelectuais, que você possui de sobra, exige-se essa outra, adicional, referente à vida financeira.

Ao convidá-lo[,] não sabia nem fui informado desse aspecto de sua vida de homem probo e pobre. Em nada mudou o meu conceito sobre os motivos de suas dificuldades nesse terreno. Mas, para todos, e sobretudo para a coerência e a correção de nosso governo, não somente em face dos inimigos mas, e sobretudo, em face dos amigos, da opinião pública em geral, do exemplo que é preciso dar, parece-me evidente que uma ficha bancária má inabilita um amigo muito estimado e admirado a exercer exatamente a Secretaria das Finanças.

O meu convite foi condicional, disse a todos os indigitados secretários de Estado, inclusive àqueles cujo nome eu havia oficialmente anunciado. Não há, pois, motivo

499 Raimundo Padilha (1899-1988), nascido em Fortaleza, no Ceará, político, participou do movimento integralista. Foi deputado federal e governador do Rio de Janeiro de 1971 a 1975.

para estranheza, senão no fato de que, em outras condições, você seria dos confirmados, sem dúvida. Ao embarcar para Brasília, sem que eu soubesse do seu embarque, disse-me você que já não seria secretário de Finanças e apenas queria justificar o convite que eu lhe havia feito — o que, de resto, a meus olhos era desnecessário.

Em Brasília, você atuou em favor da Guanabara com uma presteza e um trato notáveis, conforme o seu relato de ontem, a propósito da justa transferência do encargo com os inativos, da Guanabara para a União, cuja administração no antigo Distrito Federal foi responsável pela matéria. Possa você chegar a bom termo com essa providência, pela qual sem dúvida todo o estado lhe agradecerá, como eu próprio.

É possível que a crueldade e a insídia se aproveitem da não confirmação do convite que lhe fiz para acentuar aspectos, de resto já divulgados, de sua vida financeira. Não lhe preciso dizer que estarei solidário com você, pronto a lhe dar, sem que você precise pedi-la, e até que não a quisesse, toda a cobertura devida a um homem de bem como você. Só não posso realizar o que foi do meu desejo e as circunstâncias com que eu não contava e que desconhecia, não permitiram. Não posso iniciar o governo por um ato que eu condenaria em qualquer governante.

Com apreço, a estima e o respeito do seu amigo,
Carlos Lacerda

RIO, 2.1.[19]61

Prezado governador Magalhães Pinto[500]
PRESIDENTE DA UDN[501]
SENHOR GOVERNADOR E PRESIDENTE DA UDN:

Tenho-me abstido de pronunciamentos políticos para não perturbar os meus deveres na administração do estado, que recebi desorganizado e informe.

Mas, a insistência do noticiário político acerca da possibilidade de apoio da UDN a uma candidatura do sr. Juscelino Kubitschek[502] a senador leva-me a uma declaração que ora faço, em simples comunicação a V. Ex., desejoso de não ter de repeti-la em público, para os devidos efeitos.

Se o sr. Juscelino Kubitschek for candidato da UDN[,] não poderei permanecer na UDN. Pelas razões seguintes:

1. Trata-se de um político notoriamente desonesto, cujo inconfessável enriquecimento seu e de seus amigos constitui uma afronta ao país.

2. Foi o maior inimigo que o meu estado já teve. Durante os cinco anos de seu governo, felizmente a concluir, o Rio de Janeiro foi saqueado e abandonado.

3. Na minha pessoa, o sr. Kubitschek perseguiu a UDN, o seu líder de então, na Câmara, procurou cassar-lhe o mandato e entregá-lo à Justiça Militar, de rito sumário; e isto para dar proteção a notórios agentes da corrupção e da subversão.

4. Apóstolo da inflação e profeta da corrupção, o sr. Kubitschek candidato da UDN significa o fim da UDN como partido para homens de bem.

Grato pela atenção, cordialmente,

(a) Carlos Lacerda[503]

500 Magalhães Pinto, ver nota 470.

501 União Democrática Nacional.

502 Juscelino Kubitschek, ver nota 149.

503 Cópia de carta datilografada em papel timbrado do "Governador do Estado da Guanabara".

RIO DE JANEIRO, 24 DE JANEIRO DE 1961

Meu caro Presidente,[504]

Quase no dia de sua posse, marco de nova fase na vida nacional, venho fazer-lhe um apelo que vale, para mim, mais do que a vida.

Seja um de seus primeiros atos a concessão da anistia a esse punhado de civis e militares do episódio de Aragarças.[505]

Bem conhece o presidente os antecedentes do caso.

De há muito impressionados com a corrupção que domina o país, esses e outros jovens lutavam, com risco de vida, pela melhoria da situação brasileira.

Afinal, a sua candidatura polarizou essa e muitas outras esperanças no coração de milhões de brasileiros, quando todos vimos colocarem-se sob o seu comando e se concentrarem na sua vitória as derradeiras energias do nosso povo.

Eis que as desaventuras da política levaram-no à renúncia da qual bem sabemos quanto nos custou arrancá-lo.

O seu desencanto de homem já experimentado na política, de homem que, felizmente para o país, não conhe-

504 Carta enviada ao presidente da República, Jânio Quadros. Ver nota 473.

505 A revolta militar de Aragarças, em Goiás, que eclodiu em 2 de dezembro de 1959, começou a ser articulada dois anos antes, após uma outra rebelião militar, a de Jacarecanga, no Pará, ter sido debelada. A nova conspiração teve a participação do ex-líder de Jacarecanga, tenente-coronel aviador Haroldo Veloso, que havia sido anistiado por Juscelino Kubitschek junto com os outros rebelados, e o comando de João Paulo Moreira Burnier. O objetivo era derrubar o governo, por motivo de corrupção e suposto comprometimento com o comunismo internacional. Partindo com aviões do Rio de Janeiro e de Belo Horizonte, os revoltosos rumaram para Aragarças, tomaram algumas outras bases, como Santarém, e pretendiam bombardear os palácios do Catete e de Laranjeiras. A revolta durou apenas 36 horas e seus integrantes fugiram para o Paraguai, a Bolívia e a Argentina. Ver adiante, nota 506.

ceu ainda um revés maior, de homem consagrado por sucessivos triunfos pode bem, evocado agora, no momento da sua maior consagração, dar-lhe a medida do que foi a perplexidade e o desespero desses moços ante o que lhes pareceu a perda de um último motivo de crer numa solução relativamente tranquila, ainda que árdua, para a crise nacional.

Decepcionados, batidos por sucessivos desenganos[,] eles curtiam as últimas humilhações. Foram levados à exasperação por uma lenta e meticulosa política de provocações, de diabólicas mesquinharias e de espionagem cotidiana.

A nada mais atenderam, exasperados, nessa espécie de orfandade do ideal truncado.

Quando mandaram comunicar a sua decisão, de exprimir num gesto de desespero a sua inconformidade, já foi tão tarde que não pude evitá-lo, embora o tentasse de vários modos.

Pensei em juntar-me a eles para que não ficassem sós naquela hora de agonia. Mas, compreendi a tempo, naqueles minutos decisivos da minha vida, que não tinha o direito de fazê-lo. E[,] mais ainda, que[,] a qualquer custo, tinha por dever reduzir ao mínimo os efeitos do gesto desesperado, para não arrastar neste a solução, que era a sua eleição; pois em torno desta o povo se mobilizaria em suas derradeiras energias. Só através desse ato de fé poderia a Nação redimir-se.

Era fácil, aliás[,] prever o que se faria, a pretexto do episódio de Aragarças, para evitar as eleições.

Poupo-lhe os pormenores, alguns dos quais bem conhece.

A sua renúncia vem citada no manifesto que os exilados de hoje lançaram e fizeram distribuir quando ainda seus aviões demandavam o centro do país.[506]

Não praticaram eles um ato de violência. Não tinham cúmplices, pode-se mesmo dizer, não conspiraram.

Poderiam ter marcado seu desespero por gestos brutais como o bombardeio de Brasília, que esteve ao alcance de seus aviões. Preferiram limitar o sacrifício a um só: o próprio.

506 Os revoltosos de Aragarças, no aeroporto do Galeão, no Rio de Janeiro, apoderaram-se de três aviões; em Belo Horizonte, de um; além disso, um voo da Panair, em que haviam embarcado o major Teixeira Pinto e o civil Charles Herba, foi sequestrado em voo. Todos os aviões se encaminharam rumo a Aragarças. Ver nota anterior, 505.

Retiraram-se para o exterior e ali, durante longuíssimos meses[,] esperam o dia da paz e da reconstrução. Um deles já voltou, à espera de julgamento.

Tremendas dificuldades toldam, talvez, com suas sombras as alegrias destas horas. A Nação vai precisar de todos os seus filhos, principalmente dos que são capazes de qualquer sacrifício para afirmar um ideal.

Espante as sombras, presidente, complete este momento de glória e de justiça, devolvendo aos lares desses homens os seus chefes, os seus irmãos que partiram. E à Nação, os filhos apartados.

Seu amigo,

C.L.

CL/RA[507]

[507] Carta datilografada por Ruth Alverga, ver nota 192.

RIO DE JANEIRO, 26 DE JULHO DE 1961

Meu caro amigo[508]

Acabei de receber o recorte do *Diário de Notícias* com o editorial do embaixador Augusto de Castro, a quem estou escrevendo.[509]

Envio-lhe esta carta para as Pedras Salgadas, pois que presumo já aí se encontra na doce paz de cada ano.

Não imagina quanto deploro não poder estar agora nesse seu recanto.

Ando muito preocupado com a situação aí e ainda ontem, a propósito de uma jovem professora que veio de Angola, como "Miss Simpatia", pus-me a refletir no quanto aqui se desconhece realmente a situação na África e o quanto para isso contribui um certo erro de Portugal.

O fato, por exemplo, de não haver em Angola, a não ser que eu esteja enganado e seja içada a bandeira de onde vem essa jovem, uma Escola Normal de formação de professoras é por si mesmo um escândalo e um perigo muito sério.

O fato é que vemos a crise agravar-se.

Tenho tido muita vontade de conversar consigo.

Muitas recomendações à sua mulher, minha senhora e à sua jovem pupila.

Um abraço a todos os amigos.[510]

ILMO. SR.
DR. NUNO SIMÕES
CASA RÚSTICA
PEDRAS SALGADAS
MINHO, PORTUGAL

508 Carta enviada a Nuno Simões (1894-1975). Nascido em Candelária, Portugal, foi advogado, jornalista e notório antisalazarista. Tornou-se sócio correspondente da Academia Brasileira de Letras.

509 Augusto de Castro Sampaio Corte Real (1883-1971), nascido no Porto, Portugal, foi advogado, embaixador e jornalista. Dirigiu o jornal *Diário de Notícias*. Tornou-se sócio efetivo da Academia das Ciências de Lisboa e sócio correspondente da Academia Brasileira de Letras. Foi membro do Conselho de Administração da Companhia Angolana de Agricultura.

510 Carta não assinada. Trata-se provavelmente de cópia do autor.

RIO DE JANEIRO, 8 DE AGOSTO DE 1961

EXMO. SR.
SENADOR VITORINO FREIRE[511]
SENADOR FEDERAL
BRASÍLIA, DF

Meu caro amigo,

Sei quanto você é pugnaz e procura ser justo nos seus esforços.

Acompanhei a sua atuação quando o Fanôr[512] foi vítima das mais duras injustiças. Pois bem, agora venho pedir-lhe também para que não se faça contra outro uma injustiça semelhante à que se fez contra aquele moço seu parente e meu bom amigo.

Meu caro senador, trata-se do pintor Cícero Dias[,][513] convidado para embaixador do Brasil num dos novos países da África.

511 Vitorino Freire (1908--1977), nascido em Pedra, Pernambuco, foi deputado federal e senador. Participou da Revolução de 1930 e combateu a Revolução Constitucionalista de 1932. Em 1934, tornou-se interventor federal no Maranhão. Trabalhou nos ministérios da Agricultura, da Educação e Cultura e de Viação e Obras Públicas. Teve papel importante na organização do Partido Social Democrático (PSD) e na vida política do Maranhão, mantendo nesse estado, por quase duas décadas, notável influência na sucessão de seus governadores. Apoiou o movimento que depôs João Goulart em 1964. Com a extinção dos partidos políticos em 1965, em função do Ato Institucional Nº 2, filiou-se à Aliança Renovadora Nacional (Arena).

512 Fanôr Cumplido Júnior foi adido comercial na Embaixada do Brasil em Lisboa e, na mesma época, correspondente internacional da revista Manchete em Portugal. Escreveu o prefácio de várias obras, todas publicadas pelo Escritório de Propaganda e Expansão Comercial do Brasil, em Portugal, entre elas: *A barragem de Três Marias* (1959), *Brasil actual e futuro* (1959), *A nova poesia brasileira*, organização de Alberto da Costa e Silva (1960) e *O Museu de Arte Moderna do Rio de Janeiro* (1960).

513 Cícero Dias (1907-2003), nascido em Escada, Pernambuco, foi um dos mais importantes artistas plásticos do modernismo brasileiro. Colaborou com a *Revista de Antropofagia*, em 1929.

Ilustrou a primeira edição de *Casa grande e senzala*, de Gilberto Freyre, publicada em 1933. Preso em 1937 pela ditadura do Estado Novo de Getúlio Vargas por razões políticas, assim que foi solto mudou-se para Paris, por sugestão de Di Cavalcanti. Conviveu então com alguns dos principais nomes das artes plásticas de vanguarda, como Georges Braque, Henri Matisse e Pablo Picasso. Durante a ocupação alemã na Segunda Guerra Mundial, foi preso e levado ao campo de concentração de Baden--Baden, onde também estava o escritor e diplomata Guimarães Rosa. Depois de libertado numa troca de prisioneiros, tornou-se adido cultural da Embaixada do Brasil em Lisboa. Voltou a Paris depois da guerra, onde viveu até o fim da vida.

Surgiu contra ele uma reação em certos setores do Itamaraty, por uma razão única: ele é um funcionário contratado, do quadro dos mais humildes no que se refere a vencimentos.

Entendem os mandarins do Itamaraty e, de um ponto de vista meramente formal, teriam razão que não se pode ser funcionário subalterno e passar subitamente a embaixador. [sic]

Com base nessa reação, trabalha uma intriga sórdida que procura envolver o Cícero Dias num propalado inquérito que teria havido na embaixada em Paris.

Acontece[,] meu caro senador, que eu conheço o assunto desde o começo e tive ocasião de interferir nele. Dou-me com Cícero há muitos anos, pois esse pernambucano tem o dom de ter amigos de todos os lados e ser leal com todos eles.

Começo por acentuar que o cargo que Cícero Dias tem no Itamaraty não está bem de acordo com seus méritos.

Foi-lhe dado inicialmente por esse grande embaixador do Brasil que se chamou Luís de Sousa Dantas,[514] seu amigo e protetor, quando Cícero já morava em Paris como artista.

O embaixador Sousa Dantas contratou-o para a embaixada e teve nele uma espécie de secretário.

No tempo em que os nazistas prenderam os nossos diplomatas e os retiveram num campo de concentração diplomático, enquanto alguns conseguiram escapar, Cícero Dias fielmente permaneceu ao lado do embaixador Sousa Dantas e o acompanhou nessa provação.

Passaram-se os tempos e recentemente, enquanto a desordem crescia na embaixada do Brasil em Paris, Cícero Dias era dos raros elementos que não se envolvia em escândalos, em barulhos.

Enquanto o cônsul-geral assinava cheques sem fundos de muitos milhões de francos e um secretário de embaixada entre outros escândalos também assinava cheques sem fundos, continuando intacto no Itamaraty, Cícero Dias permanecia discretamente, cuidando de sua vida e de seu trabalho.

Ultimamente foi chamado e convidado para embaixador, tal como outros que o Senado já aprovou, Rubem Braga,[515] Raimundo Sousa Dantas,[516] Barreto Leite Filho,[517] *etc.*

514 Luís Martins de Sousa Dantas (1876-1954), nascido na cidade do Rio de Janeiro, foi diplomata. Serviu em Berna, São Petersburgo, Buenos Aires e Roma. Foi delegado junto à Sociedade das Nações e embaixador na França por mais de 20 anos. Sob o ofício da Missão Diplomática brasileira em Paris, concedeu vistos para o Brasil a vários judeus e outras minorias perseguidas pelos nazistas durante a Segunda Guerra Mundial, contrariando a política do governo Vargas.

515 Rubem Braga, ver nota 18.

516 Raimundo Sousa Dantas (1923-2002), nascido em Estância, Sergipe, foi diplomata e escritor. Autor de *Sete palmos da terra* (1944), *Vigília da noite* (1948), entre outros. Primeiro embaixador negro do Brasil, serviu em Gana, nomeado por Jânio Quadros, e depois na Argentina.

517 João Batista Barreto Leite Filho (1906-1987), nascido em Santa Maria, no Rio Grande do Sul, foi jornalista. Colaborou

Haveria o que dizer sobre essas indicações de um ponto de vista estritamente ortodoxo em diplomacia.

Mas uma vez feitas e aceitas não haveria como justificar a recusa de um desses, exatamente o que melhor domina a língua francesa que é a falada no país em que ela é o idioma oficial.

É um homem generoso, correto, excelente chefe de família, leal para com os seus amigos que se encontram em vários setores, bastando citar[,] só entre os pernambucanos, Gilberto Freyre,[518] Antiógenes Chaves,[519] Barros Carvalho[520] e muitos outros.

Meu caro senador, não quero tomar-lhe o tempo, mas quero lhe dizer que[,] se tiver qualquer dúvida, pergunte-me o que quiser a esse respeito e estarei em condições de lhe prestar amplos esclarecimentos, evitando que se cometa uma injustiça. Procuro assim, ao mesmo tempo, contribuir para que[,] dentro das indicações feitas pelo governo, não seja Cícero Dias vítima de intriga e equívocos.

Sei da bravura que põe nas posições que toma.

Um abraço do seu amigo,[521]

CL/RA[522]

para os jornais *A Manhã*, *O Jornal*, *Diário de Notícias*, *Folha de S. Paulo* e *Jornal do Brasil*, entre outros. Em 1930, fundou a Liga de Ação Revolucionária (LAR) com Luís Carlos Prestes, em Buenos Aires, e redigiu o manifesto do grupo. Exilado na Argentina e depois no Uruguai, voltou para o Brasil em 1934 e filiou-se ao PCB, então Partido Comunista do Brasil. Em seguida, por divergência com o partido e com Prestes, foi expulso do PCB. Foi correspondente na Europa durante a Segunda Guerra Mundial e, entre 1949 e 1955, integrou a delegação brasileira destinada à Assembleia da Organização das Nações Unidas (ONU). Apoiou a conspiração que tentou impedir a posse de Juscelino Kubitschek na presidência da República, em 1955.

518 Gilberto Freyre, ver nota 345.

519 De acordo com Aluízio Falcão, Antiógenes Chaves, advogado, poeta, dedicou-se "ao mecenato e à convivência com intelectuais". Aproveitou-se, nesse sentido, da herança que o tornou milionário. Cf. FALCÃO, Aluízio. *Crônicas da vida boêmia*. São Paulo: Ateliê Editorial, 1988. p. 35.

520 Antônio de Barros Carvalho (1899-1966), nascido em Palmares, Pernambuco, foi político. Substituindo Gilberto Freyre, tornou-se deputado federal em 1947, cargo que voltou a ocupar de 1951 a 1959. Duas vezes eleito senador, também foi ministro da Agricultura, nomeado pelo então presidente da República Juscelino Kubitschek.

521 Esta carta datiloscrita, que apresenta algumas emendas manuscritas à caneta, não se encontra assinada. Trata-se provavelmente de cópia do autor.

522 Ruth Alverga, ver nota 192.

RIO DE JANEIRO, 7 DE SETEMBRO DE 1961

ILUSTRÍSSIMO SENHOR
DOUTOR HERBERT MOSES[523]
PRESIDENTE DA ASSOCIAÇÃO BRASILEIRA DE IMPRENSA
NESTA

Prezado amigo

Recebi hoje sua carta do dia 4, na qual me diz que o conselho administrativo da ABI deplora a imposição de censura prévia e confisco de edições de jornais e pede uma palavrinha minha a esse respeito.

Também deploro.

Quanto à palavra que deseja, aí vai ela.

Surpreendida a Nação pela renúncia calculada do sr. Jânio Quadros,[524] desencadeou-se imediatamente em todo o país uma onda de agitação de que se prevaleceram os comunistas para tentar escaramuças que pudessem levar à guerra civil.

O isolamento do governo federal em Brasília e a acefalia dos principais órgãos desse governo criaram para as administrações estaduais a obrigação de suprir, na medida de suas forças, a ausência de uma autoridade federal.

Os ministérios ficaram acéfalos. Só os ministérios militares e o da Fazenda tiveram quem respondesse por eles. Com muito esforço, durante poucos dias, o ministério do Trabalho conseguiu atuar.

Desatendendo a apelos que fizemos para conter o noticiário nos limites que a gravidade da situação aconselhava, alguns jornais transformaram-se em veículos de incitamento à subversão e à desordem.

Insistiam em publicar manifestos de generais desordeiros, pregação da guerra civil, intrigas torpes e notícias sabidamente falsas.

Alguns jornais acéfalos, pela ausência física ou espiritual de seus diretores, tornaram-se presa dos grupos comunistas que dominam o noticiário, torcendo fatos, deformando

523 Herbert Moses (1884-1972), nascido na cidade do Rio de Janeiro, foi jornalista, com reconhecido destaque pela sua luta em busca da liberdade de imprensa quando esteve à frente da Associação Brasileira de Imprensa.

524 Jânio Quadros, ver nota 473.

notícias e transformando[,] à revelia dos seus proprietários ou com a complacência destes, a informação em propaganda.

Essa triste realidade, que em tempo de paz se observa e à qual só os próprios jornais podem dar remédio, não pode ser tolerada em tempo de guerra.

Sabe o meu amigo que nesses dez dias o Brasil esteve tecnicamente em guerra civil. E[,] como o Congresso tomou partido dessa guerra contra o Executivo, não se atreveu este último, isolado e desfeito, a pedir as medidas necessárias à ampliação da lei.

Foi preciso, assim, agir não contra a lei, nem mesmo à margem da lei, mas aplicá-la sem as preliminares indispensáveis como o estado-de-sítio e a aplicação da lei de segurança nacional.

Tivemos uma situação de fato a enfrentar. Uma situação na qual o presidente em exercício da Câmara dos Deputados disse preferir a guerra civil como remédio à crise política. O que aqui se fez, foi o mesmo que se fez em vários estados da Federação: nem mais nem menos.

Se alguma crítica se pode fazer à censura, foi exatamente o fato de ter sido malfeita, precisamente porque não a preparamos, não a desejamos, não a quisemos.

Não podíamos deixar de defender a ordem pública ameaçada pela publicação de manifestos irresponsáveis, de agentes da subversão ou "idiotas úteis".

Compreendo, pois, a indignação dos comunistas e até a dos referidos "idiotas". Mas, não compreendo que um democrata possa julgar que a democracia não deva defender-se.

O que se fez aqui, faz-se em todas as democracias do mundo, numa emergência como essa.

Em nenhum país, com a declarada intervenção de um governo estrangeiro – afora outras intervenções não declaradas – numa crise interna e com os apelos à guerra civil, ao tumulto nas ruas e à paralisação de atividades essenciais, podem jornais transformar-se em órgãos dos agentes do conflito contra as instituições democráticas.

Devo ainda informar, embora não tenha sido alegado, que dois jornalistas foram detidos durante a crise desses dias. Nenhum na sua qualidade de jornalista. O primeiro foi detido no escritório comercial e político do governo do

Rio Grande do Sul nesta capital, quando[,] em companhia de um general, também detido, e de outros elementos, fazia ligações para desencadear a desordem na cidade. O segundo foi detido quando procurava, servindo-se da coluna militar que mantém num jornal desta cidade, ligar-se a sargentos do Exército para tentar convencê-los a que deixassem de cumprir ordens dos seus superiores.

Trata-se, pois, de atividades bem diversas do jornalismo.

Lembra o meu caro presidente da ABI, que lutei em toda a minha vida pela liberdade de imprensa.

Creio que ainda hoje continuo a lutar por ela. Pois não acredito que haja liberdade de imprensa a defender, no dia em que os comunistas dominarem o Brasil; e eles já dominam uma grande parte da imprensa brasileira.

Se o conselho deliberativo da ABI tiver dúvidas, pergunte aos jornalistas cubanos cujos jornais foram expropriados e que se encontram no exílio ou na prisão.

Agradecendo os termos corteses de sua carta, que reavivam a nossa velha e cordial amizade, venho dizer-lhe que no exercício do dever que me incumbe, de defender a segurança dos lares e das ruas, contra a ação dos provocadores e dos agentes da quinta coluna comunista, agirei sempre sem demasias, mas com o rigor necessário.

Qualquer que seja o grau de compreensão dos colegas de imprensa, alguns dos quais aplaudiram a 11 de novembro de 1955[525] a invasão do meu jornal por tropas militares, o espancamento de jornalistas, a apreensão de edições, a proibição que durante cerca de cinco anos vigorou para que eu falasse no rádio, portanto até a proibição do exercício de minha profissão, e assim por diante, cumprirei o meu dever até o fim do meu mandato. E espero que os democratas compreendam o que os totalitários procuram confundir.

Não espero que a ABI vote uma moção de aplausos por ter havido relativa censura à imprensa durante poucos dias no Rio e em outros estado[s].

Não me considero feliz por isto. Mas[,] se os jornais estão intactos, se o trabalho na cidade pôde prosseguir, se não tivemos mortos a enterrar, se a crise nacional pôde chegar a um desfecho medíocre e precário, mas em todo caso pacífico, isto se deve em grande parte às ações que,

525 Ver notas 138 e 146.

juntamente com outros governadores[,] tivemos de praticar, na ausência de um governo federal ilhado em Brasília, às voltas com uma ameaça cuja extensão não pôde sequer medir e impossibilitado de atuar com presteza e energia para o cumprimento da lei.

São estas as palavras que lhe devo em atenção à sua carta.

Um cordial abraço do[526]

526 Carta não assinada. Trata-se provavelmente de cópia do autor.

RESPOSTA
11-9-[19]61[527]

RICARDO CASTRO BÉECHE[528]
PRESIDENTE
SOCIEDADE INTERAMERICANA DE IMPRENSA

Referencia seu telegrama informo imprensa com plena liberdade. Mensagem foi-lhe enviada obedeceu apenas intuitos políticos. Outros aspectos somente podem ser avaliados mediante estudo situação nacional. Fique certo de que não haverá censura imprensa democrática no meu governo nem tampouco permitirei comunismo infiltrado vida nacional sirva-se liberdade imprensa para destruí-la.

Saudações,

Carlos Lacerda

527 Carta manuscrita à caneta em papel timbrado do "Estado da Guanabara/ Gabinete do Governador". Na parte superior da primeira página, encontra-se anotação manuscrita a lápis por d. Ruth, secretária de Carlos Lacerda (ver nota 179). Trata-se, sem dúvida alguma, de mensagem escrita para envio de telegrama. No manuscrito, não consta ponto final, mas indicações de "pt" ao fim das frases, o que não foi reproduzido nesta transcrição. Adotou-se a pontuação tradicional, respeitando-se a sintaxe de elipses típica dos telegramas.

528 Ricardo Castro Béeche (1894-1967), nascido na Costa Rica, foi advogado, diplomata e jornalista.

JOE H. GONZÁLEZ[529]
RIO DE JANEIRO, 30 DE ABRIL DE 1962

SR. JOE H. GONZÁLEZ
LISTA DE CORREOS
PANAMÁ, RP

Caro amigo Gonzalez,

Acabo de receber a sua carta recente, e apresso-me em agradecer as amáveis referências à minha atuação à frente do governo do estado da Guanabara. Quero frisar mais uma vez que ao proibir a realização no estado que governo de um congresso que se intitulava de solidariedade a Cuba[530] mas que era realmente de solidariedade a Fidel Castro[531] e seus cúmplices, nada mais fiz do que cumprir o meu dever de democrata.

A Constituição Brasileira proíbe a realização de propaganda de guerra, bem como a propaganda de ódio entre classes, povos, raças e religiões. A Constituição também proíbe que associações ou grupos realizem esse tipo de propaganda, mesmo em recinto fechado, e considera agravante a participação de estrangeiros em tais atividades.

O "Congresso de Solidariedade a Cuba", isto é, de solidariedade à ditadura comunista instalada em Cuba, declara em seu manifesto de convocação que o seu objetivo era "entregar aos povos as armas do povo", "convocar o povo deste

---

529 Não identificado.

530 Cuba havia sido expulsa da Organização dos Estados Americanos (OEA), com abstenção do Brasil na votação final, em janeiro de 1962. O Congresso Continental de Solidariedade a Cuba acabou sendo realizado em Niterói, na sede do Sindicato dos Operários Navais, de 28 a 30 de março de 1963, com a participação de delegações latino-americanas.

531 Fidel Alejandro Castro Ruz (1926), nascido em Birán, em Cuba, fez oposição à ditadura de Fulgêncio Batista, por quem foi aprisionado de 1953 a 1955 e em seguida exilado. Em 1956, retornou a Cuba e organizou a guerrilha que tiraria Fulgêncio Batista do poder, em 1959, tornando-se primeiro-ministro de Cuba e depois chefe de Estado, a partir de 1976. Manteve estreita ligação com a ex-União Soviética e liderou a instauração, em Cuba, de um regime comunista. Em 2006, por motivo de saúde, delegou em caráter provisório suas funções de comandante supremo das Forças Armadas, secretário-geral do Partido Comunista de Cuba e presidente do Conselho de Estado (cargo máximo da República Cubana) ao seu irmão Raúl Castro, ministro da Defesa. Em 2008 esta transferência de cargos oficializou-se como definitiva.

Continente para se reunir em congresso... como expressão de vanguarda da revolução latino-americana". Um dos signatários do manifesto era Almino Afonso,[532] o ministro do Trabalho do Brasil, que ao voltar de Cuba recentemente havia declarado que "os cubanos não precisam de eleições porque cada cubano tem um fuzil na mão". Delegações de vários países deveriam comparecer ao congresso, portadoras de mensagens de Kruschev[533] e Mao Tse-Tung.[534]

O congresso era portanto contra a Constituição Brasileira. Até o governo federal, que havia declarado não poder proibir o congresso, teve que admitir que nossa decisão era legal.

Senti apenas que um jornal como o *New York Times* esteja de tal modo mal informado do que vai em meu país que tivesse considerado a minha atitude como proveitosa para os comunistas. O "congresso de solidariedade" seria um fracasso do ponto de vista popular mas um sucesso do ponto de vista político, pois o clima de agitação que iria criar na Guanabara daria ao governo federal o pretexto que há tanto procura para intervir neste estado.

Conforta-me entretanto saber que a maioria do povo da Guanabara aprovou calorosamente a minha decisão, conforme ficou comprovado em pesquisas de opinião pública aqui realizadas recentemente.

---

532 Almino Afonso (1929), nascido em Humaitá, no Amazonas, é advogado e político. Foi deputado federal com vários mandatos e ministro do Trabalho em 1963. Filiou-se ao Partido Socialista Brasileiro (PSB) nos anos 1950. Em 1961, tornou-se líder da bancada do Partido Trabalhista Brasileira (PTB).

533 Nikita Sergheievitch Kruschev (1894-1971), nascido na província de Krusk, na ex-União Soviética, foi um dos mais importantes nomes da política internacional do século XX. Tornou-se primeiro-secretário do Comitê Central do Partido Comunista em 1953, cargo que manteve até 1964. De 1958 a 1964, presidiu o conselho de ministros da União Soviética. Empreendeu uma política de desestalinização e de coexistência pacífica com as nações ocidentais.

534 Mao Tsé-Tung ou Mao Zedong (1893-1976), nascido em Hunan, na China, fundou o Partido Comunista Chinês (PCC) em 1921, tornando-se um líder emblemático do movimento revolucionário, adaptando as orientações marxistas ao contexto de seu país. Liderou alguns levantes frustrados e, depois de uma longa guerra civil, expulsou as forças nacionalistas de Chiang Kai-Chek (ver nota 269) para Taiwan, em 1949, e proclamou a República Popular da China, presidiu o seu Conselho, alcançando a presidência da República e do partido em 1954. Autor de vários livros, entre os quais o *Livro vermelho*, que estabeleceu os parâmetros para a Revolução Cultural (1966-1976).

E que ao submetermos aquela decisão ao Poder Judiciário, como manda a lei, o desembargador Fernando Maximiliano, relator do processo, tenha perguntado aos organizadores do congresso se o seu encontro seria de solidariedade ao ditador cubano ou se "de acordo com os sentimentos do povo brasileiro, expressos pelo Governador Lacerda, teria por objetivo hipotecar solidariedade ao martirizado povo cubano, obrigado a fugir para as terras livres do continente ou a viver como vara de suínos no maior chiqueiro da América, onde inexiste o direito de autodeterminação, pois inexiste liberdade e democracia".

Queira transmitir aos seus companheiros os meus sentimentos de solidariedade na campanha valorosa que vêm empreendendo e que culminará, estou certo, com a expulsão do invasor comunista do solo sagrado de Cuba. Por isso espero poder apertar-lhe novamente a mão muito breve — em Havana.

Até lá, receba um forte abraço e a admiração de seu amigo

CARLOS LACERDA[535]

535 O nome encontra-se apenas datilografado, sem assinatura. Trata-se provavelmente de cópia do autor.

RIO DE JANEIRO, JULY 24TH, 1962

Dear Mr. Kissinger.[536]

Thank you for your July 16th letter. After your return[537] we have some strenuous days of anxiety and decision. Unfortunately these days made evident what I did try to tell you. Our meeting was so short; you had other meetings. I did not even try to elaborate neither to prove my points. To be frank I did count with facts ahead to make evident that some people would like to hide or distort.[538]

So you see how encouraging it was to get your letter. I do hope we shall meet again. Of course, not to cry over spilled milk; so, it should be soon.

Best regards,[539]

CL/RA[540]

536 Henry Kissinger (1923), nascido em Fürth, na Alemanha, naturalizou-se nos EUA. Foi conselheiro de Richard Nixon de 1968 a 1973 e secretário de Estado de 1973 a 1977, quando se lançou em busca do cessar-fogo entre árabes e israelenses na guerra do Yom Kippur. Também responsabilizou-se pelas negociações de paz com o Vietnã. Em 1973, recebeu o prêmio Nobel da Paz. Em *Depoimento* (op. cit.), Carlos Lacerda comenta a "viagem gênero Kissinger": "Hoje, por exemplo – é um curto parêntese, mas serve bem para dar ideia da minha reação –, sei que há empresas multinacionais americanas que proíbem a seus diretores, quando fazem uma viagem, de tratar de qualquer negócio no dia em

que chegam de um longo voo a jato. Eles têm primeiro que se adaptar ao fuso horário, pôr o sono em dia, *etc*. Essa viagem gênero Kissinger, as viagens gênero Foster Dulles, nunca deram certo para o mundo. A minha, as de Kissinger, e as de Foster Dulles... Essa diplomacia de jato é extremamente perigosa!" (p. 367-368).

537 Nesta época, Henry Kissinger era assessor de Nelson Rockefeller, então governador de Nova York. Antes, fora professor em Harvard, junto com Lincoln Gordon, que viria a ser embaixador dos EUA no Brasil de 1961 a 1966, e quem, supõe-se, organizou esta visita ao Rio de Janeiro e Recife.

538 É provável que a rápida conversa tenha sido a respeito do governo João Goulart, com o qual Kissinger ficaria mal impressionado.

539 Carta não assinada. Trata-se provavelmente de cópia do autor.

540 Ruth Alverga, ver nota 192.

RIO DE JANEIRO, 21 DE DEZEMBRO DE 1962

EXMO. SR.
GENERAL DE DIVISÃO AMAURI KRUEL[541]
E/M[542]

Senhor ministro

Um jornal desta cidade, refletindo interesses que prefiro não qualificar, fez-se instrumento de uma provocação que, a bem da paz nacional e da autoridade constitucional que represento neste estado, não devo admitir.

A referida provocação seria desprezível, como tantas outras, se não procurasse envolver o nome do Exército, cujo Serviço Secreto é citado entre aspas, atribuindo-se-lhe a "descoberta" de complô contra o plebiscito e propósito subversivo.

Cabe ao Exército preservar a sua autoridade e o respeito de seus órgãos; e certamente não lhe faltará ocasião de fazê-lo até por imperativo da segurança nacional.

No que me compete, como órgão do poder constituído neste estado, tenho a honra de comunicar a V. Ex. que o governo da Guanabara apresentou, hoje mesmo, denúncia à Justiça para que tais provocadores provem o que não podem provar ou confessem a sua infâmia.

Atenciosas saudações

Carlos Lacerda[543]
Governador

CL/RA[544]

541 Amauri Kruel (1901--1996), nascido em Santa Maria, no Rio Grande do Sul, foi militar e político. Participou da Revolução de 1930. Durante a Segunda Guerra Mundial, teve papel relevante na organização da Força Expedicionária Brasileira (FEB), compondo o quadro de oficiais do Estado-Maior Divisionário e do Estado-Maior Especial, e tornando-se responsável pelo embarque do 1º Escalão em um navio norte--americano rumo à Europa. Atuou em ataques da tropa brasileira contra os alemães, em 1944, e colaborou decisivamente na tomada de Monte Castelo. Em 1957, tornou-se chefe do Departamento Federal de Segurança Pública (DFSP). Dois anos depois, seria assessor militar do Brasil na Organização das Nações Unidas (ONU). Foi chefe de gabinete da Presidência da República e ministro da Guerra do governo João Goulart, mas após divergências com o presidente mobilizou as tropas do II Exército (sediado na cidade de São Paulo) para a sublevação militar e sítio ao estado da Guanabara, durante o golpe militar de 1964. Foi ainda deputado federal de 1967 a 1971 pelo Movimento Democrático Brasileiro (MDB).

542 Em mãos.

543 Carta não assinada. Trata-se provavelmente de cópia do autor.

544 Ruth Alverga, ver nota 192.

545 João Belchior Marques Goulart (1919-1976), conhecido também pelo apelido de "Jango", nasceu em São Borja, no Rio Grande do Sul, e foi político. Em 1946, motivado por seu conterrâneo e ex-presidente da República, Getúlio Vargas, com quem manteve estreito laço de amizade, candidatou-se pelo Partido Trabalhista Brasileiro (PTB) ao cargo de deputado estadual, a que foi eleito. Em 1953, convidado por Getúlio Vargas, novamente presidente da República, assumiu o Ministério do Trabalho, que abandonaria no ano seguinte ao presumir reações contrárias a seu projeto de aumento salarial. Voltaria então à Câmara dos Deputados, mas se manteve influente junto ao Ministério do Trabalho durante esse período. Após o suicídio de Getúlio Vargas, em 1954, retirou-se para sua fazenda no município de São Borja e afastou-se por curto tempo da vida política. Logo viria a se candidatar ao Senado, não obtendo sucesso nas eleições. De 1956 a 1961, foi vice-presidente eleito da República, duas vezes, durante os governos de Juscelino Kubitschek e Jânio Quadros; e, após a renúncia de Jânio, em 1961, assumiu a Presidência da República, vindo a ser deposto pelo golpe militar de 1964.

546 As notas referentes ao caso da Light encontram-se mais adiante. Ver notas 726 e 729.

EXPOSIÇÃO DE MOTIVOS PG NÚMERO 399 — EM 22 DE MAIO DE 1963

EXCELENTÍSSIMO SENHOR DOUTOR
JOÃO BELCHIOR MARQUES GOULART[545]
PRESIDENTE DA REPÚBLICA DOS ESTADOS UNIDOS
DO BRASIL

Como cidadão brasileiro, hoje governando o estado da Guanabara, é meu dever procurar, de todas as formas, defender os interesses do meu estado e do país. É essa conduta que me tracei, de vencer quaisquer obstáculos, a eles sobrepondo o interesse público, que me traz à presença de Vossa Excelência.

Fala-se, senhor presidente, aqui e ali, na compra, pelo governo federal, das instalações e acervo das concessionárias de serviços públicos, entre elas a Brazilian Traction, no Brasil — o grupo Light.[546] É, pelo menos, certo que altas figuras do governo têm por si mesmas, ou através de prepostos, mantido entendimentos e feito declarações a esse respeito.

As declarações desse gênero que conheço, quando não são vagas, são insuficientes. Quanto às conversações, não as conhecemos. Não sabemos quem participa delas; não acompanhamos seu andamento. Permanecem a opinião pública e as autoridades competentes dos estados, que são o poder concedente, na mais absoluta ignorância de seu conteúdo. O país não sabe nem conhece os compromissos que em seu nome estão sendo assumidos.

Ora, a Brazilian Traction tem no país concessões de serviços públicos de variados tipos, administrados por empresas reunidas em *holding*. Traçar critérios vagos e abstratos para comprar, de uma só vez, empresas de eletricidade, de gás e de telefones é dar a esta transação um caráter simplista que distorce a realidade até o absurdo.

Quero aqui, senhor presidente, referir-me apenas ao problema dos telefones no estado da Guanabara. Não para levantar velhas e justas reivindicações, não para protestar, de novo, contra a intervenção federal na concessionária, da qual não resultou, creio, benefício legítimo para ninguém e certamente não melhorou a vida da população carioca. Apenas para, alertando e prevenindo, cumprir o meu dever e, quando afinal se souber o que aconteceu, ter a consciência tranquila de que não silenciei sobre assunto que conheço.

O sistema telefônico da Guanabara é formado principalmente pelas onze centrais telefônicas, os respectivos prédios e a rede. Quanto ao equipamento, observa-se que, dos trinta e seis mil e novecentos terminais de tipo obsoleto, oitenta por cento foram instalados entre 1930 e 1935, e[,] de cento e noventa e oito mil e quatrocentos terminais mais modernos, oitenta mil e duzentos foram instalados entre 1940 e 1945.

Considerando-se que a vida útil destes aparelhos, segundo a CTB,[547] é de trinta anos, verifica-se que cinquenta por cento já está dentro desse limite ou perigosamente vizinho a ele.

Por outro lado, dos cem cabos existentes, que representam cento e setenta e sete mil quatrocentos e oitenta e oito quilômetros de pares de fios, trinta por cento ultrapassaram ou estão perto do limite de vida útil, fixado, também pela CTB, em trinta e cinco anos.

Das onze centrais telefônicas, sete estão instaladas em prédios cujas fundações não permitem acréscimo algum. Nos quatro prédios restantes, sem obras de vulto, pode-se ainda instalar apenas dez mil novos terminais.

Desta forma, senhor presidente, com base nos dados sobre a vida útil de cada um desses equipamentos e nas respectivas datas de instalação e início de operação, pode-se calcular que cerca de cinquenta e seis por cento da etapa em que o sistema da CTB é economicamente explorável já se esgotou.

Esta situação foi a que encontrei ao assumir o governo. Na fila, alguns há mais de dez anos, duzentos mil candidatos a telefones. No palácio da Guanabara e no estado, o tráfico de influência para conseguir telefones e a fila de prioridades distribuídas como sinal de munificência ou, com valor de moeda, para acertar transações políticas.

Essas instalações e equipamentos representavam, no princípio de 1962, 46,04 % do investimento total da CTB no Brasil, isto é, US$ 54.454.870,00, segundo a contabilidade da própria empresa. Isto, senhor presidente, é o que Vossa Excelência iria gastar para "não" colocar um único telefone novo na Guanabara.

547 Companhia Telefônica Brasileira.

O governo federal, comprando esta CTB obsoleta e inadimplente, comprometeria recursos gigantescos sem nenhuma vantagem real para o Rio de Janeiro. No entanto, como ficou dito, apenas quarenta e quatro por cento do equipamento da CTB pode, ainda por algum tempo, ser explorado economicamente. Dentro de pouco tempo, portanto, o governo federal se veria forçado a executar trabalhos de recuperação e ampliação do sistema.

Essa obra, incluindo as áreas do estado em que o serviço telefônico praticamente inexiste, importa hoje cerca de sessenta bilhões de cruzeiros (60.000.000.000,00). Isto só para cobrir o déficit, pois seria evidentemente necessário garantir recursos para prosseguir as obras, para fazer crescer o serviço em harmonia com a demanda.

Se o que se quer é colocar telefones no Rio de Janeiro, não será comprando a CTB que se irá atingir esse objetivo. A solução coerente, lógica e mais viável financeiramente é forçar a concessionária a aceitar o estado e os usuários como participantes da empresa. Atualmente, apenas sete por cento do seu capital é registrado em nome de brasileiros — o necessário para dá-la como brasileira. Mas os usuários não são admitidos como seus acionistas.

Em vez de "comprar" a CTB, deve-se promover investimentos públicos no serviço, garantidos os direitos de todos os acionistas, atuais e futuros.

Assim que o sistema telefônico for atualizado, assim que a concessionária tiver saldado integralmente seus compromissos com a população, proceder-se-ia então à compra de seu acervo, acertando-se na ocasião a remuneração justa aos acionistas.

A Companhia Telefônica, desta forma, acabará tão nacional como se fosse encampada ou comprada, sem nenhuma das desvantagens dessas duas hipóteses.

Além disso, fazendo-se do usuário um acionista compulsório, canalizar-se-iam novos recursos que, somados àqueles de que o estado pode dispor, tornariam o investimento possível e o empreendimento economicamente factível.

Repito, senhor presidente, que, como o resto do país, desconheço as condições em que o governo está se propondo a comprar a CTB. Sei, entretanto, como todos sabem, que o país não está em condições de arcar com esta responsabilidade.

A fórmula que proponho tem, entretanto, por melhor que sejam as condições de compra, a vantagem de representar uma possibilidade para o imediato reinício dos investimentos no serviço telefônico da Guanabara, sem sacrifícios para ninguém.

Ao propor esta solução pela primeira vez, em junho de 1961, vi dois inimigos naturais se darem as mãos para combatê-la: a Light e os comunistas. No momento em que se começava a chegar a um acordo, quase um ano depois, fui surpreendido com uma intervenção federal que, no entender do estado, é despropositada e ilegal. A justiça, porém, até agora não se pronunciou, pela voz do Supremo Tribunal, ao qual recorreu o estado.

Desde então, e com mais frequência nos últimos meses, os boatos circulam e os telefones não surgem.

Não posso, senhor presidente, deixar de chamar a atenção do governo federal para o problema.

Quando o governo federal vier, afinal, a público para dar contas do que está fazendo, honrando o povo com um esclarecimento sincero e objetivo, espero que das conversações e conciliábulos saia como beneficiado o interesse público.

Releva notar que, entre os rumores correntes, figura o de que a compra do acervo seria vinculada à obrigação de os atuais acionistas das concessionárias de serviços públicos investirem em outros negócios o que o governo da União lhes pagar. Ora, em vez de obrigação, é um privilégio. Pois os negócios propriamente privados, carentes de capital, iriam em amplos setores desnacionalizar-se com capital nacional em mãos dos atuais acionistas estrangeiros dessas concessionárias. Assim, além de grave ônus para o país, na compra do que "não precisa" e "não deve" ser comprado, onera-se também o país com a desnacionalização do que já é nacional.

Aguardo, nos próximos dias, uma resposta tranquilizadora de Vossa Excelência.

Atenciosas saudações,

Carlos Lacerda, governador

RIO DE JANEIRO, 12 DE JUNHO DE 1963

ILMO. SR.
JOSÉ LUÍS MAGALHÃES LINS[548]
AV. RIO BRANCO, 115
RIO DE JANEIRO

Atendendo à sua carta de hoje[,] comuniquei ao conselho da COPEG[549] e ao conselho curador da Fundação Otávio Mangabeira[550] a sua decisão, que deploro, de se afastar de ambos.

Agradeço a boa vontade que o fez participar desses Conselhos.

Se o motivo do seu afastamento foram as referências que fiz à ação do Banco Nacional de Minas Gerais,[551] deploro ainda mais – pois nada tenho a retirar nessas referências. Não visaram pessoas, que me merecem consideração[,] e sim métodos e atos que não são próprios de um banco. Não tem cabimento que se censure a ação de um alegado "poder econômico" e praticar, em relação a partidos e outras instituições, na prática, exatamente os métodos que, em teoria, se condena.

A fim de ter autoridade para condenar a ação do "Poder Econômico" em defesa da liberdade, será preciso investigar a ação dos que dispõem de influência no Banco Nacional de Minas Gerais na desagregação das forças democráticas, na aplicação de dinheiro arrancado pelo

548 José Luís Magalhães Lins, sobrinho de José Magalhães Pinto (ver nota 470), então governador do estado de Minas Gerais, foi banqueiro e presidente do Banco Nacional de Minas Gerais.

549 Companhia do Progresso do Estado da Guanabara.

550 Fundação sem fins lucrativos aprovada em 1961 pelo decreto de nº 732, durante o governo de Carlos Lacerda à frente do então estado da Guanabara. Tinha como objetivo a construção de escolas públicas chegando a atingir a marca de cerca de 800 edificações.

551 Banco criado em 1944 pelos irmãos José Magalhães Pinto e Waldomiro Magalhães Pinto.

governo federal à Indústria e ao Comércio para seus objetivos políticos de domínio totalitário do Brasil.

A sua suscetibilidade, pois, que compreendo devia manifestar-se antes ao ver o país conduzido, por meios tortuosos, à destruição da liberdade à sombra da qual prosperou, até agora, o Banco Nacional de Minas Gerais.

Tenho procurado, pela estima pessoal e pelo dever de contemporizar até os limites do possível, entender tais posições e ações. Mas, se pessoalmente devo ser tolerante, não posso contemporizar com o interesse nacional, que está em causa. Não se pode servir, ao mesmo tempo, ao capitalismo – que faz o banco – e ao comunismo, que utiliza o crédito do banco para desagregar o Brasil.

Se a sua presença num conselho de estado está condicionada ao meu silêncio sobre a ação do Banco Nacional de Minas Gerias e de seus orientadores, no processo de desagregação da vida democrática no Brasil, é evidente que não posso optar pelo silêncio para ter a sua colaboração.

Cordialmente,[552]

552 Carta não assinada. Trata-se provavelmente de cópia do autor.

RIO DE JANEIRO, FEVEREIRO DE 1964

ILMO. SR.
MAURÍCIO ROBERTO[553]
PRESIDENTE DO INSTITUTO DE ARQUITETOS

Acabo de ler nos jornais, a nota com a qual o instituto sob a sua presidência, se presta a servir de instrumento a uma mesquinha exploração política.

A maior demonstração de ignorância que se poderia dar é julgar que o desenvolvimento urbanístico seja matéria só para arquitetos e constitue, em arte e técnica, campo de exibição de xenofobia.

O contrato Doxiadis[554] foi assinado e será mantido, pois a nota do instituto somente prova a necessidade de melhorar o nível, já não somente técnico, mas ético dos seus autores.

Deploro que o sr. não tenha levado ao conhecimento da classe e não tenha aliciado apoio nos estados para o salário integral, com o qual demonstrou o meu governo, concretamente, o seu apreço pela colaboração dos arqui-

553 Maurício Roberto (1921-1996), nascido na cidade do Rio de Janeiro, foi arquiteto. Com seus irmãos mais velhos, Marcelo e Mílton, sócios no escritório MMM Roberto, participou da elaboração de importantes projetos arquitetônicos, como a sede da Associação Brasileira de Imprensa (ABI) – considerado por Oscar Niemeyer o primeiro edifício modernista do Brasil, em 1935 – e o Aeroporto Santos Dumont, ambos no Rio de Janeiro. Foi o primeiro diretor da Escola Superior de Desenho Industrial (Esdi), da qual pediria demissão em 1964, por ocasião do contrato firmado com o arquiteto grego Constantino Doxiadis

(1913-1975) para elaborar um plano urbanístico na cidade do Rio de Janeiro.

554 Referência ao contrato firmado com o escritório do arquiteto grego Constantino Doxiadis. Para planejar o crescimento da cidade em um cenário de acelerada urbanização e crescimento da indústria automobilística, foi encomendado o Plano Doxiadis, cujo urbanismo procurava projetar as necessidades da população em termos de circulação, habitação, trabalho e lazer. O Plano Diretor foi concebido em 1963 e ficou conhecido como Plano Policromático, com ênfase em grandes vias

de circulação que integrariam a cidade. Embora o plano jamais tenha sido implementado em sua totalidade, diversos governos desenvolveram partes importantes dele com a abertura de túneis, a construção de viadutos, a criação da Linha Lilás (Laranjeiras – Santo Cristo, 1965), de parte da Linha Verde (Via Dutra – Gávea, nas décadas de 1960 e 1970) da Linha Vermelha (Rio de Janeiro – São João de Meriti, 1992 e 1994) e da Linha Amarela (Baixada de Jacarepaguá – Ilha do Fundão, 1997).

tetos e pelo convênio celebrado por esse instituto e o estado da Guanabara em plena vigência, do qual o senhor é o maior conhecedor. Nem para a mensagem que enviei à Assembleia para a doação de terreno ao instituto, pela qual o sr. não se interessou.

Deploro que também não tenha levado ao conhecimento da classe que o sr. aceitou fazer parte de uma comissão que designei, para a implantação do centro de estudos da técnica de construção no Brasil, sem arrepiar os seus escrúpulos nacionalistas, pois recomendou a vinda do consultor holandês para esse efeito.

Não sei se a sua prevenção é somente contra os gregos. Em todo caso, registro com prazer que o sr. admite a colaboração de holandeses, apesar da invasão.

A seguir transcrevo o que disse na sua presença, e sem qualquer observação sua, na cerimônia de assinatura do contrato Doxiadis:

Depois dos esforços empíricos do governo Rodrigues Alves[555] com a remodelação do Rio de Janeiro empreendida pelo prefeito Pereira Passos[556] no começo do século [xx], houve uma nova tentativa séria de planejamento do desenvolvimento urbano do Rio de Janeiro, aquela empreendida na extraordinária gestão do paulista Antônio Prado Júnior,[557] quando da contratação do urbanista Alfredo Agache,[558] cujo plano – queiramos ou não – é, ainda hoje, uma constante fonte de referência para todo o desenvolvimento urbanístico do Rio de Janeiro. O que a

557 Antônio da Silva Prado Júnior (1880-1955), nascido em São Paulo, foi engenheiro e político. Prefeito do Distrito Federal de 1926 a 1930, quando foi deposto pela Revolução de 1930, exilando-se em seguida.

558 Alfred Hubert Donat Agache (1875-1959), mais conhecido como Alfredo Agache, arquiteto francês. Formado pela École des Beaux-Arts de Paris, alguns lhe atribuem a criação do termo "urbanismo", para designar a ciência que integra conhecimentos de sociologia, engenharia e higiene pública, a fim de adequar o crescimento populacional das cidades com as necessidades funcionais de transporte, habitação e lazer. Em 1927, foi convidado para uma conferência no Rio de Janeiro, e contratado para elaborar planos urbanísticos para o Rio de Janeiro, Porto Alegre e Curitiba. A partir de 1939, fixou-se no Brasil, e realizou estudos para a abertura de grandes praças e a construção de ginásios e estádios em estilo *art déco* também em Goiânia, Cabo Frio, Araxá, Araruama, Atafona, São João da Barra, Petrópolis, Vitória e São Paulo. Seu trabalho é associado à ideologia do Estado Novo e, com o fim do regime ditatorial de Vargas, em 1945, muito do que foi proposto por Agache jamais foi implementado.

555 Francisco de Paula Rodrigues Alves (1848-1919), nascido em Guaratinguetá, São Paulo, foi político. Ao eleger-se presidente da República em 1902, sucedendo Campos Sales, deu início à política do café-com-leite. Responsável, entre outras notáveis iniciativas, por um importante projeto de saneamento e urbanização da cidade do Rio de Janeiro, então capital federal, no início do século xx.

556 Francisco Pereira Passos (1836-1913), nascido em São João Marcos, no estado do Rio de Janeiro, foi engenheiro e político. Prefeito do Rio de Janeiro de 1903 a 1906, promoveu grandes obras de reforma urbanística na cidade, como a construção das avenidas Central (atualmente avenida Rio Branco) e Beira-Mar.

nossa administração empreende neste momento, graças à compreensão e cooperação de uma das mais significativas figuras do urbanismo contemporâneo, o sr. Constantino Doxiadis, é uma tentativa de planejamento do desenvolvimento, já hoje, do estado da Guanabara seguramente até o ano 2000, isto é, até o limiar do século XXI.

O que caracteriza esta tentativa agora empreendida são duas condições, por assim dizer, novas. A primeira delas é o relevo dado à participação brasileira neste empreendimento. Os escritórios de Doxiadis, não contrariando o que foi feito ao tempo de Agache, mas evoluindo, atuam como consultores e a participação nacional – o que é crucial dado o desenvolvimento que o assunto tem tido entre nós – já tem outro relevo e outra responsabilidade.

A outra característica é o planejamento democraticamente concebido. E não uso aqui a palavra "democrática" para gastá-la ainda mais do que já está. Uso-a no seu exato sentido e, se não fosse o perigo de um jogo de palavras, diria: uso-a no seu sentido grego. Quem regula realmente o desenvolvimento urbano não é nunca o técnico, mas o próprio povo. Daí a importância de desenvolvermos as cidades feitas pelo povo ao invés de desenvolvermos as cidades feitas pelos gênios em seus gabinetes.

Espero de sua honra que faça chegar a todas as associações e seções de arquitetos e do seu instituto esta resposta, que me reservo o direito de publicar.

Carlos Lacerda
GOVERNADOR[559]

559 Carta não assinada. Trata-se provavelmente de cópia do autor.

RIO DE JANEIRO, 4 DE ABRIL DE 1964

DEPUTADO BILAC PINTO,[560] PRESIDENTE DA UDN[561]

Caro Amigo,

A convenção do nosso partido, para a escolha do seu candidato à presidência da República em 1965, está marcada, como sabe, para 11 e 12 de abril em São Paulo. E sou o candidato indicado pelos diretórios.

Assim sendo, após refletir sobre isto, entendo que devo deixar a todos inteiramente à vontade para adiar, se assim julgarem conveniente, a convenção. Isto não tem qualquer significação política, senão esta que em poucas palavras lhe exprimo e peço licença para divulgar:

Considero que a formação de um governo revolucionário democrático, neste momento, no Brasil, é mais importante do que tudo. Não desejo distrair atenções e nem provocar quaisquer discussões fora desta questão, central, fundamental e urgentíssima.

Por isto, sugiro o adiamento da convenção, agradecendo os esforços para realizá-la agora. Estou certo de que assim facilitaremos a nossa tarefa principal deste momento. Com um abraço,

Carlos Lacerda

560 Bilac Pinto,
ver nota 477.

561 União Democrática
Nacional.

RIO [DE JANEIRO], 7 DE JULHO DE 1964

DEPUTADO BILAC PINTO[562]
PRESIDENTE DA UDN[563]
CÂMARA DOS DEPUTADOS. BRASÍLIA URGENTE.

Depois de ter ouvido argumentos, e pesando bem minhas responsabilidades no destino da revolução democrática brasileira, venho requerer a Vossa Excelência a convocação da convenção do nosso partido para decidir sobre a candidatura presidencial e apreciar a conduta dos representantes do partido em face da intentada prorrogação dos mandatos. Além de contratar o compromisso expresso do Ato Institucional[564] e a vontade declarada do presidente Castelo Branco,[565] a propalada prorrogação constitui um ato de covardia diante do povo que desejou a revolução que somente beneficia os oportunistas e sinistros aventureiros que novamente se conluiam para roubar do povo a revolução que o libertou. Nosso partido não pode ajudar o triunfo da aliança dos decaídos corruptos e subversivos no Congresso. Estamos no dever de esclarecer o povo, e suas Forças Armadas, sobre esse ignóbil estratagema a

562 Bilac Pinto, ver nota 477.

563 União Democrática Nacional.

564 Referência ao Ato Institucional nº 1, redigido por Francisco Campos, firmado no dia 9 de abril de 1964, onde, em seus onze artigos, se determinava, entre outros, que "a revolução, investida no exercício do Poder Constituinte, não procuraria legitimar-se a partir do Congresso, mas, ao contrário, o Congresso é que receberia através daquele ato sua legitimação";

o comando poderia "cassar mandatos legislativos, suspender direitos políticos pelo prazo de dez anos e deliberar sobre a demissão, a disponibilidade ou a aposentadoria dos que tivessem 'atentado' contra a segurança do país, o regime democrático e a probidade da administração pública"; determinava ainda que haveria eleições indiretas para a presidência e a vice-presidência da República, com mandato até o fim do primeiro mês de 1966. No dia 10 de abril, seria publicada a primeira lista de cassação de mandatos ou a suspensão

dos direitos políticos de figuras de oposição ao regime militar. Nessa lista, encontravam-se nomes como João Goulart, Leonel Brizola, Luís Carlos Prestes e Miguel Arrais. Em 1979 foi concedida anistia aos cassados e outros acusados de crimes políticos.

565 Castelo Branco, ver nota 186.

que foram arrastados homens de boa-fé por uma péssima assessoria política, que procura converter em temas dominantes da conjuntura nacional as habilidadezinhas monótonas e as fórmulas serôdias de sua infindável parolagem. Como candidato do partido, virtualmente indicado pelas suas seções estaduais à convenção nacional adiada a meu pedido, reclamo urgente e autêntico pronunciamento das seções estaduais uma vez devidamente informadas sobre as consequências dessa manobra no clube fechado de Brasília. Essa manobra de prorrogação, feita à minha inteira revelia, por gente inclusive do meu próprio partido que julguei mais ponderada e prudente do que eu, poderia ser considerada se e quando fosse evidente que[,] com a prorrogação do mandato presidencial, estaríamos livrando o Brasil das alianças malditas e das cumplicidades espúrias. Até agora o que vejo é precisamente o oposto, pois vejo a assessoria política do presidente empenhada em fazer o que convém aos inimigos da revolução. Acredito que não seja por traição, mas sim por crônica e irremediável incompetência. Não me queixo nem sequer censuro os que no meu próprio partido tomaram decisão tão grave na minha ausência sem sequer a cortesia de uma consulta. A solidariedade e a compreensão da maioria compensam-me bem desse tratamento a que já me habituei em toda a minha vida pública por parte de uma minoria que não perdoa ter acertado tantas vezes a despeito de não ser hábil. Confesso que o que me horroriza é a renitente e impenitente incapacidade para compreender os problemas políticos revelada pelos que se supõem capazes de resolvê-los. Ressuscitar a maioria absoluta agora é entregar aos piores a faculdade de impor seus conchavos sobre a livre manifestação da vontade do eleitorado. Nova asneira assim se está por cometer contra a vontade expressa do presidente, embora a pretexto de lhe fazer a vontade. É preciso que o nosso protesto se faça sentir com a urgência e o entono capazes de significar que não estamos dispostos a admitir essa escamoteação sem recorrer ao povo dessa decisão tomada à sua inteira revelia. Qual o Alkimin[566] que nos preparam para dirigir o Brasil nos bastidores dessa manobra pueril? É o que pergunto depois de ver a firme disposição

566 José Maria Alkimin (1901-1974), nascido em Bocaiúva, no estado de Minas Gerais, foi político. Um dos fundadores do Partido Social Democrático (PSD), em 1945, elegeu-se algumas vezes como deputado federal, nos anos 1940, 1950 e 1970. Assumiu o Ministério da Fazenda em 1956, no governo de Juscelino Kubitschek, mantendo-se nesse cargo até 1958. De 1964 a 1967, foi vice-presidente da República durante o governo do marechal Castelo Branco.

567 Ernani do Amaral Peixoto (1905-1989), nascido na cidade do Rio de Janeiro, foi militar e político. Governou o estado do Rio de Janeiro de 1951 a 1955. Assumiu o Ministério da Viação em 1959, mantendo-se nesse cargo até 1961, quando se tornaria ministro do Tribunal de Contas da União e, logo em seguida, em 1963, ministro extraordinário para a Reforma Administrativa. Foi também deputado federal e senador várias vezes.

do presidente em não aceitar a manobra de certos políticos. Reconheço a boa-fé e reta intenção de vários que participam da manobra, mas creio que é tempo de desembarcarem dessa ilusão e usarem a cabeça. Ontem no Congresso refez-se e triunfou a aliança dos decaídos, servindo-se de alguns dos nossos como de um biombo. Ontem começou no Congresso a contrarrevolução, servindo-se da ingenuidade dos que se contentam com um argumento único e frágil e não percebem que se não ganharmos em [19]65 muito menos quando o adversário estiver unido e nós irremediavelmente divididos por desastradas manobras. Se for necessário começar tudo de novo, não tenha dúvida, recomeçaremos para não deixar que por medo de perder uma eleição popular o governo venha a cair nas mãos dos que pretendem usurpar ao povo o direito de escolher seu presidente. Não podíamos ter melhor presidente num regime de transição e de prestígio e autoridade moral do que o marechal Castelo Branco. Mas nem a ele nem a ninguém delegamos a nossa confiança no julgamento do povo. Nem muito menos estamos dispostos a entregar ao sr. Amaral Peixoto[567] e congêneres o destino do Brasil. Essa gente já fez muito mal ao Brasil. É tempo dos udenistas da Câmara e do Senado ouvirem o seu companheiro a quem haviam escolhido para candidato, mesmo que por isto ele tenha de deixar de ser. As eleições devem ser feitas pelo voto direto do povo e na data marcada, enquanto o adversário está desarticulado. Não lhe deem a nossa bandeira. Não lhe façam concessões que sabem onde começam mas não sabem onde vão parar. Ante a iminência da votação do Congresso dessas manobras contrarrevolucionárias, vejo-me obrigado a recomeçar muito antes do que esperava a nossa pregação pelo país afora para explicar ao povo o que lhe querem fazer e mobilizá-lo em defesa da revolução. Veja se com seu espírito público, e nunca desmentido sentido de responsabilidade, encontra meio de consultar as bases udenistas sobre a conduta a seguir numa decisão que não interessa apenas ao Congresso, mas a todo o eleitorado, tal como o processo de escolha do presidente da República e a quebra do compromisso da eleição em [19]65. Reafirmo-lhe que sou candidato e o partido deverá destituir-me dessa candidatura se já não a quiser. E sou porque considero que juntos seremos capazes de aprofundar e completar uma obra revolucionária de reforma democrática do Brasil sem tibiezas nem desfigurações. Aparentemente desvanecidos, os aspectos polêmicos da nossa campanha ficaram de pé.

Carlos Lacerda

[CARTA A BILAC PINTO DE 21 DE JULHO DE 1964][568]

Na véspera do trágico erro, que mais uma vez uma superada liderança política vai cometer e por cujas consequências vocês um dia serão responsabilizados, não desejo comentar os termos de sua carta em resposta ao meu apelo. Creio que o presidente Castelo[569] continua pessimamente assessorado politicamente quando é levado a afirmar que o povo sofre menos em seu governo. Ao contrário, enquanto no setor do custo de vida a situação piorou, no setor moral processa-se agora desencanto e desagregação com a maneira continuísta pela qual o Congresso impõe um Rei à Nação.

Ou as palavras já não têm sentido ou vocês é que exercem liderança carismática, pois prorrogam mandato e escamoteiam o direito de o povo escolher seu presidente sem consultar ninguém, nem muito menos as bases do partido e a opinião pública envolvida na confusão e na propaganda audaciosa de um continuísmo provisório para facilitar a imposição de candidaturas que o povo repele.

Não chega a ser uma traição a atitude da liderança udenista porque ela sequer tem consciência disso, movida por motivos que compreendo e deploro. Mas com isto, penso, ao menos o povo lucrará um resultado: o fim de falsas lideranças políticas cuja crônica incapacidade, cuja falta de previsão e cuja mediocridade já causaram tantas derrotas e acabam de derrotar mais uma revolução.

Prorrogação de mandatos e maioria absoluta nesta conjuntura, juntas ou separadas, constituem a destruição de uma revolução que vocês não entendem porque dela não participaram senão para desfigurá-la. Espero que mostre este telegrama a quantos terão lido a sua carta e, para evitar contratempos, rogo-lhe o cuidado de divulgá-la você mesmo. Não tenho mais o que fazer em Brasília, de onde vim com a certeza de que mais uma vez a habilidade iria destruir o resultado de nosso sacrifício.

Desta vez, com requintes de hipocrisia e com uma alegre inconsistência de leviandade que chega a ser pitoresca. O libelo infamatório, que vocês estão promovendo

568 Bilac Pinto, ver nota 477.

569 Castelo Branco, ver nota 186.

não por palavras, mas materializando em atos, constitui a vergonha de uma ação. Por favor, na hora em que os compromissos são renegados e se passa por cima de tudo para um show de incapacidade política e servilismo anticívico como esse que está se dando no Congresso[,] não me fale em dignidade, nem use as grandes palavras de outrora porque fazem rir e o momento não é para rir. Respeite ao menos esse necrotério em que se vai votar amanhã a destruição da revolução e o prólogo da próxima ditadura de uma sociedade anônima de políticos personalistas e militares. Estes, ao compreenderem o logro de que estão sendo vítimas, reagirão fatalmente.

Digo adeus aos donos do meu partido e lhes desejo uma feliz sepultura, pois na realidade já estão mortos sem saber e, como zumbis, espalham desastres e erros pela pátria que não compreendem, e de cujos sentimentos e interesses estão desvinculados. Tomarei o rumo que possa para preservar o povo e a confiança em alguém, em alguma fidelidade, em algum compromisso, e a esperança ainda numa solução democrática quando passarem os efeitos dessa política de opereta que vocês estão executando em Brasília.

Agradeço aos que confiam na minha liderança e lamento ter ofendido com ela os que se consideram capazes de pensar pela própria cabeça para dar com ela na parede. Esta é a quarta vez desde 1945 que vocês destroem o nosso esforço. Espero em Deus que seja a última, mas confesso que não esperava vê-los fraternizar com o inimigo para não ter que submeter-se à humilhação que tanto fere vaidades de ouvir os eleitores e saber mais uma vez que eles pensam como eu.

Você está presidindo a liquidação da UDN[570] e isto não é tão grave. Gravíssimo é que vocês estão liquidando também o que existia de democracia no Brasil ao colaborar para a prorrogação dos mandatos e a maioria absoluta que serve à maioria do Congresso e não à maioria do povo. Adeus.

Carlos Lacerda

570 União Democrática Nacional.

RIO DE JANEIRO, 25 DE JULHO DE 1964

Bilac,[571]

Antes que cesse esta absurda correspondência entre nós, pedi ao secretário Raul Brunini[572] que leve este bilhete como um derradeiro apelo ao bom senso, que não lhe falta, e à inteligência, que lhe sobra.

Na verdade, Bilac, fui posto à margem da UDN.[573] Dê-se a isso o nome triste de traição ou o nome mais ameno de distração. Na prática foi o que se deu. Ainda mais depois do que se passou com o senador Daniel Krieger[574] na sua casa.

Mas o que importa é o fato de estar a UDN sendo levada a tomar uma posição que significa um passaporte para o desconhecido. Na verdade, se se tratasse de preservar uma obra revolucionária, o que devia se fazer era encurtar e não prorrogar o mandato do presidente Castelo Branco.

Sem que isto represente qualquer prejuízo de ordem pessoal, o fato é que bem pouco há de revolucionário neste governo. Agora, com a prorrogação combinada com a maioria absoluta, torna-se bem mais difícil nós preservarmos, ao mesmo tempo, o apoio do povo e a obra da revolução.

546 Bilac Pinto, ver nota 477.

572 Raul Brunini (1919--2009), nascido em Rio Claro, São Paulo, foi locutor de rádio e político. Filiou-se à União Democrática Nacional (UDN) a convite de Carlos Lacerda, sendo eleito em 1954 e reeleito em 1958 para a Câmara de Vereadores do Distrito Federal. Quando João Goulart foi deposto da Presidência da República, em 31 de março de 1964, o então governador do estado da Guanabara, Carlos Lacerda, nomeou Brunini secretário de Estado. Com a publicação do Ato Institucional de nº 2, que extinguiu os partidos

políticos, filiou-se ao Movimento Democrático Brasileiro (MDB). Eleito em 1967 deputado federal, manteve-se nesse cargo até 1969.

573 União Democrática Nacional.

574 Daniel Krieger (1909-1990), nascido em São Luiz Gonzaga, no Rio Grande do Sul, foi advogado e político. Participou da Revolução de 1930. Por ter apoiado o governo de José Antônio Flores da Cunha no Rio Grande do Sul, sofreu perseguições e prisões durante a ditadura do Estado Novo. Filiou-se à União Democrática

Nacional (UDN). De 1955 a 1979, foi senador. Apoiou o golpe contra o presidente da República João Goulart, em 1964, e colaborou com a redação do AI-1. Com a prorrogação do mandato do presidente Castelo Branco, foi nomeado para presidir a Comissão de Projetos do Executivo. Com a extinção dos partidos políticos em 1965, filiou-se à Aliança Renovadora Nacional (Arena), da qual foi o primeiro presidente. Em 1968, liderou o grupo de senadores que discordaram do AI-5, chegando a retirar-se da presidência do partido, que passou para Filinto Müller.

209

Existe uma última esperança ainda, a de que, uma vez vitoriosa a tese da prorrogação, os prorrogados resolvam convergir num princípio para formar um governo verdadeiramente revolucionário, isto é, de transformação nacional. Os indícios não são esses, mas[,] ao contrário, os de que haverá mera repetição "tatibitate" das teses do dr. João Goulart,[575] traduzida em língua de virtudes morais e cívicas que não passam do terreno da estrita honestidade doméstica. Confesso a minha impaciência, mais que a minha revolta. Estou farto, meu caro amigo, e um pouco cansado de ver antes, dando a impressão de ver demais. Mesmo que não cesse a saraivada de insultos que estou recebendo por ter dito o que penso, sem visar a pessoas mas a situações a que essas pessoas nos arrastam.

Brasília não somente afasta presidentes, como já agora candidatos à presidência. Pensei em ir aí, e não terei dúvidas em fazê-lo, se isso pudesse realmente adiantar. Cumpro um dever, Bilac, e não apenas na UDN, mas um dever patriótico, advertindo, mais uma vez, que a votação da prorrogação e da maioria absoluta entrega o destino da Revolução aos nossos adversários, atende ao que há de mais imediato na vontade dos militares, mas não atende aos objetivos finais de todos nós. O que se está preparando é, na realidade, a volta dos decaídos ao poder.

Vai-se perder o direito de apelar para o povo, o povo que fez a revolução, o povo que compeliu as forças armadas a agirem e agora é tratado como se fosse ele o irresponsável e até o indesejável.

Estamos marchando rapidamente para um "nasserismo" obscuro e indefinido.[576] Votando a prorrogação e a maioria absoluta, o Congresso está votando pela ditadura militar que fatalmente se estabelecerá no país, faltando apenas saber quem será o ditador, pois certamente não será o marechal Castelo Branco. Este poderia salvar-nos e salvar-se com o país, se tivesse o rasgo difícil de formar um governo de união revolucionário para a transformação democrática do país. Mas, a medida pela qual o Congresso lhe está dando o supérfluo e capitulando no essencial não facilita a compreensão da necessidade de um gesto de grandeza.

575 João Goulart, ver nota 545.

576 Referência à política de Gamal Abdel Nasser (1918-1970), nascido em Beni Mor, no Egito. Liderou o movimento que levou o rei Faruk a abdicar do poder, em 1952, colaborando de forma determinante para que o general Naguib ocupasse o comando do país. Após a proclamação da República, em 1953, lutou contra o general Naguib e os comunistas, tornando-se presidente da República em 1956. Em *Depoimento* (op. cit.), Carlos Lacerda afirma: "Certa vez, Jânio [Quadros] me disse que o homem público que mais o tinha impressionado na vida era Nasser. Ora, naquela época, já se sabia que o Nasser era um imenso blefe; acho que até os egípcios já sabiam disso. Nasser foi um homem que podia ter aproveitado a rivalidade russo-americana para melhorar a vida do seu povo; no entanto, aproveitou essa rivalidade para armar seu país e perder duas guerras." (p. 284-285).

577 Osvaldo Cordeiro de Farias (1901-1981), nascido em Jaguarão, no Rio Grande do Sul, foi militar e político. Participou da Coluna Prestes e da Revolução de 1930. Interventor no estado do Rio Grande do Sul de 1938 a 1943, tornando-se em seguida comandante da Artilharia Divisionária da Força Expedicionária Brasileira (FEB). Assumiria, em 1952, o comando da Zona Militar Norte, com sede na cidade de Recife. De 1955 a 1958, foi governador de Pernambuco. Participou do golpe de 1964, sendo logo nomeado ministro extraordinário para a Coordenação dos Organismos Regionais pelo marechal Castelo Branco, e, mais tarde, ministro do Interior. Seu nome foi citado muitas vezes como possível sucessor de Castelo Branco.

578 Refere-se à prorrogação do mandato do presidente Castelo Branco.

579 Refere-se ao dia 10 de novembro de 1937, quando instaurou-se a ditadura do Estado Novo de Getúlio Vargas.

580 Nesse período, faltavam alguns alimentos nos supermercados do Rio de Janeiro, entre os quais arroz e feijão.

A última vez que meu amigo Cordeiro de Farias[577] interferiu no Congresso foi para apoiar a emenda parlamentarista. Lembra-se?

Não tenho, como você talvez pensasse, a pretensão de acertar. Quem sabe se estou errado. Não sei mais como me esforçar para abrir os olhos dos companheiros, para alertar vocês todos, cujo patriotismo e cujos sentimentos cívicos eu bem conheço e não ponho em dúvida, mas cujos horizontes estão fechados pelo céu baixo desta perplexidade que desceu sobre o país.

Derrotado amanhã, é possível que me recolha à minha insignificância de prefeito municipal metido a governador. Mas, Bilac, se fosse atender os meus temores, mudaria a sede do governo para um abrigo antiaéreo mergulhado num subterrâneo qualquer para não ver nem ouvir o que vem por aí. E o que me entristece é ver tanta gente boa e séria empenhada, pelas mais diversas razões, até pela simples raiva, nesta insensatez.

Na carta do presidente ao senador Krieger, ele considera ilegítima a prorrogação e declara que ela afeta até o crédito internacional do Brasil. Tem cabimento sonegar essa carta ao conhecimento da bancada e do partido? Como sairá disto o chefe do Executivo brasileiro, comandante de uma revolução, comprometido a dar posse ao seu sucessor da data marcada pela lei?

Eu sei que excelentes elementos militares da revolução estão empenhados em obter a prorrogação.[578] Mas por razões opostas àquelas que levam a maioria do Congresso a votar por ela.

Bilac, numa palavra: votada a prorrogação, não haverá eleição nem em 1966 nem tão cedo. Isto é o 10 de novembro[579] com aprovação do Congresso.

Existe ainda uma difícil possibilidade de transformar esta derrota em vitória e esta vitória do inimigo em derrota. Mas, para se concretizar, ela exige uma compreensão e uma grandeza que, infelizmente, está mais escassa do que feijão e arroz.[580] Quis endereçar-lhe estas linhas, desta vez por mãos próprias do nosso caro companheiro Raul Brunini, porque não sei mais o que fazer para ver se ainda somos capazes de uma decisão objetiva, sem emocionalismos nem preconceitos pessoais ou outros. Provavelmente você me dirá que é tarde. Acredito, embora haja sempre a esperança de que não seja tarde para um ato de lucidez. Com as minhas recomendações a sua mulher,[581] um abraço do Carlos.

581 Maria do Carmo Moreira Pinto, conhecida como Dona Carminha.

EM 17 DE AGOSTO DE 1964

OFÍCIO GGG[582] Nº 776
AO EXCELENTÍSSIMO SENHOR VASCO LEITÃO DA CUNHA[583]
MINISTRO DAS RELAÇÕES EXTERIORES

582 Gabinete do Governa-
dor da Guanabara

583 Vasco Tristão Leitão
da Cunha (1903-1984),
nascido na cidade do Rio
de Janeiro, foi advogado
e diplomata. Ministro
das Relações Exteriores
no governo de Castelo
Branco, serviu antes como
embaixador do Brasil
em Cuba, de 1956 a 1961,
presenciando portanto
a revolução de Fidel Castro,
sendo então transferido
para Moscou, quando
o Brasil reatou relações
diplomáticas com a URSS;
e, depois, serviu nos EUA,
de 1966 a 1968. Quando
ainda um jovem diplomata,
foi chefe de Gabinete
de Francisco Campos
no Ministério da Justiça
e, num momento de
interinidade à frente
da pasta, numa desavença
com o então poderoso
chefe de Polícia do DF,
Filinto Müller (ver nota
314), deu-lhe ordem de
prisão, no que foi acatado
por Getúlio Vargas.

584 No livro *Carlos Lacerda,
Brazilian Crusader. Volume
two: The Years 1960-1977*
(Austin: University of
Texas Press, 1996. p. 340),
John W.F. Dulles informa
que o coronel Américo
Fontenelle foi diretor
de Trânsito da Guanabara
e chegou a trabalhar com

Informado que reina certo desassossego nos círculos diplomáticos aqui sediados em razão das providências de normalização do trânsito, apresso-me e mesmo antecipo-me levando ao conhecimento de Vossa Excelência que, nesta data, recomendo ao diretor do Trânsito que proceda sempre com a maior cautela quando se tratar de automóvel do corpo diplomático.

Por outro lado, porém, rogo a Vossa Excelência que explique, com a sua habitual clareza, aos ilustres membros do referido corpo que as providências tomadas pelo sr. coronel Fontenelle[584] destinam-se ao benefício geral, inclusive ao dos membros do corpo diplomático. A situação do trânsito no Rio, como de resto em outras cidades do mundo, atingira as proporções de calamidade. Somente providências enérgicas, embora rigorosamente dentro da lei, poderiam disciplinar o trânsito. O costume da fila dupla, os privilégios de parada em lugares não permitidos, tudo isso criara o caos no trânsito, com prejuízo irreparável para todos, inclusive para os eminentes visitantes e membros de comunidades estrangeiras sempre bem-recebidos nesta cidade.

O número de acidentes a ponto de alarmar as companhias de seguros, a desvantagem para os pedestres que não têm placa nem imunidades, tudo isso levou o governo do estado a adotar medidas de caráter geral, que não visam a desrespeitar nem ofender ninguém, mas a fazer respeitar a lei por todos, nacionais ou estrangeiros. E ainda mais, convém frisar exatamente por parte daqueles que, em geral, têm motorista e que, portanto, não precisam alegar sequer a necessidade de deixar o automóvel em lugar não permitido, ainda que essa alegação tivesse cabimento.

Está pronto o governo do estado a ceder a qualquer pedido de Vossa Excelência, se o corpo diplomático entender que deve ter um privilégio nesta cidade. Forneceremos, neste caso, uma insígnia para ser afixada na frente de cada automóvel do corpo diplomático com os dizeres "privilégio diplomático" e poderão interromper o tráfego à vontade. Mas, evidentemente, não teremos como policiar a cidade inteira para evitar a antipatia da população. Caberá aos representantes diplomáticos decidir se preferem esta solução ou se, ao contrário, sem quebra das normas de cortesia que mantemos, preferem, como toda a gente, respeitar a lei.

Coloco-me à disposição de Vossa Excelência para prestar ao corpo diplomático todos os esclarecimentos que deseje.

Rogo que veja nesta exposição o desejo de ir ao encontro do seu ministério, facilitando-lhe a tarefa de explicar aos distintos diplomatas qual a situação que tivemos de enfrentar para minorar os efeitos da desordem no trânsito.

Atenciosas saudações.[585]

a equipe do arquiteto Doxiadis, responsável pelo desenvolvimento de um plano urbanístico para a cidade. Carlos Lacerda, em *Depoimento* (op. cit.), fez as seguintes considerações a respeito do coronel: "Por exemplo: hoje em dia todos os motoristas de táxi do Rio de Janeiro têm veneração pela memória do Fontenelle e falam nele com saudades, mas naquela época o odiavam: o coronel Fontenelle rebocava e esvaziava, ele próprio, os pneus dos automóveis, inclusive os dos carros do corpo diplomático. Uma vez fui procurado pelo decano do corpo diplomático, o Núncio Apostólico, que reclamava em nome dos outros contra a falta de privilégios dos diplomatas, que tinham seus carros rebocados como quaisquer outros." (p. 279).

585. Carta não assinada. Trata-se provavelmente de cópia do autor.

RIO DE JANEIRO, 30 DE AGOSTO DE 1964

Prezado deputado Nina Ribeiro,[586]

Ninguém é insubstituível. Há vários modos de servir à vida pública, incluindo sair dela quando chegar o momento. Se o povo quer ver continuada a nossa obra, escolha um sucessor à altura, se possível ouvindo meu conselho. Prefiro ser candidato a ver prorrogado o meu mandato.[587]

Mandatos não devem ficar à mercê de maiorias ocasionais que tanto ampliam quanto reduzem e de qualquer forma frustram a manifestação da vontade do povo. Antes uma ditadura real do que uma mascarada de legalista. Aquela pode ser curta e realizar uma obra revolucionária. Esta se embrulha em palavras, confunde realismo com politicagem, transformação com reforma, reforma com revolução, dura mais e se desgasta. O melhor mesmo é ditadura nenhuma.

Carlos Lacerda

586 Emílio Antônio Souza Aguiar Nina Ribeiro (1938), nascido na cidade do Rio de Janeiro, foi advogado e político. Esteve ligado proximamente a Carlos Lacerda de 1961 a 1966 e, eleito deputado estadual pela União Democrática Nacional (UDN) em 1962, liderou a Assembleia Legislativa em 1964, durante o governo de Lacerda na Guanabara. Foi deputado federal de 1971 a 1979.

587 Prorrogada a permanência do marechal Castelo Branco na presidência da República, o deputado estadual Nina Ribeiro sugeriu que o mesmo se fizesse em relação ao governo do estado, recebendo, em resposta, a oposição de Carlos Lacerda.

RIO DE JANEIRO, 31 DE AGOSTO DE 1964

ILMO. SR.
ENGENHEIRO OTÁVIO MARCONDES FERRAZ[588]
E/M[589]

Caro amigo,

Estes dias o jornalismo no Brasil tornou-se, para muitos, obra de ficção. Por isto não sei se é certa a notícia de que o meu amigo teria rompido com a UDN[590] por se considerar atingido pelas referências de alguns udenistas à projetada compra das subsidiárias da Bond & Share[591] pelo Governo Federal. E não posso crer que eu tenha qualquer culpa na sua decisão pelo fato de não ter me deixado convencer pelos seus argumentos.

Sabe o meu amigo do respeito e consideração que tenho pelos seus méritos e pelo seu valor moral.

Acho que o negócio da compra das subsidiárias das Bond & Share é tão ruim quanto desnecessário.

Acho que não constitui compromisso de honra ao Brasil.

588 Otávio Marcondes Ferraz (1896-1990), nascido na cidade de São Paulo, foi engenheiro, professor e, em 1955, ministro da Viação e Obras Públicas. Nos anos 1920, trabalhou na Central Elétrica de Rio Claro, em São Paulo, na empresa Forjas e Aciarias Longnoy e na Light and Power Co., de onde saiu, em 1928, para criar o escritório OMF Ltda., que de modo pioneiro forneceu consultoria técnica no Brasil na área de eletricidade. No vale do rio Paraíba, em São Paulo, foi responsável, nos anos 1930, pelas obras da Tramway Light and Power Co. Logo depois, participou dos estudos relacionados ao fornecimento de energia no estado de São Paulo.

Nomeado em 1948 para a direção técnica da Companhia Hidro Elétrica do São Francisco (Chesf), conduziu a construção da usina de Paulo Afonso, no rio São Francisco. Foi afastado do Ministério da Viação e Obras Públicas por causa de seu apoio à tentativa de impedir a posse de Juscelino Kubitschek e João Goulart na presidência e na vice-presidência da República, respectivamente. Em 1962, participou do estudo para a construção da usina de Sete Quedas, no rio Paraná. Em 1964, durante o governo do marechal Castelo Branco, foi nomeado presidente da Eletrobrás, que comandou até o ano de 1967. Filiou-se à Aliança Renovadora Nacional (Arena).

589 Em mãos.

590 União Democrática Nacional.

591 Bond & Share foi a empresa norte-americana responsável por explorar o serviço de transportes em muitas das principais cidades brasileiras. Daí a origem da palavra "bonde", para designar veículos elétricos que se deslocam sobre trilhos.

Acho que há solução melhor, mais razoável e mais conveniente, com inteiro respeito pelos direitos dos acionistas da Bond & Share – e pelos contribuintes brasileiros.

O meu amigo foi chamado a intervir no assunto depois de fechada a questão pelo Mr. Sargent – responsável pela Bond & Share e autor da falsamente chamada "proposta do Governo Brasileiro". Este, pela mão do embaixador Roberto Campos,[592] chamou sua a proposta da Bond & Share, feita nas mesmas condições a outros países.

O sr. ainda conseguiu melhorar as condições da operação.

Mas, tais condições não eliminam nem a inconveniência nem a desnecessidade da compra.

Quando o Presidente[593] teve a bondade de lhe recomendar que me desse os seus argumentos, suponho que não foi com a obrigação de aceitá-los sob pena de rompermos politicamente. Seria, então, uma manobra política de que o suponho incapaz.

O sr. mesmo está vivendo uma contradição. De um lado, partidário impenitente da livre iniciativa, mesmo em matéria de serviços públicos, deseja atualizar as tarifas de energia de modo a compensar os investimentos necessários à solução do problema energético do país. De outro, herdando do governo Goulart[594] um pseudocompromisso, julga-se obrigado a ajudar uma compra que compromete – a meu ver – não só o Governo mas a própria Revolução.

A renegociação do problema das concessionárias é o que se impõe, a meu ver – com honra para o Governo e proveito para o Brasil.

Será deplorável se este ponto de vista, impessoal e objetivo, for motivo de rompimento político como se tratasse de matéria ideológica ou emocional.

Estou, como sempre, sob dois fogos: o dos comunistas e seus instrumentos, empenhados em me isolar para destruir a Revolução, e os oportunistas de sempre, que sobreviveram à Revolução porque esta não se define e tem vergonha de proceder revolucionariamente.

Mas, nem por isto desanimei – ainda. Enquanto sentir no povo essa confiança com que me distingue, cumprirei o meu dever, opinando e agindo e, ainda mais, suportando a intriga e a incompreensão.

---

592 Roberto de Oliveira Campos (1917-2001), nascido em Cuiabá, no Mato Grosso, foi político. Presidiu o Banco Nacional de Desenvolvimento Econômico (BNDE) de 1958 a 1959. Embaixador do Brasil nos EUA, de 1961 a 1964, e na Inglaterra, de 1974 a 1982. Foi também ministro do Planejamento de 1964 a 1967, durante o governo do marechal Castelo Branco, senador de 1983 a 1991 e deputado federal de 1991 a 1999.

593 Castelo Branco, ver nota 186.

594 João Goulart, ver nota 545.

Lamentaria profundamente se fosse verdade, a seu respeito, o que dizem os jornais, isto é, que rompeu com o seu partido.

Em todo caso não creio que tenha sido por minha causa.

Tenho desse assunto de concessionárias certa experiência e algum conhecimento. Posso afirmar que o governo do marechal Castelo Branco será levado a um erro muito grave se consumar o negócio tramado pelo seu antecessor — que a Revolução derrubou.

Em vez de cassar o mandato do deputado que leu o manifesto do sr. João Goulart, seria mais digno da Revolução não repetir os erros deste, comprando o que não deve e considerando compromisso do Brasil a leviandade do presidente deposto.

Uma revolução se afirma muito mais pelo que faz do que pelo que não deixa os outros fazerem. Se o que esta tem a fazer é o que o governo deposto ia fazer, merece mesmo a decepção que se está apossando da grande maioria do povo e a apreensão crescente deste seu amigo que o abraça[595]

595 Carta não assinada. Trata-se provavelmente de cópia do autor.

RIO DE JANEIRO, 22 DE SETEMBRO DE 1964

EXMO. SR.
GOVERNADOR GENERAL LUÍS CAVALCANTE[596]
MACEIÓ — ALAGOAS

Prezado amigo,

Ao agradecer as inesquecíveis demonstrações de amizade com que me cumulou, com sua família, o vice-governador, a Assembleia, as autoridades e esse generoso e bravo povo alagoano, venho reiterar a V. Exa. a disposição de disputar a eleição presidencial de 1966.

Além das tentativas já efetuadas, outras virão, para tirar ao povo o direito de escolher o seu presidente e o programa que este lhe apresentar.

A mais recente delas consiste na reapresentação da panaceia em que se transformou o parlamentarismo. Não discuto a intenção de alguns e sim o resultado para todos, com esse escárnio. Ainda não faz quatro anos o Congresso, a pretexto de minorar os efeitos da posse de um mau presidente, adotou o parlamentarismo. O resultado foi o que se viu: cada ministro era propriedade de um grupo de deputados. Não foi um governo o que o Brasil teve, foi um ajuntamento de interesses escusos, uma politicagem desenfreada e, mais do que nunca, as funções públicas ocupadas pelo critério de interesses pessoais de deputados e senadores.

Com base nessa grotesca experiência, fez-se um plebiscito e o povo — por maioria esmagadora — a 6 de janeiro de 1963, portanto há vinte meses, apenas, rejeitou o sistema parlamentar que esse mesmo Congresso, com essa mesma composição, lhe havia imposto como "fórmula" para a posse do sr. João Goulart.[597]

Do plebiscito, palhaçada dentro de outra, restou um fato incontestável: a imensa maioria do povo repeliu a tentativa, feita pelo Congresso, de lhe usurpar o direito de escolher o seu presidente.

596 Luís de Sousa Cavalcante (1913-2002), nascido em Rio Largo, em Alagoas, foi militar e político. Governador de Alagoas de 1961 a 1966 pela UDN, e ocupou uma vaga no Senado na década de 1970.

597 João Goulart, ver nota 545.

Agora, com uma nova fórmula de usurpação, tenta-se novamente escamotear esse direito.

Não se discute o parlamentarismo como tese. O que se contesta é a sua visibilidade na prática, no momento em que o país precisa de governo estável e de renovar o Congresso esclerosado pelo abuso de "fórmulas" e erodido pela distância em que se encontra dos centros sensíveis da vida nacional.

A manobra, que se esconde atrás da ingenuidade de alguns, é até pitoresca. Procuraram alguns encaminhar, desse modo, o continuísmo para o presidente Castelo Branco,[598] a ver se o corrompem e se, tentado pela politicagem, ele abre mão dos compromissos que assumiu com a revolução — a limpeza do país, libertando-o da corrupção, que continua, e do comunismo que recomeça.

Outros, não podendo aceitar minha candidatura — apesar dos esforços para protelar indefinidamente a convenção da UDN que servem a tudo, menos à UDN —, desejam privar o povo do direito de escolher para dá-lo ao Congresso em fim de mandato. E assim eles geriam o sucessor do presidente Castelo Branco como lhe elegeram um vice-presidente.

Creio, porém, inútil além de cômico esses esforços — que apenas sublinham o anacronismo, a decrepitude desses métodos políticos que nada têm a ver com a democracia.

Como se acaba de ver em Alagoas, na Paraíba e no Ceará, o povo só reprova na revolução a timidez e só tolera essa gente porque tem a esperança de que vai mandá-la embora para casa em 1966.

A revolução deixou sem assunto os hábeis autores de "fórmulas" que levaram o Brasil ao buraco em que caiu. Mas, não sabendo o que fazer, eles continuam a fazer o de sempre, isto é, travessuras com o destino de uma nação.

Não pedi para ser candidato. Enquanto a maioria do meu partido, reunida em convenção regular, não me mandar o contrário, continuo candidato. E com redobrada razão ao receber o seu apoio e o de tão expressiva parcela do povo de Alagoas, do qual a Assembleia, generosamente, me fez coestaduano.

Com os meus respeitos à sua esposa e à sua filha, cuja bondosa hospitalidade tanto me honrou, sou o seu amigo que lhe deseja felicidades,[599]

598 Castelo Branco, ver nota 186.

599 Carta não assinada. Trata-se provavelmente de cópia do autor.

RIO DE JANEIRO, 24 DE SETEMBRO DE 1964
EXCELENTÍSSIMO SR. DEPUTADO HERBERT LEVY[600]

Meu caro Herbert,

Tenho procurado conter-me ante a vil campanha com que se procura atingi-lo, na esperança de que sejam tomadas por quem de direito as medidas necessárias para fazer cessar os crimes cuja impunidade dão aos criminosos meios para tentar desmoralizar quem, como você, teve a coragem de enfrentá-los.

As delongas e neganças no cumprimento do dever de defender o patrimônio público e punir os que o assaltaram, estão dando margem a que ladrões impunes usem instrumentos poderosos de comunicação com o público, como são os da televisão, para injuriá-lo e difamá-lo a você, um dos homens de bem deste país, um banqueiro de profissão que não hesitou em enfrentar o poderio do presidente do Banco do Brasil, e, na defesa do interesse público, submeteu-se à mais inexorável devassa em sua vida profissional, um deputado sempre atento ao interesse geral do povo e do país.

Causa repugnância ver impunes os ladrões usando a televisão que montaram com o dinheiro roubado à nação, e, beneficiados pela inexplicável impunidade, tentarem mantê-la negociando o seu apelo aos promotores da impunidade, e ao mesmo tempo difamando e insultando aquele que tem sido o campeão da luta pela punição desses crimes.

Já manifestei ao próprio presidente da República[601] a nossa opinião a respeito. Há mais de dois meses, entreguei-lhe cópia fotostática do ofício no qual o presidente do Banco do Brasil reclamava providências que o Instituto Brasileiro do Café não havia tomado, preliminares à punição do chamado grupo Simonsen.[602]

Não posso silenciar vendo-o injuriado e difamado, por meio de instrumentos de divulgação, montados e mantidos com esse dinheiro roubado, e com essa escandalosa e inexplicável impunidade. Com um abraço do seu amigo e companheiro,
Carlos Lacerda

CL/RA[603]

600 Herbert Vítor Levy, ver nota 472. Em 1964, fez intensa campanha contra a política econômica do governo do marechal Castelo Branco, cujo principal alvo era o ministro do Planejamento, Roberto Campos.

601 Castelo Branco, ver nota 186.

602 O conglomerado Simonsen, propriedade do empresário Mário Wallace Simonsen (1909-1965), constituía-se de mais de 30 empresas criadas a partir do lucro obtido com exportação de café. Destacavam-se a Panair do Brasil (ver nota 413), a Celma, de manutenção de turbinas de avião, a TV Excelsior, o Banco Noroeste, a rede de supermercados Sirva-se, a Cerâmica São Caetano e a Biscoitos Aymoré. Simonsen apoiava o ex-presidente Juscelino Kubitschek e seus negócios sofreram severa crise após o início do governo militar.

603 Ruth Alverga, ver nota 192.

[TELEGRAMA DE 16 DE OUTUBRO DE 1964][604]

DEPUTADO BILAC PINTO[605]
CÂMARA DE DEPUTADOS
BRASÍLIA DF

Respondendo seu telegrama entendo temário deve abranger, segundo penso, exame revolução em face tentativa dividir--nos. Promover restauração. Processar volta homens banidos pelo movimento. Como transformar movimento militar em processo transformação geral do Brasil. Meios para assegurar eleições diretas em 1966. Posição em face do projeto do Estatuto da Terra.[606] Programa Ação Econômica. Quanto ao local prefiro São Paulo que já estava escolhido, mas aceito Brasília ou onde preferirem. Quando à data estou de acordo para 7 e 8 de novembro. Cordial Abraço

Carlos Lacerda

604 As abreviações "pt" e "vg", que indicam no original, respectivamente, ponto e vírgulas, aqui foram substituídas por pontuações, de modo a facilitar a leitura do texto.

605 Bilac Pinto, ver nota 477.

606 Estatuto da Terra é a Lei nº 4.504, aprovada em novembro de 1964, com a finalidade de adaptar a prática da agricultura às necessidades de desenvolvimento econômico e social do país.

RIO [DE JANEIRO], [?] DE [NOVEMBRO DE] 1964.[607]

A SUA EXCELÊNCIA O SENHOR
MARECHAL HUMBERTO DE ALENCAR CASTELO BRANCO[608]
PRESIDENTE DA REPÚBLICA

Senhor presidente,

607 Trata-se provavelmente, pelo conteúdo da carta, de novembro de 1964. A convenção nacional da União Democrática Nacional que indicou Carlos Lacerda candidato à presidência da República foi realizada em São Paulo, no dia 8 de novembro deste ano.

608 Castelo Branco, ver nota 186.

609 Carta não assinada. Trata-se provavelmente de cópia do autor.

Convidou-me Vossa Excelência para a honrosa missão de chefiar a Delegação Brasileira à próxima Assembleia Geral das Nações Unidas.

Ponderei na ocasião a Vossa Excelência que a convenção da União Democrática Nacional, já anunciada, fazendo-me candidato à presidência da República[,] talvez interferisse nas razões do seu convite.

Tenho agora confirmada em memorável assembleia a candidatura que me honraram os meus companheiros, e quero deixar Vossa Excelência inteiramente à vontade, embora constitua para mim uma alta honra o convite formulado para desincumbir-me de tão importante missão.

Melhor do que eu[,] Vossa Excelência poderá julgar da conveniência ou não de confirmar tal convite, uma vez que, candidato à presidência da República[,] talvez já não persistam as razões que levaram Vossa Excelência a fazer aquele convite.

Sou de Vossa Excelência atento amigo e admirador[609]

RIO DE JANEIRO, 28 DE NOVEMBRO DE 1964

Senhor presidente,[610]

Agora que o caso de Goiás foi afinal resolvido,[611] e não tem V. Exa., no momento, uma crise política em mão, não tenho porque adiar esta carta, que há dias estou para lhe enviar, mas lhe poupei para não agravar suas preocupações. A gravidade e urgência do assunto levam-me a esta denúncia, que não posso mais calar sem faltar gravemente contra o Brasil.

Refiro-me à política econômica do seu governo, matéria sobre a qual tenho repetidamente feito críticas que V. Exa. há de reconhecer serem tão construtivas quanto leais. Não tenho interesses a defender senão os do país. Não tenho objetivos a atingir senão coincidentes com os da revolução e, portanto, com o êxito do seu governo.

Permita-me V. Exa. que diga, a política econômica do governo está sendo conduzida a um desastre nacional e internacional. Com a ideia de promover a deflação, está se conduzindo a política de crédito de tal modo que, na prática, se promove a desnacionalização da indústria nacional. Neste momento, por exemplo, a indústria Jafet,[612] que praticamente pertence ao Banco do Brasil — tal o vulto dos auxílios que antes recebeu desse banco oficial — acaba de

610 Carta enviada ao presidente da República, marechal Castelo Branco, ver nota 186.

611 Carlos Lacerda refere-se às tensões irrompidas no início de novembro de 1964 entre o marechal Castelo Branco e o governador de Goiás, Mauro Borges (1920-2013), do PSD, acusado de tornar-se indiferente ou mesmo acobertar movimentos subversivos, o que foi compreendido por alguns militares do alto escalão como o engendramento de uma

possível tentativa de golpe de Estado. Em 26 de novembro, o marechal Castelo Branco destituiu Mauro Borges, nomeando o então coronel Carlos de Meira Matos (1913-2007) como interventor federal no estado de Goiás.

612 Referência aos negócios de Ricardo Jafet (1907-1958), nascido em São Paulo, que foi advogado, banqueiro e industrial. Entre seus empreendimentos, constam o Banco Cruzeiro do Sul, a Fiação Jafet e a Imobiliária Bom Pastor, entre outros.

Desde os anos 1950, Carlos Lacerda atacou duramente Ricardo Jafet na *Tribuna da Imprensa* por causa do empréstimo que o Banco do Brasil, quando sob sua presidência, concedeu a Samuel Wainer e seu jornal *Última Hora*, que apoiava Getúlio Vargas. A questão é tratada por John W.F. Dulles em *Carlos Lacerda, a vida de um lutador*: 1914-1960 (op. cit.).

ser vendida a um grupo americano que tem como testas-de-ferro os srs. Jorge Serpa[613] e Walter Moreira Salles,[614] veterano na matéria, sob os auspícios do sr. Roberto Marinho,[615] já envolvido em negócios de rádio e televisão com a participação, escondida e inconstitucional, de outro grupo americano.

A transferência da indústria nacional para mãos estrangeiras é a inevitável consequência da política econômica adotada pelo ministro Roberto Campos.[616] Há dias um jornal, a *Tribuna da Imprensa*, publicou fac-símile de páginas de relatório da firma de estudos econômicos Consultec, pelas quais se comprova que o controle do grupo Hanna[617] sobre a antiga St. John Del Rey Mining Co. foi encomendado ao sr. Mauro Thibau,[618] e o estudo do negócio da Hanna em matéria de exportação de minérios foi encomendado ao sr. Roberto de Oliveira Campos. Hoje esses dois senhores são ministros do governo da revolução. Era de se esperar que se abstivessem em relação aos interesses da Hanna. Mas não. Tendo sido os introdutores da Hanna[,] os técnicos contratados pela Hanna, são também, uma vez feitos ministros, os propugnadores do controle da Hanna sobre a exportação de minério de ferro. Isto, sob o falso pretexto de respeito à iniciativa privada — o que é uma desculpa esfarrapada para encobrir um privilégio "de fato" — e a perfeita igualdade de condições, que na verdade não existe.

---

613 Jorge Serpa foi diretor da Mannesmann, empresa de mineração. Acusado de ter lançado títulos da empresa no mercado paralelo, nos anos 1950 e 1960, conforme a *Revista Forense: Mensário Nacional de Doutrina, Jurisprudência e Legislação* (vol. 230, p. 177, 1970).

614 Walter Moreira Salles (1912-2001), nascido em Poços de Caldas, Minas Gerais, foi empresário e diplomata. Dirigiu o Banco Central de 1951 a 1952; foi embaixador do Brasil em Washington durante os governos de Getúlio Vargas e Juscelino Kubitschek, bem como ministro da Fazenda durante o governo de João Goulart. Herdou a Casa Bancária Moreira Salles e foi responsável pela criação do Unibanco.

615 Roberto Pisani Marinho (1904-2003), nascido no Rio de Janeiro, foi empresário e jornalista. Seu pai, Irineu Marinho, um dos fundadores do jornal *A Noite*, em 1911, criou o jornal *O Globo*, em 1925. O filho ampliou seu legado, conquistando a concessão de uma emissora de rádio, a Rádio Globo, em 1944, e de uma emissora de TV aberta, a Rede Globo, em 1965, e de TV fechada, a Globosat, em 1991. Foi um dos homens mais influentes da imprensa brasileira.

616 Roberto Campos, ver nota 592.

617 Trata-se do grupo norte-americano Hanna Mining Company, que se tornou proprietário da Companhia de Mineração Nova-Limonense, que explorava minério no estado de Minas Gerais.

Sobre este último assunto, tive ocasião de falar ao sr. Thomas Mann,[591] subsecretário de Estado norte-americano, quando há dias tive o prazer de conhecê-lo. A contrapartida indispensável da exportação de minério é o estabelecimento, no Brasil, de indústrias de base, como se fez com Volta Redonda.

Já V. Exa. conhece o meu protesto contra a disposição pela qual o seu governo foi induzido a permitir a importação de máquinas de segunda-mão. Com este absurdo se consegue, na prática, fazer falsos investimentos com "máquinas usadas", e produzir de modo antieconômico, em condições iníquas e lesivas ao interesse nacional.

Senhor presidente, eu não tomaria o seu precioso tempo se não estivesse convencido da inteira boa-fé com que V. Exa. receberá este aviso, feito com lealdade mas não menor aflição. Depois de fazer votar um Estatuto da Terra,[592] que, conforme já disse a V. Exa., abre as portas à desnacionalização das grandes propriedades agrícolas no Brasil, promove-se, com a cessação de crédito combinada com a agravação insuportável do ônus fiscal, a capitulação da indústria nacional aos grupos estrangeiros, que, sem trazer capital novo, sem maior esforço, sem risco nenhum, sem nenhuma compensação real para o Brasil, com a simples aplicação de seus lucros, se apossam do parque industrial existente porque atuam como fornecedores de numerário para evitar a falência das indústrias quando o Banco do

Carlos Lacerda foi um dos principais opositores da participação de empresas privadas na exploração de minério no Brasil. Mauro Thibau, Otávio Gouveia de Bulhões e Roberto Campos, que já haviam trabalhado para a Consultec, foram acusados de ter interesses pessoais no caso relacionado à empresa Hanna.

618 Mauro Thibau (1923), nascido na cidade do Rio de Janeiro, foi ministro das Minas e Energias de 1964 a 1967, durante o governo do marechal Castelo Branco.

619 Thomas Clifton Mann (1912-1999) foi subsecretário de Estado para Assuntos Interamericanos dos EUA. Sua carreira política esteve relacionada sobretudo a questões de desenvolvimento econômico e energia.

620 Ver nota 606.

Brasil – de acordo com instruções do seu governo – se fecha na hora da crise ao mesmo tempo em que crescem, por todos os lados e por todos os meios, os encargos fiscais que encarecem o custo de vida.

Supondo que tudo isto melhore dentro de alguns meses, como fazem crer os inspiradores dessa política, saiba V. Exa. que[,] ao melhorar financeiramente, o Brasil terá entregue suas indústrias principais nas mãos de grupos estrangeiros, cujo único esforço terá sido o de socorrer de numerário a indústria nacional, para pagar os encargos impostos pela política do governo da revolução. A inevitável consequência disto será ou a contrarrevolução popular pela justa revolta contra quem houver desnacionalizado a produção nacional, ou a ditadura para impor ao país as consequências desse erro terrível.

Não posso ser suspeitado de xenofobia, de ódio ao capital estrangeiro. Nunca fui demagogo, senão para os comunistas e para certos grupos de negocismo internacional – o que muito me honra. Não tenho ligação com nenhum grupo industrial e, se tivesse[,] diria porque não considero vergonha – a não ser quando se usa a função pública para servir a interesses privados ou quando se serve de mero testa-de-ferro.

É, pois, por patriotismo e por lealdade que afinal me dirijo a V. Exa. por escrito para deixar constância do meu protesto contra essa política que está pondo em perigo o que já foi conquistado pela indústria nacional e compromete, historicamente, a revolução e o governo que V. Exa. honradamente preside. Entendo que V. Exa. não pode ser responsabilizado, no futuro, por esse erro trágico. Mas igualmente sei que já é hora de apelar para que V. Exa. reveja a política econômica, que[,] a pretexto de importar, destrói o que o Brasil já possui e compromete a revolução aos olhos do povo, transferindo para as mãos de grupos estrangeiros e seus testas-de-ferro o que já é nacional.

Afirmo a V. Exa. que esse resultado não é necessário ao combate à inflação e não se inclui entre os sacrifícios que a nação tem de fazer para curar-se desse mal. Não deve a deflação ser feita para permitir a desnacionalização do que já é nacional. A desnacionalização, agravada pela proteção a grupos como a Hanna, a transferência de propriedade nacional para grupos estrangeiros – bem diferente do investimento estrangeiro em atividades produtivas por eles criadas no país – são subprodutos indesejáveis de uma errada política de reconstrução financeira.

Senhor presidente, as provas sobre a Consultec, a participação e responsabilidade dos dois citados ministros nos negócios da Hanna, a política de escravização financeira de grupos nacionais (e ninguém suspeitará de qualquer ligação minha com um grupo como o Jafet) estão feitas. Não houve contestação nem, que eu saiba, qualquer providência.

A proteção aos interesses da Hanna, promovida por dois ministros de Estado, é um crime contra o interesse nacional. O embarque de minério de ferro deve ser feito em porto brasileiro – e não concedido a grupo estrangeiro – para assegurar o preço do carvão, do qual depende o do ferro, do qual, por sua vez, depende tudo o que se consome no Brasil. O que se está fazendo com a política econômica adotada é, na prática, condenar o Brasil à inflação permanente a pretexto de procurar uma deflação drástica. Pois, é evidente que uma indústria desnacionalizada, tendo que exportar todos os seus lucros e produzindo a preços escorchantes e só para o mercado interno, agrava a inflação convertendo-a numa desgraça crônica e diminui o Brasil em vez de o expandir.

Está em jogo a dignidade do governo e, com ela, a autenticidade da revolução. E V. Exa. não precisa que lhe diga quanto confio na sua dignidade e na limpidez do seu patriotismo. É para tais sentimentos que apelo para que destrua essas alegações, já comprovadas, ou tome as providências que delas naturalmente decorrem.

Não seria justo que a revolução fosse julgada pela ação dos seus aproveitadores. E que nos dividíssemos por causa deles e para proveito deles.

Atenciosamente, seu amigo e admirador

Carlos Lacerda

RIO DE JANEIRO, 30 DE NOVEMBRO DE 1964

Senhor presidente e eminente amigo,[621]

Depois do telefonema com que me honrou esta manhã[,] venho acrescentar o seguinte.

Quando o presidente de uma associação de inquilinos alegou ser o sr. Roberto Campos[622] dono de alguns apartamentos, ele se apressou a desmentir e deu ocasião a editoriais de órgãos que elogiam a sua gestão e, em troca, não veem publicados inquéritos como o da Caixa Econômica.

No entanto, a acusação precisa e documentada de que foram os srs. Roberto Campos e Mauro Thibau[623] os técnicos contratados pela Hanna,[624] por meio da Consultec, para os seus negócios no Brasil, não foi contestada.

Nem poderia ser. Mas nem sequer impediu que esses dois ministros advogassem[,] no governo da revolução, a causa da Hanna.

A política de minério do seu governo foi, desde o começo, dirigida no sentido conveniente aos interesses da Hanna, conforme em tempo adverti. A própria fixação de critérios, tal como lhe foi proposta e, afinal, adotada, abriu a porta à Hanna, contra o interesse nacional.

Não se trata da xenofobia da qual V. Exa. quer libertar o Brasil, como disse em seu discurso em Vitória. Não posso ser suspeito de exagero nacionalista. Exagero é o dos que entregam, desnecessariamente, a indústria nacional a grupos estrangeiros, que têm em pessoas como o sr. Walter Moreira Salles[625] alguns dos seus mais nefastos agentes. Não se trata, tampouco, de proteger indústrias mal administradas. Não posso ser suspeito de simpatia pelo grupo Jafet[626] ou outro qualquer. A técnica de fazer

621 Carta enviada ao presidente da República, marechal Castelo Branco, ver nota 186.

622 Roberto Campos, ver nota 592.

623 Mauro Thibau, ver nota 618.

624 Hanna Mining Company, ver nota 617.

625 Walter Moreira Salles, ver nota 614.

626 Ricardo Jafet, ver nota 612.

estourar empresas para promover sua compra por grupos organizados para isto — e apoiados numa sólida cadeia de controle de informação e da opinião pública — está sendo empregada em grande estilo, sob a capa de um esforço, necessário e patriótico, para conter a inflação.

Recebi, do deputado Bilac Pinto,[627] a informação de que à minha carta anterior V. Exa. responderá com outra carta. Isto muito me honra. Mas creia que os problemas que levanto para o seu conhecimento não precisam de contestação.

Precisam, isto sim, de solução. Para ajudar V. Exa. a lhes dar solução[,] estarei sempre à sua disposição, com seriedade, com lealdade.

Não posso mais calar a minha reprovação à política econômica que está sendo imposta à revolução pela inexplicável ascendência, inacessível à crítica construtiva, impermeável à razão e ao bom-senso, que tem no seu governo elementos comprometidos com as ideias e métodos do adversário, como é o caso do sr. Roberto Campos.

Atenciosamente,[628]

CL/RA[629]

627 Bilac Pinto, ver nota 477.

628 Carta não assinada. Trata-se provavelmente de cópia do autor.

629 Ruth Alverga, ver nota 192.

RIO DE JANEIRO, 4 DE DEZEMBRO DE 1964

Senhor presidente Castelo Branco[630]

Refleti muito sobre a sua carta. Escrevi-lhe, a propósito, um longo estudo, repleto de exemplos, visando a uma análise séria e profunda da nossa divergência, que jamais desejei fosse pessoal nem de modo a pôr em perigo a revolução, da qual depende o futuro povo brasileiro.

Algum dia, em ocasião menos grave, talvez lhe seja de alguma utilidade ler, desprevenidamente, sob outra luz, esse magoado mas leal desabafo. Talvez haja ali alguma verdade capaz de esclarecer certas dúvidas. Pelo menos foi assim que o pensei e o senti e, esta noite, o escrevi.

Mas de sua carta o que mais me impressionou – e é o essencial – foi a sua reação de mágoa e até revolta ante o que reputou insultuoso à sua intenção e à sua conduta.

Isso seria muito grave para mim, pelo apreço que lhe demonstrei e que mantenho. E ainda mais grave para sorte da revolução e do país, a que ambos servimos.

Não posso lhe dar prova maior de sinceridade para com o amigo, e de responsabilidade para com o Brasil do que entregar, em suas mãos, a decisão dos assuntos que motivaram a minha divergência, que não é passional nem motivada por qualquer interesse que não seja do seu êxito, que é o de todos nós.

Fica em suas mãos a decisão de tudo isso a que aludi, o conteúdo político do governo da revolução, o rumo da sua política econômica, o problema da opinião pública, a necessidade das lideranças políticas e da autenticidade revolucionária na transformação do país, cujo comando lhe pertence.

Vossa Excelência receba estas palavras como sinal da minha amizade e da minha confiança na sua integridade.

Se é isto que lhe faltou, aqui o tem. Vossa Excelência merece isto. E[,] ainda mais, o Brasil.

Seria injusto acrescentar que devo estas palavras ao bom conselho dos que são melhores do que eu.

Com este aperto de mão, aceite a amizade do Carlos Lacerda.

630 Castelo Branco, ver nota 186.

CÓPIA
OFÍCIO GGG[631] Nº 1225 EM 17 DE DEZEMBRO DE 1964.

Senhor ministro,[632]

em resposta ao ofício de 11 de dezembro corrente, tenho a honra de levar ao conhecimento de Vossa Excelência que já expressei ao senhor desembargador corregedor Alberto Mourão Russell[,][633] em ofício cuja cópia anexo ao presente, a minha concordância com a prorrogação da licença do professor Murilo Mendes,[634] escrivão da 4ª Vara de Família do estado da Guanabara, para que continue à disposição do departamento Cultural e de Informações desse ministério.

Atenciosas saudações

CARLOS LACERDA
governador

Ao excelentíssimo senhor embaixador Antônio Borges Leal Castelo Branco [Filho],
Ministro de Estado das Relações Exteriores

---

631 Gabinete do Governador da Guanabara

632 Antônio Borges Leal Castelo Branco (1916-2001), nascido na cidade do Rio de Janeiro, foi advogado e diplomata. Assumiu interinamente a pasta do Ministério das Relações Exteriores diversas vezes, entre 1964 e 1966.

633 Alberto Mourão Russell (1908-?) foi advogado e professor. De 1940 a 1942, bem como em 1945, assumiu o cargo de juiz substituto do Distrito Federal.

634 Murilo Mendes (1901--1975), nascido em Juiz de Fora, Minas Gerais, foi crítico de arte e poeta. Na segunda metade dos anos 1920, ligou-se ao grupo modernista, revelando, em sua poesia, forte adesão ao folclore, ao humor e ao nacionalismo. Posteriormente, incorpora técnicas surrealistas a seus poemas. Autor de *Poemas* (1930), *História do Brasil* (1932), *A poesia em pânico* (1937), *Poesia liberdade* (1947), *Convergência* (1970), entre outros.

EXMO. SR. AUDITOR [JOSÉ] TINOCO BARRETO[635]
RIO, 30 DE DEZEMBRO DE 1964.

Sr. juiz-auditor Tinoco Barreto,

Não tenho por hábito interferir em questões que não são da minha alçada. Igualmente respeito os motivos superiores que terão ditado a sua decisão, que equivale à decretação da prisão preventiva de Astrojildo Pereira,[636] que se encontra, por isso, recolhido ao hospital da Polícia Militar da Guanabara, segundo comunicação oficial feita ao secretário de Segurança do Estado, à ordem de V. Exa., respondendo a processo regular de sua autoridade. Peço, por isso, desculpas ao quebrar uma norma e rogo que não leve a mal nem interprete como intromissão ou fraqueza esta intervenção, que se deve a duas causas: um sentimento de humanidade e um profundo respeito pela inteligência.

Ninguém me solicitou coisa alguma e acredito também que ninguém me agradecerá. Mas obedeço a um dever de consciência. Vejo um homem de setenta e quatro anos de idade, já vítima de um enfarte, submetido à prisão preventiva que, com a devida licença, me permito considerar desnecessária; pois ele não tem, a esta altura da vida, nem periculosidade, nem meios de escapar à justiça, senão fisicamente, o que é menos.

---

635 José Tinoco Barreto era juiz auditor da 2ª Auditoria da Justiça Militar em São Paulo, ligado à chamada linha-dura, mas que foi posto em disponibilidade e depois teve seus direitos políticos cassados pelo AI-5 por ter absolvido presos políticos ou mandado arquivar acusações contra supostos subversivos.

636 Astrojildo Pereira (1890-1965), nascido em Rio Bonito, no Rio de Janeiro, foi funcionário público e militante político. Nos fim dos anos 1910, começou a participar de reuniões do Centro de Resistência Operária de Niterói. Dirigiu os jornais *O Debate*, em 1917, e *Voz do Povo*, de 1920 a 1922. Escreveu, em 1918, sob o pseudônimo Alex Pavel, o primeiro folheto em defesa da revolução bolchevista. Um dos fundadores do Partido Comunista do Brasil (PCB). Nos anos 1920, estabeleceu contato com Luís Carlos Prestes e aproximou-se ainda mais do comunismo russo. Nos anos 1930, seria afastado do Partido Comunista. Nos anos 1940, tornou-se cronista do *Diário de Notícias* e, em 1942, colaborou com a revista *Diretrizes*. Em 1945, seria readmitido no Partido Comunista e voltaria mais intensamente à vida política brasileira, bem como ampliaria sua colaboração na imprensa.

Conheci Astrojildo Pereira, como um dos fundadores do Partido Comunista do Brasil, isto é, um daqueles idealistas que, descontentes com a justiça burguesa e entusiasmados por uma nova fé, lançaram-se a uma vida de clandestinidade e sacrifícios pelo que lhes parecia ser a justiça e o progresso sociais. Foi um dos primeiros brasileiros a visitarem a Rússia depois da Revolução de 1917[637] e ali, pelo que sei, portou-se com a ingenuidade de um místico e o entusiasmo de um homem de bem. De tal modo descreveu as lutas no setor operário das fábricas de tecido do bairro da Gávea no Rio de Janeiro, a que chamou de Gávea Vermelha, que os homens do Komintern (Internacional Comunista),[638] então desinformados sobre o Brasil, julgaram tratar-se de uma região já sovietizada. (E chegaram a propor o envio de alguns tratores, como contribuição aos trabalhadores agrícolas do "Gávea Vermelha".) Tal era o ingênuo Astrojildo, idealista e homem de bem.

Em 1930, e daí por diante, ele propôs uma aliança dos comunistas com os liberais, certo de que este era o interesse dos que defendiam, como ele julgava fazê-lo, a liberdade e o progresso social. Por isto, foi expulso do Partido Comunista como traidor. Por isto, submeteram-no às mais terríveis acusações, às mais infamantes calúnias. Foi chamado de vendido, de delator, de tudo quanto o vocabulário reserva para essas circunstâncias.

Em 1945, quando os comunistas procuraram aliciar tudo que podiam para uma nova tentativa de tomada do poder por infiltração, usando novas táticas para atingir seus objetivos, Astrojildo Pereira veio a ser menos um autor do

637 Revolução de 1917, mais conhecida como Revolução Russa, foi o movimento que levou Nicolau II a abdicar do poder, então assumido pelos bolchevistas. Criou-se, nesse novo contexto sociopolítico, a República Socialista Federativa Soviética da Rússia, levando Lênin ao comando do país.

638 Komintern é a abreviação russa de Internacional Comunista, organização criada por Lênin e pelo bolchevismo para reunir os diversos partidos comunistas do Mundo. Fundado em 1919, suas atividades perduraram até 1943.

que uma vítima. Fez uma deplorável autocrítica, em que censurava tudo o que era nobre e valoroso em sua vida.

E se humilhava como um místico que é, para alcançar a graça de voltar ao partido de que fora em boa hora expulso. Usaram-no, desde então, como um cartaz. Hoje, envelhecido e doente, não seria justo que os comunistas ainda uma vez pudessem usá-lo e explorassem a sua boa-fé e o seu misticismo para desmoralizar a nossa revolução. Estou convencido de que ele não representa perigo algum para as instituições, informação que ele, certamente, não me perdoará. Mais do que isto, tenho a impressão de que o único perigo que ele representa é o fato de estar preso, o de ser vítima, o de poder servir de testemunho de desapreço nosso pela inteligência, equiparando-a à solércia com que outros servem, conscientemente, e eficazmente, ao totalitarismo comunista.

Em resumo: se o meu depoimento pode ser de alguma valia, rogo-lhe que revogue a prisão preventiva de Astrojildo Pereira e nos permita mandar para casa esse velho escritor, que é a maior vítima do envenenamento das ideias. Caso não lhe seja possível, peço-lhe que não me reduza a uma situação com a qual não me conformaria: a de ser, na Guanabara, carcereiro de um homem que aprecio, que respeito e cujo crime em nenhum caso dói mais do que o crime que cometeríamos se o deixássemos morrer na prisão.

Ainda uma vez, queira desculpar a interferência, que espero não tome por mal nem como sinal de fraqueza ou complacência. Não tenho com ele qualquer traço de amizade pessoal. Nada lhe devo, nem a troca de ideias, pois as suas eu já conheço e as minhas ele não entende.
Peço-lhe o obséquio de uma resposta, pela qual desde já lhe agradeço.[639]
Saudações atenciosas,

Carlos Lacerda

639 Logo após o recebimento desta carta, Astrojildo Pereira foi solto e, de fato, não resistiria aos problemas de saúde, vindo a falecer no ano seguinte.

RIO DE JANEIRO, 9 DE FEVEREIRO DE 1965

Senhor presidente,[640]

Um jornal respeitável, o *Jornal do Brasil*, divulga hoje que "acho bom o adiamento das eleições". Hoje, às 7 da manhã, de outro jornal me telefonaram perguntando se era exato o que o *Jornal do Brasil* publicava: que havia eu escrito uma carta a V. Exa. sugerindo o adiamento das eleições.

Sabe V. Exa. que isso é falso. Mas, de verdade, existe o fato. Escrevi a V. Exa. uma carta. Pela segunda vez, em pouco tempo, uma carta minha a V. Exa. é objeto de inconfidência, e de novo procurando me deixar mal sem nem sequer deixar V. Exa. bem. Pois, na verdade, ninguém fica bem servido pela intriga senão os intrigantes.

Na primeira, tendo V. Exa. me respondido com uma carta de quem se sentia magoado, mas de nenhum modo rompido, a versão dada à imprensa pelo indiscreto era que V. Exa. me escrevera uma carta rompendo comigo.

Como diz uma amiga minha, é uma injúria dizer que as mulheres gostam de intrigas. Quem gosta de intrigas, diz ela, são os políticos com muitas ambições e poucas ideias.

Tenho procurado ser humilde diante dos arrogantes. Continuo a ser um homem de boa-fé diante dos espertos; e tenho procurado fazer uma crítica construtiva.

Desta vez a intriga visa a dar a impressão de que o candidato à sucessão presidencial tem medo do julgamento do povo e "acho bom" o adiamento das eleições. Não acho bom. Poderei achar inevitável, dado que talvez seja um mal menor. Mas o modo pelo qual se está conduzindo − mais uma vez − a questão faz com que, legitimamente, se tenha dúvida sobre esse ponto.

Convém deixar claro: se considero justo o temor que existe no seu governo de ver derrotada a revolução nas eleições parciais de 1965, não duvido quanto à nossa vitória na eleição presidencial de 1966. A não ser que, a pretexto de união nacional, o governo de V. Exa. viesse a se engajar contra mim, com um candidato divisionista, o que não creio, pois, sem beneficiar o país, seria uma injustiça, e o

640 Carta enviada ao presidente da República, marechal Castelo Branco, ver nota 186.

povo não gosta dos injustos. De qualquer modo, considero a eleição de 1966 indispensável. Quanto à de 1965, parece-me temerário substituir a eleição por subterfúgios. Estou certo de que V. Exa. apresentará à nação razões capazes de convencê-la de que as eleições são inconvenientes, sem que o povo pense que a revolução foi feita para acabar com o direito do povo de escolher o seu governo.

Não tenho publicado as nossas cartas porque dou a V. Exa. o arbítrio de divulgá-las ou não. Mas honram-nos a ambos, portanto não há por que temê-las. Publiquei somente uma porque V. Exa. considerou útil a sua divulgação.

Desta vez V. Exa. me permitirá publicar o texto integral e autêntico para que todos o conheçam, em face da perigosa e crescente onda de confusão armada pelos intrigantes, que tentam apossar-se da revolução servindo-se dos seus líderes para atirá-los uns contra os outros. Enquanto se temem os decaídos, eu creio que devemos ter mais cuidado com os aderidos, pois esses são os que há muitos anos empresam a desgraça e o atraso econômico, político, administrativo e cultural do Brasil.

Considero necessário acrescentar à carta de ontem este esclarecimento: em 1966 levarei a democracia a juntar-se com a revolução, promovendo pelo voto do povo a transformação do país. Completaremos assim a revolução iniciada e bastante comprometida pela intriga e a perplexidade; e a submissão aos que se apossaram dela para realizar objetivos pessoais.

Isso será mais fácil se V. Exa. não permitir que a intriga nos separe. Sei bem o que é a manobra dos intrigantes, pois às vezes os tenho surpreendido a meu redor, também. É uma variedade maldita mas blandiciosa e renitente, que procura nos corromper pela lisonja, nos destruir pela adulação a pretexto de incondicionais e afasta de nós os amigos leais. Não há nada pior do que o falso esperto que, pensando iludir a todos, só a si mesmo se ilude.

Hei de me esforçar todo dia para que até o fim do meu governo V. Exa. não seja vítima com o país dessa fauna que já destruiu no Brasil várias revoluções. A mania da esperteza já levou este país à desgraça várias vezes. Compete-nos livrar o Brasil da esperteza assim como das táticas por amor à arte, sem estratégia definida, que reduzem a vida pública a um jogo de habilidade, a serviço de ambições sem grandeza.

Pois não sou o único prejudicado, uma vez que minha ambição pessoal é pouca e está bem atendida. Nem sequer me perturbam os insultos. Não eram menores os que me atiravam os auxiliares do seu malogrado antecessor.

Não tenho feito outra coisa senão do meu lado sustentá-lo. E fazer justiça a V. Exa. desde o instante em que promovi a indicação do seu nome e com outros governadores honrei-me por levar esse nome ilustre ao general Costa e Silva[641] e ao então presidente Ranieri Mazzilli,[642] insistindo junto a ambos de modo até impertinente pela imediata eleição de V. Exa. para a presidência da República. Vê V. Exa. pois que não pretendo eleições apenas porque sou candidato, mas também as quis para que V. Exa. fosse eleito.

De sua parte conheço as generosas referências à pessoa e à administração deste seu amigo. Resta portanto que todos

641 Artur da Costa e Silva (1899-1969), nascido em Taquari, no Rio Grande do Sul, foi militar e político. Participou das revoluções de 1922 e de 1930. No comando do IV Exército em 1961 e 1962, sediado na cidade de Recife, enfrentou no primeiro ano à frente desse cargo um período de intensa perturbação, quando estudantes se opuseram veementemente aos últimos momentos do governo de Jânio Quadros. Nos anos de 1962 e 1963, chefiou o Departamento Geral de Pessoal do Exército. Em 1963, chefiou o Departamento de Produção e Obras. Em 1964, com outros militares, especialmente com Castelo Branco, então chefe do Estado-Maior do Exército (EME), participou da organização de uma conspiração no estado da Guanabara contra o governo de João Goulart, ao qual era franco opositor. Ministro da Guerra de 1964 a 1966, sucedeu a Castelo Branco na presidência da República de 1967 a 1969.

642 Ranieri Mazzilli (1910-1975), nascido em Caconde, São Paulo, foi político. Em 1942, foi nomeado diretor do Tesouro Público Nacional e, em 1945, da Divisão do Imposto de Renda. Filiou-se ao Partido Social Democrático (PSD). No governo do general Eurico Dutra, tornou-se secretário-geral de Finanças da prefeitura do Distrito Federal. Em 1947, assumiu a direção da Caixa Econômica Federal do Rio de Janeiro, onde permaneceu até o ano seguinte, quando tornou-se diretor do Banco da Prefeitura do Distrito Federal. Foi nomeado chefe de gabinete do Ministério da Fazenda em 1949. De 1951 a 1967, foi deputado federal.

os seus auxiliares pelos quais V. Exa. se sente sempre e em todos os casos responsável respeitem a sua conduta e a imitem, respeitando-me.

Continuarei a lhe escrever sempre que me parecer útil ao país uma palavra de colaboração, da qual não exclui a advertência respeitosa e amiga. Não é justo, por isso mesmo, que o que eu digo seja torcido e usado contra mim, por meio de indiscrições sistematicamente sopradas por quem não tem mais o que fazer, ficando o povo sem saber o que escrevi e sabendo apenas a versão dos intrigantes.

Permita V. Exa. que me subscreva como, para honra minha, fez V. Exa. numa de suas cartas: Do seu companheiro de ideal.[643]

Após a renúncia de Jânio Quadros, porém, assumiu a presidência interina da República por 14 dias, uma vez que o vice João Goulart estava em viagem na China. Mazzilli governou o Brasil uma segunda vez, de 2 a 15 de abril de 1964, desta vez imediatamente após a deposição de João Goulart pelas forças do Exército.

643 Carta não assinada. Trata-se provavelmente de cópia do autor.

OFÍCIO GGG[644] Nº 151 18 DE FEVEREIRO DE 1965

Senhor ministro Golberi do Couto e Silva[645]

Venho pedir as suas providências para o que a seguir lhe exponho. Em maio do ano passado, pouco depois da vitória da Revolução, por ordem minha, o dr. Sérgio Lacerda[646] entregou-lhe um jogo de fotocópias de documentos oficiais que comprovam a transferência de dinheiros públicos, vindos da Suíça através de um banco em Nova York, para a empresa jornalística *Última Hora* que, com esse dinheiro, pagou sua dívida ao Banco do Brasil no momento em que o inquérito parlamentar sobre essa empresa ia produzir resultados saneadores em 1954.[647]

Na ocasião da entrega, feita no pressuposto de que essa prova seria devidamente utilizada, notadamente para apurar a origem do dinheiro, se brasileiro através de fundos ili-

644 Gabinete do Governador da Guanabara.

645 Golberi do Couto e Silva (1911-1987), nascido na cidade de Rio Grande, no Rio Grande do Sul, foi militar e político. Formado pela Escola de Estado-Maior do Exército, Golberi foi estagiário da Escola Militar Americana Fort Leavenworth War School. Na Europa, participou de ações da Força Expedicionária Brasileira durante a Segunda Guerra Mundial. Em 1961, tornou-se chefe de gabinete do presidente da República Jânio Quadros, que ele havia apoiado durante as eleições presidenciais. Com a renúncia de Jânio Quadros, solicitou afastamento de suas funções e foi promovido à patente de general de divisão. De 1964 a 1967, chefiou o Serviço Nacional de Informações (SNI), criado pelo então presidente da República, o marechal Castelo Branco. Em 1966, publicou a obra *Geopolítica do Brasil*, de grande destaque entre a comunidade de informações nacional e internacional. Em 1967, tornou-se ministro do Tribunal de Contas da União (TCU), cargo que ocupou até 1969. Durante o governo de Ernesto Geisel, de 1974 a 1981, foi nomeado ministro-chefe do Gabinete Civil. Conhecido como "eminência parda", Golberi é apontado como o idealizador do movimento político-militar de 1964, e também como aquele que, juntamente com o presidente Geisel, preparou a distensão e o fim da ditadura.

646 Sérgio Lacerda, ver nota 68.

citamente transferidos para o exterior, se estrangeiro, violando a Constituição no que se refere à sua influência sobre órgãos de informação, Vossa Excelência comprometeu-se a nos devolver esses documentos, caso não chegasse a utilizá-los. Decorridos cerca de dez meses dessa entrega e desse compromisso, estou certo de que Vossa Excelência não precisa mais dos documentos e não terá dúvida em no-los devolver.

Preciso desses documentos para meu arquivo, senhor ministro, e assim rogo o obséquio de fazê-los chegar às minhas mãos.

À sua disposição para qualquer esclarecimento, atenciosas saudações

CARLOS LACERDA
governador

SERVIÇO NACIONAL DE INFORMAÇÕES[648]

647 Ver nota 378.

648 Consta ao fim da primeira página do original datiloscrito esta frase manuscrita em caixa-alta, à caneta azul, sublinhada à caneta vermelha.

[A CASTELO BRANCO[650], 20 DE MARÇO DE 1965]

A não realização de eleições estaduais este ano — inspirada sobretudo na miragem da "coincidência de mandatos", que tem como alternativa para a escolha das Assembleias — me parece um erro contra o aperfeiçoamento da democracia. Uma vez que se afirma oficialmente a inconveniência de eleições, a solução é a adoção pura e simples da fórmula que o Congresso adotou em relação ao mandato presidencial: a prorrogação. V. Exa. conhece bem o meu ponto de vista. Não estou interessado em prorrogação, até porque teria que me desincompatibilizar para tentar merecer a honra de ser o seu sucessor. Não desejo assumir responsabilidades, aliás indeclináveis, em face do meu estado e dos demais. O melhor, o certo, o corajoso, o democrático é realizar eleições.[651]

650 Castelo Branco, ver nota 186.

651 O original desta carta não foi encontrado. Trata-se de fragmento reproduzido primeiramente por Luís Viana Filho em *O governo Castelo Branco*, da Livraria José Olympio Editora, em 1975 (p. 293); e depois outra vez, no livro de Cláudio Lacerda, *Carlos Lacerda, 10 anos depois*, publicado pela Nova Fronteira, em 1987 (pp. 155-156). Segundo Viana Filho, teria sido após o recebimento desta carta que o presidente Castelo Branco teria voltado atrás e se decidido pela realização das eleições estaduais. Consta no livro que "Castelo marcou as margens da carta com muitos pontos de exclamação." As eleições ocorreram em 3 de outubro de 1965, vencendo na Guanabara Francisco Negrão de Lima, pelo PSD, derrotando o candidato da UDN, Flexa Ribeiro (ver nota 184).

RIO [DE JANEIRO], 30 DE ABRIL DE 1965

652 Gustavo Corção (1896-1978), nascido na cidade do Rio de Janeiro, engenheiro de formação, foi escritor e jornalista. Em seus livros e artigos na imprensa revelava um agudo ponto de vista cristão sobre os acontecimentos. Autor de *A descoberta do outro* (1944), *Três alqueires e uma vaca* (1945), *Lições do abismo* (1950), este premiado pela UNESCO, entre outros.

653 Miguel Arrais de Alencar (1916-2005), nascido em Araripe, Ceará, foi político. Elegeu-se prefeito de Recife em 1959, por meio de uma coligação de partidos de esquerda. Durante sua gestão, empreendeu melhorias significativas na capital de Pernambuco e, entre suas principais realizações, destaca-se o Movimento de Cultura Popular (MCP), voltado para a alfabetização e a conscientização política. Com a renúncia de Jânio Quadros, em 1961, defendeu a posse do vice-presidente da República, João Goulart, e em seguida opôs-se à implantação do regime parlamentarista. Elegeu-se governador de Pernambuco em 1962 e aplicou medidas que buscavam melhorias das condições de vida da população, e promoveu, por meio de uma aliança com o comunismo e a Igreja, a sindicalização dos trabalhdores, especialmente os rurais, para o que encontrou forte resistência dos usineiros da região. Com o golpe de Estado

de 1964, Miguel Arrais seria destituído do cargo e aprisionado, asilando-se em 1965 na embaixada da Argélia e, em seguida, exilou-se em Argel. Retornaria ao Brasil em 1979, após a aprovação da Lei da Anistia. Foi eleito deputado federal várias vezes, e governou novamente o estado de Pernambuco de 1987 a 1990 e de 1995 a 1998.

Corção[652]

Tenho horror às polêmicas públicas entre católicos. Considero tais polêmicas motivos de escândalo não só para a comunidade religiosa a que pertencemos, como também para com aqueles que, para a sua infelicidade, não comungam da nossa Fé. Não darei, por isto, publicidade a esta minha carta, fazendo-a apenas circular entre meia dúzia de diletos amigos meus, entre os quais figuram ministros do Supremo Tribunal Federal.

Urge, meu caro Corção, que você desista de escrever sobre aquilo de que não entende. Está nesta categoria o seu descabido, infeliz e injusto artigo A SOBERANIA DO SUPREMO TRIBUNAL, onde há, também, uma referência igualmente descabida, infeliz e injusta à minha atuação como advogado.

Você começa por mostrar a sua total ignorância no assunto que, por paixão política e faccionismo partidário, deliberou tratar na coluna, em boa hora entregue ao seu talento, cultura, honradez e desinteresse, quando estabeleceu paralelo entre o procedimento ativo da mais Alta Corte de Justiça do País em defesa dos direitos do governador deposto de Pernambuco, dr. Miguel Arrais de Alencar,[653] e o procedimento omisso da mesma Corte relativamente àquilo que denuncia "a cubanização de nossa terra, já para não falar nos seus membros que guiam o fenômeno com inequívoco entusiasmo".

É mister que você saiba que o Supremo Tribunal Federal, como todos os demais tribunais e juízes do Brasil e de todos os países civilizados só se pronunciam a respeito de cada espécie, isto é, de cada caso particular que lhe é apresentado. O caso de Miguel Arrais foi apresentado ao Supremo Tribunal Federal por mim, tendo ele o dever de acolher ou rejeitar o meu pedido. Mas o tal processo de "cubanização da nossa terra" não foi nem poderia, jamais, ser apresentado ao Supremo Tribunal Federal para que se pronunciasse a respeito dele. Você, meu caro Corção, que gosta de chamar todo mundo de bobo, de bocó, de tolo, acaba de escrever uma tolice cuja extensão você mesmo não poderá nunca avaliar.

Nesse mesmo trecho, você se refere ao entusiasmo de alguns membros do Supremo Tribunal Federal pela "cubanização" da nossa terra. Esta sua afirmação é literalmente falsa, pois, membro nenhum do Supremo fez a apologia do regímen cubano. Pelo contrário, o Supremo Tribunal Federal, em decisão unânime, denegou a extradição de um cidadão de Cuba, quando o governo Fidel Castro,[654] que ainda mantinha relações diplomáticas com o Brasil, requereu, com base na nossa lei sobre extradição, a entrega desse cidadão cubano a fim de ser julgado pela Justiça daquele país. O extraditando, adversário do governo de Fidel Castro, não tinha recursos para pagar os honorários de um advogado, razão por que o Vítor Leal,[655] relator do processo,

---

654 Fidel Castro, ver nota 531.

655 Vítor Nunes Leal (1914-1985), nascido em Carangola, Minas Gerais, foi advogado, político e professor. Em 1939 e 1940, foi chefe de gabinete do ministro da Educação e Saúde Gustavo Capanema, tornando-se em seguida diretor do recém-criado Serviço de Documentação. De 1956 a 1959, chefiou o Gabinete Civil da Presidência da República. Em 1960, tornou-se consultor-geral da República e representou o Brasil na IV Reunião do Conselho de Jurisconsultos da Organização dos Estados Americanos (OEA) e do Congresso de Direito Administrativo. De 1960 a 1969, exerceu o cargo de ministro no Supremo Tribunal Federal. O presidente da República Artur da Costa e Silva decretou aposentadoria compulsória do Supremo Tribunal Federal não apenas para Vítor Nunes Leal, mas também para seus companheiros de trabalho Hermes Lima e Evandro Lins e Silva, em janeiro de 1969. Com Sepúlveda Pertence, José Guilherme Vilela, Pedro Gordilho e Cláudio Lacombe, criou a Sociedade Nunes Leal, em Brasília.

nomeou curador do extraditando o jovem e talentoso advogado Cláudio Lacombe.[656] Este sustentou, na defesa que ofereceu, a tese de que a Justiça de Cuba não apresentava as garantias indispensáveis de um julgamento isento, sereno e imparcial, sobretudo em se tratando de um adversário político do governo que dirigia os negócios daquela República. O ministro Vítor Leal, em voto de excepcional valor cultural, acolheu a brilhante defesa de Cláudio Lacombe, tendo sido acompanhado unanimemente pelos seus colegas, inclusive o Hermes Lima[657] e o Evandro Lins[658] que são, certamente, os ministros que você quis atingir e ferir. Aí tem você, meu querido Corção, a prova arrasadora da sua afirmação descabida, infeliz e injusta quer sobre a nossa mais Alta Corte de Justiça, quer sobre o procedimento de alguns de seus membros.

Prosseguindo na sua faina de falar daquilo de que não entende[,] você se permite atribuir ao Supremo Tribunal Federal como aos "advogados dos comunistas"[,] entre os quais me encontro, a idiota e imbecil convicção de que "não aconteceu nada em 31 de março". Tal afirmação sua, dileto amigo, é a consequência de se deixar vencer pela paixão e pelo facciosismo e meter-se a falar das coisas que estão inteiramente fora de seu conhecimento. Seja prudente para não incidir em tolices desta categoria. Acolha esta lição que lhe vou dar de graça e generosamente: existe, meu caro Corção, e como expressão dos propósitos disto que você chama Revolução, uma norma obrigatória para todos os brasileiros, inclusive você, e especialmente para o Supremo Tribunal Federal, que se chama ATO INSTITU-

656 Cláudio Penna Lacombe (1931-2012), advogado, foi ministro do Tribunal Superior Eleitoral de 1966 a 1969. Um dos criadores da Sociedade Nunes Leal, participou também da Comissão Provisória de Estudos Constitucionais, mais conhecida como Comissão Afonso Arinos, que elaborou o anteprojeto da Constituição Federal de 1988.

657 Hermes Lima, ver nota 110.

658 Evandro Lins e Silva (1912-2002), nascido em Parnaíba, no Piauí, foi advogado. Participou da criação da União Democrática Nacional (UDN). Também pertenceu ao Partido Socialista Brasileiro (PSB). Em 1955, tornou-se um dos nomes da Liga de Defesa da Legalidade, criada com

a finalidade de garantir as eleições presidenciais. De 1961 a 1963, trabalhou como procurador-geral da República. Em 1963, ocupou a função de chefe do Gabinete Civil da presidência da República e ainda nesse ano se tornaria ministro das Relações Exteriores e, logo em seguida, ministro do Supremo Tribunal Federal, mantendo-se no cargo até 1969, quando foi aposentado

CIONAL,[659] o qual foi imposto à Nação através de um manifesto, que assim termina: "Em nome da revolução vitoriosa, e no intuito de consolidar a sua vitória, de maneira a assegurar a realização dos seus objetivos e garantir ao País um governo capaz de atender aos anseios do povo brasileiro, o Comando Supremo da Revolução, representado pelos Comandantes-em-Chefe do Exército, da Marinha e da Aeronáutica, resolve editar o seguinte: ATO INSTITUCIONAL." Pois bem, meu caro Corção, o artigo 10 desse ATO INSTITUCIONAL preceitua, categoricamente: "São mantidas a Constituição de 1946 e as Constituições Estaduais e respectivas Emendas, com as modificações constantes deste Ato."

Aprenda, agora, eminente amigo: as decisões do Supremo Tribunal Federal têm sido proferidas com base na Constituição Federal, cujos textos não foram modificados pelos nove artigos seguintes desse ATO INSTITUCIONAL. Se o Supremo não respeitar tais artigos estará prevaricando, isto é, estará decidindo contra expressa disposição literal das leis mantidas por isto que você, como outros companheiros, chamam, com inequívoca impropriedade[,] a Revolução de Março,[660] a qual foi como a batalha de Itararé... não houve.

Falta-me o tempo para rebater as suas afirmações hostis ao Supremo Tribunal Federal, como órgão da virtude da Justiça em nosso país. Mas não posso perder a oportunidade de pôr debaixo de seus olhos estas palavras de Rui Barbosa[661] numa conferência que deveria pronunciar, mas não pronunciou, em 1914: "Era Platão quem dizia no seu *Criton*: 'Pense que possa existir um Estado sem leis, ou que as leis não sejam destruídas e aniquiladas, quando os

---

compulsoriamente por meio de um decreto do presidente da República Artur da Costa e Silva. Foi um dos mais importantes advogados brasileiros, defendendo com sucesso muitos casos importantes de personagens notáveis da história do Brasil da segunda metade do século XX.

659 Ver nota 564.

660 Realizado em 31 de março de 1964, este movimento político civil-militar depôs o então presidente da República João Goulart.

661 Rui Barbosa de Oliveira (1849-1923), nascido em Salvador, na Bahia, foi diplomata, jurista e político. Deputado provincial e geral, apoiou o Abolicionismo. Participou da reforma eleitoral de 1881, que

implementou o voto direto. Em seguida, pôs-se a favor do regime federativo. Foi ministro da Fazenda de 1889 a 1891. Exilou-se na Europa por ter sido acusado de participar da Revolta da Armada. Retornou ao Brasil e elegeu-se senador, em 1895. Candidatou-se à presidência da República nas eleições de 1910 e 1919. Sucedeu a Machado de Assis na presidência da Academia Brasileira de Letras.

julgados não têm força, quando cada qual as pode violar, subtraindo-se-lhes à execução?' Há cerca de vinte e quatro séculos que isto ensinava o filho de Ariston, e, obra de dois mil e quatrocentos anos depois, se com esse critério quisermos avaliar certas democracias, como a nossa, acharemos que os seus governos ainda se não embeberam destas milenárias vulgaridades, ainda se não convenceram de que a justiça é a essência do Estado."[662]

Em vez de citar Rui Barbosa, poderia citar santo Agostinho[663] que, na CIDADE DE DEUS, tem páginas geniais sobre a necessidade de se respeitar a Justiça, tanto como conceito e virtude como quanto órgão distribuidor daquilo que é devido a cada um. Infelizmente, o volume alucinante de minhas obrigações profissionais, nesta hora de arbítrio, prepotência e violência, não me permite conversar longamente com você, como seria de meu agrado.

Finalmente, a fim de que você seja mais justo para com o seu irmão em Fé, que luta pelo direito dos adversários, quando negado pelos correligionários, mando-lhe cópia das cartas que escrevi ao general Castelo Branco, em 9 de abril do ano passado, ao coronel Gerson de Pinna, em 24 do mês passado, ao embaixador da Rússia, em dezembro, também do ano passado, e a um amigo dileto, cujo nome acho que devo omitir.[664]

Espero que me perdoará a vivacidade de alguns trechos desta mensagem de amizade e confiança, afirmando-lhe que os direi sob o impulso de nobre e superior sentimento.

Do amigo e admirador, que lhe é grato pelas provas de solidariedade que lhe tem merecido,[665]

---

662 Trata-se de um trecho da conferência "A Justiça", parcialmente reproduzida no *Correio da Manhã* de 28 de fevereiro de 1914. Cf. GONÇALVES, Silvino. *Rui Barbosa: coletânea forense para os estudantes de direito*. Rio de Janeiro: Casa de Rui Barbosa, 1959.

663 Santo Agostinho (354--430), nascido na Argélia, foi professor de retórica, teólogo e padre da Igreja latina. Em 396, tornou-se bispo de Hipona. *Cidade de Deus* e *Confissões* são suas duas principais obras.

664 Estas cartas não constam deste volume. O coronel Gérson de Pinna foi o encarregado do Inquérito da Polícia Militar que investigou as atividades consideradas subversivas do extinto Instituto Superior de Estudos Brasileiros (ISEB). O embaixador da Rússia no Brasil, na época, era o sr. Andrey Fomin: sua permanência no país durou de 21 de novembro de 1962 a 30 de setembro de 1965. O "amigo dileto" não foi identificado.

665 Carta não assinada. Trata-se provavelmente de cópia do autor.

RIO [DE JANEIRO], 3 DE MAIO DE 1965

Corção[666]

Permita-me dizer-lhe, de alma humilde e coração contrito: a paz esteja com você. Insisto neste meu voto: a paz esteja com você, pondo em prática os conselhos e as sugestões do Santo Pedro (Padre) na Encíclica que dirigiu ao Mundo em 1º deste mês.[667]

Permita-me, ainda, e a propósito da sua referência aos "advogados dos comunistas", lembrar esta palavra de Nosso Senhor:

"Ouvistes que foi dito: amarás ao teu próximo e aborrecerás a teu inimigo. Mas eu vos digo: amai a vossos inimigos, fazei bem aos que vos têm ódio, e orai pelos que vos perseguem e caluniam. Para que sejais filhos de vosso Pai que está nos céus, o qual faz nascer o sol sobre bons e maus, e chover sobre justos e injustos. Porque, se vós não amais senão os que vos amam, que recompensa haveis de ter? Não fazem os publicanos o mesmo? E, se vós saudardes somente aos vossos irmãos, que fareis nisso de especial? Não fazem também assim os gentios? Sede, pois, vós perfeitos, como também vosso Pai Celestial é perfeito." (S. Mateus, c. 6, vv. 43/48).

Ao defender os comunistas, inocentes ou culpados, apenas me submeto a estes preceitos evangélicos. Se o comunista é inocente, como os chineses, por exemplo, denuncio as mistificações, comprovo as falsificações vergonhosas e desmascaro, através de prova impressionante, as mentiras deslavadas. Se a imprensa não quis dar publicidade aos meus clamores, fá-lo-ei em opúsculo que publicarei. Pelo fato de serem comunistas não perdem o direito de ser protegidos da verdade. É o que faço em favor dos comunistas perseguidos. Quando, porém, são culpados, limito-me a defendê-los dentro da prova autêntica, certa e idônea recolhida nos autos, impedindo os abusos e evitando os excessos dos seus adversários, a fim de que recebam a pena justa, fixada pela lei.

Reforço-me por ser isento e sereno, decidindo-me pelas exigências da verdade tal qual a descubro e percebo, sem me deixar empolgar pela opinião dos amigos ou dos desafetos, dos correligionários ou dos adversários. A prova disto você a terá, agora, nas cartas que escrevi ao Alceu[668] em 25 de janeiro e em 15 de março, tudo deste ano, e das quais lhe mando a cópia, com o pedido de a não utilizar senão discretamente e sem prejuízo deste nosso fraternal amigo.

Cordialmente, o todo seu e muito grato,[669]

666 Gustavo Corção, ver nota 652.

667 O papa Paulo VI publicou em 29 de abril de 1965 a encíclica *Mense Maio* ("Por ocasião do mês de maio"), em que convida os católicos a rezarem para a Virgem Maria durante o mês de maio.

668 Alceu Amoroso Lima, ver nota 376.

669 Carta não assinada.

RIO DE JANEIRO, 17 DE MAIO DE 1965

Senhor presidente,[670]

Tenho a honra de lhe entregar o trabalho que preparei sobre o programa econômico[-]financeiro do governo, com a alternativa que Vossa Excelência deseja receber.

No discurso que pronunciou no dia 12 deste, V. Exa. abriu a porta para um melhor entendimento do assunto e uma colaboração ainda a tempo de criar melhores condições para a revolução e para a população.

Parecendo, talvez, até intransigente a quem não está familiarizado com o "Programa de Ação Econômica", o ponto de vista de V. Exa., ao contrário, se não interpretei mal, é encorajador. Pois V. Exa. proclama que o planejamento não tem "meios precisos de informação e controle", e isto, segundo V. Exa., ainda depende da "institucionalização do Ministério do Planejamento". Insiste V. Exa. que "de não menor importância será o aperfeiçoamento de nosso sistema de informações estatísticas, o qual foi virtualmente conduzido ao colapso pelas administrações anteriores à revolução".

Ao reconhecimento dessa verdade falta, *data venia*, apenas acrescentar que o "programa" adotado é retórico e não está sendo cumprido, entre outras razões, porque não pode ser cumprido.

Rogo a V. Exa., pelo seu patriotismo e pela sua responsabilidade, leia o trabalho ao qual dediquei dias de esforço e que é para mim, sem exagero, um caso de consciência.

Considero muito grave a situação econômica do país. Mais grave, hoje, do que na véspera da revolução. Pois então todos tinham certeza de que aquela situação ia acabar. Hoje, sabemos que ou se acaba com esse "plano" ou esse "plano" acaba com a revolução e coloca o país num dilema insuportável: restauração ou ditadura. Ela merece mais do que a atenção dos técnicos, pois precisa da reflexão dos homens de Estado.

V. Exa. verá que não proponho "plano" nenhum, mas proponho uma alternativa à ideia de "planificar" sem esta-

670 Carta enviada ao presidente da República, marechal Castelo Branco. Ver nota 186.

tísticas e sem ditadura – condições mínimas para aplicar um planejamento ou programação econômica global.

V. Exa. encontrará, à hora que quiser, as alternativas quando ouvir as vozes autorizadas que se levantam em todo o país e às quais eu faço eco junto a V. Exa. Elas vêm de todos os setores.

As indicações que aí vão são gerais e básicas. Não são retóricas. Não improvisam "planejamento" onde ele não pode, não precisa e não deve existir. Estarei como sempre à disposição de V. Exa. para qualquer esclarecimento ou sugestão.

Permita que, para esclarecer confusões armadas pela maciça campanha dirigida todos estes dias contra a minha colaboração ao seu governo, eu divulgue junto com o estudo esta carta, que conclui por um voto de confiança na sua isenção e inspiração do seu patriotismo; pois foi com os mesmos sentimentos que a escrevi.

Carlos Lacerda

RIO DE JANEIRO, 25 DE MAIO DE 1965

Senhor presidente,[671]

No dia 17, acompanhado de uma carta, enviei a Vossa Excelência uma análise da política econômica que o governo vem seguindo e uma sugestão, ou "alternativa". Para isto, depois de estudar o assunto durante meses e ouvir as mais reputadas autoridades na matéria, louvei-me na sua frequente declaração de que precisa de alternativa para examinar as críticas.

Redigi de modo mais impessoal possível essa crítica e, de modo mais construtivo, a sugestão. Citei exemplos, uns graves, outros pitorescos, colhidos no texto oficial, para mostrar a inanidade do "plano" que não é plano. Fiquei certo de que Vossa Excelência ia estudar o assunto e dar resposta, após o exame, conforme declarou ao chefe da minha Casa Civil.

Antes disso, porém, o Ministério da Justiça requisitou uma cadeia nacional de rádio e tv e nela o ministro do Planejamento[672] desenvolveu um longo raciocínio com três aspectos fundamentais:

1. Resposta agressiva, repleta de falsidades e novas promessas, à análise da política econômica do governo.

2. Repulsa, com desprezo e com sofismas, à sugestão que fiz. Nenhum esforço sério para comprovar a alternativa que propus com a situação real do país.

3. Desaforos e infâmias contra mim e contra o meu governo. Combate político à minha candidatura à Presidência da República, encarada como se fosse uma afronta, pelo Ministério do Planejamento.

Sobre o primeiro aspecto dessas exposição, há muito que dizer. O ministro do Planejamento provou, perante o público, que nem ele mesmo toma a sério o "Programa de Ação" que fez Vossa Excelência adotar. Anotei cuidadosamente suas palavras e estou em condições de demonstrar que ele está agravando a crise que o governo encontrou, com outra que ele está fabricando. Daí, talvez, a sua indignação ao ver que exibi a realidade do pseudoprograma.

671 Carta enviada ao presidente da República, marechal Castelo Branco. Ver nota 186.

672 Trata-se de Roberto Campos. Ver nota 592.

A repulsa do plano, feita entre pretensões e ironia, e um soberbo desdém pela ignorância do "governo da Guanabara" e do público em geral comprovam que não se queria alternativa. Pois, mesmo ignorante, sei aprender com quem sabe. E conheço a situação do país e as repercussões dessa política melhor do que os que, tendo servido aos governos mais díspares, conseguiram conciliar o inconciliável.

O que se queria era "impor" uma determinada e obstinada política econômica. A alternativa ofende, precisamente, porque cria para o responsável imediato a desagradável situação de ter de dar uma explicação para uma política que não tem explicação.

Quanto às pretensas ironias, aos desaforos e infâmias, com que o ministro quis ferir-me, não passam de repetição de tudo quanto foi dito contra a minha atuação na vida pública por dignos correligionários, ex-colegas e ex-chefes do sr. Roberto Campos antes que ele se tornasse ministro da revolução em vez de eleger-se senador pelo PTB[673] de Mato Grosso.

O truque de dividir a carga tributária na Guanabara pelo número de habitantes e, assim, apresentá-la como excessiva foi usado, antes, pelo ex-deputado Saldanha Coelho.[674] A mentira de apresentar como estatísticas empresas estaduais totalmente dedicadas a fomentar a iniciativa privada, como a Copeg,[675] ou empresas de serviços públicos impostas pela circunstância de se ter tornado anacrônica a concessionária, como os casos da Cetel[676] e da CTC,[677] tudo isto são ardis de propagandistas do absurdo e defesa do indefensável, recorrendo à mentira pela impossibilidade de justificar a injustiça.

---

673 Partido Trabalhista Brasileiro.

674 José Saldanha da Gama Coelho Pinto (1926), nascido na cidade do Rio de Janeiro, foi escritor, jornalista e político. Filiado ao Partido Trabalhista Brasileiro (PTB), em 1960 elegeu-se deputado da Guanabara, tornando-se líder do seu partido e da oposição. Em 1964, com a publicação do Ato Institucional nº 1,

sofreu cassação. Foi preso e exilado, retornando ao Brasil apenas em 1979, após a Lei da Anistia. Autor de *Modernismo – estudos críticos* (1954), *Memórias de inverno* (1956), *Um deputado no exílio* (1965), entre outros.

675 Companhia Progresso do Estado da Guanabara (Copeg Crédito, Financiamento e Investimentos s.a.), com recursos aplicados, entre

outras áreas, em financiamentos habitacionais.

676 Companhia Estadual de Telefone.

677 Companhia de Transporte Coletivo.

A ideia de incluir como "ajuda" à Guanabara o pagamento do funcionalismo federal transferido ao Estado, quando da sua criação, por lei do Congresso, e lançar isto como argumento contra o meu estudo, visando a desmoralizar a proposta que encaminhei a Vossa Excelência e não a ele, não é do ministro de Vossa Excelência, é do ex-ministro do sr. João Goulart,[678] Abelardo Jurema,[679] que a usou muito em programas idênticos na televisão.

A ideia de me atribuir o crime de ter contribuído para a queda e suicídio de Getúlio Vargas[680] é a habitual covardia de muitos que, não podendo acusar as Forças Armadas desse suposto "crime", atribuem-no a mim, transformando-me em vítima expiatória de longas omissões e súbitas conversões.

A ideia de me atribuir a renúncia do sr. Jânio Quadros[681] e outras faz-me — pela primeira vez nos últimos anos — ficar pasmo. Como pode, quem tem essas opiniões, ser praticamente o orientador do governo da revolução no setor principal, que é o do "planejamento"?

Quanto à oposição que liderei contra o governo Kubitschek,[682] se foi odiosa e sistemática, por que cassou Vossa Excelência os direitos políticos desse benemérito presidente, cujo único erro foi afastar do BNDE[683] o grande ministro da revolução em que está metamorfoseado o sr. Roberto Campos?

O ministro do Planejamento procurou ironizar o que honestamente chamei de uma política de oportunismo econômico. Para me ofender, e ver se me irrita, atribuiu-me a prática de oportunismo político. A estupidez já não me irrita. Mas a mentira, sim. De todos os ataques, só esse é inédito.

---

678 João Goulart, ver nota 545.

679 Abelardo Jurema (1914-1999), nascido em Itabaiana, na Paraíba, foi advogado, político e professor. Em 1950, trabalhou na Confederação Nacional do Comércio (CNC) e na Confederação Nacional da Indústria (CNI). Foi deputado federal, senador; e, de 1963 a 1964, ministro da Justiça.

680 Getúlio Vargas, ver notas 39 e 115.

681 Jânio Quadros, ver nota 473.

682 Juscelino Kubitschek, ver nota 149.

683 Banco Nacional de Desenvolvimento Econômico, fundado em 1952.

Não pode provocar nenhum escândalo pregar um certo oportunismo econômico. Isto significa que a política econômica deve adaptar-se às circunstâncias, ser essencialmente pragmática, isto é, ser mantida ou alterada de acordo com os resultados efetivamente obtidos, sofrendo as adaptações necessárias.

A política econômica é por natureza contingente, por isso mesmo que é uma política. Só os tecnocratas presumem o contrário, enfatuados na infalibilidade da sua pseudociência.

A economia lida com o destino de um povo, de uma nação, por isso mesmo se chama "economia política", porque não pode ser dissociada da política. Só o marxismo alimentou a presunção de criar uma economia rigorosamente científica, baseada em dogmas, a que a política e tudo o mais deveria subordinar-se, rígida e inflexivelmente. Mas a experiência desmoralizou essa presunção. E na Rússia é a política que comanda a economia: quando a produção agrícola cai, elimina-se do governo o Kruschev.[684]

A economia política, ciência de certeza absoluta, de teorias inflexíveis, é apenas uma "falácia", como gosta de dizer o dr. Roberto Campos. Só os tecnocratas, para se valorizar, pretendem transformá-la em alguma coisa de esotérico ou escatológico. E assim submetem um povo e uma nação às experiências mais temerárias.

Uma política econômica há de ser necessariamente empírica, contingente e flexível, tendo em conta as circunstâncias complexas e variáveis que se verificam em cada povo ou nação, as contingências do momento, a conjuntura, as reações produzidas. Porque o seu alvo e o seu suporte é o povo, no seu conjunto; fator decisivo do seu êxito ou do seu malogro são as reações psicológicas do próprio povo, sem cuja adesão não poderá ser feito. E por aí se vê por que uma política econômica não pode ser científica, mas há de ser essencialmente "política", isto é, pragmática, circunstancial, contingente, oportunista.

O motivo essencial por que, depois de um ano, não tem logrado êxito a política do dr. Roberto Campos é que ela não se impôs à confiança da nação, isto é, não conseguiu criar a convicção de que ela ia dar certo, compensando

684 Nikita Kruschev, ver nota 533.

com os resultados os tremendos sacrifícios impostos. Isto apesar do prestígio moral desfrutado pelo presidente Castelo Branco e das esperanças que a revolução despertou.

Os dirigentes da política econômica começaram, repetidamente, a anunciar resultados efetivos com datas. E o que se viu até agora foram as sucessivas transferências de datas para o surgimento dos resultados anunciados.

Uma política econômica se julga pelos resultados concretos. Quem a julga é o homem da rua, é a dona de casa, ao fazer as suas compras nas feiras. Quando, depois de quatorze meses, é preciso ainda apresentar "gráficos" para explicar porque os resultados concretos não vieram, isto não é de molde a fazer ressurgir a confiança perdida.

Até agora, o conselho dado era o de não comprar, para que os preços baixassem, pela estagnação do movimento do comércio e da indústria. De repente, houve uma mudança radical: agora se aconselha a compra para reanimar os negócios paralisados. Não seria isso "oportunismo econômico"?

Exemplos mais signficativos de empirismo e pragmatismo na ação de combate a crises econômicas se encontram nos líderes que enfrentaram as duas maiores crises econômicas do século: o dr. Schacht[685] e Roosevelt.[686] A imaginação do primeiro, inventando fórmulas mágicas, é que livrou a Alemanha da inflação que a desagregara (e ele conta a proeza no livro que se chama significativamente *Memórias de um mágico*). E o *New Deal* foi essencialmente uma política empírica, oportunista, improvisada – conduzida genialmente por Roosevelt para reerguer os Estados Unidos do fundo do abismo da depressão.

---

685 Hjalmar Schacht (1877-1970), nascido em Tinglev, na Alemanha, foi banqueiro e economista. Tornou-se internacionalmente reconhecido pelo controle da hiperinflação na Alemanha, nos anos 1920. De 1934 a 1937, foi ministro do governo de Adolf Hitler.

686 Franklin Delano Roosevelt (1882-1945), nascido em Nova York, foi eleito presidente da República dos EUA em 1933. Durante seu governo, combateu a uma grande depressão econômica por meio do *New Deal*. Desenvolveu uma política voltada para a redução do desemprego e para a melhoria das condições de trabalho. Foi reeleito em 1936, 1940 e 1944, apoiando a França e a Inglaterra durante a Segunda Guerra Mundial. Nos últimos anos da guerra, reuniu-se várias vezes com Churchill e Stálin, representantes do Reino Unido e da União Soviética, respectivamente, para juntos decidirem a ocupação da Alemanha, as fronteiras e os rumos da Europa após a eminente vitória dos aliados. Faleceu durante seu quarto mandato, meses antes do final da Guerra.

687 Partido Trabalhista Brasileiro e Partido Social Democrático, respectivamente.

O próprio dr. Campos reconhece na folha 8 do seu livro *Economia, planejamento e nacionalismo*, que há entre o céu e a terra mais coisas do que sonha a sua vã filosofia, e que os fatos teimosos se encarregam de destruir teorias e preconceitos, quando a experiência passa do laboratório para o meio social.

A importância dominadora da política entra pelos olhos: se a revolução perder a batalha política, perderá todas as outras, inclusive a da inflação, pois devolvendo o poder ao PTB e ao PSD[687] será reinstaurado o reino da demagogia, com a desordem administrativa.

Ao fim de duas horas e meia de ataques do sr. Roberto Campos, ficou de pé o tema central de minha análise. Por isso continua a campanha contra o estudo e a proposta que fiz a Vossa Excelência de uma alternativa para a ciência econômica.

O tema central de minha crítica, fundamento da alternativa que propus, era este:

1. O setor mais inflacionário da economia é o estatal.

2. Este não pode ser reduzido, nem a sua eficiência aumentada, em pouco tempo. Nem em treze meses nem em dois anos nem, talvez, num quatriênio.

3. Logo, não se deve contar com o fim da inflação tão cedo; pois o setor maior e mais inflacionário – o da economia estatizada – não pode ser recuperado.

4. O que não convém é, mantendo a área estatal inflacionária, esvaziar a área da economia privada para custear a estatal.

5. Por isto, contando como inevitável certo grau de inflação durante certo número de anos, concentrar nossos esforços em provocar a baixa regressiva, racional e cautelosa, da taxa inflacionária; e, ao mesmo tempo, desencadear a produção.

6. Para isto, convém dotar a iniciativa privada de meios para ajudar o país a sair da inflação, com produção. E ativar urgentemente a administração pública, melhorando a sua produtividade por providências audaciosas. Pois a área estatizada, abrangendo mais da metade da economia nacional, é a grande área de desperdício e da exigência de recursos, até aqui retirados da iniciativa privada – como antes eram retirados da emissão de papel-moeda.

7. Para isto, ainda, é essencial uma política de fé, de mobilização do povo, de atenção para com os seus problemas e motivações.

Eis o que o seu ministro toma como um insulto a um governo que, pela sua voz, aceita o debate mas se ofende com ele, pede alternativas mas as repele quando são oferecidas — e que oficialmente me atribui crimes sem os quais o seu governo não existiria.

Não me faltam, como é fácil supor, argumentos nem palavras para repelir e destruir a argumentação do ministro, quer nas contradições consigo mesmo, quer nos aspectos políticos de sua exposição.

Em nome do seu planejamento, a Constituição está sendo violada para proteger os interesses de grupos como o do sr. Roberto Marinho,[688] associado a interesses do rádio e televisão norte-americanos no Brasil, em frontal violação das leis e do Código de Telecomunicações. Ninguém me há de pôr a pecha de antiamericano, como antes a de americanófilo. Não se trata de ser pró ou contra terceiros, e sim de exigir o cumprimento da lei, que não permite tais associações, menos ainda por via oblíqua e por meio de subterfúgios. Tais favores se pagam em insultos e intrigas contra mim e lisonjas aos que passam a mão pela cabeça desses instrumentos de manobras escusas.

Mas, senhor presidente, meu estudo — que não é só meu, mas de gente que entende do assunto mais do que o sr. Roberto Campos, porque conhece o Brasil, que ele desconhece — foi endereçado a Vossa Excelência. Levei-o ao conhecimento do povo, para que ele não ficasse no desconhecimento das minhas razões e à mercê da máquina de deformação das informações e corrupção da opinião pública, que está sendo montada. A soberba e a campanha política do ministro do Planejamento não constituem, pois, uma resposta e sim, apenas, desculpas de mau pagador.

Dizer que estou impedindo a vinda de capital estrangeiro, para explicar a não-vinda do capital anunciado; que estou destruindo a fé dos brasileiros na política econômica quando incluo a confiança do governo *no* povo (e não apenas *do* povo no governo) como condição de êxito de uma política de reconstrução; que estou escorchando de impos-

688 Roberto Marinho, ver nota 615.

tos o povo carioca; que vivemos, na Guanabara, da "ajuda" federal, aliás muito mais prometida do que recebida; que derrubei governos – sem cuja derrubada, feita pelas Forças Armadas com a minha modesta colaboração, não é resposta adequada. O seu ataque deveria ser feito às Forças Armadas, em última análise, a Vossa Excelência, que privou de direitos políticos esses grandes estadistas aos quais me opus, com escândalo e revolta do ministro do Planejamento.

Dizer que o plano não é plano, que as projeções são "inocentes exercícios estatísticos", não é razão suficiente embora baste como confissão de que nem o ministro toma a sério o "Programa de Ação" que impingiu ao governo.

Em defesa do meu nome e do meu governo, vou responder ao ministro na TV, embora sem as facilidades da requisição oficial para a cadeia de insultos contra o governo do estado e contra o candidato à presidência – encarado como um ambicioso impertinente porque ousa, depois da revolução, ser o que já era antes: candidato a governar o Brasil pelo voto do povo.

Mas não é isto o que mais interessa ao país e a mim, e certamente também a Vossa Excelência.

O que interessa mais é um exame superior, objetivo, sereno, dos resultados da aplicação da política econômica que Vossa Excelência adotou nos primeiros dias do governo e que pode, sem desdouro, ser modificada para melhor; e a possibilidade de válidas alternativas que, sem perder de vista o combate à inflação, sejam suficientemente realistas para não criar uma crise sobre a outra, deflagrando crise social, política e consequentemente militar de trágicas proporções.

A luta contra a inflação e a necessidade de sacrifícios para vencê-las são pontos sobre os quais todos estão de acordo. Não é, pois, aludindo a esses pontos que se consegue demonstrar o acerto da política adotada. Pois esta provoca uma crise social para a qual a nação não está preparada e, portanto, resultados opostos aos visados com o combate à inflação. Por outras palavras, "diminuir a produção é provocar, mais e não menos, as emissões de papel-moeda". Provocar o desemprego e a ansiedade não é criar condições para a produção e sim para o ódio do povo contra ela e a consequente reabilitação daqueles que ela derrubou.

A linguagem, os argumentos, a orientação dada pelo ministro do Planejamento à sua polêmica demonstram que será inútil discutir com ele em termos de saber qual a política que mais convém à revolução. Ele nada tem com ela e é contra ela, na medida em que ela derrubou aqueles aos quais antes servia – como servirá amanhã a quem quer que, sucedendo a Vossa Excelência, queira utilizar-se de seus serviços.

Meu objetivo é diferente. Minha linguagem é outra. Justamente o meu maior defeito é não saber ser oportunista, e às vezes não ser sequer oportuno.

Considero do meu dever pedir a Vossa Excelência que examine, de espírito aberto e sem prevenções, os argumentos que lhe apresentei e a alternativa que formulei como o líder ao qual confiamos a chefia do governo de uma revolução, que não pode levar o país para atrás. Não ponho em dúvida a sinceridade e a honestidade de propósitos de Vossa Excelência. Igualmente sei que Vossa Excelência, ao contrário do ministro, não tem dúvida quanto a idênticos sentimentos de minha parte.

Conviria, pois, examinar os resultados e perspectivas da política econômica com os responsáveis pela revolução, não com os seus inimigos, estejam estes ou não ocupando postos eminentes no governo.

Continuo à disposição de Vossa Excelência para participar do exame do assunto, à luz da alternativa que ofereci ou de outra que Vossa Excelência admita ao seu exame. Não considero satisfatória a resposta do sr. Roberto Campos. Uma análise dessa resposta bastará para mostrar os sofismas em que ele se especializou, pelo que vejo a única bagagem que ele trouxe da lógica que aprendeu no seminário.

Não enderecei a Vossa Excelência o estudo e a carta que o acompanhou apenas para uma polêmica e sim para ter uma base sobre a qual pudéssemos colaborar com Vossa Excelência para uma política adequada à consecução de seus objetivos.

Senhor presidente: faço-lhe um apelo, à inteligência e à sensibilidade, para que abra seu espírito ao exame desapaixonado da política econômica, tão ligada à situação geral e ao destino da revolução.

Coloco à sua disposição, sem pretensões pessoais ou secreto desígnio, os trinta anos de "ave agourenta", como diz o seu ministro; o meu agouro consistiu em prever, por intuição e por experiência de quem aprendeu à própria custa a avaliar o resultado de erros de boa ou má-fé, a sorte do país. Creio estar em condições de prever, sem precisar de adivinhação planejante, o que vai acontecer ao país se a dureza de uma política econômica sem flexibilidade persistir sem contraste e sem crítica válida.

Já estou vendo alguma coisa mudar, disfarçadamente, depois que as críticas se acentuaram. Vejo, portanto, que as críticas não são de todo inúteis... Já se trata de suspender a cobrança de impostos da indústria têxtil, cujos trabalhadores estão sendo postos na rua ou não recebem – como no caso de uma grande fábrica do Rio – há dois meses. Vejo, assim, que a crítica, apesar de repelida com desprezo e ódio, provoca paliativos – pelo menos para não dar o braço a torcer. Mas isso não resolve. O que resolve é um exame sério da crise para a adoção de uma política econômica realista – repito, um oportunismo econômico que, de olho aberto na inflação, não feche os olhos à produção.

A máquina de propaganda e de corrupção da opinião pública já montada e funcionando vai eliminar, dentro em pouco, as fontes da crítica. Vossa Excelência só ouvirá o coro das louvações. Mas o país pode estourar no meio dos foguetes da lisonja. Creio, senhor presidente, que tenho alguma experiência da vida nacional. Foi assim que se perderam várias revoluções.

Minha aflição é real, minha preocupação é sincera. Vossa Excelência é testemunha do meu desinteresse pessoal, da sinceridade dos meus propósitos, que nem os meus adversários mais ferrenhos negaram, a não ser alguns mais odientos – e agora, o ministro do Planejamento do seu governo, que se alistou na escola dos ministros do sr. João Goulart e lhes repete, servilmente, os argumentos; mesmo porque não tenho, com quem quer que seja, problema pessoal acima do interesse público. Talvez seja isto o que ele chama a minha incoerência, pois um carreirista nunca pode entender esse modo de encarar tais assuntos.

O ódio desse ministro não constitui resposta adequada

ao que escrevi a Vossa Excelência. Nem bastam os seus sofismas para destruir o que está à vista de toda a nação e, ainda há dias, era resumido pelo governador de Minas[689] nestas palavras: "O programa econômico do governo já fracassou." E pelo secretário da Fazenda de São Paulo,[690] a nestas: "Está ocorrendo um fenômeno assustador no Brasil, principalmente em São Paulo, qual seja a redução dos dias de trabalho na indústria. (…) O país continua em pleno processo inflacionário, embora o governo esteja empenhado em conter o ritmo da inflação."

Quando embaixador do governo Goulart, o sr. Campos sustentou algo bem parecido com o que agora digo e tanta repulsa e soberbo desdém lhe provoca. Vossa Excelência tenha a bondade de ler o que a seguir transcrevo.

A 19 de agosto de 1962, num banquete da Sociedade Panamericana, em Nova York, foi dito o seguinte: "O ano de 1962 vai ser testemunha de um ressurgimento na produção do Brasil." E mais: a inflação é ruim, mas não é "mera exibição de desídia moral", e sim um fato sociológico.

Foi dito ainda:

"O trabalho de uma sociedade, tanto em tempo de glória como de contrariedade, deve ser julgado com base nos diversos índices de natureza política, e social, e econômica. No recente caso brasileiro, uma obsessiva concentração de atenção (da crítica) no impulso inflacionário levou muitos analistas a descartarem progressos significativos em outras áreas.

["]Com a aparição de uma profunda crise constitucional provocada pela renúncia do presidente Quadros, a nação esteve perante certo número de objetivos sociais preferentes.

["]O primeiro e principal foi a manutenção da trama de uma sociedade abertamente democrática. O segundo foi a preservação do elevado índice de desenvolvimento econômico. O terceiro foi a consecução de maior medida de autonomia das decisões que levam ao progresso. E o quarto foi a manutenção de razoável grau de estabilidade de preços.

["]O primeiro objetivo parece ter sido conseguido substancialmente diante das grandes tensões internas. O Brasil está a se aproximar do fim da indecisão e em 6 de janeiro irá decidir sobre a restauração do regime presidencialista ou a

689 Magalhães Pinto, ver nota 470.

690 O secretário de Fazenda do estado de São Paulo nesta época, durante o governo Ademar de Barros, era José Adolpho da Silva Gordo, que permaneceu no cargo de 26 de novembro 1963 a 06 de junho 1966.

continuação do regime parlamentarista. Preservou-se uma sociedade aberta e de debate livre, *não manchada por golpe militar algum* [o grifo é meu], nem pela suspensão de direitos constitucionais e nem imposição de controles autoritários."

A seguir foi dito ainda:

"...Em segundo lugar, está o critério de que os países com inflação estão forçosamente infringindo o princípio do esforço próprio. Isto poderia ser exato se a inflação não fosse acompanhada de crescimento e estivesse consumindo grandes recursos de moeda estrangeira com gastos excessivos de importação, circunstâncias que certamente não são características da inflação brasileira, na qual se manteve o crescimento e a dieta das importações."

Isto, senhor presidente, é muito mais do que eu disse. É muito mais do que diria qualquer pessoa de bom senso: a inflação acompanhada de crescimento, eis o que o embaixador Roberto Campos elogiava no governo Goulart.

Sua principal conclusão foi esta: "perdem lamentavelmente de vista o ponto fundamental os que não se dão conta de que um risco ainda maior [do que a inflação] é a estagnação econômica."

Estas são as palavras do seu ministro do Planejamento, em plena inflação do governo João Goulart. A política mudou, mas a economia não.

Estas palavras, publicadas nos jornais do Rio [de Janeiro] a 21 de dezembro de 1962, foram pronunciadas pelo atual ministro da revolução Roberto Campos, quando embaixador do governo Goulart em Washington. (Junto a fotocópia do jornal que transcreveu tal discurso.)

Vê Vossa Excelência, por esse singelo exemplo, que ele encontra justificação para qualquer política, sempre servindo-se do mesmo jargão econômico. Quando em palavras mais simples disse algo semelhante ao que ele dissera, com a fundamental diferença de não confundir inflação com crescimento, sou por ele insultado e chamado – "Santo Deus!", como ele diz a cada passo – de oportunista político, de candidato messiânico, de destruidor, *etc.*

Não tem, pois, autoridade para dar resposta a uma crítica objetiva e rejeitar, de plano, uma alternativa que Vossa Excelência reclamava. A alternativa está baseada em pressupostos que o sr. Roberto Campos não destruiu, antes confirmou:

1. Não se pode marcar prazo para acabar a inflação.

2. A maior área inflacionária é a de atividade econômica estatizada.

3. Essa área estatizada da economia (mais de cinquenta por cento) não pode ser custeada pelo esvaziamento da área da economia privada, porque esta é que produz mais para o país. Não se destrói o que é razoavelmente bom para salvar o que é razoavelmente ruim.

4. Também não pode ser esvaziada a própria área estatizada, porque há um núcleo de atividades econômicas, pioneiras e fundamentais que tem de permanecer com o Estado e outras que, mesmo erradas e até ruinosas, não podem ser rapidamente regularizadas pelo governo. Mesmo as que podem ser descartadas não o são com pouco tempo nem com facilidade.

5. A conclusão lógica, inevitável, é que teremos que conviver com inflação por algum tempo e devemos limitá-la, reduzi-la, mas na certeza de que não podemos destruí-la a prazo fixo.

6. Por isto, ainda, o aumento da produção deve ser um objetivo imediato.

7. Por isto, ainda, a mobilização do povo, o "investimento de confiança no Brasil", tem de ser a meta principal, imediata, do governo.

Não é sem melancolia, senhor presidente, que vejo repetidos por um ministro do seu governo os argumentos contra mim proferidos por aqueles que Vossa Excelência derrubou do poder, com a minha desvaliosa mas leal ajuda. A custo venço a repugnância de ver a desenvoltura com que os aproveitadores da revolução cobrem Vossa Excelência de lisonjas para melhor insultarem os seus companheiros que têm, no êxito do seu governo e da revolução, um interesse maior do que simplesmente o de defender o cargo.

Mas há muito me habituei a sofrer essas incompreensões e injustiças para não perder de vista o meu objetivo, que é o de servir ao Brasil.

Nunca disse que a alternativa que propus fosse a melhor, nem a definitiva. Mas que a política que o sr. Campos recomendou ao governo da revolução não é a melhor e não deve ser a definitiva, não tenho dúvidas. Depois da sua arenga, ainda mais me convenci – pois praticamente ele confessou que não leva a sério o "Programa de Ação" para o qual obteve a aprovação de Vossa Excelência.

E por isso advirto, e por isso disponho-me a sofrer, de novo, de membros de seu governo, o que já sofri daqueles que a revolução e Vossa Excelência privaram de direitos políticos.

Lamento perturbar a euforia dos pretensos resultados da política econômica do governo com estas palavras. Elas não produzem mágoas, que sei esquecer, nem suscetibilidades, que não importam diante do que é mais importante para todos nós, o interesse do país a que servimos.

Tenho silenciado, talvez demais, cedi a erros evidentes, como a prorrogação do seu mandato – não por Vossa Excelência, mas pelo princípio, que foi errado – e o pretexto, que era falso mas enganou a muitos de boa-fé. Cedi deixando de responder ao ministro Roberto Campos quando de sua primeira onda de sofismas e de intrigas. Escrevi a Vossa Excelência uma carta que é a maior prova da minha confiança e do apoio que eu lhe poderia dar e que, naquele exato momento, deixou sem resposta o ministro para não parecer que atingia o seu governo.

Cedi quando, durante todo esse tempo, contendo as minhas apreensões, vejo a política tomar conta das atividades principais do governo, enquanto a atividade econômica fica entregue a um senhor especializado, que não tem com a revolução qualquer afinidade e serve a qualquer senhor, portanto, não serve realmente a nenhum.

Agora, não é mais possível silenciar sem faltar gravemente aos meus deveres de cidadão. Só espero que Vossa Excelência se disponha a ouvir quem deseja o seu bem e o do país.

Senhor presidente, embora tratado como oportunista, um demagogo e um ignorante, um importuno e um mentiroso, pelo ministro que me acusa de ter derrubado os governos que Vossa Excelência e o Exército derrubaram, e sem cuja derrubada não seria presidente – embora ele pudesse ser ministro de qualquer desses governos, que o tocaram para fora –, não me envergonho de insistir com a

Vossa Excelência. Porque o nosso amor ao Brasil deve ser maior que o amor-próprio.

Por isto, insisto. Requeiro a Vossa Excelência o direito elementar de ver examinada a minha crítica e a minha proposta com seriedade e objetividade, não com verdadeiro ódio e zombaria. O pedantismo nunca me impressionou; nem a insolência me intimida.

Criou-se um tabu que convém aos charlatães da economia; o de que não pode falar de economia política quem não foi economista. Isto é falso, como tantas outras noções que se enraizaram nas pessoas desprevenidas. O fato de não saber misturar os temperos na panela não nos impede de julgar se a comida está ou não bem-temperada. Não é preciso ser cozinheiro para saber se a comida é boa.

Estão em causa coisas mais sérias do que a vaidade e a lisonja. Estão em causa o destino da revolução, o do governo que ajudamos a formar quando — numa demonstração de confiança — levamos o nome de Vossa Excelência ao general Costa e Silva[691] e pedi ao presidente em exercício, sr. Mazzilli,[692] que encurtasse o seu mandato para tornar possível a ascensão de Vossa Excelência à presidência da República. Assim se construiu o governo da revolução, que não foi eleito pelo povo, mas praticamente imposto pelas armas com as cautelas apenas necessárias para salvar as aparências e não interromper a continuidade do processo de ascensão do Brasil à democracia.

Bem sei que Vossa Excelência pode dispensar o meu apoio para governar. Mas, peço-lhe que despreze a alegação — com a qual se procura inutilizar o meu esforço — de que falo como candidato, em função de uma ambição política. A mediocridade dominante na política brasileira desde o seu esvaziamento pela ditadura tende sempre a atribuir miseráveis ambições a quem tem altas aspirações. Permita dizer-lhe, presidente, que ao lado de muitos erros que não escondo, e dos quais sempre procuro corrigir-me, tenho dado exemplos de desambição que me autorizam a, nesta matéria, dar e não receber lições de quem quer que seja. Não preciso e não quero, como candidato, criticar o seu governo nem pôr em dúvida sua autoridade. Como candidato, meu interesse talvez seja o oposto disto. O que

691 Costa e Silva, ver nota 641.

692 Ranieri Mazzilli, ver nota 642.

me leva a propor uma alternativa para a política econômica atual é precisamente o interesse que tenho no êxito da revolução e do seu governo, ao qual está ligado não apenas o meu destino político mas a minha vida e a dos meus. Pois, senhor presidente, permita lembrar, já que membros do seu governo não sabem, eu não arrisquei uma embaixada para ser ministro, eu arrisquei a minha vida para que Vossa Excelência pudesse chefiar uma revolução que, sem a nossa resistência, não se teria realizado a tempo de evitar a guerra civil ou a tirania.

É tempo de reunir os companheiros da revolução e examinar com eles, de alma aberta, o que está errado e o que está certo. O que não é possível para nos destruir, mas para destruir o país com a mesma desenvoltura com que colaboraram na situação que forçou o Brasil a fazer uma revolução para se defender de tais salvadores.

Eis o que, por dever de consciência, e tendo sempre a minha parcela de responsabilidade no destino da revolução e do país, menos na qualidade, de que não abro mão, de candidato à sucessão presidencial do que na de governador de estado e companheiro de Revolução, julgo-me no direito de dizer a Vossa Excelência, a propósito do estudo que lhe enviei.

Já tive ocasião de dizer a Vossa Excelência e quero repetir de público: o que se conseguiu de positivo na política econômica, até agora, não foi resultado de "programa" nenhum; foi efeito puro e simples da própria revolução.

É tempo de reconhecer isto e tirar desse reconhecimento as necessárias conclusões.

Sei que Vossa Excelência não tem tempo para debates acadêmicos. Estou convencido, também, de que esse assunto merece mais tempo do que intermináveis questões políticas cujas soluções, afinal, nada resolvem para o país – cuja sorte está presa aos rumos da política econômica que lhe foi imposta.

Ouça Vossa Excelência os entendidos, os que têm experiência desses assuntos. As críticas não visam a ferir ninguém nem a defender outro interesse que não seja o do Brasil. As insinuações do seu ministro, neste particular, são cusparadas para o ar e não me atingem, como Vossa

Excelência bem sabe. Outros mais qualificados já pretenderam desmoralizar-me, enquanto silenciavam os tímidos e compravam aplausos por favores indevidos – e isso nada adiantou ao Brasil.

O que nos ofende, senhor presidente, é ver como somos equiparados a quem não tem condições nem sequer morais para esse equiparação. O que nos preocupa é ver a sorte da revolução dependente de quem tem sobre ela opiniões tão diversas da nossa, que nos acusam, como se fosse crime, de ter contribuído para que ela fosse, afinal, realizada.

Responderei aos sofismas e às acusações do ministro Campos, como é do meu direito, em razão dos reflexos que o meu silêncio, como da vez passada, teria sobre a opinião pública. Mas o que interessa ao país, penso, é a renovação do apelo, que constantemente formulo, para que Vossa Excelência examine a alternativa que propus, e inclua a reforma do ministério como instrumento de ampliação do crédito ao governo, de base popular para ele para permitir que os sacrifícios necessários tenham a adesão do povo e não precisem da corrupção para tentar convencer o povo de que o estão salvando quando lhe tomam o emprego e lhe destroem a esperança.

Finalmente, permitirá que eu cite, contra a atual política econômica, o economista Roberto Campos.

Veja Vossa Excelência:

"Fala quem sabe – (...) O importante é escolher o método correto. Quem procura combater a alta de preços, cortando apenas o crédito bancário e deixando que se ampliem lascivamente os gastos do governo, estará prejudicando o desenvolvimento sem, na realidade, conter o custo de vida. Quem, ao disciplinar as despesas do governo, só comprimir as de investimento, sem conter as de custeio, não estará fazendo nem estabilização nem desenvolvimento. Estará apenas fazendo besteira.[693]

["]Elogio da incoerência e crítica ao Programa do Partido Democrático. (...) Com a cota de incoerência que é o privilégio dos homens inteligentes, das mulheres bonitas e dos governos realistas, a plataforma democrática prometeu ao mesmo tempo maior esforço armamentista, maiores despesas públicas e maior auxílio às nações subdesenvolvidas."[694]

693 Cf. CAMPOS, Roberto. *A moeda, o governo e o tempo*. Rio de Janeiro: APEC, 1964. p. 33.

694 Idem, ibidem, p. 50.

"...Se o Gabinete ontem eleito, que conta com personalidades de alto calibre intelectual e ampla experiência administrativa, puser a máquina administrativa a serviço de um planejamento de longo prazo, que sobreviva ao entrechoque parlamentar, terá feito vingar, em condições difíceis, um nobre experimento."[695] O sr. Roberto Campos disse que rompeu com o presidente Juscelino Kubitschek. A verdade é outra. Ela se encontra no discurso de despedida do sr. Campos, "servidor público", que ocupou cargos em todos os governos que a revolução derrubou e hoje é o principal ministro civil da revolução — pois comanda a economia. Eis o que ele dizia do sr. Kubitschek, ao sair posto fora do BNDE.

"...A minha palavra final é de agradecimento ao presidente Juscelino Kubitschek, que sempre me distinguiu com sua amizade e confiança, designando-me presidente do Banco e secretário-geral do Conselho de Desenvolvimento. Sua obra de governo já é importante e ganhará mais vulto e significado quando vista na moldura da História. A sua Excelência auguro, para o bem comum, uma gestão serena e profícua."[696]

Saindo dessas alturas, cabe citar um livro de divulgação, muito útil. Que tem o significativo título *L'Economie des mandarins*:

"A política econômica é uma questão de circunstâncias. Na hora em que escrevo este ensaio, os dados da política econômica no nosso país já se modificaram. Na hora em que chegarem aos seus leitores, terão, mais uma vez, se modificado. Não se pode aplicar a mesma política em um país em recessão ou em expansão, em um país novo ou em país antigo. Toda política econômica deve ser pragmática. Não existem problemas de base ou problemas de circunstância; não deve nunca perder de vista os problemas a longo prazo."[697]

"Mas lá termina o seu domínio. Creio na planificação para a escolha das grandes massas e a determinação dos grandes objetivos. Mas desde o momento que procure ultrapassar esse estado, desde o momento em que procure tornar-se totalitária, ela só pode fracassar. Com efeito, o instrumento não existe. Apesar de programas reais, mas

---

695 Id., ibid., p.159.

696 CAMPOS, Roberto. *Economia, planejamento e nacionalismo.* Rio de Janeiro: APEC, 1963, p.262.

697 BURGARD, Marc. *A economia dos mandarins.* Paris: Les Sept Couleurs, 1963. p.198.

muito insuficientes, a administração, o instrumento que permite definir as necessidades, fixar as escolhas, dividir as produções, supervisionar a aplicação, fazer face aos imprevistos, tudo em tempo razoável, não existe."[698]

A escolha dos responsáveis:

"...Quais as qualidades que será preciso encontrar nesses homens, nesses responsáveis? Principalmente qualidade de coração. Para comandar os homens é preciso amá-los, ter uma visão generosa das coisas, é preciso incentivar o entusiasmo daqueles que não têm oportunidade para poderem realizar por eles mesmos. É preciso saber se fazer amar. Quer dizer, obter adesões pessoais à sua obra, é preciso saber colocar os outros na frente, suportar, às vezes, colaboradores que vos são superiores, saber pagar-lhes.

["] É preciso também ter caráter, vontade de realizar, de vencer, de conquistar. Ora, essas qualidades têm crescentes dificuldades em espalhar-se nas nossas sociedades industriais concentradas, onde se exige que as pessoas sejam bons mecanismos, bons parafusos, tão perto quanto possível do tipo *organization man*.

["] Enfim, é preciso ser tecnicamente capaz, mas esta qualidade deve ser suficiente simplesmente para conhecer os problemas, combatê-los, saber que os técnicos existem. A tônica deve ser indiscutivelmente colocada numa espécie de plano superior na visão das coisas, o sentido da perspectiva, o realismo na ação.

["] Mas, quaisquer que sejam as motivações, é preciso muita coragem e obstinação, pois não existe nada mais complicado, mais difícil, mais ingrato do que modificar estruturas e 'movimentar' organizações consideráveis. É preciso verdadeiramente uma fé cavilhada no corpo e ter gosto da realização por ela mesma, gosto da 'obra', ainda que esta palavra tenha sido tomada em um sentido pretensioso, que talvez o nosso hábito do medíocre lhe tenha dado."

Senhor presidente: Vossa Excelência sempre pediu uma alternativa. Quando uma lhe é oferecida, por que se há de repeli-la com quatro pedras na mão?

Como candidato, o meu interesse é calar e esperar. Se der certo, associar-me ao êxito. Se der errado, cobrar a minha advertência. Não é, pois, por ser candidato que lhe faço

698 Id., ibid., p. 201-202.

apelos. Nem por orgulho, pois tenho sofrido suficientes humilhações e não me importam nada. É por amor a este país e à convicção de que podemos ajudá-lo melhor juntos do que intrigados e separados.[699]

699 Carta não assinada. Trata-se provavelmente de cópia do autor.

RIO DE JANEIRO, 3 DE JUNHO DE 1965

EXCELENTÍSSIMO SENHOR
DEPUTADO HERBERT LEVY[700]
CÂMARA DOS DEPUTADOS
BRASÍLIA-DF

Meu caro amigo deputado Herbert Levy,

Peço-lhe receber e transmitir ao deputado Afrânio de Oliveira[701] e a todos quantos participaram dos debates com o ministro do Planejamento[702] os meus agradecimentos pela solidariedade demonstrada e, mais do que isso, as minhas felicitações pela coragem de dizer a verdade, num momento em que tantos homens de bem, mais uma vez, fazem questão de se deixar iludir.

A insolência e o pernosticismo desse inimigo da revolução, ao qual a revolução entregou o posto, não previsto, de primeiro-ministro, não bastam para esconder o fato concreto. Desarvorado, pilhado em flagrante de impostura, ele está apenas procurando fazer, do debate, uma plataforma política. O plano tático desse inimigo da revolução, infiltrado no governo, está agora desmascarado. Sabendo que nem as suas ideias nem o seu passado lhe dão condições para competir aos postos eletivos na medida de suas ambições e dos verdadeiros amos aos quais serve, pois não tem condições de popularização, ele se esconde

700 Herbert Levy, ver notas 472 e 600.

701 Afrânio de Oliveira (1919-1986), nascido em Uberaba, no estado de Minas Gerais, foi advogado, jornalista e político. Como membro do Centro Acadêmico 11 de Agosto do Liceu de Artes e Ofícios da Faculdade de Direito do Largo de São Francisco, em São Paulo, participou da resistência contra o Estado Novo (1937-1945). Após o fim desse período da política brasileira, tornou-se redator do jornal *O Estado de S. Paulo*. Colaborou com a campanha de Jânio Quadros a deputado federal, em 1950, e à prefeitura de São Paulo, em 1952. Em 1957, tornou-se diretor-geral da Secretaria Pública de São Paulo. De 1959 a 1967, foi deputado federal pela Aliança Popular Nacionalista.

702 Roberto Campos, ver nota 592.

703 Castelo Branco, ver nota 186.

704 João Goulart, ver nota 545.

705 *Défroqué*: palavra francesa que significa pessoa que deixou o sacerdócio ou a vida religiosa, que abandonou a fé, que renunciou a uma

atrás da autoridade do presidente da República[703] e usa o cargo para forçar o debate com o candidato à presidência da República.

Não tendo os nossos adversários, até agora, possibilidade de coordenar uma candidatura contra a nossa, espera o sr. Roberto Campos que, por exclusão e sendo ele o único a enfrentar-me, venha a ser, por falta de coisa melhor, o candidato da oposição. Para isto, levará no enxoval dois grandes serviços: a demonstração de fraqueza de uma revolução que põe os seus adversários em postos-chave e o resultado da política econômica que, por sua culpa, o governo adotou.

O objetivo está assim bem claro. O presidente, que afirmara desde o primeiro dia não permitir candidato ou pessoas ligadas a candidatos no seu ministério, tem nele diversos e tem até o candidato a candidato da oposição. Tal como aconteceu a mim, os que perto de nós dizem não fazer questão de ser candidatos são os mais irredutíveis e os mais ambiciosos.

Daí as provocações desse aspirante a polarizador de ódios e prevenções. Daí o exagero do revide e a "ideia fixa". Daí atribuir-me os crimes de ter derrubado presidentes cujo apoio ele procura requestar. Não lhe importa saber que, desse mesmo "crime", teria de acusar também o presidente Castelo Branco e, em geral, as Forças Armadas. No momento oportuno, ele conta desembaraçar-se da pasta do Planejamento e passar para a oposição, como já fez nos últimos dias do governo Goulart,[704] quando passou de seu defensor a ministro da revolução. Esse tipo de carreirismo é característico dos *défroqués*[705] e dos homens que, misturando a inteligência com a astúcia, julgam possível enganar uma nação inteira só porque conseguem iludir alguns de seus melhores homens.

Mas os fatos, na sua brutal evidência, estão demonstrando o que a máquina de corrupção e propaganda mantida pelo ministro Roberto Campos conseguira, até aqui, esconder. Nem nos áureos dias de Estado Novo se corrompeu tanto quanto no Ministério do Planejamento, que paga a dinheiro os textos infiltrados nos programas de rádio, televisão e na imprensa, depois de cozinhados nos la-

crença; apóstata, blasfemo, renegado. Usada também para "desertor" de uma forma mais ampla, não necessariamente religiosa. (Aqui, no plural: *défroqués*).

boratórios de corrupção mantidos no seu gabinete. Mais de dez jornalistas estão ali empregados com o fim exclusivo de montar a imagem do salvador da pátria, primeiro à custa da revolução e depois contra ela, quando chegar o momento de explorar a impopularidade provocada por esse mesmo ministro com o programa até aqui adotado.

Como sempre, haverá quem duvide perguntando: Como poderá passar para a oposição o principal responsável pela política econômica do governo? É simples, para um cínico. É fácil, para um homem sem escrúpulos. Ele já teve o cuidado de se desresponsabilizar pela política econômica, desde que o presidente da República assumiu integral responsabilidade por ela. Ele dirá, a certa altura, que a política fracassou porque não foi integralmente respeitada e seguida. Já me atribuiu, a mim – imagine! –, a responsabilidade por não terem vindo os capitais estrangeiros, cuja vinda ele prometeu ao ser feito ministro. Ele dirá que a nossa pressão obrigou o governo a abrir brechas no programa rígido que ele havia traçado. Assim, mais uma vez na história contemporânea do Brasil, veremos alguém se aproveitar, em seu próprio benefício, dos males que desencadeia com suas próprias mãos.

Tinha resolvido não voltar ao assunto. Estou farto de ser acusado quando defendo; e de ser mal julgado por companheiros pelo crime de ver, antes de alguns, o que todos acabam vendo comigo. Mas está tão clara a manobra que não posso silenciar sobre ela.

Teremos no sr. Roberto Campos a versão paisana do marechal Lott,[706] com as bênçãos do monetarismo internacional, que é o principal responsável pela sua participação no governo da revolução. O que faltava dizer deve ser dito agora. O governo da revolução, no empenho de restaurar o crédito do Brasil e de obter o reescalonamento de suas dívidas, procurou infundir confiança à orientação monetarista que domina os órgãos internacionais de crédito. Para isto, nada melhor do que a ida do sr. Roberto Campos para o governo... Esta foi uma das razões da sua indicação, o que foi um erro, pois[,] em vez de nos convencermos de que devemos parar o Brasil para salvá-lo, é preciso convencer as autoridades monetárias internacionais [de] que nós podemos

706 Marechal Lott, ver nota 443.

salvar o Brasil à nossa moda, e não de acordo com o seu figurino. O que não se percebeu é que a orientação ortodoxa, rigidamente seguida, é um erro mortal para o Brasil. E não adianta restaurar o crédito internacional por via da moeda, se mergulhar o país na convulsão social por via da estagnação, do desemprego e do desespero.

Se não fosse tão séria a situação, eu lhe mandaria um sorriso por correspondência, pois vejo que, negando de pés juntos, qualquer fundamento nas alternativas que propus, começa a adotá-las. Mas, adota-se mal. Uma das providências que estão sendo tomadas, por mera coincidência depois que se aguçaram as nossas críticas, é simplesmente asnática. Constitui um paliativo demagógico e de consequências também imprevisíveis. Refiro-me ao financiamento da compra de automóveis e televisões pela Caixa Econômica, mediante empréstimo para compra desses artigos a juros inferiores ao custo do dinheiro que o povo deposita nas Caixas Econômicas — e sem correção monetária. Teremos, com as filas das Caixas, espetáculo semelhante ao que o sr. Roberto Campos conseguiu com a tal Cooperativa de Habitação, que ele fomentou visando a desmoralizar a atuação de d. Sandra Cavalcanti, [707] que ele atraíra para o Banco Nacional de Habitação com o propósito de destruir a minha candidatura, desacreditando a justa reputação de competência e popularidade que ela havia obtido ao longo de uma brilhante e devotada vida pública. No dia em que d. Sandra resolver falar, creio que não estará ninguém iludido sobre as intenções e os métodos do sr. Roberto Campos.

A sua atuação no debate na Câmara, como a do deputado Afrânio de Oliveira e outros valorosos representantes, foi, com todo seu vigor, apenas o começo do que se deve fazer. Há que salvar a revolução mesmo contra a sua vontade. Há que livrá-la desse inimigo ao qual foi entregue o setor vital do seu êxito.

Depois das desculpas esfarrapadas, vieram as insolências intimidadoras. Agora, porém, é a adoção de paliativos disfarçados. Embora não resolvam o problema, eles são extremamente úteis na medida em que denunciam que, neste momento, muito mais do que eu, muito mais do

707 Sandra Martins Cavalcanti de Albuquerque (1925), nascida em Belém, no Pará, professora, radialista e política. Ligada à UDN, foi eleita vereadora e depois deputada estadual na Guanabara, quando foi nomeada secretária de Serviços Sociais pelo governador Carlos Lacerda. Em 1964, foi presidente do recém-criado Banco Nacional da Habitação (BNH). Nas décadas seguintes, teve mandatos na Câmara Federal e concorreu a eleições para o governo e a prefeitura do Rio de Janeiro. Foi Secretária Municipal de Projetos Especiais na prefeitura do Rio de Janeiro de 1993 a 1997.

que nós, é o governo que está convencido do fracasso do programa econômico que adotou. Estamos ouvindo um concerto de assobios no escuro.

Afeta-se a segurança, quando se tem a certeza da insegurança. Procura-se tapar brechas no setor econômico que desmorona, em vez de reforçar os alicerces, mudando o conceito do esforço anti-inflacionário.

Quanto mais se analisa, se discute e se argumenta, mais evidente fica que a luta contra a inflação só terá êxito se for feita com senso de realidade, reforçando o setor livre da economia para dar tempo a que o atual e o futuro governo corrijam as distorções e desperdícios do setor estatizado, que é precisamente o mais inflacionário.

Depois de repelir indignado, tomado de falsa fúria dos fariseus, e citando autores com a volubilidade dos novos ricos da cultura, dos pernósticos da erudição, o primeiro-ministro – pois o Brasil tem no Planejamento um primeiro-ministro – aderiu publicamente e, através de atos, ao *oportunismo econômico* que recomendamos como a atitude adequada à solução da crise brasileira.

As medidas que está tomando, aquela anunciada pelo ministro da Fazenda, a tentativa de suspender por dois meses o imposto de renda para as firmas que aplicarem esse dinheiro na compra de máquinas, e todas as mais que, sucessivamente, atropelando-se, em catadupas, têm que vir, são a confissão do oportunismo e, ao mesmo tempo, o reconhecimento na prática de que o programa econômico, com a extinção da inflação a prazo fixo, fracassou.

Nos países em que os postos de governo exigem autoridade moral, a esta altura já o ministro do Planejamento deveria ter pedido demissão. No Brasil, isto não se usa há muito tempo. Pelo contrário, ele está mais forte agora, porque é preciso "não dar o braço a torcer". Salvar a face passa a ser mais importante do que salvar o Brasil.

Quem serviu na escola desses últimos governos aprendeu a técnica que usa – esta sim, com grande eficiência. Esconde-se sob a autoridade do presidente. Corre para o "pique" presidencial e o presidente assume em nosso nome, em nome da revolução que não foi consultada, a responsabilidade total por uma política econômica que resulta apenas de uma má escolha, uma dessas más escolhas a que todo governante está sujeito. E muito mais o honrado presidente da República que não teve tempo sequer de fazer escolhas, que não pode confrontar o seu programa com os seus companheiros; que não foi sequer eleito depois de uma campanha com programa, porque foi, na verdade, imposto por todos nós e, no Congresso, por vocês, sob o impacto da revolução.

Espero com paciência atravessar o mar de injúrias, todas graciosas, mas algumas pagas, que uma vez mais me transformam na vítima expiatória dos erros de uns, da omissão de outros e da perplexidade de muitos. Deus há de perdoar aos que não sabem o que dizem – porque não sabem o que fazer...

A revolução, por esse caminho, vai ser derrotada. O resultado inexorável do erro que comete será a ditadura militar com ou sem o marechal Castelo Branco, ou, se este resistir conosco e se ninguém lhe quiser tomar o posto, será afinal a entrega do poder, de volta, aos que foram mal derrubados e deixaram plantada, no governo da revolução, a semente da restauração contra ela.

Em face dessa perspectiva, não adianta deblaterar. Todos me dizem que o presidente, cheio de virtudes e qualidades, tem, no entanto, como eu, o defeito da obstinação. Tanto quanto me conheço, sei que a minha alegada obstinação não é tão grande, pois também se alega contra mim a incoerência, que não é senão o defeito de não ser obstinado, de reconhecer erros, de rever posições, tendo sempre como único padrão de coerência o interesse público e não o amor-próprio. Por isto, faço justiça ao presidente, penso, considerando que as suas virtudes sejam maiores do que o defeito da obstinação. O que temo é que a sua revisão seja tardia. Ele que não se iluda com os paliativos que visam a corrigir as desgraças desencadeadas pela panaceia econômica que ele adotou. Se o intuito fosse o de condenar a revolução a perder eleições com o propósito real de, com isto, evitá-las, acenando com essa ameaça como pretexto para que não houvesse mais eleições no país, a política econômica estaria rigorosamente certa. Não seria certa do ponto de vista da economia, mas sim do ponto de vista do maquiavelismo. Mas, para pôr o povo ao lado da revolução, para mobilizá-lo para a produção, para infundir não só respeito mas confiança à população, a política econômica é um desastre político e uma impostura econômica. Bem ajam, pois, os que, como você, mais uma vez, bravamente se colocam a serviço do futuro contra os erros do presente e assumem todos os riscos, inclusive o de errar – para não cometer o crime da omissão.

Congratulo-me com você, que deu voz a essa imensa gama de opiniões, que vão desde as restrições ligeiras até as condenações severas. Não há neste país, hoje, uma só pessoa de responsabilidade que não condene, de uma forma ou de outra, o programa econômico tal qual está sendo seguido. No Rio Grande [do Sul], os que aplaudem dizem que há uma discriminação contra o Rio Grande [do Sul]. Em São Paulo, os que o aplaudem dizem que há uma discriminação contra São Paulo. No Nordeste, os que aplaudem dizem que há uma discriminação contra o Nordeste. No Norte, os que aplaudem dizem que há uma discriminação contra o Norte. Eu, que não o aplaudo, digo que há uma discriminação contra a Guanabara. Afinal, se se fizesse um congresso de partidários do programa econômico do governo, ver-se-ia que as "pequenas restrições" de cada um constituem uma condenação mais forte do que a nossa condenação formal e categórica. É que todo o sistema repousa em pressupostos falsos e sustenta apenas nos esteios da Nova Retórica, dessa retórica cabeluda, literata, enxundiosa, falsamente superfina, sofisticada, feita para impressionar os que se impressionam com medalhões e chavões de que constitui excelente exemplo, numa futura antologia da impostura, o discurso do primeiro-ministro, agora recitado perante a Câmara de Deputados.

Meu caro deputado, Deus lhe dê forças para prosseguir. Era melhor não termos ganho a revolução do que perdê-la depois da vitória começada. Era melhor não sermos responsáveis pela desgraça do povo brasileiro do que sermos por ela responsabilizados, por não termos podido convencer os nossos companheiros de que a revolução está sendo traída desde o dia em que se adotou uma política econômica que gera, nos operários, a justa revolta contra a revolução, na classe média, a frustração e, nas classes empresariais, o desânimo.

Qualquer programa, em qualquer setor, que tais resultados gera está errado. Espero que, agora, ninguém mais me condene por dizer tais coisas de público. Pois é de público que o ministro do Planejamento me insulta. Pois é de público que ele faz, da destruição da minha candidatura, o tema central de seu processo de corrupção da opinião pública. Pois é de público que ele se apresenta como ministro da revolução para destruí-la.

Eis que se aproxima o momento em que o governo acabará tendo que escolher entre o apoio dos seus companheiros e a companhia momentânea que o vão destruir, fingindo que lhe servem, e o vão trair, enquanto nos destroem.

Um abraço do Carlos Lacerda

28.7.65

Zobaran,[708]

Se qualquer coisa me acontecer, peça ao Rafael[709] que prossiga, sem alteração, o *Programação de Inaugurações*, para entregar ao povo os resultados do nosso trabalho – e eleger o Flexa.[710]
Até a volta, se Deus quiser.

Carlos

(vire)

No caso acima, os meninos[711] devem concluir a obra do apartamento para Letícia[712] ficar com um e vender o outro e pagar a obra e a dívida do apartamento; ou vender os dois e comprar outro menor.[713]

708 José Zobaran Filho (1937), nascido em São Gabriel, no Rio Grande do Sul, advogado, era então chefe da Casa Civil do governo de Carlos Lacerda.

709 Rafael de Almeida Magalhães (1930-2011), nascido em Belo Horizonte, capital de Minas Gerais, foi advogado e político. Ligado à União Democrática Nacional (UDN), participou da campanha em oposição ao governo de Getúlio Vargas. Defendeu o jornal *Tribuna da Imprensa*, de Carlos Lacerda, contra o governo de Juscelino Kubitschek e sua intenção de fechá-lo. Colaborou com a campanha de Carlos Lacerda ao governo da Guanabara, tornando-se em seguida chefe da Casa Civil e, depois, secretário de Obras, de Governo, do Interior, de Segurança, de Finanças e de Educação. Foi vice-governador da Guanabara, e assumiu o cargo de governador após a renúncia de Lacerda, em 1965. Foi ainda deputado federal em 1967 e 1968 e ministro da Previdência Social em 1986 e 1987.

710 Flexa Ribeiro, ver nota 184.

711 Referência aos filhos de Carlos Lacerda, Sérgio, Sebastião e Cristina.

712 Letícia Lacerda, ver nota 1.

713 No dia 28 de julho de 1965, Carlos Lacerda, então governador da Guanabara, estava em campanha para a eleição de seu sucessor. Ao chegar ao gabinete de trabalho do governo, foi informado pelo Serviço de Segurança que havia denúncia de ameaça à sua vida e que a situação exigia o máximo de cautela. Foi então que escreveu este bilhete a José Zobaran Filho. O atentado não foi consumado.

RIO DE JANEIRO, 6 DE SETEMBRO DE 1965

Ao diretor de *O Estado de S. Paulo*[714]

Prezado diretor,

A eleição na Guanabara tem o seu resultado ameaçado unicamente pela conjugação das forças do adversário com algumas forças intimamente ligadas ao governo federal, inclusive ministros de Estado empenhados, por incrível que pareça, em dificultar a vitória do candidato Flexa Ribeiro,[715] nesse "vale-tudo" contra nós.

Por isto, é natural que eu não esteja sempre em dia com assuntos laterais, no momento, por mais importantes que sejam, dado que a vitória na Guanabara é essencial e a hipótese de uma derrota seria o melhor argumento para os que promovem o continuísmo ou uma eleição indireta que equivale à usurpação do poder por meio de corrupção política e traição aos compromissos da revolução para com o povo.

Por isto, ainda, somente agora li o tópico intitulado: "O sr. Lacerda e o capital estrangeiro", publicado nesse grande jornal.

O fato de ser *O Estado de S. Paulo* quem é faz [com] que uma injustiça por ele cometida fira muito mais do que aquelas a que já me habituei. Ainda mais quando, dada a notória posição de *O Estado*, os interessados pressurosamente transcrevem suas opiniões na imprensa do Rio, com matéria paga.

Preciso analisar impropriedades, em matéria de fato, contidas no referido tópico.

1. Abordo a política econômica com paixão. A não ser que a palavra paixão já tenha outro sentido, creio que as críticas que fiz, acompanhadas de sugestões objetivas, foram respondidas pelo ministro Roberto Campos[716] com acusações apaixonadas, tais como a de que sou responsável pela morte de Vargas,[717] só faço derrubar presidentes, sou uma ave agourenta, *etc.* Isto se chamava, antigamente, paixão. Agora, talvez se chame ciência econômica.

714 Júlio de Mesquita Filho, ver nota 469.

715 Flexa Ribeiro, ver nota 184.

716 Roberto Campos, ver nota 592.

717 Getúlio Vargas, ver notas 39 e 115.

É sempre bom não confundir paixão com firmeza, pois[,] neste caso, como seria qualificada a firmeza de *O Estado de S. Paulo* na defesa dos seus pontos de vista?

2. Em consequência da paixão, não me mostro capacitado para julgar a política econômica com a necessária serenidade e seriedade.

Já basta o fato do lugar-comum com que os nossos adversários procuram justificar, ao mesmo tempo, o horror que têm ao combate que lhes dou e o seu apreço pela mediocridade e pelo conformismo.

Quem não trata com seriedade um assunto não é sério. E exatamente o que tenho feito é tratar com seriedade esse e outros assuntos. Não creio que *O Estado de S. Paulo* pudesse, ainda que quisesse, demonstrar o contrário. Muito menos creio que me quisesse pôr a pecha de pouco sério, só porque procuro falar uma língua que todos possam entender, ou seja, a língua portuguesa, sem os chavões da nova retórica e do "economês".

3. Ao dizer que os Estados Unidos não mandaram e não mandarão recursos, estou esquecido de que os da Aliança para o Progresso[718] têm vindo, inclusive, para a "admirável obra" que estou realizando na Guanabara.

A falta de informação, neste ponto, é completa. A obra que estamos realizando na Guanabara só recebeu financiamento da Aliança para o Progresso concedido antes da revolução, com a exceção única de um reforço de doze milhões de dólares para o financiamento da obra da água, negociado desde antes da revolução. Há, portanto, engano do informante do *Estado* nesta. Posso dar a *O Estado* todos os algarismos e informações a respeito, tão logo a sua sucursal do Rio [de Janeiro] se digne a me procurar, como faz com tão desvanecedora atenção a matriz em São Paulo.

Mas o ponto mais importante não é esse. O mais sério é que também está errada a informação de que têm vindo os recursos esperados. Basta ver no chamado programa econômico do atual governo o papel exageradamente reservado à vinda de capitais estrangeiros, públicos e privados, para concluir que esses capitais não têm vindo.

Há mais, porém: nem o capital privado, nem o capital público, isto é, estatal. E[,] quando digo que não virá,

718 Aliança para o Progresso foi um plano para o desenvolvimento socioeconômico dos países da América Latina, assinado em 1961.

digo porque sei. Se não soubesse, ficaria sabendo ao ver como se pretende atribuir-me a responsabilidade pela não-vinda de capitais estrangeiros, como fez o ministro Roberto Campos e agora parece ter feito até o ministro da Fazenda.

O que ele não disse é que está sendo obrigado a comprar dólares e acumulá-los para que o dólar não caia de preço por causa da pouca procura, já que, praticamente cessadas as importações, também não há interesse em investimentos novos. O que ele não informou a São Paulo é que já tem cerca de trezentos milhões de dólares acumulados, não como um sintoma de vitalidade, mas, ao contrário, como um sintoma de apatia.

Se *O Estado* der uma vista d'olhos nas recentes apreciações internacionais sobre a política econômica brasileira, verá que precisa atualizar as suas informações, pois nem a propaganda tão bem mantida pelo sr. Roberto Campos consegue mais iludir a opinião internacional, fora das declarações protocolares e dos elogios oficiais.

A vinda da comissão do Senado americano ao Brasil não teve razão senão a de ver de perto o que há de errado. Ou melhor, o que há de parecido com o que se fez na Argentina nisso que se está fazendo no Brasil.

Quanto ao elogio do Fundo Monetário Internacional,[719] é natural, e não prova senão em favor de nossa tese.

4. Atribui-me o tópico de *O Estado* grande parte de responsabilidade na não-vinda de capitais estrangeiros pelo fato de ter escolhido para tema da minha campanha de candidatura a crítica da política econômica do governo Castelo.[720] Afinal, vem ou não vem o dinheiro? Se vem, é por causa da política econômica. Se não vem[,] é por minha causa? Não estarão valorizando demais a minha crítica, para arranjar uma vítima expiatória do malogro da política econômica?

Julgo não ter descumprido o meu dever focalizando a política econômica. Acho que falta, para usar a linguagem do comentarista, a "necessária serenidade e seriedade" quando se procura atribuir o malogro da atual política econômica à minha crítica. Quer dizer: o aplauso do FMI, os elogios do presidente Johnson,[721] o prestígio do presidente

---

719 Fundo Monetário Internacional (FMI), órgão da Organização das Nações Unidas (ONU) criado em 1946, caracteriza-se especialmente pela concessão de créditos a países com dificuldades em sua economia, buscando estímulos para o crescimento comercial, bem como favorecendo a estabilidade da política cambial.

720 Castelo Branco, ver nota 186.

721 Lyndon Johnson (1908-1973), nascido no Texas, foi presidente dos EUA após o assassinato de John Kennedy, em 1963. Manteve-se na presidência da República até 1969.

Castelo Branco, a ciência do sr. Roberto Campos, o apoio incondicional do *O Estado de São Paulo* a essa política, as estatísticas da SUNAB,[723] a organização de propaganda mantida com programa de televisão, rádio e informações dirigidas, nos jornais, o amordaçamento de parte da indústria e do comércio condicionando os créditos aos aplausos, tudo isto cai por terra só porque um candidato à presidência, falto de serenidade, faz crítica a esse monumento de sabedoria, a essa obra-prima de técnica científica...

O absurdo é evidente demais e se destrói a si mesmo.

5. O financista alemão Hermann Abs[724] pode ter dito tudo o que o seu redator Frederico Heller[725] fez publicar. Mas não creio que o seu Frederico Heller tenha perguntado o que eu perguntei ao sr. Abs, que, entre outras funções, figura no conselho diretor da Brazilian Traction.[726] Perguntei ao sr. Abs qual é a situação das estradas de ferro alemãs, que ele também preside. Eis o que ele informou: elas são estatais, deficitárias e contêm absurdos tamanhos que um ex-operário que tenha passado a funcionário, ao se aposentar[,] recebe como operário e como funcionário, chegando a receber mais na inatividade do que na ativa. Perguntei-lhe

723 A Superintendência Nacional de Abastecimento, criada em 1962 e extinta em 1997, estava ligada ao Ministério da Agricultura e tinha como objetivo examinar as características do mercado consumidor de alimentos, regular e desenvolver uma política nacional acerca da industrialização, da comercialização e do fornecimento de gêneros alimentícios, produtos, entre outros.

724 Hermann J. Abs (1901-1994), nascido em Bonn, na Alemanha, foi banqueiro e importante colaborador para o milagre econômico de seu país após a Segunda Guerra Mundial.

725 Frederico Heller (1904-1991), nascido em

Viena, estudou economia, sociologia e jornalismo em Berlim e Leipzig. Ativista político, veio para o Brasil em 1933 para redigir o jornal antinazista *Deutsche Tribüne*, que teve sete edições. Foi então correspondente de vários jornais europeus e, a partir de 1940, passou a trabalhar no *Estado de S. Paulo* tornando-se, em 1946, chefe da seção de Economia. Ele é considerado uma lenda do jornalismo econômico no Brasil, e trabalhou também para programas educativos na TV.

726 A Brazilian Traction, Light and Power Company Ltd. (Batraco) foi uma *holding* de origem canadense que, a partir de 1912, passou a controlar duas empresas que já atuavam no Brasil

o que fizera para acabar com tais anomalias e ele respondeu que, desde o fim da guerra, tem procurado acabar com elas, mas devagar e com muito cuidado, pois "esse é o preço político a pagar para a paz social, que é o alicerce da prosperidade alemã". Assim fala quem sabe que economia política é política, e que a adesão do povo é essencial ao êxito de uma política econômica, a não ser em ditaduras ferozes, que todas acabam colhendo resultados ainda piores que a inflação.

O que se está fazendo, meu caro diretor, é simplesmente esquecer que a economia política é política e constitui uma técnica cujo êxito depende de condições políticas dominantes.

6. Repisando a técnica que, sei, vai ser a desculpa oficial para o fracasso da política econômica, *O Estado* como que se antecipa a ela, atribuindo-me "declarações apaixonadas" no que respeita, por exemplo, ao grupo Hanna,[727] à Bethlehem Steel[728] e à Light.[729]

Um jornal bem-informado, como *O Estado*, não tem o direito de se mostrar mal-informado assim, misturando alhos com bugalhos.

---

desde o início do século xx, a São Paulo Tramway, Light and Power Company, responsável pela geração e distribuição de energia elétrica e bondes elétricos no município de São Paulo, e a The Rio de Janeiro Tramway Light and Power que, além de prover energia elétrica e bondes no Rio de Janeiro, adquiriu o controle das concessionárias de fornecimento de gás e de serviços telefônicos na cidade.

727 Hanna Mining Company, ver nota 617.

728 Bethlehem Steel foi uma empresa de siderurgia norte-americana.

729 Light é o nome curto com que ficou conhecida a empresa de fornecimento de energia, bondes, gás e telefone. Em 1956, a *holding* Brazilian Traction Light and Power Co. Ltd. começara a atuar em inúmeros outros ramos, dentre os quais o imobiliário, hoteleiro, serviços de engenharia, agropecuária, entre outros, e mudou de nome, passando a chamar-se Brascan-Brasil Canadá Ltda. A empresa São Paulo Tramway, Light and Power Company se funde com a Rio de Janeiro Tramway, Light and Power Company, numa única razão social, agora chamada de Light – Serviços de Eletricidade s/a, vinculada à Brascan Ltda. A partir daí, o nome Light, já popularizado e consagrado pela população dos dois estados, seria a razão social da empresa. Ver nota 726.

A crítica que faço à Hanna baseia-se num inquérito do Senado americano sobre os processos corruptores desse grupo no seu próprio país; nos processos de corrupção igualmente adotados no Brasil; na mudança sub-reptícia da política de minérios do Brasil sob a proteção indevida da revolução, portanto de todos nós. Nos propósitos monopolistas da Hanna. Na estultice de promover três embarcadores de minérios na mesma baía; e assim por diante.

Nem *O Estado*, nem ninguém[,] tem o direito de deformar a minha posição para criticá-la. Para criticá-la, tem de primeiro conhecê-la com exatidão.

No caso da Light, não sou contra nem a favor dessa companhia, não tenho prevenções nem amores por ela. Reconheço o extraordinário papel que ela exerceu, no passado, não só em São Paulo como em outras áreas. Mas também reconheço que esse papel se está esgotando, no caso da Guanabara já se esgotou. A simples remuneração do capital e, ainda mais, qualquer pretensão de lucro não encontram lugar nos investimentos necessários à expansão da indústria de energia. Não se trata de hostilidade, mas de realismo, como posso demonstrar, mesmo vencendo as dificuldades que me são criadas pela barreira da corrupção que, tradicionalmente, a Light armou no Brasil e que levanta agora contra mim, procurando confundir-se com o capital estrangeiro e identificar como contrária ao capital estrangeiro toda posição de crítica à esclerose dessa concessionária de serviços públicos. Basta ver o que acontece com o gás...

Não confundo a concessão de serviços públicos com a livre iniciativa e nem a livre iniciativa com o monopólio. E fico pasmo de ver o ministro de Minas e Energia[730] confundir monopólio com *privilégio de zona*.

7. O que se está fazendo, sr. diretor, com a CHEVAP,[731] sem me preocupar com julgamentos de ordem moral sobre os autores dessa política, objetivamente, é um crime contra o desenvolvimento do estado que governo, do Vale do Paraíba paulista e do sul fluminense. Nunca fui ouvido sobre isto por *O Estado*, que toma como a palavra do Evangelho as opiniões, discutíveis, de pessoas respeitáveis que acenam com os serviços outrora prestados pela Light para negar aos brasileiros o direito de adotar uma

730 Referência a Mauro Thibau, ver nota 618.

731 Companhia Hidrelétrica do Vale do Paraíba.

solução prática, que não seja exclusivamente a do monopólio por uma companhia de serviços públicos que é como bananeira que já deu cacho.

Essa luta, sr. diretor, é antiga e não é só do Brasil. Foi começada, nos Estados Unidos, por Theodore Roosevelt,[732] continuada por homens como Wilson,[733] Franklin Roosevelt[734] e John Kennedy.[735] Não creio que *O Estado* atribuísse a esses homens falta de serenidade e seriedade pelo fato de se insurgirem contra o modo pelo qual concessionárias de serviço público tendem, com frequência, a converter-se em Estado dentro do Estado.

8. Mas chega-se a me acusar de ser contra a Bethlehem Steel junto com a Light e a Hanna. Sr. diretor, a falta de informações do comentarista do Estado, nesse ponto, não honra esse grande jornal. Conheço a obra da Icomi,[736] no Amapá, desde os começos. As críticas que inicialmente fiz ao contrato, como jornalista, foram atendidas em parte e, noutras partes, esclarecidas. Recentemente voltei a visitá-la. Tenho o maior entusiasmo por essa empresa, entregue à capacidade e à integridade de um ilustre brasileiro. Nunca fiz segredo disto. A propaganda da Hanna, inclusive por meio de seus porta-vozes em assembleia e na imprensa, procura dizer que combato as pretensões da Hanna porque favoreço as da Bethlehem Steel... Eis aí como *O Estado* vem sendo mal-informado a respeito da minha posição. Creio que, mesmo bem-informado, discordaremos quanto a certos pontos. Mas, já basta disto. Não é possível assis-

---

732 Theodore Roosevelt (1858-1919), nascido em Nova York, foi presidente dos EUA de 1901 a 1909.

733 Woodrow Wilson (1856-1924), nascido na Virginia, foi presidente dos EUA de 1913 a 1921. Durante seus sucessivos governos, enfrentou a Primeira Guerra Mundial e, de suas propostas para o pós-guerra, surgiu a Liga das Nações.

734 Franklin Roosevelt, ver nota 686.

735 John Fitzgerald Kennedy (1917-1963), nascido em Brookline, foi presidente dos EUA de 1961 a 1963. Durante seu governo, em plena Guerra Fria, o país desenvolveu-se economicamente e apresentou significativas melhorias na área de justiça social. Foi assassinado em 1963.

736 Referência à Indústria e Comércio de Minérios S.A.

tir[,] sem estranhar, a um processo de envenenamento de *O Estado* contra a minha posição pela deturpação de fatos como, por exemplo, nesse caso concreto.

Na realidade, a Hanna quer o monopólio da exportação de minério de Minas Gerais, não deixando, em troca, qualquer indústria pesada no país, ao contrário da Bethlehem Steel, que inclusive não quer o monopólio. Nada tenho com uma nem com outra, mas fico pasmo de ver a que ponto chega a paixão e a falta de informação adequada para justificar um comentário num jornal com a responsabilidade de *O Estado*.

A falta de entendimento dos contratos pela Rio-Light seria unicamente culpa de uma política tarifária demagógica, tanto assim que, agora, "com a corajosa política adotada", a Rio-Light anuncia um programa de duzentos e dez bilhões, em cinco anos, exatamente no setor de distribuição.

Sr. diretor, que dizer?

Primeiro, tentemos resumir as objeções a essa enormidade.

A política tarifária demagógica não impediu que a Light distribuísse dividendos. Tanto é demagógico negar tarifas à concessionária quanto lhe dar tarifas sem saber quanto custa o serviço que ela vende. Até hoje, o governo não sabe qual o custo do KW que a Light gera e distribui. Isto mesmo me foi confessado quer pelo dr. Marcondes Ferraz —[737] e está registrado na ata da CHEVAP —, quer pelo ministro de Minas e Energia. Fixaram eles a tarifa que a Light deseja o título provisório. E a Light aí está embolsando sem que o governo saiba quanto custa a energia cujo preço de venda é assim fixado.

Cumpre lembrar, uma vez mais, que se trata de um serviço público concedido e não da simples iniciativa particular. E ainda mais: trata-se de uma atividade-meio, a energia, que condicionou a atividade-fim, o desenvolvimento geral da indústria, da agricultura e o conforto dos lares.

A Light – ou, conforme a sua distinção – a Rio-Light, com essas tarifas novas, quer distribuir energia nas áreas em que já tem clientela densa, como Copacabana, e não se interessa pela atividade pioneira, da zona centro e oeste do estado, que ela abandonou e continuará abandonada.

737 Marcondes Ferraz, ver nota 588.

Segue-se, portanto, que, ao atraso causado pela famigerada tarifa demagógica, se sucede outro atraso, pelo mero interesse de lucro da companhia.

Não sou contra o lucro, como a política econômica do governo atual, que *O Estado* aplaude. Sou a favor do lucro. Mas nos serviços públicos o lucro é apenas uma parte e não a mais importante da prestação de tais serviços. Pode-se deixar de ter camisas, ou comprar camisas de outro fabricante, se ele nos quiser impor um lucro exagerado. Mas não se pode deixar de ter telefones e luz elétrica. E não se pode impor ao povo um tributo (o chamado "autofinanciamento") para aumentar o patrimônio dos *atuais* acionistas, que assim vendem o serviço sem investir nem arriscar um vintém. Eis a diferença.

Assim como a greve não é permitida nos serviços considerados essenciais, é claro que também o lucro não deve ser o único fator a considerar na prestação de tais serviços essenciais.

Quanto à questão da CHEVAP, é lamentável que *O Estado* se tenha informado unilateralmente e[,] já na manhã seguinte à exaustiva assembleia da Companhia Hidrelétrica do Vale do Paraíba, ora destruída, tenha reproduzido exatamente, como comentário seu, os termos de um bilhete que o dr. Marcondes Ferraz mandou a um dos seus assessores durante a assembleia.

Estou certo de que *O Estado* dará ao seu amigo e leitor o direito que não nega aos adversários que mais bravamente combate: o direito de expor os seus pontos de vista antes de ser julgado.

Ora, estou sendo julgado antes que o próprio Estado conheça os meus pontos de vista e, ainda menos, os conheçam os seus leitores. Pior: estou sendo julgado à base de informações truncadas. Respeito qualquer divergência fundada no conhecimento dos fatos e das posições por eles assumidas.

Sr. diretor, a minha posição anticomunista não significa a minha submissão aos interesses de certos grupos, que não se confunde com o princípio da liberdade de iniciativa, que defendo, nem com a utilidade do capital privado que conheço e aplaudo. Por trás do processo de corrupção do Brasil, cujos efeitos *O Estado* combate, por trás dessa mediocridade, por trás do próprio e crescente malogro da revolução, na medida em que a revolução não se realiza porque o jovem não é revolucionário, é precisamente essa opção que se quer forçar, na qual se quer aprisionar a solução dos problemas brasileiros: o estatismo crescente, ou a livre iniciativa tomada como uma espécie de religião.

Minha posição é muito clara. Consiste em não me deixar dominar por uma nem por outra superstição. Há problemas que exigem a ação pioneira ou saneadora do Estado, por exemplo, quando se trata de assegurar a prestação de serviços essenciais. Há problemas que exigem a capacidade de iniciativa e a respectiva liberdade dos cidadãos, com base na sua legítima ambição, no propósito de lucrar, de melhorar de vida, *etc.* E há, em muitos problemas, soluções que são resultantes desses dois, como é o caso das cooperativas para eletrificação rural, nos Estados Unidos; das empresas que vão surgindo no próprio Brasil, pela iniciativa da população local; das empresas que, por toda parte do mundo democrático, surgem como propriedade dos seus usuários.

9. Quando se comprou a Amforp,[738] negócio vergonhoso sob muitos aspectos, o pretexto foi a eliminação de uma área de atrito, isto é, retirar, de uma concessão de serviços públicos, capital não interessado na prestação de tais serviços senão unicamente na medida em que isso dê lucro. Pois bem, agora, com a destruição da CHEVAP, cria-se área de atrito. A Eletrobrás[739] era excessivamente estatista. A pretexto de corrigir essa deformação, pratica-se a não menos grave destruição, que consiste em transformar a Eletrobrás em mera agenciadora de recursos financeiros para grupos de concessionários incapazes de levantar dinheiro por si sós.

10. Sr. diretor, pode *O Estado* não estar de acordo com esse meu ponto de vista. Para andarmos juntos, não é obrigatório estarmos de acordo em todos os pontos. Mas não creio que, por não estar de acordo, ele pretenda julgar-me sem me ouvir. Asseguro-lhe que o sr. Frederico Heller, pessoa que jamais trocou uma palavra comigo, não é o melhor intérprete das minhas opiniões. Nem mesmo o meu eminente amigo Otávio Marcondes Ferraz,[740] para o qual a política será eternamente um mistério indecifrável e que tem, por

738 Referência à American & Foreign Power Co. Criada em 1923, a Amforp tinha como principal objetivo gerenciar os negócios no exterior da empresa norte-americana Electric Bond & Share Corporation. Esse braço internacional da Bond & Share desembarcou no Brasil em 1927, e criou duas empresas: a Empresas Elétricas Brasileiras — futura Companhia Auxiliar de Empresas Elétricas Brasileiras (CAEEB) — e a Companhia Brasileira de Força Elétrica. Diante do monopólio da Light nas duas principais cidades brasileiras, Rio de Janeiro e São Paulo, a Amforp concentrou sua estratégia na ocupação do interior de São Paulo e das capitais de outros estados, do nordeste até o sul do país, como Recife, Salvador, Belo Horizonte, Porto Alegre, entre outras. Foi adquirida pelo governo brasileiro em 1964, ao valor de 135 milhões de dólares.

739 A Eletrobrás (Centrais Elétricas Brasileiras s.a.) é uma empresa estatal criada em 1961 com a intenção de desenvolver o setor de energia elétrica no Brasil.

740 Otávio Marcondes Ferraz, ver nota 588.

espírito público, mas também, por ingenuidade, a estranha sina de ser uma fanático da iniciativa privada, cuja maior realização foi exatamente no setor estatal: Paulo Afonso.[741]

Respeito profundamente a técnica e os técnicos. Creio ter dado disto exemplos concretos. Mas, tal como advertia Rui Barbosa, na "Oração aos moços": "não delibereis por conselheiros, ou assessores".[742]

Nada há mais perigoso do que uma política conduzida pelos assessores através de homens de Estado que se convertem em meros executores, e, portanto, deixam de ser estadistas para serem porta-vozes dos seus assessores.

É preciso cuidado para não dar razão aos que confundem a condução dos negócios do Estado com a gerência de uma casa comercial. O melhor economista, o melhor construtor de barragens, só por isso, não dá o melhor estadista.

Não desejo fazer uma polêmica com *O Estado*. Infelizmente, não me posso permitir esse deleite. Tenho uma dura eleição pela frente, na Guanabara, dificultada pela ação sub-reptícia e venenosa dos que procuram ajudar o adversário, convencidos de que o mais importante é a minha destruição.

Mas, de tal modo me fere a injustiça e tão perigosa ela é, nesta conjuntura, que me desculpo por lhe tomar o tempo e o espaço, mas penso ter direito a não ser tratado como um leviano ou um demagogo.

Posso estar errado, mas nem a minha seriedade, nem a minha sinceridade estão em causa, pois estas nem *O Estado de S. Paulo* teria autoridade para negar.

É com a maior estima e respeito que lhe envio estas linhas, a fim de evitar a repetição da injustiça e, sobretudo, injustiça consigo mesmo, que é a inexatidão.

Cordialmente, seu leitor, amigo e admirador,

Carlos Lacerda

741 Referência ao Complexo Hidrelétrico de Paulo Afonso, criado nos anos 1950.

742 "Oração aos Moços" é um discurso escrito por Rui Barbosa (ver nota 661) para paraninfar os formandos da turma de 1920 da Faculdade de Direito do Largo de São Francisco, em São Paulo. Impedido de comparecer por problemas de saúde, o texto foi lido pelo professor Reinaldo Porchat. Trata-se de uma reflexão sobre o papel do magistrado e a missão do advogado. O autor faz um balanço de sua vida como advogado, jornalista e político, como exemplo para as novas gerações. Encontra-se disponível em duas publicações: uma organizada por Adriano da Gama Kury, para a Casa de Rui Barbosa (RJ), em 1999; e outra por Marcelo Módolo, com introdução de Pedro Luso, para a editora Hedra (SP), em 2009.

RIO DE JANEIRO, SETEMBRO DE 1965.

Ao diretor do *Jornal do Brasil*
Dr. Nascimento Brito[743]

Caro diretor,

Não contente de caluniar no próprio jornal, Roberto Marinho[744] usa agora um jornal sério para reproduzir sua nova imagem: a do valente.

Sem a peruca loura com a qual, dizem, se escondeu no dia da Revolução, até ver no que dava, ele realiza o ideal de outro jornal que fez da calúnia a sua arma contra a minha vida. Pois, enquanto o outro só dava aos leitores, calúnia, o jornal do Roberto Marinho dá, no *O Globo*, duas coisas juntas: informação e calúnia.

O caso do parque Lage não foi esquecido nem superado.[745] Depois de tentar, durante quatro anos, chamar Roberto Mari-

---

743 Manuel Francisco do Nascimento Brito (1922-2003), nascido na cidade do Rio de Janeiro, foi jornalista. Diretor por mais de cinquenta anos do *Jornal do Brasil*, empreendeu sua reformulação editorial e gráfica, tornando-o um dos principais jornais brasileiros do século xx.

744 Roberto Marinho, ver nota 615.

745 Trata-se de um parque público da cidade do Rio de Janeiro, com grande área de 52 hectares, localizado no bairro do Jardim Botânico, na encosta do morro do Corcovado, sob a estátua do Cristo Redentor. A história do parque Lage data de 1811, quando Rodrigo de Freitas Melo e Castro adquire de Fagundes Varela o Engenho de Açúcar Del Rei, fundado no século xvi, às margens da lagoa que hoje leva seu nome. Na década de 1840, a floresta de Mata Atlântica da área é transformada em jardins com estilo romântico pelo paisagista inglês John Tyndale. Em 1859, o parque é comprado por Antônio Martins Lage, que o passa a seus filhos como herança, e depois é vendido e recomprado pelo neto, o armador Henrique Lage, em 1920. Apaixonado pela cantora lírica italiana Gabriela Besanzoni, Henrique mandou construir para ela um palacete em estilo eclético, projeto do arquiteto italiano Mário Vrodel, que importou azulejos e mármores da Itália. A pintura ficou a cargo do pintor paulista Salvador Payols Sabaté, que cobriu de ouro as estrelas que decoram a parede e o teto do quarto de dormir de Besanzoni. Na mesma época, os jardins foram restaurados por Leonam de Azevedo, mantendo as formas geométricas e as ruínas do antigo engenho entre seus lagos e grutas. A casa, com sua piscina interna e seu torreão, consagra-se a um centro de atividades artísticas, por mais de três décadas. Porém, endividado com o Banco do Brasil, Henrique Lage precisou desfazer-se de seu patrimônio e entregou o parque ao banco como pagamento. A fim de garantir a sobrevivência da construção e sua área verde, foi tombado como patrimônio histórico e artístico, em 1957. Na década de 1960, parte

nho à razão, mostrando-lhe que não podia especular à custa de um patrimônio da cidade, enviei à Assembleia mensagem cujos termos foram feitos *de acordo com ele*, para um acordo decente. Mas, Roberto Marinho não sabe o que é um acordo decente. Vi-me forçado a desapropriar esse bem indevidamente "comprado" ao Banco do Brasil — e não é essa a sua única aventura imobiliária com o Banco do Brasil à custa do medo que *O Globo* mete aos tímidos.

O que Roberto Marinho não informa: ele acaba de perder, pela segunda vez na Justiça, a questão do parque Lage.

Há juízes que não se deixam conquistar pelos elogios de *O Globo* nem intimidar pelos telefonemas do seu dono. Esperamos que haja, afinal, também um presidente assim. O certo é que o parque Lage foi defendido. E por isto é que Roberto Marinho passou a me odiar, a "descobrir" até que sou desonesto — e bobagens semelhantes.

O caso da TV Globo com o Time & Life[746] está no CONTEL[747] à espera de decisão desse órgão que regula o funcionamento de emissoras no país. Roberto Marinho começou negando tudo. Ante as provas que afinal foram

do terreno foi comprada pelo empresário Roberto Marinho alegadamente para a construção da sede da TV Globo. Entretanto, temendo-se o loteamento do terreno e uma possível especulação imobiliária, toda a propriedade foi desapropriada e convertida em um parque público. É deste longo processo, que durou quase todo o governo de Lacerda, que trata esta carta. Na mansão, que já serviu de cenário de peças e filmes, como *Terra em transe*, de Glauber Rocha, e *Macunaíma*, de Joaquim Pedro de Andrade, funciona desde 1975 a Escola de Artes Visuais do Parque Lage, antigo Instituto de Belas-Artes do Rio de Janeiro.

746 Nos anos 1960, Roberto Marinho assinou contratos

com a Time & Life Broadcast Inc., empresa de comunicação norte-americana que investiria na emissora Globo. Por tratar-se de ato inconstitucional, uma vez que desde a Constituição de 1946 era proibida a participação de estrangeiros na gestão de órgãos de imprensa e comunicação de massa, o fato provocou resistência de políticos e empresários, entre os quais Carlos Lacerda e Assis Chateaubriand.

747 O Conselho Nacional de Telecomunicações, órgão criado em 1961 e extinto em 1972, era subordinado à presidência da República. Tinha como finalidade elaborar as políticas de telecomunicações.

surgindo, também começa a confessar — aos bocados. O certo é que Roberto Marinho tornou-se testa-de-ferro de um grupo jornalístico muito respeitável nos Estados Unidos mas que, pela lei brasileira, não pode ter emissora de rádio e tv no Brasil.

Roberto Marinho procura manter essa posição à custa de apoios ao continuísmo e outras "teses" tão espúrias quanto seus patrocinadores.

E – com toda razão – fica indignado ao ver que há neste país quem não troque o dever pelo elogio de *O Globo*.

Roberto Marinho ainda se espantará muito mais quando verificar que não são tão poucos quanto ele pensava os que se dispõem a fazer o que precisa ser feito – quaisquer que sejam os adjetivos que *O Globo* nos reserve.

Peço-lhe o obséquio de transmitir aos leitores do *Jornal do Brasil* esta retificação às confusões que Roberto Marinho procurou armar no seu jornal. Quanto ao *O Globo*, é uma prova de que não acredito muito no conceito em que o têm os leitores – o diretor de *O Globo*, quando quer ver se acreditam nas suas versões, publica-as noutro jornal.

Continuo à espera das providências legais para fazer respeitar a Constituição e o Código de Telecomunicações, no que tange à tv Globo.

Quanto à questão do parque Lage, se resume num velho provérbio que até o Roberto Marinho deve conhecer: "quem tudo quer, tudo perde."

Cordialmente,

CARLOS LACERDA[748]

748 Carta não assinada. Trata-se provavelmente de cópia do autor.

RIO DE JANEIRO, 8 DE SETEMBRO DE 1965

Exmo. Sr.
Senador João Agripino[749]
João Pessoa — Paraíba

Meu caro senador e amigo

Já tive ocasião de lhe explicar por que não poderia ir à Paraíba agora. O cerco contra nós, na Guanabara, não é tão grave por parte do adversário declarado. Muito mais perigoso é o duplo prejuízo que certos grupos que detêm o controle de setores do Governo Federal procuram nos causar aqui: de um lado, uma política federal impopular, o que não é saudável para um candidato ganhar a eleição; de outro, o mesmo governo a fomentar a união do adversário contra nós e criar dificuldades, cada dia renovadas, contra a provável vitória eleitoral do nosso candidato Flexa Ribeiro.[750]

Tenho quase a certeza de que Flexa Ribeiro vai ganhar, mas não posso ausentar-me um minuto, pois estamos enfrentando uma frente única não confessada, mas real, que abrange desde a Light[751] ao Partido Comunista. Somente esta razão me impediria de estar ao seu lado, participando do esforço dos nossos companheiros paraibanos para levá-lo ao governo do estado.

Conhecendo, como conheço, a sua integridade e a sua firmeza, estou certo de que o eleitorado da Paraíba não hesitará em lhe dar o seu voto, quaisquer que sejam, aí como aqui, as dificuldades criadas pelos que preferem destruir a Revolução por dentro a vê-la encaminhar-se na direção que o povo deseja e que convém à Nação. Essa revolução verdadeira está por fazer e o povo poderá fazê-la, levando-o ao governo da Paraíba como indispensável ato de sabedoria política, além do mais preparatório da eleição direta em 1966. E a eleição presidencial pelo voto do povo, em [19]66, só na medida em que não nos conseguirem derrotar este ano.

Por outras palavras, se queremos evitar que o Brasil fique no dilema — ditadura declarada ou ditadura disfar-

749 João Agripino,
ver nota 485.

750 Flexa Ribeiro,
ver nota 184.

751 Ver notas 726 e 729.

çada – tratemos de obter, aí e aqui, governos que, eleitos pelo povo, não sejam capazes de trair o povo tirando-lhes a possibilidade de escolher o presidente da República, como vai escolher o governador.

Lamento não poder ter dois títulos eleitorais: um para votar em Flexa, na Guanabara, e outro na Paraíba, para votar no senador João Agripino.

Um abraço do Carlos Lacerda

RIO DE JANEIRO, 10 DE SETEMBRO DE 1965

Excelentíssimo senhor
Governador Magalhães Pinto[752]
E/M[753]

Caro governador,

Estou de acordo com a sua ideia de uma reunião para exame e balanço da revolução após quase dois anos de sua vitória pelas armas. A política adotada está pulverizando as forças da revolução. É preciso, portanto, revê-la. Por assim dizer, refazer politicamente a revolução.

Trata-se de evitar que nos atirem uns contra os outros para assegurar propósitos que visam a impor ao povo um presidente que o povo não escolheria.

Supor que o presidente da República deixe de consultar os corresponsáveis pela revolução para entregar uma "reforma de regime" a articuladores que são inimigos dela é escarnecer da inteligência alheia. Seria como promover a contrarrevolução sob o comando do presidente Castelo Branco,[754] o que é, mais do que absurdo, monstruoso. Por isso, impõe-se não a simples surdina nesse movimento antirrevolucionário e usurpador, e sim a pura e simples cessação dessas manobras dos que não sabem o que fazer da revolução — única no mundo em que os revolucionários não foram para o Poder senão por dois ou três de seus líderes —, empenhados, quase todos, em pedir desculpas por terem feito uma revolução.

Alguns intrigantes alegam, tal como se alegava no tempo do sr. João Goulart,[755] que vale tudo contra a minha candidatura. Basta isto para mostrar quanto ela é necessária.

A luta no seio do governo federal contra a minha candidatura — agora se vê claramente — não é pessoal, embora os ataques sejam pessoais e cada dia mais sórdidos. Ela é como o preconceito de raça. Não é um determinado candidato que eles não querem, como não é um determinado preto ou judeu que o racista detesta. O que ele detesta é

752 Magalhães Pinto, ver nota 470. Importante destacar que, nessa altura, tanto Magalhães Pinto quanto Carlos Lacerda, ambos da União Democrática Nacional (UDN), eram possíveis candidatos à presidência da República para as eleições de 1966, que, por fim, não se realizaram.

753 Em mãos.

754 Castelo Branco, ver nota 186.

755 João Goulart, ver nota 545.

tudo quanto é preto, tudo quanto é judeu. Assim, também esses que alegam detestar a minha candidatura não querem nada que se pareça com ela.

Não querem a minha porque posso ganhar, não querem a de outros como eu porque podem perder. O que não querem é eleições com o povo votando. Querem eleições com os antirrevolucionários decidindo quem deve ser eleito, quem pode ou não governar o Brasil. Todos os da nossa raça política, isto é, os que querem uma verdadeira revolução no Brasil, um novo estilo de administração, um novo modo de encarar os problemas brasileiros, uma política realmente democrática porque antidemagógica e antirreacionária, uma política de afirmação e de confiança na capacidade nacional, de colaboração e entendimento mas não de subserviência com os Estados Unidos — sobretudo não confundindo os Estados Unidos com certos interesses conluiados com certos assessores — estão "jurados", estão condenados pelo grupo que se apossou dos setores econômicos e administrativos da revolução, no governo Castelo Branco.

Quanto ao setor político, está-se deixando dominar pelo imediatismo, pela frustração e pelo ressentimento. A carência de ideias e a ignorância dos problemas levaram uma parte desse setor a ressuscitar no Brasil, em nome da revolução, o "chaleirismo" e a falsa valentia, que consiste em insultar a quem diz a verdade para agradar quem distribui os empregos.

O marechal encampou a ação e as maquinações desse grupo; ainda acredito, porém, que sem consciência nítida da gravidade de tais maquinações. Ele, que falava, um pouco apressadamente, em "reforma da estrutura da empresa", está fazendo um governo de proteção a interesses de concessionários de serviços públicos, nem todos legítimos.

Em cada estado do Brasil em que há eleições, o governo assopra a candidatura de um inimigo da revolução. Na Guanabara, faz o governo federal todo o necessário para tentar a vitória dos adversários da revolução.

Conheço o que se está fazendo também em Minas Gerais. Aliás, o governador sabe melhor do que eu que as eleições deste ano só foram "permitidas" pelo marechal Castelo Branco quando o grupo de conspiradores dentro do seu governo se convenceu de que era a melhor forma de nos derrotar para evitar as eleições de 1966. Por isso, o próprio presidente estimulou o governador de Minas [Gerais] a aceitar a prorrogação do seu mandato de governador, como forma de tentar marginalizá-lo, depois a mim – depois, senão antes, os ministros que resistirem à escamoteação do voto direto do povo.

Tudo isso e muito mais pode ser discutido construtivamente em torno de uma mesa, sob a presidência do próprio chefe do governo. Se ele discute com o sr. Oliveira Brito,[756] o sr. Afonso Arinos[757] e outros próceres políticos de seu governo, se ele consegue chamar de "Bloco Revolucionário" o sr. Manuel Novais,[758] o sr. Muniz Falcão[759] e outros representantes da situação que a revolução depôs, não vejo por que ter resistência ou escrúpulos em convocar os que fizeram a revolução para deles ouvir sugestões e lhes transmitir seu pensamento.

Não estou disposto – nem creio que o esteja a nação – a voltar ao tempo das frases sibilinas e dos exegetas do pensamento presidencial. A técnica política do despistamento acabou com o seu maior intérprete. Não queremos imitações, que já custaram tão caro ao país.

756 Oliveira Brito (1908--1997), nascido em Ribeira do Pombal, na Bahia, foi 638 e político. Pelo Partido Social Democrático (PSD) elegeu-se deputado à Assembleia Constituinte da Bahia, em 1947. De 1951 a 1968, foi deputado federal; em 1961 e 1962, ministro da Educação; em 1963 e 1964, ministro das Minas e Energia.

757 Afonso Arinos, ver nota 139.

758 Manuel Novais (1908--1992), nascido em Floresta, Pernambuco, foi médico e político. Participou da Revolução de 1930. Em 1934, tornou-se deputado da Assembleia Constituinte, elegendo-se pelo Partido Social Democrático (PSD). De 1935 a 1937 e de 1946 a 1987, foi deputado federal. Em 1946, pela União Democrática Nacional (UDN), foi eleito deputado constituinte.

759 Sebastião Muniz Falcão (1915-1966), nascido em Ouricuri, Pernambuco, foi político. Deputado federal, assumiu o governo do estado de Alagoas em 1956 e, de 1958 a 1961, teve sua vida política ligada ao Partido Social Progressista (PSP). Seu período de governo, de estilo coronelista, foi marcado por atos de violência contra a população e contra seus inimigos pessoais.

Não creio que convenha à nação depender de boateiros e de porta-vozes, que por acaso almoçaram ou tomaram cafezinho com o presidente, para saber que rumos vão dar a este país de setenta milhões. O Brasil é importante demais para ser, a esta altura, conduzido pela intriga, pela adulação e pelos alegados ressentimentos e vaidades de cada qual.

Talvez seja difícil definir o que seja um líder revolucionário. Mas fácil, porém, é saber o que não é um líder revolucionário. Se pegarmos, por exemplo, o Ministério do governo Castelo Branco, dificilmente se encontrará algum líder revolucionário entre eles.

Esta é uma contradição que o tempo agrava: o governo da revolução não é revolucionário. Por isto, obtém apoio para continuar, para "enfrentar" o povo, para fazer democracia sem povo, exatamente na medida em que renega a revolução. Obtém apoio de *O Globo*, por exemplo, exatamente na medida em que permite que o seu dono[760] viole a Constituição e sirva impunemente a interesses contrários às leis do país.

A tragédia de tais equívocos consiste precisamente em que a imagem que o povo faz da revolução é esse minuto cediço, essa dancinha monótona em que se converteu, sem flama, sem fé, sem estímulo, sem confiança na capacidade do povo, burocratizado, amesquinhado, aquele momento de grandeza que foi o milagre político da Revolução de Março.[761]

O governo do marechal Castelo Branco, tal como tem funcionado até agora, está jogando fora a derradeira oportunidade de resolver por processo democrático, com uma rápida e patriótica ajuda militar, a crise brasileira.

Por isto é que permaneço candidato, cada vez mais, exatamente na medida em que a minha candidatura significa a garantia da implantação, pelo voto, de uma revolução que, feita pelas armas, foi escamoteada pelo governo que ela implantou e que se entregou à politicagem.

Dizem-me, por isto, ambicioso. Mais vale ser ambicioso com votos do que sem votos. Esses ambiciosos se elegeram à custa da nossa ambição. À nossa custa se fantasiaram até de líderes. Já não me ferem sequer. Porque são expressões de uma espécie de necrotério político. Seus conceitos são peças anatômicas, em *galantine*. O único perigo que me

760 Roberto Marinho, ver nota 615.

761 Ver nota 660.

fazem correr é o de tétano. Porque seus insultos são matéria morta, em decomposição política. Ninguém nunca fez nada, em Política, sem ambição. Apenas a minha ambição é a de servir, a de dar à minha vida alguma utilidade para todos e não apenas para a minha vaidade.

Do Ministério que não devia ter sido assim formado, e foi, diz-se agora que será reformado. Para torná-lo mais atuante? Ao contrário. Trata-se apenas de tirar dele os que são contra as manobras para suprimir o voto direto e os que pretendem que a revolução... seja revolucionária.

O simples fato de convocar uma reunião como a que você propõe seria um sinal de compreensão e de boa-fé. Desarmaria os espíritos justamente prevenidos contra tanta intriga e tanta suspeição. A autocrítica da revolução, o balanço de seus pontos positivos e negativos, viria reforçá-la com o povo, daria a medida da sinceridade e da boa-fé dos revolucionários. Longe de enfraquecê-la, tal gesto a consolidaria.

Por isto, aplaudo a sua sugestão que visa a evitar as divisões, cujo resultado será a inexorável condenação da revolução perante o povo e o malogro de tantas esperanças. O regulamento do adversário está à vista. Que faz o governo? Roído pela intriga, infiltrado pela politicagem, procura lançar-nos à margem – como se isso fosse possível. E[,] na medida em que trata de nos ignorar, depender de oportunistas, adesistas e outros aventureiros. O resultado é fácil de prever.

Agora entendo muitas coisas e sobretudo essa obstinação do governo em ser impopular com o povo, ao mesmo tempo estimado e aclamado pelos inimigos da revolução. É ali que está o eleitorado que interessa aos conselheiros do marechal Castelo Branco. No povo, o eleitorado que interessa é a democracia. No próprio Congresso, os que serviram à revolução são preteridos, ou, quando recebem consideração verbal, são, na prática, postos à margem em benefício de um conjunto de falsos intérpretes da "reforma do regime". Somados, estes não têm no Brasil a votação que o Zarur[762] pode ter na Guanabara.

Dou-lhe, pois, o meu apoio à sua proposta. Mas, devo lhe dizer que sofri muito nestes meses para aprender que

762 Alziro Zarur (1914-1979), nascido na cidade do Rio de Janeiro, foi escritor, jornalista e radialista. Fundador e primeiro presidente da Legião da Boa Vontade (LBV).

o amor-próprio em certos homens supera até o seu amor à Pátria. Duvido, por isto, que tal reunião seja convocada.

Queira Deus que não tenha razão. O que não aceito é esse confessionário das conversas dois a dois, nas quais o presidente comunica a cada um de nós um fato consumado. Os pecados da revolução, que muda de confessores mas não muda de pecados. Tem sido essa a sua conduta em relação a nós, durante todos esses meses.

Aumentam dia a dia, com razão, comprovadas por palavras e atos, inclusive por graves omissões, as razões para desconfiar. Desencadeia o governo – tal qual o seu antecessor – crises políticas sucessivas; talvez por não saber o que fazer além desse esporte dos governos incapazes. Falhou o capital americano, no qual depositou demasiadas esperanças. E falhou exatamente pelo excesso de subserviência. Agora recorre o governo, tal qual o seu antecessor, à arma do costume: a ameaça de pedir dinheiro à Rússia. Até parece que em vez de uma revolução quer o governo mostrar que João Goulart tinha razão.

Não aceito fatos consumados. Levantar-me-ia, nem que fosse sozinho, contra a usurpação e a mistificação. Mas não estou só. Sua iniciativa o demonstra. Não estamos sós. No Congresso já se levantaram vozes autênticas contra a corrupção do próprio Congresso por esses conspiradores da lisonja e da complacência. Nas Forças Armadas, em cujo nome abusivamente falaram os intrigantes, não tem apoio a ideia de incumbir os inimigos da revolução de formular a "reforma do regime".

A reunião para o exame e revisão dos rumos do governo, de modo a que ele sirva à revolução em vez de servir-se dela, seria um caminho. O outro é ter paciência, lutar todos os dias, pela eleição direta, com o povo. Qualquer dos dois me serve, já estou no segundo há muito tempo. Você propõe o primeiro. Se o quiserem, também me serve. Senão, convido-o a tomar o segundo – pelo qual se há de conseguir transformar democraticamente este país.

Cordialmente,

Carlos Lacerda

RIO DE JANEIRO, 7 DE OUTUBRO DE 1965[763]

Senhor presidente,[764]

Entendo necessário devolver ao meu partido a candidatura presidencial que ele me entregou para pleitear, perante o povo, a transformação do Brasil numa democracia.

A derrota que sofremos nestas eleições foi da UDN,[765] batida em quase todos os estados, e da revolução, enterrada por aqueles que em nome da dita revolução se apossaram do país. Lutamos contra cinco presidentes da República, o Partido Comunista e outras forças e tivemos quarenta e um por cento da votação. Não pudemos fazer mais do que fizemos, porque o governo da revolução foi condenado pelo povo.

A UDN não poderia continuar a apoiar, ao mesmo tempo, Castelo Branco e a minha candidatura. Pois o senhor Castelo Branco não admite a minha candidatura e tudo fez para condenar o país à escamoteação da "eleição indireta". O senhor Castelo Branco foi vítima da sua obsessão de evitar a minha candidatura e o voto do povo.

---

763 Carta redigida por Carlos Lacerda após o anúncio da prorrogação do mandato do marechal Castelo Branco, que se manteria na presidência da República até 1967.

764 Ernani Sátiro (1911-1986), nascido em Patos, na Paraíba, foi jornalista e político. Trabalhou no *Diário de Pernambuco* nos anos 1930, quando também se tornou um importante ativista do crescente movimento estudantil de Recife. Elegeu-se deputado para a Assembleia Nacional Constituinte em 1946 pela União Democrática Nacional (UDN). Foi deputado federal; ministro do Supremo Tribunal Militar em 1969 e 1970; e governador da Paraíba em 1969 e 1970. Foi o último presidente da União Democrática Nacional antes da publicação do Ato Institucional nº 2, em 1965, que decretava a extinção dos partidos políticos.

765 União Democrática Nacional.

Não desejo perder tempo com acusações e retaliações. Preciso, apenas, ressalvar a minha responsabilidade. Penso ter o direito de comparecer a uma convenção nacional do partido para explicar as razões pelas quais entendo não ter mais sentido a minha candidatura. E deixar o partido livre para tomar, com o PSD[766] e PTB,[767] em torno do senhor Castelo Branco, o da "eleição indireta", e da destruição da Federação, em suma deste Estado Novo manso, o rumo que quiser. Não pretendo participar desta escamoteação de uma revolução que, traída e levada a trair o povo, acaba de ser, pelo povo, derrotada – precisamente por não ser uma verdadeira revolução.

Requeiro uma convenção da UDN para que eu possa, agradecendo a confiança que os udenistas depositaram em mim, depor perante eles.

Quero agradecer a sua lealdade e a de milhares de companheiros que nunca me faltaram e cuja amizade pessoal desejo preservar, como suficiente recompensa por tantos anos de sacrifício.

Agradeceria ainda se o caro amigo convocasse para quanto antes esta convenção. Desejo devolver esta candidatura com a mesma dignidade com que a aceitei e sem que ninguém me possa acusar de deserção ou queixar de ter sido abandonado por mim.[768]

Carlos Lacerda

766 Partido Social Democrático.

767 Partido Trabalhista Brasileiro.

768 No dia seguinte, 8 de outubro, Carlos Lacerda faria um discurso televisionado, em que rompeu publicamente com o presidente da República Castelo Branco, classificando-o como "traidor da revolução".

RIO DE JANEIRO, 13 DE OUTUBRO DE 1965[769]

Srs. diretores do *Diário de Notícias* e do *O Estado de S. Paulo*[770]

Peço-lhes o obséquio de divulgar esta carta, a fim de tornar de uma vez por todas clara a minha posição. O que há de mais difícil, hoje, no Brasil, é convencer os que informam a opinião pública de que os homens públicos não são todos iguais, isto é, todos igualmente simuladores e desprezíveis.

Enojado com o que se está passando no Brasil, traído pelos que se tornaram responsáveis pela Revolução e pelos que a ela aderiram – e traído desde o primeiro dia – desejo, perante o partido que levantou a minha candidatura à presidência da República, explicar os motivos que me levam a devolver--lhe a candidatura de cuja defesa ele me incumbiu. Por isto pedi uma convenção nacional da UDN[771] o mais cedo possível.

Se a UDN não me quiser dar sequer essa prova de consideração, é problema dela. Mas, não creio que tenhamos descido tanto. Espero, pois, confiante [n]essa oportunidade de falar aos que conferiram a honra de os representar perante a Nação.

A 5 de dezembro deixo o governo do estado da Guanabara, no cumprimento exato e até o fim, do mandato que recebi do povo. Nessa mesma data começarei a trabalhar em várias empresas que estou fundando para ganhar a minha vida.

Não é uma renúncia – pois não tenho a que renunciar. É uma decisão que exige coragem – e que nem todos ousam tomar a tempo.

Não quero nenhuma parcela de responsabilidade no que se vai passar neste país, pois não aceito responsabilidade sem autoridade. Não fui ouvido e sou traído todos os dias, desde que cometi o erro fatal de concordar em levar ao ministro da Guerra[772] o nome do marechal Castelo Branco[773] para a presidência da República.

Tenho uma profunda pena do povo brasileiro, que está sem liderança e caminha para uma opção terrível. O povo está justamente convencido de que o governo da Revolução é contra ele. Votou em geral naqueles que podem contribuir para destruir a revolução – e vão destruí-la, qualquer que seja a bazófia dos que asseguram, da boca para fora, e

769 Carta datilografada em papel timbrado do "Governador do Estado da Guanabara".

770 Júlio de Mesquita Filho, ver nota 469.

771 União Democrática Nacional.

772 Referência ao general Costa e Silva, ver nota 641.

773 Castelo Branco, ver nota 186.

cada vez com menos convicção, que ela é "irreversível". Chega a ser uma piada sinistra, essa "irreversibilidade" de uma revolução que não existe. E o pior é que, à vista do que tem sido a política e a administração do governo que a revolução entronizou, o povo tem razão.

Sobra, neste país, uma única liderança – a do sr. Juscelino Kubitschek.[774] Do outro lado, do que eu costumava chamar o "nosso lado", não há liderança alguma, embora haja elementos de valor, o que não é a mesma coisa.

O presidente da República é um homem despreparado para presidi-la. Seus assessores são movidos por ressentimentos, invejas, intrigas e toda sorte de sentimentos, menos aqueles generosos e nobres sem os quais a vida pública se converte num jogo de mesquinharias, agravado pela mediocridade. Não digo tais coisas para insultar ninguém mas sim, apenas, para retratar uma situação que a propaganda esconde mas o povo precisa conhecer.

Nunca como neste momento o país precisou tanto de grandeza. Muita gente ainda não percebeu que a crise atual é muito mais grave do que aquela que levou ao golpe militar do ano passado. Pois, ali, as forças armadas estavam com seu prestígio intacto. Agora, isto já não acontece. A unidade das forças armadas já está comprometida e destruída pelo aparecimento, dentro de pouco tempo, da corrente que sob a capa do "legalismo" defenderá – na prática – a restauração dos decaídos, já iniciada pela mão do sr. Castelo Branco – que é hoje um instrumento do PSD[775] e de alguns cacos da UDN.

No ano passado, a defesa da eleição direta e da Constituição foi um tema para a derrubada do governo João Goulart.[776] Agora, a Constituição é uma portaria referendada pelo Congresso e o sr. Castelo Branco, sabotando por toda parte a eleição com o governinho que está fazendo, conseguiu demonstrar a sua tese obsessiva contra a eleição direta. Antes do golpe militar do ano passado, nós tínhamos uma eleição vitoriosa à vista. Hoje, com o governo Castelo Branco, perderemos qualquer eleição – menos a indireta, que é uma farsa na qual colaboram todos os que procuram se esconder de sua própria consciência. Ali, começava uma revolução. Agora, a revolução acabou antes de ter começado.

774 Juscelino Kubitschek, ver nota 149.

775 Partido Social Democrático.

776 João Goulart, ver nota 545.

O divórcio entre o povo e a revolução é, nas condições atuais, irremediável. A eleição indireta, que é uma das obsessões do presidente da República, só fará agravar esse divórcio. A pretexto de evitar uma ditadura contra o Congresso, o Presidente quer uma ditadura com o Congresso contra o povo. Para isto, abriu as portas do governo aos inimigos da revolução. Eles já estão dentro do palácio. Imobilizam a administração e aguçam o governo contra mim, todos os dias, desde aquele em que o sr. Castelo Branco tomou posse.

Não tenho mais condições para lutar sozinho como no passado – segundo tantas vezes reconheceu o sr. Castelo Branco, sem[,] no entanto, tirar nunca desse reconhecimento qualquer conclusão útil. Até o ano passado[,] ainda pude lutar quase sozinho, até que as forças armadas despertassem e os políticos reconhecessem a necessidade de uma liderança democrática no país. Lutamos, uns poucos, muito poucos.

Agora, não. Não tenho ânimo para organizar uma oposição ao sr. Castelo Branco, mesmo porque essa oposição será chefiada pelo sr. Juscelino Kubitschek, se este tiver possibilidade de se impor ao PSD, o que não parece fácil.

A opinião pública se sente desmoralizada, porque o governo Castelo Branco a fez perder a fé, amesquinhou tudo, abestalhou a própria revolução transformando-a numa coisinha mofina.

Não posso me unir a uma esquerda que está colonizada pelo Partido Comunista. Não posso apoiar um governo que tem os seus mentores fora do Brasil, pois os centros vitais das suas decisões não são aqui sediados. Não tenho, pois, nenhuma posição, nem no governo nem na oposição, na qual possa situar-me. E não desejo pactuar, por omissão, com o processo de desagregação da vida pública brasileira empreendido por homens que a desprezam e sofrido por homens que não a merecem.

Pensava já ter dito tudo o que era preciso alguém dizer. Mas até o último dia, parece, não me será poupada a tristeza de ver a mediocridade de mãos dadas com a mesquinharia, tentando engrandecer esses anões à custa da intriga e da insídia contra mim.

Rogo-lhes, pois, a divulgação destas linhas, que lhes escrevo como homenagem à posição que têm tomado e que profundamente respeito.

No dia 5 de dezembro, deixo o governo da Guanabara e a vida pública. Se a UDN quiser, explicarei, na sua convenção, as razões dessa decisão. Não desejo ser fator de agravação da crise, já por si gravíssima, em que o Brasil novamente mergulhou e da qual o sr. Castelo Branco não o poderá tirar, pois depende de uma grandeza que ele não possui e de um preparo que ele não tem para o exercício da liderança política.

Se a UDN não me quiser ouvir, sairei na mesma. Ninguém me poderá acusar de desistência ou deserção. Terei dado ao meu país muito mais do que esperava. Nunca supus tivesse forças para suportar o que tenho sofrido. Muito menos pela mão do adversário do que pela traição dos aliados. O que ainda me faz não considerar perdidos estes vinte anos de luta é a amizade de tanta gente que compensa, em muito, a mesquinharia, a inveja, o ressentimento e o ódio. Não o dos inimigos, que não temo. Mas o dos que se serviram de mim e me traíram – a começar pelo presidente da República.

Mais do que tudo, o que me enoja é a infinita pequenez, a proporção microscópica dos homens que estão dirigindo o Brasil na fase mais grave e, ao mesmo tempo, mais radiosa da sua história.

Faço um apelo aos colunistas políticos e mundanos para que me esqueçam. Peço encarecidamente ao marechal Castelo Branco que recomende esse esquecimento aos seus serviços de propaganda disfarçada, que funcionam através de ministérios cuja única função é a intriga.

Espero, ao menos, ganhar a minha vida em paz. Desejo a todos os que governam o Brasil um milagre de Deus capaz de inspirar-lhes um pouco de grandeza para poderem, ao menos, enfrentar com dignidade a crise que não souberam e não poderão evitar.

Grato pela sua atenção, renovo-lhes os meus sentimentos de apreço e de uma velha amizade.

Com um cordial abraço

Carlos Lacerda

CÓPIA

RIO DE JANEIRO, 21 DE OUTUBRO DE 1965

Burle Marx:[777]

Ser grande paisagista não desobriga ninguém da obrigação de ter caráter.

Sua carta não devia ter sido escrita.[778] Não acrescenta nada aos seus méritos de artista e deprime outros aspectos, não menos importantes, de sua personalidade.

Esperar os últimos dias do nosso governo para atirar pedras na pessoa[779] à qual a cidade deve o parque do Flamengo,[780] não é decente. E ainda menos prestar-se à exploração política e à indignação pessoal de outro Roberto, o Marinho,[781] que queria destruir o parque Laje.[782]

Você bem sabe que o parque do Flamengo teve a sua colaboração mas não pôde tê-la por inteiro porque os seus preços para fornecimento de plantas são inacessíveis, a quem queria fazer um parque, mas não uma exibição de novo-rico. O parque é obra de um grupo, sob a liderança de uma pessoa que defendeu esse parque e o realizou com

777 Roberto Burle Marx (1909-1994), nascido na cidade de São Paulo, foi artista plástico e paisagista. Desenvolveu projetos notáveis ao lado de arquitetos brasileiros, como Lúcio Costa e Oscar Niemeyer. Usando plantas tropicais, desenvolveu uma estética abstrata e muitas vezes marcante em certos espaços urbanos. Destacam-se, entre outros trabalhos por ele realizados, o paisagismo do Eixo Monumental de Brasília e o calçadão de Copacabana.

778 No dia 18 de outubro de 1965, Burle Marx escreveu a Carlos Lacerda queixando-se de "uma série de deliberações tomadas, ultimamente, por dona Lota Macedo Soares",

que comprometia, segundo ele, o trabalho de paisagismo do parque do Flamengo. Considerava então "ditatorial" o comportamento de Lota Macedo Soares, como se ela fosse "dona do projeto e entendesse de tudo".

779 Maria Carlota Costallat de Macedo Soares, mais conhecida como Lota Macedo Soares (1910-1967), nascida em Paris, filha do jornalista José Eduardo de Macedo Soares (ver nota 108), foi paisagista e urbanista. Idealizou o parque do Flamengo, no Rio de Janeiro, durante o governo de Carlos Lacerda. De 1951 a 1965, viveu no Brasil com a poeta norte-americana Elizabeth Bishop.

780 O parque do Flamengo, no Rio de Janeiro, faz parte do aterro do Flamengo, que se estende do aeroporto Santos Dumont à enseada de Botafogo. Projetado nos anos 1950 sob responsabilidade do arquiteto e urbanista Afonso Eduardo Reidy, suas obras foram iniciadas em 1961, durante o governo de Carlos Lacerda, e contaram com a participação imprescindível de Lota Macedo Soares.

781 Roberto Marinho, ver nota 615.

782 Sobre a polêmica em torno do parque Lage, ver nota 745.

dedicação, lealdade e bravura. Apedrejá-la agora[,] em vez de defender a criação de uma Fundação para defender o parque, é uma indignidade.

Você não poderia ter escolhido pior ocasião para manifestar o seu oportunismo. Se o parque foi o que desejam fazer dele os [...][783]

783 Entre os originais, não foi encontrado o restante desta carta.

RIO DE JANEIRO, 15 DE FEVEREIRO DE 1966[784]

ILMO. SR.
PROCURADOR GILDO CORREIA FERRAZ
PRESIDENTE DA COMISSÃO DE INVESTIGAÇÃO
MINISTÉRIO DA JUSTIÇA E NEGÓCIO INTERIORES
RIO DE JANEIRO

Senhor procurador

Recebi o seu ofício 19-22/B-66, de 9 de fevereiro, no qual V. Sa., presidente da comissão "instaurada para apurar denúncias sobre a infiltração de capitais estrangeiros nas empresas jornalísticas e emissoras de rádio e televisão", pede que eu forneça "os elementos que possua sobre o tema objeto das investigações, através de relatório circunstanciado". E acrescenta que, "se for necessário", serei "oportunamente convocado para outros esclarecimentos".

Em resposta devo dizer-lhe o seguinte:

1. Não estou à disposição do governo para redigir relatórios. A lei obriga a prestar depoimento. A redigir relatório, não.

2. A extensão dos termos que fundamentaram a portaria criando essa comissão dilui o objeto da investigação. O resultado, duplamente negativo, é a impunidade dos violadores da lei e a coação sobre a totalidade da imprensa e das emissoras. Tal como foi feito com o Ato nº 2,[785] que[,] a pre-

784 Esta carta, datiloscrita, apresenta uma série de trechos rasurados à caneta azul ou vermelha, bem como acréscimos manuscritos à margem esquerda, superior e inferior das folhas. Os trechos excluídos serão indicados entre colchetes.

785 O Ato Institucional nº 2, elaborado sob coordenação de Juraci Magalhães, então ministro da Justiça, foi anunciado pelo presidente da República em 27 de outubro de 1965. Os termos do Ato Institucional nº 1 foram radicalizados, de modo a instaurar-se mais claramente o regime autoritário. Estabeleceram-se eleições indiretas para a presidência da República, extinção dos partidos políticos, reabertura dos processos que visavam a punições aos opositores do governo, entre outras determinações.

texto de ameaçar alguns, oficializou a covardia e institucionalizou a corrupção pelo temor do arbítrio. O "combate à corrupção" é feito segundo a conveniência da politicagem. O arbítrio que a Revolução pôs nas mãos do governo está sendo usado em favor da corrupção e da politicagem mais sórdida. [Foi o que acabou de dizer, com a bravura costumeira, o general reformado Geyer de Azevedo,[786] em memorável carta ao marechal Castelo Branco.]

3. Em vez de investigar o objeto de denúncias documentadas [que o marechal Castelo Branco, há cerca de um ano, conhece tão bem quanto eu, ou seja, o fato determinado a que se refere a lei sobre inquéritos parlamentares], generalizou-se a investigação de tal modo que ela está fadada a malogro, terminando por um desses relatórios que dizem muito, concluem pouco e resultam em nada.

4. O governo, isto é, o marechal Castelo Branco e o CONTEL,[787] conhece tão bem quanto eu esse assunto. Pois ambos possuem as certidões do negócio entre Roberto Marinho[788] (*O Globo*) e Time & Life.[789] O fato de haverem sido roubadas do cartório as páginas de uma das escrituras não altera o fato de que o marechal Castelo *já conhece* a verdade sobre isto há muito e possui as *duas* certidões (inclusive a que foi rasgada do livro do cartório). Trata-se portanto de uma hipocrisia o propósito de "apurar" o que ele já conhece e obter documentos que ele já possui.

5. O governo Castelo Branco usa pessoas honradas para fins desonestos e pessoas desonestas para fins honrados. [Em vez de punir Roberto Marinho por crime praticado e devidamente comprovado,] obtém a cumplicidade de Marinho na usurpação do poder e na traição aos objetivos da Revolução, em troca da impunidade e do lucro ilícito que obtém por processos ignóbeis. O "acordo entre cavalheiros" entre o governo Castelo Branco e Roberto Marinho — que continua carregando a Ordem Nacional do Mérito —, é uma vergonha para o marechal Castelo Branco. [, que ele envolve numa manobra.]

6. Transformou-se a objeto da investigação numa ameaça global sobre toda a imprensa, todo o rádio e todas as estações de TV, acrescentando assim um novo instrumento de pressão do governo sobre a liberdade de informação e crítica.

786 Consta no livro *História militar do Brasil*, de Nélson Werneck Sodré, publicado em 1965 pela editora Civilização Brasileira, que o tenente Geyer de Azevedo teria proclamado aquele que ficou conhecido como o "discurso dinamite" no Clube Militar de Recife, em 25 de abril de 1922, dirigindo ofensas a chefes do Exército ali presentes. Ficou provado anos mais tarde, porém, que Geyer de Azevedo estava na Unidade de Infantaria de Goiás nesta data e que a ata do Clube Militar da qual constava seu nome era falsa.

787 CONTEL, ver nota 747.

788 Roberto Marinho, ver nota 615.

789 Ver nota 746.

7. Nada tenho de "reservado" a dizer a V. Sa. Tudo que sei é do interesse público conhecer. A divulgação dos fatos que conheço é mais importante, até, do que a [eventual e mais do que] duvidosa punição dos culpados, a cujo poderio o sr. Castelo Branco se submeteu. Quando me quiser ouvir publicamente[,] estou às suas ordens, no dia e pelo tempo que lhe parecer necessário. [Creio mesmo que[,] se o segredo é a alma do negócio, a divulgação é a alma de uma investigação sobre negócios contrários à lei e ao interesse nacional, como os de Marinho com o Time & Life.] O segredo só pode beneficiar a continuação da barganha que o governo está fazendo com os corruptos: a impunidade em troca da ajuda para impedir a renovação do Brasil.

[O assunto é discutido em público, os documentos de cartório são arrancados das páginas dos livros oficiais de registros – e a Comissão faz uma investigação em segredo!]

8. Se deseja o meu depoimento, queira V. Sa. tomá-lo na boa e devida forma das leis que regulam a matéria, assegurada a divulgação para que eu não seja – mais uma vez – vítima dos serviços que procuro prestar. E não se beneficiem com o meu risco e sacrifício, como se têm beneficiado, os que barganham apoios e impunidades, dando-se as mãos a corrupção e a traição, para destruir os que ousam denunciar a primeira e desafiar a segunda.

9. Há cerca de um ano o atual presidente da República assegurou-me, por escrito, que ia mandar investigar o caso Roberto Marinho-Time & Life. Também nisso faltou à sua palavra. A tardia investigação, agora montada, dilui o seu objeto de modo a converter-se em instrumento de coação sobre todos e de reforço ao negócio de Marinho, que se dilui no vago e indeterminado objeto de uma investigação abusivamente generalizada.

[O fariseu que exerce a presidência aumenta assim o poder de coação sobre a imprensa, em benefício dos corruptos e dos que o ajudam a implantar o novo Estado Novo.]

10. Não creio possível nem desejável, do ponto de vista do interesse nacional, que a venalidade de Roberto Marinho e a violação que ele faz, todos os dias, da Constituição Brasileira, sejam objeto de segredo. É ridículo que

a esta altura se procure apurar, reservadamente, fatos que são do conhecimento geral.

11. No inquérito deverá ser ouvido o marechal Castelo Branco para saber por que, depois de ter em mãos a prova que agora finge querer "apurar" ele foi [...][790]

12. [Aguardo o resultado da investigação, em cartório, sobre o roubo das páginas de uma das escrituras do Time & Life em favor de Roberto Marinho. V. Sa. poderá obter com o marechal Castelo Branco a certidão da escritura agora arrancada do livro do cartório. Pois ele a possui, mandada por mim – há vários meses. O que não o impediu de] celebrar com Roberto Marinho e Walter Moreira Salles[791] [e outros líderes na sua caricata e estúpida "Revolução",] em jantares na casa do sr. Ortenblad,[792] a transformação da revolução numa aventura na qual alguns brasileiros e americanos, ligados pela cobiça e pelo mais sórdido imediatismo, estão jogando fora a paz, a liberdade e a unidade do continente americano. Pois, não tenha dúvida, o domínio da imprensa no Brasil por grupos americanos e seus agentes vai gerar, para desgraça de todos os que prezam a liberdade, uma reação [violenta] que, cedo ou tarde, será o resultado do crime internacional que se está cometendo no Brasil. E isto não será "reservado". Nem se salvará por meio de relatórios.

13. À sua disposição para qualquer esclarecimento, darei divulgação a esta carta a fim de acabar com a comédia de segredos sobre o que toda gente conhece.

Cordialmente,

Carlos Lacerda

790 Esta frase, incluída por Carlos Lacerda à caneta azul, à margem esquerda da segunda folha da carta, encontra-se incompleta.

791 Walter Moreira Salles, ver nota 614.

792 Alberto Ortenblad (1901-1994), nascido em Jaboticabal, São Paulo, engenheiro com mestrado em Harvard e doutorado no MIT, herdeiro da Fazenda Águas Milagrosas, em Tabapuã (SP), introduziu o plantio de seringais no estado de São Paulo e chegou a produzir e vender milhões de mudas nas décadas de 1950 e 1960. Casado com Hero Ortenblad, irmã de Elisa Moreira Salles, esposa de Walter Moreira Salles, o casal vivia em Copacabana, no Rio de Janeiro, onde aconteciam grandes festas.

[28 de outubro de 1966]

O MANIFESTO[793]

Em nome do povo brasileiro viemos apresentar o protesto e a reivindicação que ele merece e exige.

Representamos correntes de opiniões que, juntas, reúnem a maioria do povo. Representamos, também, instituições que, perante a história, encarnamos pela mão do povo. Defendemos o voto e a lei, em função da ânsia de liberdade e do progresso social, cultural e econômico que caracteriza o Brasil moderno no mundo em mudança.

Dessa representação nenhuma violência nos pode privar. E o povo precisa que seus líderes falem — para que em seu lugar não sejam ouvidos apenas os que têm medo do seu voto.

Juntos, não somos a mera expressão de uma frente ocasional. Nosso encontro é mais importante que as nossas pessoas. Temos o dever de dar voz ao povo silenciado. E definir, em seu favor, os rumos que, seja qual for o sacrifício pessoal a fazer, o povo tem o direito de exigir de todos os que tiveram ou aspiram a ter a honra de governá-lo.

Há momentos em que se unir para lutar por todos é a única forma de ser coerente. Assim, diante da invasão. Assim, também, diante da usurpação. Assim, na guerra. Assim, nessa guerra que o Brasil tem de enfrentar; a guerra contra o atraso, o pessimismo, o desalento. Essas forças negativas apropriaram-se do poder. O povo precisa, unido, mobilizar-se para fazer triunfar a esperança de dias melhores.

A nossa união, pessoalmente desinteressada, representando a superação de graves divergências e naturais ressentimentos, é respeitável precisamente porque não é manobra política e, sim, mandado da consciência.

Não foi fácil o nosso encontro. Mas vale o esforço pelo resultado e pelo exemplo. Nossa pessoa é o que menos interessa. As ditaduras vivem da desunião dos que prezam mais as suas divergências do que a liberdade do povo. Por isto, mais do que nunca, esquecemos o amor-próprio e a

793 Esta carta à nação, redigida por Carlos Lacerda, foi publicada no jornal *Tribuna da Imprensa*, no dia 28 de outubro de 1966, por meio da qual foi lançada a Frente Ampla, que se opunha ao regime militar então instalado. A Frente Ampla contou com a adesão dos ex-presidentes Juscelino Kubitschek e João Goulart, de quem Carlos Lacerda já havia sido adversário. Foi extinta pelo ministro da Justiça Luís Antônio da Gama e Silva em 5 de abril de 1968.

vaidade para falarmos juntos o que a grande maioria do povo sente, pensa e quer.

O exílio e o ostracismo não bastam para exonerar-nos da condição de brasileiros e da obrigação de fixar rumos, ante a decepção e a angústia que se apoderaram do povo. Pode o arbítrio privar alguns ou muitos, segundo a maré do ódio ou as tortuosas conveniências do grupo dominante, do seu direito de influir nas decisões nacionais. Mas, não nos prova nem isenta dos nossos erros e capacidades, esses deveres têm de ser exercidos com lealdade e na hora oportuna, que é esta.

Houve uma "eleição para a qual o povo não deu poderes a ninguém". Tem o povo o direito de saber o que pretendem fazer à sua custa os que se arvoram em tutores do Brasil.

Não nos encontramos para o conformismo nem muito menos para a adesão, como fazem alguns que serviram conosco ou se serviram de nós, mas se ajuntam à usurpação e colaboram com a impostura sem olhar coerência e, sim, apenas conveniência.

Numa hora de evasivas, trazemos uma afirmação. Numa hora de pretextos, trazemos motivação. Numa hora de violência, trazemos uma palavra de paz. Não uma paz imposta, mas uma paz consciente e livre.

Não fazemos a apologia do passado. Nem crítica, nem autocrítica. Apenas ressaltamos que havia um esforço constante de aperfeiçoamento do sistema democrático, ao qual o povo penosamente ascendia no correr do tempo. Esse esforço recebeu a contribuição menor ou maior, no governo ou na oposição, dos signatários e de milhões de brasileiros. Hoje, essa conquista, renegada por alguns, é negada a todos. Depende do capricho de um e do arbítrio de alguns que tal capricho guiam, ao sabor de suas conveniências e peculiares interesses.

Preocupa-nos, nos erros do presente, o comprometimento do futuro do Brasil. Renegar o esforço, já incorporado ao patrimônio do povo, de tantos anos de exemplos e lutas é deixar no país a ferida aberta às infecções totalitárias. Essa tristeza, essa desalentada postura em que ele se encontra, não é senão a véspera de desespero, que leva a tudo. Já o protesto da mocidade brutalmente sufocada é a evidência da inevitável reação do povo.

A eleição foi suprimida e, no entanto, era cada vez mais autêntica. Interrompê-la, agora, é um crime contra a eficácia do processo democrático em que erram os ditadores, os seus erros inevitáveis, mas os corrige pelo próprio uso dos instrumentos da democracia. Os ditadores raramente acertam onde o povo erra. E, quando erram os ditadores, o seu erro quem paga é o povo.

Havia, e urge reacendê-lo, um impulso de fé e confiança do povo em suas próprias forças. Governar deve ser animar. Hoje, é deprimir. Governar deve ser mobilizar entusiasmos e capacidade. Hoje, é desconfiar e improvisar. Havia um certo otimismo criado sem o qual as nações se confessam de antemão vencidas. Esse otimismo precisa ser restaurado. Para isto é preciso substituir no poder os que desprezam o povo porque, não conseguindo inspirar confiança, são pessimistas sistemáticos.

A crise de confiança em nome da qual se derrubou um governo, suspeito de pôr em perigo as eleições, tornou-se trágica realidade sob o atual governo, que acabou com as eleições. Como pode o povo confiar em quem nele não confia e, para não lhe dar vez, tomou-lhe o lugar?

Revolução autêntica há de ser aquela que dê ao seu povo maior participação, e não menor, nas decisões que marcam o seu destino.

O povo não quer o que lhe dão, ou seja, um governo subserviente a decisões tomadas no exterior, hostil ao povo e temeroso do seu julgamento, usando abusivamente as armas da segurança nacional, para coagi-lo e imobilizá-lo, implantando a insegurança, a descrença e a ansiedade em todas as classes e em todos os lares.

As desculpas para um regime antidemocrático estão esgotadas. O Brasil repele tutelas e curatelas.

Não há quem não estranhe que se pretenda converter o Brasil em arena para um prélio de oportunistas em busca da supremacia pessoal. Entre o messianismo teleguiado de uns e as evasivas táticas de outros, impõe-se o dever de falar e, com clareza, assumir compromissos e responsabilidades perante o único senhor deste país, que é o seu povo.

As próprias decisões da política econômica, em cujo nome tantos crimes se cometem, exigem, para serem eficazes, essa garantia. Pois, como pode a opinião pública nacional e internacional confiar no que desconhece, acreditar no que não se afirma, conhecer o que deliberadamente se pretende ocultar?

Por tudo isso é que nos decidimos a traduzir as exigências do povo brasileiro.

A ele devemos gratidão e fidelidade.

Aos trabalhadores esmagados pela reação, que os expulsou da comunidade como se fossem párias. Foi-lhes negado voz para protestar e voto para decidir. São oprimidos pelo desemprego, pela perda crescente do seu poder aquisitivo, pelo congelamento dos salários, pela instabilidade que agrava a injustiça. Aos trabalhadores declaramos a nossa disposição de realizar essa união para defender o seu direito de existir e de aspirar a melhores condições de vida.

Aos estudantes, para os quais a escola continua a ser escassa, nega-se até o direito de se manifestarem — nessa nação de jovens — com o entusiasmo e o altruísmo da juventude. Aos moços, declaramos o nosso propósito de, juntos, lutarmos para que eles tenham a oportunidade de influir e, participando, preparar-se para tomar conta do que é seu.

Às mulheres, lembramos que os sentimentos religiosos foram explorados pelos que se atiram hoje contra a Igreja, à qual os usurpadores pretendem negar o cumprimento do dever de exprimir o protesto dos injustiçados e dar voz aos que foram silenciados.

A elas e, em geral, à família brasileira, declaramos que a nossa aliança visa à garantia da paz dos povos livres, a paz dos povos confiantes, a grande paz generosa dos povos que deliberam e decidem, diferente da paz do medo, e paz das emboscadas e dos sofismas, a paz dos artifícios legais para destruir a legalidade, a falsa paz dos golpes retrógrados e das revoluções sem programa.

Às classes médias, que se ampliavam e precisam crescer, como elemento e sintoma de equilíbrio e prosperidade numa sociedade democrática, hoje esmagadas e marginalizadas, lançamos esta palavra de convocação e união.

Os empresários, os quadros dirigentes da administração pública e privada, os que dispõem de recursos para investir e tentam formar a poupança para acelerar a formação do capital nacional são menosprezados, mantidos em suspeita, tratados como se alguns ocupantes do poder tivessem o monopólio da integridade e da competência. Aos que criam a riqueza negam tudo a começar pelo crédito. Mas tudo se concede a quem, vindo de fora, compra o que os brasileiros já não podem manter ou já não se animam fazer; e, a título de assessorar os instrumentos dessa ocupação branca, dirigem a nação.

Quanto mais se improvisa mais se mente ao país que só pela verdade terá salvação.

É a longa experiência, contraditória e sofrida, desses brasileiros todos, de todas as classes e setores, que nós reclamamos seja ouvida e respeitada. Incluímos, naturalmente, os militares, cuja tradição democrática não permite que apoiem a usurpação dos direitos do povo. O conceito moderno de segurança nacional inclui as Forças Armadas como participantes ativas do desenvolvimento econômico, pelo aproveitamento de seus quadros em tempo de paz. Nem isso fez o governo, no entanto chefiado por um militar que promove o divórcio entre o povo civil e o militar.

O regime vigente que só se define pela negativa, dizendo-se "antissubversivo" e "anticorrupto", é antidemocrático e antinacional. Pelo arbítrio, subverte e, pela coação, corrompe.

O espírito retrógrado, a política anacrônica, a subserviência a decisões estranhas ao interesse nacional, a mentalidade reacionária não são a defesa adequada contra a que a maioria repele. Muito menos num país cujo ímpeto é progredir sem prevenções nem subordinações espúrias.

Impor-se ao povo pela força é convencer o povo de que só pela força ele pode recuperar os direitos que lhe foram arrebatados. Não é possível que a força armada seja o único instrumento de constituição e funcionamento do governo. Não se pode aceitar que oitenta milhões de criaturas sejam dirigidas pela coação e pela intimidação. Se o "vácuo político" é que deu ensejo à ocupação do poder pelas armas, é tempo de unir o povo – todo o povo, civil e militar – para acabar com essa anomalia e colocar o Brasil no caminho da democracia. Revolução não quer dizer "recuo" nem "deformação", quer dizer "transformação".

A nossa voz é de protesto e advertência em favor de uma saída democrática para o Brasil — enquanto é tempo. Não queremos a volta ao passado. O que nos move não é a nostalgia nem a vindita.

Queremos para o Brasil sempre o melhor. Por isto mesmo é que as vozes que lhe deram o exemplo de sua capacidade de luta e afirmação, até os extremos da desunião, unem-se agora para dizer aos brasileiros que é tempo de acabar com a impostura dos falsos salvadores da pátria e da democracia.

Porque o nosso pronunciamento é de união do povo, por convicção e não pela ambição pessoal ou mero oportunismo, cada palavra que escrevemos é medida e visa a exprimir a realidade sentida e vivida pelo nosso povo.

Tudo o que nos separou e pode ainda distinguir aspectos peculiares de nossas convicções, modos de ser e agir, cede ao que é mais profundo e permanente em cada brasileiro, o mesmo sentimento da pátria e o mesmo dever para com o povo que governamos e continuamos a representar.

Reclamamos para o Brasil a instalação de um regime democrático que considere as transformações do mundo atual e seja fiel às peculiaridades nacionais, de forma a permitir a real participação política de todos os setores do governo.

É necessário convocar, a curto prazo, eleições livres pelo voto secreto e direto.

Exigimos respeito às garantias jurídicas e aos direitos individuais. Sobretudo, proteção à pessoa humana, livre de toda a coação senão a da lei livremente elaborada e sancionada por representantes livremente eleitos pelo povo.

Consideramos indispensável uma reforma dos partidos e das instituições, para que representem, de fato e de direito, os interesses do povo e não sejam mecanismos frios, vazios de conteúdo, impostos por tutores e não propostos por líderes democráticos. Será o único meio de contar a nação com instituições e partidos autênticos, capazes de não serem empolgados por minorias sociais, grupos financeiros e forças internacionais.

Afirmamos que a política econômica deve ser inequivocamente ditada pelo interesse nacional. Nem política de "choques", nem "gradualista". Estas partem de uma noção falsa, a de que o maior, senão único problema, é "salvar" a moeda. Depois do malogro dessa política continuam a insistir na tônica errada como se o erro fosse apenas de aplicação e não de concepção. O que está errado é confundir com inflação os investimentos e despesas indispensáveis à aceleração do desenvolvimento – sem os quais o país passa da pobreza à miséria, com todas as suas consequências. Perdendo a nação, não se salva nem a moeda. Não adianta, pois, tentar salvar a moeda condenando a nação à estagnação e o povo ao desespero.

O desenvolvimento econômico é o objetivo central da política que propomos. Não tem cabimento adotar fórmulas rígidas concebidas para países ricos e impostas a países que ainda não enriqueceram. A política econômica para o Brasil tem de visar a expansão do mercado interno, melhores salários para aumentar a capacidade de consumo e incorporação dos setores rurais marginalizados do processo econômico.

A ajuda estrangeira não pode continuar a ser a panaceia com que nos acenam como pretexto para reduzir a capacidade de consumo e a expansão econômica brasileira dentro de suas próprias fronteiras.

Internamente, não se trata de apelar para os ricos nem se queixar porque não dão esmola bastante aos pobres, e sim dar apoio efetivo à criação da riqueza nacional. Isso se consegue pela defesa intransigente dos preços dos produtos que exportamos, pela prioridade nos investimentos e, sobretudo, pela necessidade de fazê-los a curto, médio e longo prazo, segundo prioridades e metas devidamente programadas.

Não advogamos a causa da inflação. Essa é crônica e não tem nem precisa ter dia marcado para acabar. Se não foi extinta com a política do desenvolvimento[,] também não o foi nem será com a política da estagnação.

Nenhum país ainda pobre resolveu seus problemas com a política imposta pelo FMI.[794] Ao contrário. Seus resultados, no Brasil, em dois anos e sete meses, são: deses-

794 Fundo Monetário
Internacional, ver nota 719.

tímulo, desorientação, desemprego, decadência, desordem e desespero.

Aos ricos promete-se, agora, que ficarão mais ricos. Mas ao mesmo tempo são ameaçados de novas taxações. Pois o regime que prometeu estímulo à iniciativa privada declarou guerra ao lucro.

Enquanto isso, os pobres já não têm o que comer e os remediados se empobrecem. Só o Estado, pela arrecadação dos impostos, enriquece. E[,] ainda assim, apenas na aparência. O "equilíbrio" orçamentário não inclui o indispensável aumento dos vencimentos civis e militares, o que basta para mostrar a falsidade. O "saldo" de divisas é apenas o resultado da "falta" de importações por estagnação econômica.

A obsessão de "primeiro arrumar a casa" financeiramente leva a destruí-la economicamente. Não é por meras evasivas que se pode contornar a necessidade de uma definição que exige audácia, confiança e o indispensável apoio popular.

A política econômica a seguir deve basear-se nos recursos nacionais. A contribuição estrangeira deve ser condicionada à sua utilidade real e não às margens da "ajuda" de fora.

O atual governo descapitaliza as forças da produção, contém salários enquanto os preços disparam, nega o crédito e aumenta o custo do dinheiro. É mais certo sacar sobre o futuro numa nação que tem futuro, do que entregá-lo ao domínio de interesses estranhos aos que trabalham e vivem no Brasil.

O tamanho, as dimensões, a diversidade do país impõem a descentralização das aplicações da política econômica. Urge promover autonomia de iniciativa, mantendo-se a ação federal num número estrito, mas indispensável, de atividades decisivas na promoção do desenvolvimento. Para eliminar os focos da inflação crônica é preciso retomar, com as lições da experiência[,] um esforço intenso de modernização do país e conquista de eficiência econômica.

A elaboração de um programa assim concebido, que está na consciência de todos, deve concluir pela formação e aplicação de um Projeto Brasileiro. Este deve ter um sentido de confiança, abandonando corajosamente os erros e com igual coragem aproveitando o que há de válido nas experiências anteriores.

A tarefa a realizar no programa econômico, do qual o financeiro é mero complemento, só será exequível se com ela se comprometerem governos, empresários, trabalhadores, militares, o povo inteiro, em verdadeiro movimento político de mobilização nacional. Todo esforço nacional externa e internamente deve concentrar-se nesse programa.

Urge repor o processo de desenvolvimento brasileiro em termos de confiança no esforço nacional, na expansão do mercado interno, na mobilização do povo brasileiro para aumentar a produção e melhorar a produtividade. Os investimentos reprodutivos, quer financeiros quer sociais, não devem ser retardados. Ao contrário, acelerados, só assim se poderá reabsorver o excesso de moeda emitida com acréscimo de riqueza produzida.

É preciso, portanto, que o política econômica seja lastreada pelo apoio popular. Este não pode ser mobilizado pelos que desconfiam do povo e o temem a ponto de marginalizá-lo do processo político.

Afirmamos a necessidade de adotar uma política externa que exclua o Brasil, expressamente, de participação em qualquer bloco político-militar.

Acreditamos que o Brasil, nação emergente, mas que já começa a pesar na balança do poder mundial, não pode ser mero apêndice de quaisquer blocos político-militares.

O único compromisso do Brasil deve ser com a preservação da raça humana, sem discriminação racial sob pretexto nenhum e sem paternalismos de nações sobre nações; e com o desenvolvimento econômico, social e cultural de cada um e de todos os povos.

Afirmamos a necessidade de rever e atualizar o conceito de segurança nacional, de modo que as Forças Armadas participem desse esforço. Insistimos na necessidade de formular uma doutrina militar própria do Brasil, atualizada em relação às suas tarefas em tempo de paz, visando ao bem-estar do povo e ao pleno exercício da soberania nacional.

Reivindicamos a discussão, a proposição de uma política de reformas nas estruturas sociais e econômicas que retardam a aceleração do progresso nacional e a ascensão das forças do trabalho. Esta deve ser a tônica de uma política de paz e reforma democrática para acelerar o desenvolvimento. O Brasil precisa recuperar-se do atraso que lhe vem sendo imposto por pretextos e manobras que não conseguem esconder o seu fundo obscurantista.

Tais reformas devem atender a quatro imperativos. O da justiça, no plano social. O da produtividade, no plano econômico. O da consolidação da soberania, no plano nacional. O da unidade básica do povo, para assegurar o fortalecimento da regra democrática: o livre debate, a predominância da maioria, o respeito às minorias e ao seu direito de se transformar em maioria, a convivência dos contrários.

Essas reformas devem ser examinadas com objetividade e franqueza, sem preconceitos nem sectarismos.

Queremos soluções práticas, ajustadas às tradições e às aspirações nacionais. Damos especial ênfase à reforma administrativa, na qual se impõe uma política de preparação de quadros capazes de garantir a execução harmônica e coerente das grandes etapas do crescimento nacional.

Reivindicamos o debate, proposição e aplicação de uma política de educação e ensino que atenda, também, a esses critérios; consagre a síntese entre a tradição cristã e a humanista e dê prioridade à revolução tecnológica, a fim de que o Brasil possa acelerar o passo. O atraso tecnológico de uma nação como o Brasil aumenta os riscos do desaparecimento da soberania nacional e põe a perigo, por isto mesmo, a paz mundial; pois uma nação não se submete sem luta: e a luta, nesse caso inevitável, seria o começo de uma conflagração continental. Não pode o Brasil conformar-se com o papel tecnológico. É parte essencial da luta pelo desenvolvimento o esforço pela atualização da ciência no Brasil.

Queremos que a nação reúna a experiência de conservadores, a prudência dos moderados, a esperança dos inconformados, a audácia dos reformadores. Tudo isso unido pela aspiração comum de "democratização" e "afirmação nacional" do Brasil. Só assim se poderá recuperar o tempo perdido e dar agora, em poucos anos de esforço, paciência e fé, o grande salto sobre o atraso que atormenta os brasileiros.

Depois de tantas lutas malogradas, de tantos sacrifícios e tantos êxitos desperdiçados, só um gesto de grandeza, capaz de superar nossas fraquezas e deficiências, será capaz de guiar o povo para encontrar o seu caminho fora do labirinto de silêncios, intrigas e pretextos em que a nação se perdeu.

Se para a recomendação e adoção de tais diretrizes o simples amor ao Brasil é capaz de inspirar este entendimento entre adversários, de prodígios bem maiores será capaz o povo mobilizado e organizado, uma vez recuperada a esperança que perdeu.

Com esse entendimento procuramos dar exemplos de grandeza. Possa o sentimento de dever com a pátria inspirar todos os brasileiros para que juntos consigamos o que separados não poderíamos fazer.

Pela união popular para libertar, democratizar, modernizar e desenvolver o Brasil!

RIO DE JANEIRO,
6 DE SETEMBRO DE 1967

À direção da
Folha da Tarde
Porto Alegre, R[io] G[rande] do Sul

Prezados amigos,

Diz o seu noticiário político de 28.8, que somente agora me chegou às mãos, que a escolha dos formandos da Faculdade de Direito da PUC[795] de Porto Alegre não agradou ao governo do estado porque este me considera "adversário da Revolução". Quando tive o prazer de visitar o Rio Grande [do Sul], há pouco, atribuíram-me declarações de hostilidade pessoal ao governador Peracchi Barcelos[796] e este, de modo cortês e cordial, negou-se a dar crédito à pseudonotícia, no que fez bem, pois não faltaria, ressalvadas as nossas atuais divergências, aos deveres da cortesia e de uma amizade pessoal formada em tempos difíceis em que estivemos juntos. Agora, sou eu que me recuso a dar crédito à informação, embora publicada em jornal conhecido por sua fidelidade ao direito que os leitores têm à verdade.

Por várias razões:

1ª) Porque a honra que me fizeram os estudantes da PUC de Porto Alegre é, antes de tudo, um ato cultural – e isto nada tem a ver com amigos ou "inimigos" da Revolução.

2ª) Porque não houve Revolução, portanto não tem, do que não houve, amigos ou inimigos.

3ª) Porque o Brasil não pode ser dividido entre "amigos" e "inimigos" da Revolução (que não houve) e sim, isto é que interessa, entre amigos e indiferentes (ou inimigos) da liberdade e do desenvolvimento nacional.

4ª) Porque o atual governador do Rio Grande do Sul era, em 1964, às vésperas da Revolução, partidário da candidatura do ex-presidente Juscelino Kubitschek[797] à eleição presidencial que ia ser realizada em 1965. Portanto, se houvesse algum mérito e antiguidade nesse duvidoso título de

795 Pontifícia Universidade Católica.

796 Walter Peracchi Barcelos (1907-1986), nascido em Porto Alegre, no Rio Grande do Sul, foi militar e político. Filiado ao Partido Social Democrático (PSD), perdeu a eleição para governador em 1958, quando concorreu pela UDN contra Leonel Brizola, e depois já na Arena, assumiu dois mandatos como deputado federal. Foi ministro do Trabalho em 1965 e 1966 e governador do Rio Grande do Sul de 1967 a 1971.

797 Juscelino Kubitschek, ver nota 149.

"amigo da Revolução"[,] creio que, sem falsa modéstia, teria eu certa precedência.

5ª) Porque, à nossa inteira revelia, os estudantes deram-me a honra de competir com alguém que merece mais do que eu, um bravo, talentoso e ilustre rio-grandense, meu caro companheiro, professor e deputado Paulo Brossard.[798] Com isto, sem dúvida não compararam méritos, quiseram sublinhar, convidando o patrício distante, um movimento de convergência, de união dos brasileiros em defesa de seus direitos democráticos e das aspirações nacionais. Só assim eu me permitiria aceitar a ideia de competir com o professor Brossard: por não ter sido uma competição, e sim um estímulo na hora em que mais preciso dele para demonstrar que estamos certos na nossa pregação de união para a liberdade e o desenvolvimento.

Finalmente, razão decisiva: a escolha é dos estudantes, e não do governo. A decisão foi deles, e me deu muita alegria, como um prêmio ao que tenho procurado fazer pela cultura e liberdade do povo a que pertenço.

Contando com o seu cavalheirismo na divulgação deste esclarecimento, sou, cordialmente seu leitor e patrício

CARLOS LACERDA[799]

798 Paulo Brossard (1924), nascido em Bagé, no Rio Grande do Sul, foi advogado e político. Filiado ao Movimento Democrático Brasileiro (MDB), foi deputado federal de 1967 a 1971. Em seguida, tornou-se senador, em 1975, mantendo-se no Senado até 1983. Partidário do Parlamentarismo, teve vários cargos no período de redemocratização do país: consultor-geral da República; ministro da Justiça; e ministro do Supremo Tribunal Federal.

799 Carta não assinada. Trata-se provavelmente de cópia do autor.

[A JOAQUIM SILVEIRA][800]

Decidi hoje, ir a Montevidéu para amanhã encontrar-me com João Goulart.[801] As razões da "Frente Ampla"[802] todos já sabem ou pensam saber.

As do encontro em Montevidéu visam aos seguintes pontos:

1. Através do herdeiro político de Vargas, convencer os trabalhadores que não somos seus inimigos e sim apenas adversários dos métodos demagógicos postos em prática para conquistar o apoio dos trabalhadores.

2. Completar a frente com o setor mais numeroso, que Goulart não representa sozinho – longe disso –, mas representa mais que todos os antigos líderes da UDN hoje deitados no regaço duro do governo militar: os trabalhadores.

3. Apressar a transformação do governo militar em governo democrático, sem por isto perder os objetivos da revolução brasileira, que o governo militar traiu ou não conseguiu atingir: democracia e desenvolvimento.

---

800 Joaquim Guilherme da Silveira (1910-1997), filho de Guilherme da Silveira, dono da Fábrica de Tecidos Bangu, foi um amigo muito próximo de Carlos Lacerda.

801 João Goulart, ver nota 545.

802 Ver nota 793.

803 No livro *Depoimento* (op. cit.), Carlos Lacerda escreveu acerca de seu encontro com João Goulart: "Chegamos lá, Renato Archer* e eu, e ele estava com o Talarico,** o Amauri Silva*** e um outro amigo dele, cujo nome não me lembro no momento. [...] Ele me recebeu muito cortês. [...] contei a conversa que tinha tido com o Juscelino – que achei que devia contar –

e disse: 'Olha, presidente, eu achei, em primeiro lugar, que não seria digno de minha parte eu me aproximar do Juscelino e não me aproximar do senhor, apesar de que, realmente, as coisas que nos afastam sejam maiores, inclusive em termos pessoais. Eu o feri muito, mas o senhor também me feriu. Mas acho que o senhor representa uma corrente no Brasil, e o que me interessa é isto: trazer essa corrente, através do senhor, para um entendimento nacional.' Ele disse: 'Mas de minha parte, governador, o senhor não encontra a menor resistência. Estou convencido, realmente, de que podemos nos entender.' [...]" (p. 452-453). A reprodução da conversa

4. Pelo menos fazer provar que sou capaz de unir um país dividido. Pelo menos, fazer um esforço nesse sentido, que justifica todo o sacrifício.

Eis o que me leva a Montevidéu.[803] Se algo me acontecer que me impeça de divulgar a verdade, rogo que divulguem estas palavras. Quanto ao resto, está devidamente providenciado, no que se refere a meus assuntos particulares.

No que se refere ao Brasil, só desejo que o mais cedo possível afastem o perigo permanente que é o governo militar e formem um governo civil competente, capaz de resistir às forças dos grupos econômicos americanos e seus agentes nacionais, que nos condenaram a ser por eles ou pelos comunistas. E nós não devemos querer nem uns nem outros. Espero do patriotismo dos militares que eles reconheçam a impossibilidade de tutelar o Brasil e saiam do poder o quanto antes, cumprindo o compromisso que assumiram e que seus chefes traíram: que deem segurança a um governo eleito pelo povo.

Rio, 22/9/1967 – Carlos Lacerda[804]

---

estende-se até a p. 462 desse livro. Verificar também, na seção Anexos deste livro, a nota de Carlos Lacerda, escrita em 25 de setembro de 1967, acerca de seu encontro com João Goulart.

* Renato Bayma Archer da Silva (1922-1996), nascido em São Luís, no Maranhão, foi militar e político. Foi vice-governador de seu estado e ministro interino das Relações Exteriores durante o gabinete parlamentarista de Tancredo Neves. Com a extinção dos partidos, ingressou no MDB e ocupou o cargo de secretário geral da Frente Ampla. Teve seus direitos políticos cassados em dezembro de 1968, após a publicação do AI-5. Apesar de uma antiga rivalidade com José Sarney na política

maranhense, manteve o cargo de ministro da Ciência e Tecnologia de 1985 a 1987.

** José Luiz Gomes Talarico (1915-2010), jornalista e ligado ao movimento sindicalista, foi um dos fundadores do Partido Trabalhista Brasileiro (PTB), em 1945, após o fim do estado Novo, e do Partido Democrático Brasileiro (PDT), na fase de redemocratização do Brasil, na década de 1980.

*** Amauri de Oliveira e Silva (1924-2002), nascido em Rio Negro, Paraná, foi advogado e político, deputado estadual e senador pelo Partido Trabalhista Brasileiro (PTB). Tornou-se ministro do Trabalho e Previdência Social

no governo João Goulart. Após o golpe civil-militar que derrubou o presidente, Amauri acompanhou-o na viagem ao Uruguai, onde ambos pediram asilo político. Teve seus direitos cassados pelo AI-1, mas retornou ao Brasil e após a Anistia voltou à política no PMDB.

804 Nesta carta, que não foi assinada e trata-se provavelmente de cópia, Carlos Lacerda fez a seguinte anotação manuscrita: "Escrita na biblioteca de minha casa, esta foi entregue num envelope fechado a meu amigo Joaquim Silveira."

confidencial[805]

RIO DE JANEIRO,
5 DE OUTUBRO DE 1967

Ao
Dr. Júlio [de] Mesquita[806]
São Paulo, SP

Meu querido e eminente amigo:

Acabo de ler o editorial do *ESTADO* de hoje, dia 5. Escrevo--lhe antes de conhecer o resultado da reunião que a esta altura deve realizar-se entre os políticos da ARENA[807] e o presidente da República.[808] Tal reunião, segundo o noticiário, confirmado pelo *ESTADO*, destina-se a encarar as soluções a serem propostas pelos cabeças do grupo político que apoia incondicionalmente o governo, para enfrentar em termos políticos, e não meramente policiais, a Frente Ampla[809] que propusemos e criamos.

Segundo noticiado, propõe-se a ARENA a obter do marechal Costa e Silva providências sobre os seguintes pontos:

1. Reforma constitucional para o restabelecimento do direito do povo de escolher o governo em eleição direta — conforme o compromisso assumido pelas Forças Armadas com o povo, em 31 de março de 1964[810] e por elas, depois e até agora, descumprido.

2. Medidas destinadas a devolver aos que vivem de salário, o que lhes foi tomado pela inflação, de modo a estabelecer o equilíbrio e restabelecer a justiça e a verdade salarial — tal como se fez com as tarifas de serviços públicos e os lucros do capital, tarifas e lucros ajustados à moeda, enquanto os salários, não. Essas medidas destinam-se, aliás, não somente aos que vivem de salário, por dever de justiça, mas às próprias empresas, cuja produção depende da capacidade aquisitiva da massa de consumidores, gravemente atingida pelo desfalque em seus salários.

3. Preparação do país para a volta ao poder civil, juridicamente e democraticamente constituído, com o restabele-

805 Anotação manuscrita à carta datiloscrita.

806 Júlio de Mesquita Filho, ver nota 469.

807 Aliança Renovadora Nacional.

808 Costa e Silva, ver nota 641.

809 Ver nota 793.

810 Ver nota 564.

cimento da lei, do direito de defesa, das normas democráticas de governo da maioria e respeito ao esforço da minoria por se transformar em maioria, único meio eficaz de instaurar e manter, ao mesmo tempo, a ordem e a liberdade.

Não sei se isto é o que será realmente proposto e menos ainda posso adivinhar se isto será aceito. Temo que as preocupações sejam bem diversas e, de acordo com os precedentes, apenas se cogite de abrir a administração ao baixo eleitoralismo e à barganha da politicagem, como preço de sua mobilização contra o movimento popular que é a Frente Ampla.

Mas, não quero que falte a essa tentativa a nossa contribuição. O propósito que me levou a contribuir para a formação da Frente Ampla seria atendido, no preliminar e essencial, se tais medidas fossem de fato propostas por quem quer que seja e de fato aceitas pelo marechal Costa e Silva. O resto dependeria do pronunciamento da maioria, em eleições regulares, em debates a serem abertos e aceitos livremente, legalmente, soberanamente, pelas entidades políticas, culturais, empresariais, operárias, estudantis, pela universidade, pela imprensa, rádio e televisão, livres de influências estranhas ao Brasil.

Os objetivos fundamentais da Frente Ampla não se limitam aos pontos acima. Temos também em vista outros, igualmente respeitáveis. Mas, são o desenvolvimento natural desses, que condicionam todos os demais.

Se a ARENA propuser ao governo, que ela apoia incondicionalmente, medidas de interesse nacional, coincidentes – como é fácil comprovar – com os propósitos da Frente Ampla, enunciados em seu manifesto inicial e nas notas dos encontros de Lisboa e Montevidéu,[811] restará apenas ver comprovada essa intenção da direção da ARENA. E, claro, conhecer a decisão que sobre tais propostas tomará o presidente da República.

A fim de facilitar a proposta da ARENA e a decisão do marechal Costa e Silva, rogo-lhe seja o portador e o fiador da seguinte declaração:

—Se a ARENA realmente propuser as medidas acima enunciadas e se o presidente da República, em seu nome, no das Forças Armadas que detêm o Poder, comprometer-

811 Referências aos encontros de Carlos Lacerda com Juscelino Kubitschek e João Goulart, respectivamente.

-se publicamente com o povo a adotar mais medidas — a eleição direta pelo voto secreto e livre, o ajuste real de salários à desvalorização da moeda e ao custo de vida, a pacificação do país pela cessação da coação e do arbítrio, considerarei encerrada minha missão na Frente Ampla e, em geral, na vida pública.

Não ambiciono mais do que cumprir até o fim o meu dever. A participação que tive, e não renego, em vários episódios da Revolução Brasileira, é que me obriga, precisamente, a lutar para que o mais recente, o de 1964, não seja uma impostura e um pretexto para lançar o país num regime degradante e grotesco, como o que resultou do golpe de 1964.

Uma vez que esse erro seja revisto, restabelecidas no Brasil as garantias do cidadãos, o direito de defesa, o direito de voto, o direito de trabalho e de um salário adequado; criadas, em suma, as condições básicas para a paz social e o esforço da mobilização nacional para o desenvolvimento, dou-me por satisfeito. Nada mais terei a cobrar de quem quer que seja. Nem mesmo gratidão, pois nada terei a cobrar de quem quer que seja. Nem mesmo gratidão, pois nada fiz por ninguém, senão — errado ou certo — pelo país.

Peço transmitir ao governo esta proposta que, em caráter pessoal, formulo, sem sequer consultar — para não constrangê-los — os demais componentes da Frente Ampla, que de nenhum modo ficam obrigados por esta decisão. Formulem a ARENA e o MDB,[812] essas propostas ao governo de cujo regime promanam tais entidades políticas; e aceite o governo tais propostas, acima definidas, poderei deixar, como foi minha intenção, a vida pública. Deixo-a a quem saiba prever melhor[,] e prover com mais visão e cuidado, o futuro deste país. Não falta quem saiba e queira.

Considerarei vitorioso o essencial que me propus a realizar com a Frente Ampla. E portanto cumprida a minha missão. O propósito que me levou à Frente Ampla.

Resumo:

1. Voto direto e livre.

2. Restabelecimento da lei livremente votada e conscientemente respeitada.

3. Ajustes de salários ao custo da vida e à desvalorização da moeda.

812 Movimento Democrático Brasileiro.

4. Medidas concretas de pacificação nacional para a união do povo no esforço do desenvolvimento.

Eis o preço que cobro para sair do caminho. Sei que não valho tanto. Mas o Brasil, o seu futuro, o seu povo, a sua juventude valem isto e muito mais.

Seus serviços à democracia e à nação, sua insuspeita posição contrária à Frente Ampla mas igualmente contrária ao regime de arbítrio e de usurpação que se estabeleceu no país, além do apreço pessoal que lhe tenho, e dos antecedentes que me autorizam a confiar em que não me recusará a honra de ser o fiador desta declaração, autorizam-me a fazê-lo portador desta proposta. Atrevo-me a formulá-la por ver noticiado que a direção da ARENA quer propor ao presidente, para combate à Frente Ampla, exatamente o que a Frente Ampla propôs ao povo.

Se o noticiário for verdadeiro, tanto melhor. Se mais uma vez se houver mentido ao povo, continuaremos o nosso esforço, aliando-nos com quem quer que seja, a favor do Brasil, e contra tudo o que hoje e não ontem, hoje e não anteontem, ameaça o futuro da grande nação com que sonhamos e que há de ser construída, quaisquer que sejam os nossos sacrifícios.

Tem o meu ilustre amigo o direito de divulgar esta carta, pela forma que entender.

Com o apreço que bem sabe, a amizade do

Carlos Lacerda[813]

---

813 Carta não assinada. Trata-se provavelmente de cópia do autor.

Confidencial[814]

abrir pasta
Júlio Mesquita[815]

CÓPIA
RIO [DE JANEIRO], II.I.[19]68
AO DR. JÚLIO [DE] MESQUITA:[816]

Meu caro amigo:

Dizem-me que o senhor acha que o tenho deixado à parte, não o procurando ultimamente. Se foi essa a sua impressão, peço que a reforme; pois nunca tive nem poderia ter essa intenção. Tenho-me retraído, é certo, em relação a todos os que sei contrários à posição que adotei. E o faço exatamente para preservar amizades que não posso perder – e reservar, para o que o futuro próximo exija, concordâncias essenciais. Mas, nunca essa cautela e – por que não dizer? – esta humilhação a que voluntariamente me submeto poderia incluir um amigo e um concidadão como o senhor. Por escrito posso repetir[,] sem constrangimento, o senhor é a única pessoa neste país em quem reconheço autoridade, cívica e pessoal, para me exigir contas. Confesso que nunca me senti tão ferido, tão injustiçado quanto ao ver esses nossos broncos ou quadrados amigos militares refugiarem-se no pretexto de minhas alegadas ambições para satisfazerem as deles, tão superiores às suas reais possibilidades. Estão levando o Brasil para dias terríveis – e nem sequer se apercebem do que fazem. Daqui a dias, ainda este mês, estarei em São Paulo – vou antes da data marcada, para ter a alegria de vê-lo.
Com minhas recomendações, um abraço

as) Carlos Lacerda

814 Acréscimo manuscrito à carta datiloscrita.

815 Acréscimo manuscrito à carta datiloscrita.

816 Júlio de Mesquita Filho, ver nota 469.

RIO DE JANEIRO,
8 DE JULHO DE 1968.

Meu caro Nascimento Brito:[817]

817 Nascimento Brito, ver nota 743.

818 Trata-se do *Jornal do Brasil*.

819 Vila Kennedy é um sub-bairro de Bangu, na zona oeste da cidade do Rio de Janeiro. O projeto de uma comunidade planejada surgiu a partir do programa Aliança para o Progresso, criado por iniciativa do governo Kennedy, em 1961, visando o desenvolvimento econômico e social dos países latino-americanos. Ao fornecer recursos financeiros, técnicos e humanos para a região, em plena Guerra Fria, e após a Revolução Cubana, a Aliança para o Progresso pretendia afastar a América Latina do avanço comunista. Construída numa área rural, à margem da avenida Brasil, a planta original previa escolas, creches, mercados, padarias, lavanderias, uma fábrica de costura, um cinema e quadras de esportes, incluindo uma piscina. Foi inaugurada em 20 de janeiro de 1964, dia de São Sebastião, pelo governador Carlos Lacerda, contando cerca de cinco mil unidades habitacionais, e recebeu moradores da extinta favela do Esqueleto, onde foi erguida a Universidade do Estado da Guanabara, atual Universidade do Estado do Rio de Janeiro (UERJ), no bairro do Maracanã, e outros, transferidos do morro do Pasmado, no bairro de

Estou no firme propósito de não retificar nenhuma notícia falsa ou torcida que se publique a meu respeito. Há quem tenha chegado à perfeição de publicar informações pelo método de adivinhação. Mas a sucessão de informações que na prática se desmentem a si mesmas acaba por ridicularizar os informantes. Deixo, assim, ao critério dos jornalistas e dos leitores descobrir algum dia que assim como sei falar sei também calar a boca.

Mas com a atenção que devo ao jornal[818] e ao assunto, venho pedir-lhe também a sua atenção para um assunto que diz respeito às condições de vida de milhares de pessoas: a Vila Kennedy.[819]

Ontem o *JB* [*Jornal do Brasil*] publicou um trabalho assinado, pretensiosamente conclusivo e dogmático, sobre a Vila Kennedy dizendo-a "fracassada como experiência para acabar com as favelas". Sobre tão grave quanto leviana conclusão[,] permito-me fazer as observações abaixo.

Luigi Barzini,[820] o autor de *Os italianos*, lembrou há poucos dias que certos sociólogos, quando fazem as suas observações, procedem como um cavalheiro que fosse fazer pesquisa sobre o comportamento dos convidados a uma festa familiar – completamente nu. Ao anotar as reações das damas e cavalheiros ante a sua insólita aparição, descreveria as reações provocadas pela presença de um homem nu no salão como se fosse o comportamento normal e habitual das famílias numa festa sem ninguém nu no salão.

A Vila Kennedy nunca foi considerada a única solução para o conjunto dos favelados. Sua construção estava inserida num conjunto de providências sucessivas que envolviam, por exemplo, a marcha das indústrias da Guanabara para a área, de modo a promover um mercado de trabalho mais próximo; a formação de atividades profissionais, desde o artesanato até pequenas indústrias, na área – e assim por diante. Grande parte da população da Vila [Kennedy]

335

deslocou-se para lá nas condições mais adversas, como re-sultado de catástrofes nas favelas que abandonavam, ou da necessidade de acabar com elas, como no caso do Esqueleto, cujo terreno doamos à Universidade da Guanabara. Ora, o programa foi abandonado. Pior, foi desmoralizado. Ainda assim, foi o único projeto que acabou com favelas sem promover violência nem criar ilusões.[821]

Botafogo, além dos moradores da favela da praia do Pinto, na Lagoa e os da favela de Ramos.

820 Luigi Barzini (1908-1984), nascido em Milão, na Itália, foi escritor, jornalista e político. Publicou o livro *Os italianos,* em 1964.

821 Carta não assinada. Trata-se provavelmente de cópia do autor.

822 Marcos Tito Tamoio da Silva (1926-1981), nascido na cidade do Rio de Janeiro, foi engenheiro e político. Formou-se pela Escola Nacional de Engenharia, no Rio de Janeiro. Tornou-se engenheiro da prefeitura do Rio de Janeiro, em 1950, e trabalhou na divisão de túneis. Foi nomeado secretário de Obras no governo de Carlos Lacerda, cargo que ocupou até 1967, e prefeito da cidade Rio de Janeiro, após a fusão entre os estados da Guanabara e do Rio de Janeiro, de 1975 a 1979, pelo então governador Faria Lima.

823 O túnel Rebouças localiza-se na cidade do Rio de Janeiro, ligando os bairros do Rio Comprido ao da Lagoa. Planejado no governo Carlos Lacerda com o objetivo de conectar as zonas norte e sul evitando o centro, teve projeto do engenheiro Antônio Russell Raposo de Almeida.

Segundo grande túnel construído na cidade (o primeiro foi o Santa Bárbara), suas obras ficaram a cargo do Departamento de Estradas de Rodagem da Guanabara (DER-GB), iniciadas em abril de 1962. Com uma parte aberta em 1965, foi inaugurado em sua totalidade em 3 de outubro de 1967, já na gestão do governador Francisco Negrão de Lima à frente do extinto estado da Guanabara. O túnel tem 2.800 m de comprimento, em duas galerias paralelas, cada uma com 9 m de largura, num total de 5.600 m de escavação em rocha viva. Atravessa o maciço Carioca em dois trechos: do Rio Comprido ao Cosme Velho e do Cosme Velho à Lagoa. Em extensão e volume, equivale à metade do túnel do Mont Blanc, maior túnel rodoviário à época. Recebeu o seu nome em homenagem aos engenheiros e irmãos André e Antônio Rebouças.

RIO DE JANEIRO,
24 DE JULHO DE 1968.

Meu caro Tamoio:[822]

No terceiro aniversário do túnel Rebouças[823] você teve a feliz ideia de reunir com Belita,[824] em sua casa, um grupo de engenheiros que participaram da abertura do túnel Rebouças, sob a sua liderança, em nosso governo. Por certo não são só esses os que merecem a nossa gratidão e contam com a nossa admiração; mas simbolizam individual e coletivamente o esforço de tantos trabalhadores de todas as categorias que deram ao povo o exemplo de competência e devotamento que é o túnel Rebouças.

Melhor do que ninguém[,] você conhece as dificuldades que tivemos de vencer para abrir o túnel Rebouças. De todas as obras do estado, essa foi a menos compreendida e sem dúvida a mais desprovida de recursos, pois não teve financiamento nem recebeu empréstimos. Às vezes me pergunto como conseguimos o prodígio de abrir esse túnel. Quando afinal você o entregou ao tráfego, provisório mas tranquilo e seguro, eu estava doente em Bangu e não pude participar daquele ininterrupto cortejo que demonstrou à população atônita o resultado de tamanho esforço.

Somente agora, esta semana, tive oportunidade de passar por esse túnel. Confesso que a admiração pela obra que vocês realizaram não foi maior do que a emoção de rememorar as dificuldades, mais duras do que a pedra em que o abrimos, enfrentadas no caminho dessa obra. Falta ainda, até hoje, o que deixamos equacionado e não foi resolvido. A iluminação que é e deve ser simples, e a ventilação indispensável ao tráfego normal. Mas a obra não é admirável apenas do ponto de vista de engenharia. O maior túnel urbano do mundo, representando em quilometragem a metade do túnel do Mont Blanc, que foi aberto por duas poderosas nações, a França e a Itália, quando aqui era um pobre estado da Guanabara sozinho, ilhado, guerreado, incompreendido até por uma grande parte do seu próprio povo – considero-o uma grande obra de urbanismo social.

824 Belita Tamoyo (1932), filha do músico e ator Jaime Redondo, é viúva do ex-prefeito Marcos Tamoio. Acompanhando o marido, dona Belita, como é chamada, inaugurou grandes obras da cidade, como o Riocentro e a Marina da Glória, na década de 1970.

Devidamente encarada na perspectiva de um novo conceito de reestruturação da cidade moderna, essa obra representa um elemento de integração social ligando o subúrbio à zona Sul, ligando a rodovia à rua, dando assim um sentido uno, integrado, às obras viárias que não se dissociam, que se especializam para enfrentar técnicas, mas se universalizam nas suas consequências e finalidades sociais. Muito teria a dizer ainda sobre as prioridades em obras desse gênero, sobre planejamento e revisão das cidades, e assim por diante; mas prefiro parar aqui, com este abraço.

Nossa colaboração, iniciada no governo, continua na iniciativa privada. Nossa amizade, nascida no calor desse esforço pela cidade[,] se aperfeiçoa e prossegue para grande alegria minha e de minha família, com a qual o saúdo no terceiro aniversário da sua grande obra, também um pouco minha e muito de todos os que abriram o túnel Rebouças e daqueles que por lá estão passando todos os dias, tantas vezes sem saber quantos dissabores e esperanças romperam a muralha de pedra que liga as duas partes de uma cidade que parecia irremediavelmente incomunicável.

Um abraço,

Carlos Lacerda[825]

825 Carta não assinada. Trata-se provavelmente de cópia do autor.

RIO DE JANEIRO,
27 DE AGOSTO DE 1968

Ao dr. Nascimento Brito[826]
Jornal do Brasil

Prezado diretor.

Insiste uma parte do noticiário político, em contraste com a outra, em me atribuir decisões e expressões. Agora é uma pretensa proposta de federação das oposições.

Falso. Nem sei o que viria a ser isso. Não propus nada disso. Continuo calado, por mais que me custe. Teria muito que dizer, por exemplo, sobre a violência contra o povo tcheco e sua semelhança com o caso brasileiro.

Pois o povo tcheco somos nós. Antes de dizer aos tchecos "continuem lutando", é preciso saber quando e como serão devolvidos ao nosso povo os direitos que lhe são negados.

Estou à espera de que o patriotismo de todos fale mais alto do que a inferioridade de alguns.

Grato à divulgação integral deste esclarecimento.

Cordialmente,[827]

CL/RMR[828]

826 Nascimento Brito, ver nota 743.

827 Carta não assinada. Trata-se provavelmente de cópia do autor.

828 Dona Ruth Alverga foi secretária de Carlos Lacerda até o final do governo. Depois disso, ele teve outra secretária com o nome "Rute", a quem se referem estas inicias.

[DEZEMBRO DE 1968][829]

Para minha mulher e meus filhos,[830]

Como vocês sabem, desde que fui preso, há seis dias, não tomo nenhum alimento; apenas água, para aumentar a resistência à inanição. Bem sabem vocês quanto me custa submeter-me, e a vocês, a esta tortura. Mas também sabem que é, neste país de farsas e imposturas, uma decisão séria – que será levada até o fim. Hoje vocês viram o último exame, já acusando acidose, albumina e os primeiros sinais de nefrite.

Por isto, vocês que sabem quanto quero bem à vida, à vida que vocês me dão, ainda mais grato me deixam pela compreensão e pela resignação com que suportam esta decisão.

Ela é tomada por vocês e por todos; até mesmo pelos que sabem de nada e pelos que, sabendo, fingem que não sabem.

Sempre disse aos militares: no dia em que vocês cometerem contra o povo brasileiro o crime de levar mais uma vez este Brasil, ao domínio de um grupo de ambiciosos, antidemocrático e, como vocês sabem muito bem, ainda por cima inepto e tão corrupto quanto os que mais o sejam, terão de me ouvir ou me matar.

Não pude lutar pelas armas. O comportamento imaturo, de casta, menos do que patriotas, de donzelas ofendidas, com que os espertos levaram os oficiais a reagirem a uma provocação dos políticos, não os deixou sequer raciocinar. Agiram por instinto, desprezaram a razão. E permitiram, entre outros erros e crimes, a suprema covardia, injustiça e mesquinharia que são estas prisões, esta orgia da arrogância e de estupidez. Pois bem: se eles juraram defender o Brasil, também eu tenho esse juramento. E[,] se já não posso defender este povo, mães e filhos como vocês, pela palavra, que é a minha arma, pela ação, que é a minha vocação, defendo-o como posso, com a única coisa que me resta: a minha vida.

Espero ainda que um acesso de bom-senso, numa reserva de patriotismo, desperte nessa muralha de incompreensão e inconsciência. Essa esperança, não o desespe-

829 No dia 13 de dezembro de 1968, publicou-se o Ato Institucional nº 5. No dia seguinte, Carlos Lacerda foi aprisionado no Regimento Caetano de Farias, da Polícia Militar do Rio de Janeiro. Manteve sua greve de fome durante uma semana, sendo então libertado pelo risco iminente de morte. No dia 30 de dezembro desse ano, seus direitos políticos foram cassados.

830 Letícia Lacerda e os filhos, Sérgio, Sebastião e Cristina. Ver nota 1.

ro, move-me ao protesto que é o jejum voluntário no qual me arrisco a perder tudo o que me interessa na vida, a começar por vocês, meus queridos.

Mas, fora dela, nada, absolutamente nada me fará voltar atrás da decisão tomada.

Os heróis de fancaria vão ver como luta e morre, sozinho e desarmado, um brasileiro que ama a pátria, mas a pátria livre. Se isto acontecer, malditos sejam, para sempre, os ladrões do voto do povo, os assassinos da liberdade. E os que se calaram. E os que consentiram. E os que participaram. Em seu lugar se levante a certeza de que no Brasil há também quem saiba dar a vida para dar o exemplo. Um beijo do seu marido e do seu pai,
a) Carlos.

RIO DE JANEIRO,
17 DE JULHO DE 1970

À DIREÇÃO DO *Diário de Lisboa*

Prezados amigos:

Estou habituado a ser agredido e incompreendido em mais de um idioma, mas em português de Portugal foi esta a primeira vez. Não estou habituado a responder a demonstrações de incompreensão; mas[,] por ser esta a primeira em Portugal, rogo que me perdoem a impertinência e atendam a meu pedido de divulgação das linhas que a seguir lhes transmito.

O sr. Chianca de Garcia,[831] colaborador desse jornal, pelo que leio num recorte que me chegou às mãos, publicou no dia 28 de junho, com referências amáveis à minha pessoa, injustiças ao meu conceito sobre Portugal, especialmente sobre a juventude de Portugal. Entende o distinto confrade que fiz mal em mencionar, num artigo, umas quantas aldeias portuguesas e pratiquei com isso um exercício poético sem maiores consequências. Em vez de um estudo profundo[,] dei uma de mau poeta, alinhando nomes de aldeias, ora essa.

O sr. Chianca de Garcia reserva-se o direito de escolher os assuntos sobre os quais devo escrever; e[,] ainda mais, também o estilo no qual devo valorizar o assunto de sua escolha. Poderia oferecer-me para ser o seu escriba, à feição daqueles escrivães públicos que fazem, a rogo, cartas para outrem. Mas o sr. Chianca de Garcia não precisa disto. Pode, pois, ele próprio escrever sobre a juventude portuguesa os artigos que quiser, penso eu.

Meu caso é um pouco diferente. Não tive ainda ocasião de prestar a Portugal e a seu povo — muito menos à sua juventude — os extraordinários serviços que o senhor Chianca de Garcia prestou nos seus sempre lembrados *shows* no Cassino da Urca, cheios de luzes e protuberâncias, de incontestado valor humanístico. Contentei-me em amar Portugal à minha maneira. Escrevo sob limitações. Ele não sabe, porque está longe de tais ninharias. Mas, a verdade é

831 Eduardo Chianca de Garcia (1898-1983), nascido em Lisboa, em Portugal, foi dramaturgo, cineasta e jornalista. Com António Lopes Ribeiro e Boto de Carvalho, fundou a revista *Imagem*, em 1928. Dirigiu os filmes *Ver e amar* (1930); *O trevo de quatro folhas* (1936); *Aldeia da roupa branca* (1938); *A rosa do adro* (1938), adaptação do livro homônimo do século XIX de autoria de Manuel Maria Rodrigues; *Pureza* (1940), adaptação do romance homônimo de José Lins do Rego, e *24 horas de sonho* (1941). Em 1940, mudou-se para o Brasil, onde se tornaria, no Rio de Janeiro, diretor do Cassino da Urca, então a mais importante casa de espetáculos da cidade. Em 1951, quando a televisão foi implantada no Brasil, trabalhou como diretor em inúmeros programas da TV Tupi do Rio de Janeiro. Compôs ainda diversas letras de samba. Nos anos 1960 e 1970, escreveu crônicas para o jornal *Diário de Lisboa*.

832 O presidente Francisco Higino Craveiro Lopes (1894-1964) esteve no Brasil em 1957, um ano antes do final de seu mandato, que durou de 1951 a 1958, durante o Estado Novo português. Militar de carreira, depois de retirar-se da política foi graduado marechal da Força Aérea.

833 Augusto dos Anjos (1884-1914), nascido em Cruz do Espírito Santo, na Paraíba, foi poeta e professor. Um dos autores mais notáveis da literatura brasileira, publicou um único livro em vida, *Eu* (1912), que se tornou referência indispensável. Seus poemas caracterizam-se pela adoção de um vocabulário técnico-científico, que perturbou as orientações criativas do bom gosto parnasiano de então, com imagens de força e dissolução, além da angústia profunda recorrentemente manifestada em torno da existência. O verso citado por Carlos Lacerda é do poema "As cismas do destino". Conforme a primeira edição, a citação correta é "Recife. Ponte Buarque de Macedo."

que escrevo privado de direitos políticos. Escrevo sob condição precípua de não versar matéria política. Esta é a condição sob a qual vivo no Brasil, do qual não me afasto senão por curtos prazos e, enquanto me for possível, só para voltar logo. Encomendaram-me um artigo à minha escolha, para um número especial dedicado a Portugal. Faltava-me, pois, liberdade de tratar do tema sobre o qual escrevi a vida toda até que me ocorreu esse acidente – chamemo-lo assim. E também sobrou-me uma consideração elementar: não se aproveita um festejo de aniversário para fazer o processo crítico do aniversariante. O número de um semanário ilustrado em louvor de Portugal não é precisamente o melhor local para se fazer o que o sr. Chianca de Garcia[,] mais do que eu, estaria habilitado a tratar, ou seja, um ensaio lítero-erudito-sociológico-cultural sobre a juventude portuguesa, suas mensagens e suas missões.

Espanta-se o eminente beletrista de que eu tenha encontrado poesia numa relação de aldeias portuguesas. E até julga que isto me ocorreu de repente, por acaso, quando me caiu às mãos algum anuário oficial. Veja o meu caro diretor como são as coisas. Há muito tempo penso em tratar assim as aldeias portuguesas – e até, há uns bons anos passados, à chegada do presidente de Portugal ao Rio,[832] fiz uma espécie de saudação aos portugueses por via dos nomes, pitorescos ou suaves, rudes ou insólitos, tantos simplesmente lindos, de suas aldeias.

A mim o que me espanta é, ao contrário, um homem da sua sensibilidade, afeito segundo penso às coisas de arte, não tenha sentido a imensa poesia desse catálogo de aldeias que há muito percorro, deslumbrado e comovido; e as anotações de certos nomes árabes, cristãos ou da pura invenção popular, cheios ainda do banho da História ou impregnados da força telúrica de suas origens. Há muito tempo já é ponto pacífico e até constitui técnica de poesia o uso de topônimos que sucessivamente evocam e desencadeiam associações de ideias. "Recife – ponte Buarque de Macedo"… dizia o Augusto dos Anjos,[833] que não é propriamente um autor juvenil…

Quanto a reunir escritores e gente moça, muito antes do sr. Chianca de Garcia mo determinar, o meu amigo

343

Luís Forjaz Trigueiros[834] já o fez há muito tempo, noutras circunstâncias, em casa sua, quando escritores de todas as tendências e correntes fizeram-me o favor de ali comparecerem para trocarmos pelo menos algumas palavras e discutirmos pelo menos algumas possibilidades. Mas não só isto. Eu que não sou dono de coisa alguma em Portugal, – ao contrário do que julga o sr. Chianca de Garcia, que tomou uma promessa por uma certeza e confunde um terreno baldio com uma "bem herdada propriedade minhota", propriedade mítica que ele por sinal denominou "dos Reis Magos", confundindo-a com a aldeia desse nome, – tenho aí um latifúndio de amigos de todas as idades e condições. Muito me orgulho deles e muito me socorro deles. Pois todos, sem exceção, têm o bom hábito de não me morder os calcanhares, nem agredirem aos que estão por baixo. Creio eu que me estimam mais quando nada posso do que quando ilusoriamente eles ou eu julgamos que posso alguma coisa. Continuo, é claro, a reservar-me o direito de tratar as encomendas que recebo do modo que bem entendo, "só sei que não vou por aí..." (José Régio).[835]

Em matéria de inquietação e tribulação, infelizmente não tenho nada que aprender com o sr. Chianca de Garcia. Talvez lhe pudesse ensinar essa técnica nova de polêmica que consiste em provocar quem está quieto, de maneira a fazê-lo falar. Mas isto também conheço e sei que há muito tempo ninguém a usa mais. Esse tipo de polêmica do século XIX durou até os primeiros anos do século XX e agora é uma espécie de memória saudosa como os *shows* de muitas pernas e muitas lantejoulas do Cassino da Urca e essa prosa fácil, brilhante, exuberante com que se discorre, uma espécie de sobremesa mental, sobre a juventude sem saber o que esta seja, sem indagar da gravidade do tema e suas consequências. Para cúmulo, e isto ele não poderia adivinhar a meu respeito, já me haviam encomendado uma série de três artigos sobre o problema da juventude em nossa tempo, na mesma revista. Missão terrível que começará por uma descrição do mundo dos adultos, desse mundo em que predominam aqueles que não souberam ser jovens no devido tempo e deixam de herança um mundo caduco e tormentoso.

834 Luís Forjaz Trigueiros, ver nota 196.

835 José Régio (1901-1969), pseudônimo de José Maria dos Reis Pereira, nascido em Vila do Conde, em Portugal, foi crítico, teatrólogo, ficcionista, poeta e professor. Em 1927, com João Gaspar Simões e Branquinho da Fonseca, criou a revista *Presença*, de imensa importância na história da literatura portuguesa do século XX. Autor de *Poemas de Deus e do Diabo* (1925), *As correntes e as individualidades na moderna poesia portuguesa* (1952), *Cântico suspenso* (1968), entre outros. No Brasil, a editora Nova Fronteira publicou uma antologia de José Régio em 1985, organizada pela professora Cleonice Berardinelli.

A razão pela qual peço a publicação desta está no dever de atender à intimação do colaborador e a consideração que tanto me merecem o jornal e seus leitores.

Atenciosamente,

Carlos Lacerda[836]

836 Carta não assinada. Trata-se provavelmente de cópia do autor.

RIO [DE JANEIRO], 7.8.[19]70

Presidente Pacheco Areco[837]
Montevidéu
Uruguai

Sem outra qualidade senão a de ser humano, apelo a V. Exa. para que coloque a vida de duas criaturas,[838] aprisionadas como reféns de luta estranha à sua atividade, acima de quaisquer considerações legais, mesmo legítimas. O fanatismo do poder[,] levando à imolação de vidas inocentes e tortura de suas famílias, igualaria o fanatismo dos que desafiam o poder. Vosso valoroso Uruguai, tão admirado e querido, não pode igualar-se àqueles países cujos regimes impõem sacrifícios humanos para tentar provar a intangibilidade de seu poderio. Respeitosamente manifesto a esperança de que V. Exa. agirá como ser humano e não aplicador automático de regras furadas, constantemente, pelos seus próprios autores. Atenciosas saudações.

Carlos Lacerda[839]

837 Jorge Pacheco Areco (1920-1998), nascido em Montevidéu, no Uruguai, foi político. Tornou-se presidente da República do Uruguai em 1967, mantendo-se no cargo até 1972. Deste ano até 1980, seria embaixador do Uruguai na Espanha e, de 1980 a 1982, nos EUA. Durante seu governo, empreendeu-se forte repressão ao movimento de guerrilha Tupamaros e aos movimentos estudantis.

838 Não identificados.

839 Carta não assinada. Trata-se provavelmente de cópia do autor.

RIO DE JANEIRO,
6 DE MAIO DE 1971.

Ilmos. Srs.
Alcino Diniz[840] e J. Silvestre[841]
Rio de Janeiro

Prezados amigos,

Recebi de vocês um convite que constitui quase um desafio. Em princípio até o aceitei. Fiquei de dar início ao roteiro do filme que vocês me propuseram, tão logo chegasse a uma conclusão definitiva. Pensei seriamente no assunto. Pelas razões que abaixo lhes explico, e para as quais conto com a compreensão de ambos, decidi não aceitar o convite.

Vocês têm ideia de realizar um filme inspirado no drama de um senador democrático, político de feição tradicional, em choque com um filho que se engaja em atividades subversivas.[842]

Ocorre, desde logo, que esse senador foi amigo meu e até companheiro de partido, no tempo em que havia partidos políticos no Brasil. E o filho, que por motivos ideológicos não simpatiza comigo, conquistou meu respeito pela bravura com que tem sofrido pelos seus ideais. Houvesse um mínimo de liberdade para expor o drama em suas luzes reais, tratando com respeito ambas as partes, seria possível tentar produzir um roteiro aceitável pelo público, cinematograficamente válido, e não só dramático como até útil para a melhor compreensão das razões que levam um jovem à subversão e das razões que todos temos para sustentar que esse é o pior caminho para tentar melhorar o que esteja errado na vida de um povo.

Para isto, estaria eu disposto a abrir mão de quaisquer ressentimentos que acaso em mim existissem por motivo da violência e injustiça contra mim praticados. Quer o ponto de vista profissional, quer de outras considerações mais altas, não teria motivo para recusar-me a esta tarefa.

840 Alcino Diniz (1930), nascido na cidade do Rio de Janeiro, foi ator, diretor de TV e de cinema, produtor e jornalista. Trabalhou na TV Tupi, na TV Rio, na TV Excelsior e na TV Globo. Realizou o filme *Jovens pra frente* (1968), entre outros.

841 J. Silvestre (1922--2000), nascido em Salto, no interior de São Paulo, foi jornalista, apresentador de programas televisivos e radialista. Um dos pioneiros da TV brasileira, tornou-se uma figura notável na década de 1950, quando apresentou o programa *O céu é o limite*, da TV Tupi.

842 O filme trataria da vida do senador Mário Martins (1913-1994), jornalista e amigo de Carlos Lacerda, que tinha sido da UDN, partido do qual se afastou em 1961, por divergir quanto à radicalização contra o governo de Jânio Quadros. No início de 1969, o senador (eleito em 1966 pelo MDB), teve seu mandato cassado, retornando à vida pública após a abertura política de 1979. Seu filho, Franklin Martins (1948), jornalista como o pai, foi líder estudantil e militante do

Mas as restrições, o cerceamento da liberdade de expressão, a obrigação de fazer propaganda de formas de repressão com as quais não concordo e silenciar sobre essas e outras violências que revoltam qualquer consciência bem formada impedem a meu ver a elaboração de um trabalho sério e objetivo. Não tenho como justificar perante a minha consciência a colaboração que desse a uma deformação da verdade nas atuais condições do país. Piores que os crimes dos subversivos são os que se cometem contra eles e até contra pessoas inocentes, uma minoria perante a qual a maioria cala e consente.

No Brasil não foi possível exibir o filme *Z*[843] nem o seu contrário, o filme *A confissão*,[844] um relatando os processos de violência da ditadura militar grega, outro descrevendo processos análogos da ditadura comunista russa e tcheca. Muito menos seria possível tratar honestamente, objetivamente, com um mínimo de integridade, o problema dentro das nossas fronteiras. E muito menos poderia eu exaltar a figura de um senador democrático se para isto tivesse que desrespeitar o idealismo de seu filho. O simplismo do "mocinho" e do "bandido" não cabe neste caso, pois ninguém pode jurar que sabe de que lado está o "bandido". Assim, prefiro estar calado a dizer coisas erradas ou contribuir para fazer o erro passar como salvação da pátria.

Por estas razões vejo-me no dever de recusar o convite com que me distinguiram. O que não me impede de agradecer a preferência e aguardar melhor oportunidade para uma colaboração eventual nos projetos de vocês. Faço-lhes esta comunicação para não retardar o projeto que me expuseram. Quem sabe vocês poderão encontrar quem consiga conciliar os deveres da consciência com o desafio do roteiro cinematográfico sobre este tema.

Com os meus votos pelo crescente êxito profissional e pessoal de vocês,

Cordialmente,

Carlos Lacerda[845]

CL/MRM[846]

---

grupo MR-8, contra o governo militar e favorável à implantação de um regime socialista no Brasil. Foi um dos mentores do sequestro do embaixador norte-americano Charles Elbrick, e viveu no exílio, em Cuba, no Chile e na França. Após a redemocratização, retornou ao país e trabalhou como comentarista político em vários veículos da imprensa, como no jornal *O Globo* e na Rede Globo, e, em 2007, foi convidado para ser ministro-chefe da Secretaria de Comunicação Social do governo Lula, cargo que exerceu até o fim do mandato do presidente.

843 Filme do diretor grego Constantin Costa-Gavras lançado em 1969, numa parceria franco-argelina. Baseado no romance *Z*, do ficcionista grego Vassilis Vassilikos, o filme trata das tensões políticas da Grécia dos anos 1960.

844 Filme do diretor grego Constantin Costa-Gavras lançado em 1970, trata da repressão política da ex-União Soviética.

845 Carta não assinada. Trata-se provavelmente de cópia do autor.

846 Iniciais não identificadas.

RIO DE JANEIRO,
LE 29 SEPTEMBRE 1971
A MONSIEUR L'AMBASSADEUR HENRI SENGHOR[847]

Cher Henri,

Vous savez combien je tiens à vivre dans mon pays en exilé. De jour en jour je me garde pour les voyages et me retiens de participer à des manifestations publiques, quelles qu'elles soient. L'ingratitude et d'autres signes de la méchante mesquinerie des gens risquerait de m'empoisonner la vie, et je tiens à la maintenir saine et joyeuse. C'est pourquoi je me garde de participer aux démonstrations publiques, ou presque, de ce qu'on apelle la société brésilienne, à propos de votre départ du Brésil.

Cela n'empêche que je vous dise ce que j'en suis sûr vous savez bien qu'est nôtre sentiment le plus sincère. Letícia et moi sommes desolés de vous voir partir. Nous nous avions déjà fait à l'idée que vous appartenez au Brésil sans se détacher, pourtant, de ce Sénégal que j'aime et dont je suis, le plus près possible, l'evolution et les efforts.

C'est aussi évident, nous nous réjouissons que votre départ soit le signe de vôtre progression dans la vie, que ce soit la carrière de serviteur de votre pays à l'étranger, que ce soit l'approche d'autres expériences, telles celles de Rome, qui vous attendent. Bref, c'est un sentiment aigre-doux celui de vous voir partir du Brésil. Peut-être vous verrais-je l'année prochaine à Rome, s'il vous plaîra. En attendant, dites à madame Senghor notre fidèle amitié, ayez pour nous un peu de l'amitié et la tendre et forme sympathie que nous avons pour vous et pour vôtre pays, et pour tout ce vous avez si bien representé, dirais-je encarné au Brésil.

N'oubliez pas ce Portugais à l'accent carioca, que n'est pas le moindre de vos incantations pour se faire des amis partout où vous allez. Incorporez les italiens(ennes) à votre panoplie de châsseur de charme mais n'oubliez pas vos amitiés brésiliens(ennes). Je compte sur vos enfants, dont je souhaite une jeunesse radieuse, pour vous rappellez du Brésil où vous avec fait vos premières armes au temps ou

847 Henri Senghor foi embaixador do Senegal no Brasil durante a década de 1960, até ser transferido para a Itália, em 1971. Sobrinho do primeiro presidente da República do Senegal, Léopold Sédar Senghor (1906-2001), voltou ao país em 1977, na comitiva do presidente, quando de sua visita oficial a Brasília.

nous étions si peu nombreux pour vous aider; ce qui d'ailleurs n'a pas été nécéssaire, puisque le président et vous ont conquis notre amitié pour toujours.

Je vous prie de bien vouloir accepter cette gravure que j'ai trouvé, je pense, bien à propos. C'est une satyre de *l'Aurora Fluminense*, le journal qu'au temps de l'Empire était illustré à Rio, en lithogravure, par Ângelo Agostini,[848] sur les évenements et les moeurs de l'époque. Ici nous avons affaire à l'arrivée à Rio de l'envoyé du Pape, de Rome, après ce qu'on a dénommé la Question Religieuse, la condamnation de deux evêques en conflict avec l'autorité de l'Empereur.

Bon voyage, cher Henri. Et puissent nos chemins se croiser encore pendant ce qui me reste à vivre. Letícia, Maria Cristina,[849] toute la famille se joignent à moi pour saluer la vôtre et vous souhaiter tout le succès, si mérité, et surtout cette forme supérieure et permanente de succès qu'est la paix intérieure.

Bon voyage, Henri. A bientôt.

Carlos

848 Ângelo Agostini (1843--1910), nascido em Vercelli, na Itália, foi um caricaturista radicado no Brasil. Fundou vários jornais satíricos no Rio de Janeiro e publicou, na *Revista Illustrada*, as *Aventuras de Zé Caipora*, considerada a primeira história em quadrinhos do Brasil.

849 Referência a sua esposa, Letícia Lacerda, e a sua filha, Cristina Lacerda. Ver nota 1.

RIO DE JANEIRO,
9 DE ABRIL DE 1974

EXMO. SR.
GENERAL ANTÓNIO DE SPINOLA[850]
RUA RAFAEL DE ANDRADE, 35 — 10
LISBOA — PORTUGAL

Senhor general Spinola,

Ao agradecer o cartão com que me honrou, acusando recebimento dos recortes de artigos que escrevi no *O Estado de S. Paulo* (e restam outros, que lhe estou remetendo agora) sobre o seu livro *Portugal e o futuro*, teve V. Exa. a generosidade de dizer que, no seu entender, prestamos um serviço a Portugal. Isto[,] mais do que consola, compensa as dificuldades encontradas, sem falar de algumas ameaças, aliás pueris.

Julgo, realmente, que é um serviço, embora pequeno, divulgar o seu livro; este sim, um grande serviço a Portugal e ao Brasil.

850 António Sebastião Ribeiro de Spinola (1910-1996), nascido em Estremoz, no Alto Alentejo, em Portugal, foi militar e político. Voluntariamente, organizou o Grupo de Cavalaria 345 quando eclodiu a guerra em Angola, para onde foi em 1961, permanecendo em Luanda, capital desse país, até 1963. Em 1968, tornou-se governador e comandante-em-chefe das Forças Armadas em Guiné-Bissau. Em 1974, foi nomeado vice-chefe do Estado Maior das Forças Armadas, mas seria demitido em março por divergências com a política do governo português. Representante do MFA (Movimento das Forças Armadas), liderou a Revolução dos Cravos, a 25 de abril de 1974, e foi quem aceitou a rendição do governo, pelo presidente do Conselho, Marcelo Caetano, o que na prática significou uma transmissão de poderes. Com a instituição da Junta de Salvação Nacional, órgão que passou a deter as atribuições fundamentais do Estado, a que presidia, é escolhido pelos seus membros para o exercício da presidência da República, cargo que ocupará apenas até setembro do mesmo ano. No Brasil, seu livro *Portugal e o futuro* foi publicado pela editora Nova Fronteira, em 1974.

Sobre ser um excelente estudo, formula uma proposta, o que equivale a dizer que apresenta uma solução. Se não serve, diga-se por quê. Mas, simplesmente silenciar, ou recusar sem argumentos, é isolar ainda mais Portugal e tornar impossível a formação de uma verdadeira comunidade.

Estou convencido de que será difícil, senão impossível, evitar que o Brasil caminhe em direção diversa da que vem até aqui mantendo, em relação a Portugal, perante as demais nações, se persistir no imobilismo português em relação às regiões afro-lusas. Já adverti, privada e publicamente, a quem de direito, na medida de minhas possibilidades. Com a proposta de V. Exa. abre-se ao Brasil uma entrada, e a Portugal uma saída. A pergunta é sempre: a solução proposta chegará a tempo?

Procede a distribuidora do livro, estes dias, ao que se chama o remanejamento, isto é, reabastecer bancas em que se esgotou retirando exemplares daquelas em que a venda foi menor. É alentador saber que em Brasília, hoje centro político, praticamente esgotou-se a remessa.

Temos tudo pronto para uma 2ª edição, cujo total ficará a fixar de acordo com a distribuidora, tão logo a venda atinja a cerca de setenta por cento. Pessoalmente, creio que isto se dará ao fim de uma semana. A edição, como dissemos a seu irmão, foi de trinta mil exemplares, conforme o contrato. Lembro que o texto não é popularesco, nem faz concessões à demagogia e ao sensacionalismo. Não é para consumo de pessoas pouco informadas, e sim para quem tenha uma noção do problema.

Ora, isto é precisamente o que falta no Brasil. Surpreender-se-iam as autoridades portuguesas mais conspícuas ao ouvir brasileiros de alta qualificação social, política, econômica *etc.* referir-se às "colônias portuguesas". E muitos não o fazem por malícia, ou por convicção contrária à tese oficial portuguesa e à legislação desta consequente. Fazem-no por cacoete, pelo hábito de chamar colônias a essas regiões ultramarinas, ou melhor, ao desábito de chamá-las de Províncias, ou de Estados.

Este é outro fenômeno de que não se apercebem os círculos responsáveis, aí. Uma semana antes da publicação de *Portugal e o futuro* divulgou-se, com o destaque merecido, [o] discurso do professor Marcelo Caetano[851] que continha uma clara advertência ao Brasil (às Américas, disse ele, num plural que evidentemente visava [a]o Brasil), sobre o que sucederia a uma África donde os portugueses fossem expulsos. Pois bem. O discurso não teve aqui a menor divulgação; o que equivale a dizer que a advertência caiu no vazio.

A solidão de Portugal não sei se me inquieta mais do que me comove. Sobretudo, a falta de consciência dessa solidão, numa espécie de autossuficiência que a bem pouco conduz. Por isto, ainda mais do que por outras e também sérias razões, dediquei-me a divulgar o livro com o qual V. Exa., corajosamente, rompeu o monólogo. Pergunto-me a mim mesmo o que ocorrerá, daqui por diante. Mas, como sou um dos que creem no valor do exemplo, na fecundidade de um ato de sinceridade e de fé, num gesto de coragem na hora oportuna, como dizia São Paulo, "a tempo e contratempo", confio em que a proposta que nesse livro se formulou acabará por mudar o rumo de Portugal.

Com os meus respeitosos cumprimentos à sua família, sou o seu desvalioso admirador – que espera um dia poder chamá-lo amigo,

Carlos Lacerda

CL/AM[852]

851 Marcelo Caetano (1906-1980), nascido em Lisboa, em Portugal, foi professor e político. Participou da elaboração da Constituição portuguesa que oficializaria o novo regime político, sob o comando repressor de António de Oliveira Salazar, tornando-se, posteriormente, ministro das Colónias do Estado Novo. Em 1968, em decorrência da debilidade física de Oliveira Salazar, o presidente da República de Portugal, Américo Tomás, nomeou-o o novo presidente do Conselho. Com a Revolução dos Cravos, buscou exílio no Brasil, onde faleceu.

852 Ana Maria Ribas, ver nota 314.

RIO DE JANEIRO,
18 DE ABRIL DE 1974

ILMO. SR.
LUÍS CARTA[853]
EDITORA TRÊS,
AVENIDA PAULISTA 2006 — 15º ANDAR
SÃO PAULO, SP

Senhor Luís Carta,

A pseudobiografia que, acompanhada de retrato, a sua revista publicou na página 177 do fascículo que vem com o nº 11 da "História" é um modelo de falsidade, má vontade e desinformação.

Começa dizendo que não cheguei a me formar, "abandonando o curso de Direito no 4º ano". Falso. Foi no 2º ano. "Militou no Partido Comunista." Falso. Essa mentira, espalhada pelo PC, foi repetidamente esclarecida — pelo simples respeito à verdade. Não fiz "artigos no *Observador Econômico*"; é uma história longa que, contada como está, torna-se falsa e fora do contexto e do tempo. "Trabalhou nos Diários Associados" é bastante vago. Dirigi ali a Agência Meridional e fui secretário de *O Jornal*. Curioso: é a única biografia que não se refere à entrevista que fiz com José Américo,[854] rompendo a censura. Elegi-me vereador em [19]46 (e não [19]47). Não é justo dizer que alguém renunciou a um mandato sem acrescentar a razão: a defesa da autonomia do Distrito Federal. Não me refugiei na Embaixada de Cuba em 1954. O episódio da Carta Brandi, sobre estar perversamente apresentado, é bem diverso, e tem antecedentes e consequências. Não me *refugiei* no cruzador *Tamandaré*, e sim acompanhei ali o presidente da República.[855] O senhor Juraci Magalhães[856] não era "candidato natural" da UDN;[857] nem seria possível definir "candidato natural", em tais condições. "Perseverante no oposicionismo", diz o biógrafo, com razão, pois ele tem o cuidado de nada dizer sobre o governo que fizemos na Guanabara. Na biografia de Juscelino Kubitschek[858] (será

853 Luís Carta (1936--1994), nascido na Itália, foi empresário e jornalista. Correspondente da revista *Manchete* na Itália, entre os anos de 1959 e 1972 se tornaria, no Brasil, diretor editorial da Editora Abril, onde colaborou com a criação de algumas revistas. Também foi um dos fundadores da Editora Três.

854 José Américo de Almeida, ver nota 112.

o mesmo biógrafo?) está dito que ele "comandou pessoalmente a votação do PSD[859] no Senado, elegendo o mal. Castelo". É um exagero pérfido, pois logo acrescenta: "Nesse mesmo ano, teve o seu mandato cassado"…

Concluindo a "biografia", diz o autor anônimo: "Antes da cassação, procurou o sr. Juscelino em Lisboa e o sr. Goulart[860] no Uruguai". "Procurou" é um verbo bem estranho para designar um encontro acertado e desejado pelos seus participantes. Acrescenta o "biógrafo" que a frente então formada visava [a] fazer oposição. A obsessão é dele, não da vítima dessa "biografia". Pois o objetivo – documentado e proclamado – era exatamente promover a união nacional.[861]

A minha "biografia" conclui assim: "Faz frequentes viagens ao exterior e também se dedica à pintura." Gostaria que fosse somente nisto empregado o meu tempo. Mas, infelizmente[,] dedico parte dele a ler tolices como essa, que tão mal colocam uma publicação tão simpática.

Viver já é um encargo difícil. Ter a vida tão mal descrita, e em tão estúpida maledicência, não ajuda a viver.

Cordialmente,

Carlos Lacerda

CL/MTM[862]

---

855 Carlos Luz (1894-1961), nascido em Três Corações, Minas Gerais, foi político. Prefeito de Leopoldina, apoiou pela Aliança Liberal a candidatura de Getúlio Vargas e João Pessoa à presidência e vice-presidência da República, respectivamente. Deputado federal com vários mandatos, foi também ministro da Justiça, em 1946; e assumiu interinamente a presidência da República, em 1955, substituindo Café Filho.

856 Juraci Magalhães, ver nota 173.

857 União Democrática Nacional.

858 Juscelino Kubitschek, ver nota 149.

859 Partido Social Democrático.

860 João Goulart, ver nota 545.

861 Ver nota 793.

862 Maria Thereza Moreira Correa de Mello, ver nota 203.

RUA DO CARMO, 27 — IOA — ZC-OO
RIO DE JANEIRO, GB

RIO DE JANEIRO,
5 DE AGOSTO DE 1974

ILMO. SR.
DOUTOR MANUEL F. NASCIMENTO BRITO[863]
JORNAL DO BRASIL
RIO DE JANEIRO

Senhor diretor do *JB* [*Jornal do Brasil*].

A reportagem do *JB*, de hoje, sobre o atentado da rua Tonelero,[864] em tom de "nostalgia", influenciada pela atual
confusão entre a História e a crônica, contém algumas
imprecisões que não posso, no momento, esclarecer.

No que a mim se refere, porém, em atenção aos meus
amigos e à praça, devo apenas esclarecer:

1. Estou no Brasil e não na Suíça. Lá estive cerca de
uma semana para, aproveitando a viagem, que se estendeu
a outros países e muitos outros assuntos, fazer um exame
geral, como compete aos sexagenários.

2. A posição anticomunista de 1954 nada teve que possa ser equiparado ao "macartismo", como por malicioso
processo analógico faz supor a referida reportagem.

3. Onde falta o ar só prosperam os anaeróbicos, ou seja,
os que não precisam de ar para viver. Tal foi o caso do Brasil, depois da ditadura do Estado Novo.[865] Tal é, presente-
mente, o caso de Portugal, sobre o qual o Brasil — agredido
em Lisboa por uma corrente que no momento a domina,
hostil a nós por motivos ideológicos — vem sendo tão mal
e tão tendenciosamente informado. A infraestrutura da
informação escapou à censura, que se iludindo a si mesma
enganou o próprio governo. No dia em que Portugal se libertou do seu longo regime, deparou-se com a realidade,
que era ocultada às cúpulas dirigentes pelo próprio meca-
nismo que elas montaram.[866]

863 Nascimento Brito,
ver nota 743.

864 Referência ao atentado
sofrido por Carlos Lacerda
em 5 de agosto de 1954,
na portaria do prédio
em que morava, na rua
Tonelero, em Copacabana,
no Rio de Janeiro, motivado
pela intensa oposição de
Carlos Lacerda ao governo
de Getúlio Vargas,
empreendida por meio
de seu jornal, a *Tribuna da
Imprensa*. Ferido com um
tiro no pé, Carlos Lacerda
escapou do atentado, mas
o major-aviador Rubens
Florentino Vaz, um dos
oficiais da Aeronáutica que
acompanhavam o jornalista
durante sua campanha, para
ajudar na sua segurança,
faleceu, precipitando uma
crise política de enormes
proporções, que culminou
no suicídio do presidente,
19 dias depois.

Foi o que se deu no Brasil, entre 1945 – queda aparente da ditadura – e 1954 –[867] data em que começou o acidentado e penoso processo de democratização deste país.

Sobre este tópico não se fala agora. Mas, espero que ao menos os meus assuntos pessoais não sejam objeto de insinuações e distorções.

É o que em nome do seu cavalheirismo peço publicar, menos por mim do que por algumas milhares de pessoas que trabalham comigo e dependem de mim, embora menos do que eu, delas.

Cordialmente,

Carlos Lacerda[868]

865 Referência ao regime ditatorial implementado de 1937 a 1945 pelo presidente da República Getúlio Vargas, inspirado pelo fascismo, e chamado de Estado Novo. Por meio desse regime, determinaram-se a censura, o controle dos sindicatos, a substituição de governadores eleitos por interventores nomeados, entre outras formas de controle, que foram abolidas com a deposição de Getúlio Vargas, em 1945.

866 Em 25 de abril de 1974, as Forças Armadas de Portugal extinguiram a ditadura salazarista, dando início à redemocratização do país. O movimento foi apoiado pela população civil e também foi motivado pela grave crise econômica de Portugal, bem como pelas guerras coloniais na África.

867 Em 1954, o presidente da República Getúlio Vargas estava submetido à forte pressão das Forças Armadas e da oposição política ao seu regime para que abdicasse do poder. Havia ainda crescente risco de que fosse deposto. Em agosto do mesmo ano, escreveria uma carta-testamento e em seguida se suicidaria.

868 Carta datiloscrita, com correções e acréscimos manuscritos, e não assinada. Trata-se de cópia do autor.

RIO DE JANEIRO,
15 DE SETEMBRO DE 1975

ILMO. SR.
HÉLIO BICUDO[869]
SÃO PAULO — SP

Caro doutor Hélio Bicudo,

Depois de nossa conversa, após o exame que fiz do manuscrito de seu livro sobre o "Esquadrão da Morte",[870] creio que se pode, nos seguintes termos, historiar as providências que lhe pedi e as que tomei:

1. O senhor ficou de fazer um capítulo inicial sumariando o histórico da questão, de modo a que o leitor apreendesse o conjunto e não os episódios separadamente.

2. Ficou, também, de comprovar as alegações de que o pessoal do Esquadrão cobrava proteção a traficantes de drogas, contrabandistas, *etc*. Sem essa comprovação a alegação não tem cabimento, partindo de uma autoridade que investigou o assunto a ponto de lhe dedicar um livro inteiro.

Por meu lado, fiquei de submeter o texto ao nosso conselho editorial, por enquanto constituído internamente, apenas.

Tendo em vista que é constantemente citado no livro um antigo governador de São Paulo e meu amigo, o doutor Roberto Sodré,[871] a este me dirigi, pelo telefone, para saber como encara o assunto. Explicou-me ele os seus pontos de vista, com alguns dos quais concordo, embora discorde fundamentalmente de outros. Tem ele algumas acusações contra si, também. Seria impossível publicarmos a parte que a ele se refere sem lhe dar oportunidade de defesa. Mas só como amigo; sobretudo, como ex-governador de São Paulo. Isto eu menciono apenas por dever de lealdade para com ambos.

O texto foi examinado pelos meus companheiros de trabalho. O ponto de vista dominante é o seguinte:

1. Estamos perante um agravamento da censura. Eu próprio fui proibido de escrever, sob pena de aplicação do AI-1,[872] que comina penas severas a quem, privado de direitos políticos, opinar sobre assuntos nacionais.

869 Hélio Bicudo (1922), nascido em Moji das Cruzes, São Paulo, foi político, professor e trabalhou em diversas áreas da Justiça. Nos anos 1940, tornou-se promotor público. Em 1956, assumiu a função de assessor da procuradoria-geral da Justiça do Estado de São Paulo. No ano seguinte, seria nomeado procurador da Justiça. Em 1970, investigou o Esquadrão da Morte, uma organização parapolicial ligada à prática de crimes. Após denunciar alguns policiais, a procuradoria de Justiça cancelou as investigações. De 1991 a 1999, foi deputado federal.

870 Em 1976 Hélio Bicudo publicou o livro *Meu depoimento sobre o Esquadrão da Morte*, pela Arquidiocese de São Paulo.

871 Roberto Costa de Abreu Sodré (1918-1999), nascido na cidade de São Paulo, foi advogado e político. Opositor do Estado Novo de Getúlio Vargas, foi preso aos dezoito anos. Participou da fundação da União Democrática Nacional (UDN). De 1967 a 1971, foi governador do estado de São Paulo; de 1986 a 1990, ministro das Relações Exteriores.

872 Ver nota 564.

2. A censura estendeu-se aos livros sob a forma de medidas indiretas, medidas fiscais e outras contra os responsáveis por publicações julgadas inconvenientes. Contra tais medidas não cabem providências, até porque são tomadas de modo indireto.

Em tais condições, três motivos nos levam a não editar o seu livro, no momento:

Primeira e principal: falta de provas, concludentes e irrecusáveis, da parte mais substancial das alegações que faz.

Segunda: o risco de represálias contra uma editora ligada a um "cassado". Centenas de pessoas iriam pagar as consequências desse ato.

Terceira: o livro é polêmico demais para ser publicado onde e quando não haja plena liberdade de exame e discussão.

Poderia acrescentar outras duas razões: o livro, como está, depoimento apaixonado contra as atividades do Esquadrão da Morte, não define bem a razão pela qual ele obteve a benevolência protetora que o acoberta. Quer por parte de autoridades, quer da própria opinião pública. O processo, ainda em aberto, a meu ver falha nestes dois pontos.

Antes, pela evidente e manifesta incapacidade da justiça, que além de lenta não foi ainda, nem aqui nem noutros países, visitada pela realidade. Razoavelmente preocupada com a individualização e o critério corretivo e não meramente punitivo da pena, volta as costas à sociedade como um todo e desconhece – o interesse coletivo.

Em seguida, porque não define com a necessária precisão a situação político-social em que ele se pôs em campo: os atentados, os sequestros, os assaltos terroristas. Ao combatê-los, o esquadrão prestou realmente um serviço ao país? Não mencionar isto de perto é deformar as conclusões que se formula. Torna-se incompreensível a proteção, escandalosa e revoltante, dada a tais criminosos, se não se der também o outro lado da questão: a luta contra o terrorismo, que não se faz com gentilezas e salamaleques, nem aqui nem em parte alguma do mundo.

Uma sociedade em que se exaltam terroristas como se fossem heróis acaba por comportar o Esquadrão da Morte como parte essencial de sua desvairada composição.

Quando a censura amainar, o que sempre se deve esperar, penso que seria útil o senhor completar seu livro com o relato do que fizeram os terroristas e por que o Esquadrão se recomendou, junto a certas autoridades, como instrumento eficaz do combate ao terrorismo. Então ficará o quadro completo, para julgamento. Antes, não.

Cordialmente,

Carlos Lacerda

CL/AM[873]

873 Ana Maria Ribas, ver nota 314.

RIO DE JANEIRO, 17 DE MAIO DE 1976[874]

Prezados senhores,

O crescente e bem-sucedido esforço de infiltrar mentiras e intrigas de modo a desacreditar a liberdade de imprensa, tornando-a sinônimo de leviandade, instrumento de estupidez e veículo de desagregação, conseguiu recentemente duas vitórias no *Estado* [*de S. Paulo*]. Ambos à minha custa.

No primeiro caso, um redator irresponsável, tolerado por um ocasional superior desatento, entrevistou um picareta que disse uma série de asneiras tais como que a editoria brasileira é feita em Wall Street; que ele[,] sim, é um editor batuta porque faz livros em casa com a mulher (viva o artesanato!). Tudo isto o *Estado* acolheu impávido, como se fosse importante no momento em que grandes editores do Brasil estão sendo devorados pelo Estado e um deputado procurou obrigar os editores a publicarem autores nacionais antes que estes se resolvam a escrever livros que o público queira ler. Essa difusão da burrice já é rotina. Parece que não há nada a fazer. A desconfiança com relação à inteligência transformou-se em horror a ela.

O extraordinário é que[,] levado pelo seu entusiasmo, o redator atribuiu ao próprio *Estado* – pois vem sem aspas de que se não quiseram privar os intrigantes – a informação de que nós não publicamos autores nacionais. Só o tal batuta que faz livros na intimidade do lar. No final desta, se fizer a si mesmo, a mim e aos seus leitores o favor de publicar a verdade, o *Estado* terá uma relação (incompleta) dos autores nacionais que editamos e estamos editando, as duas editoras, a que fizemos, a Nova Fronteira[,] e a que nacionalizamos, sob a mesma direção e controle acionário, a Nova Aguilar. Mas é triste que um redator leve o *Estado* a publicar uma mentira, ainda por cima sobre uma obra respeitável, um esforço decente, que procura levar por diante a obra pioneira de Octalles Marcondes, José de Barros Martins, José Olympio e outros atingidos pela intriga e estupidez, como Alfredo Machado, [Jorge] Zahar, Ênio Silveira e tantos outros.[875]

874 Esta carta, dirigida a *O Estado de S. Paulo*, foi reproduzida na edição de 18 de maio de 1976 desse jornal, com a seguinte nota da redação: "Em relação à velha amizade que liga o *Estado* a Carlos Lacerda, abstemo-nos de qualquer resposta à sua carta, transcrita na íntegra. Esperamos assim ter mantido unidos amigos e concidadãos que lutam para que se reviva no Brasil a proposta de conciliar a liberdade com a autoridade, a justiça social com a paz para progredir."

875 Referência a importantes editores brasileiros.

Como leitor e ex-jornalista, permito-me lembrar: cada vez leem-se menos os editoriais e mais as notícias. Que adianta as notas defenderem uma orientação, se as informações se colocam a serviço da tendência oposta, isto é, da mentira, da deformação intencional, da subversão ideológica e da desagregação social?

No segundo caso, a molecagem e a má-fé subiram de tom. Infelizmente vim a ler um recorte da edição de 20 de abril do *Estado*, no qual se lê que um indivíduo, cuja única credencial para ser publicado é a de ter se tornado "correspondente" do *Estado* e seu enviado a Paris, dá uma resenha das crises políticas entre o Brasil e a França antes da recente visita do chefe de governo brasileiro ao presidente da França.

Como peça jornalística é pífia. Mas como intriga política é um primor. Pena que não seja a única. Pois[,] na mesma ocasião, a revista *Veja* – da qual o *Estado* diverge tanto, na cúpula, enquanto por baixo, se entendem os seus subterrâneos informadores – publicava a mesma versão, isto é, a mesma mentira.

Segundo tal versão, foi com uma entrevista em Orly que eu, em missão do primeiro governo da revolução de 1964, convoquei a imprensa para insultar De Gaulle[876] e este, insultado, quase rompeu as relações diplomáticas com o Brasil e disse que o Brasil não é um país sério. Qualquer foca decente sabe que a frase atribuída a De Gaulle foi quando da guerra das lagostas, cuja causa principal foi a proposta de elementos ligados ao governo brasileiro para se associarem a pescadores bretões darem por encerrado o incidente… Mas[,] para os leitores do *Estado* de 1976, o que o próprio *Estado* informou e opinou já não vale. O que vale, evidentemente porque o *Estado* publicou agora, é o que informa o seu enviado especial a Paris.

Deixemos de lado o tom catastrófico que atribui a minha entrevista em Orly, cujo texto, acompanhado da entrevista na rádio e televisão francesa, está transcrito na gravação, em livro editado pela Record, *Palavras e ação*, desde 1965. Mas, basta que o responsável pela revisão – ou não revisão – da matéria mandada de Paris consulte o excelente arquivo do *Estado*, em vez de consultar os adu-

876 Charles De Gaulle (1890-1970), nascido em Lille, na França, foi militar e político. Oficial na Primeira Guerra Mundial, assumiu papel importante na resistência às forças nazistas durante a Segunda Guerra Mundial. Em 1944, tornou-se presidente da República da França, de que se demitiria dois anos depois, entre outras razões, por discordar das orientações de uma política partidária. Um dos fundadores em 1947 do partido Rassemblement du Peuple Français (RPF). Após afastar-se da vida política da França, voltou a se tornar presidente da República em 1959, sob regime presidencialista. Pôs então termo, em 1962, ao domínio da França sobre a Argélia, que finalmente chegaria à independência política. Por ter seu projeto de reformulação política rejeitado num plebiscito popular, abdicou da presidência em 1969.

lões e os intrigantes que hoje, como naquela época, querem sempre subir pisando na verdade.

O *Estado* sabe que estou privado de direitos políticos. Sabe mais, pois, sabe que recentemente fui proibido de escrever. Não preciso, pois, acentuar quanto há de covarde nesta ofensiva de insinuações, nesse concerto de falsidades em que até um jornal como o *Estado* se deixa envolver. Confundido pela desculpa pela liberdade de informação e da diversidade de opiniões – que nada tem a ver com a mentira intencional e a ignorância profissional.

De passagem, noto que vai realmente muito mal o ensino no Brasil. Um jornal como o *Estado* já chega a ter que usar como correspondente em Paris, no momento em que se restabelecem relações que, parecem, foram quase levadas ao estado de guerra por minha entrevista em 1964, um tipo que desconhece a existência de Villegaignon,[877] Coligny,[878] Duguay-Trouin[879] e outros sujeitos que provocaram crises bem maiores entre a França e o Brasil – apesar da opinião de que o Estado veiculou. Em suma, a culpa não será do *Estado* e sim do ensino. Devo recordar ao *Estado* que Júlio [de] Mesquita Filho[880] provocou com De Gaulle uma crise ainda maior do que a minha, ao romper violentamente com ele por haver o seu governo negado

877 Nicolau Durand de Villegaignon (1510-1575), nascido em Provins, na França, foi militar. No Rio de Janeiro, na ilha de Serijipe, hoje Villegaignon, fundou a França Artártica, com o objetivo de explorar as riquezas do Brasil Colônia e abrigar protestantes.

878 Forte erguido por Nicolau Durand de Villegaignon na ilha de Serijipe, na baía de Guanabara. Este nome foi uma homenagem ao almirante francês Gaspar II de Coligny (1519-1572), líder huguenote assassinado em Paris, em 1572, durante o massacre da Noite de São Bartolomeu.

879 René Duguay-Trouin (1673-1736), nascido em Saint-Malo, na França, comandou, em 1711, uma expedição de cinco mil e oitocentos homens para tomar a cidade do Rio de Janeiro, que foi pilhada. Em seguida, exigiu de autoridades locais imensa quantia para desocupar a cidade.

880 Júlio de Mesquita Filho, ver nota 469.

convite para entrevistas oficiais a um correspondente francês do *Estado* – francês, mas não ignorante como o brasileiro atual.

A única importância de tudo isto é de ter saído no *Estado*. Recentemente, um semanário que faz a picaretagem da esquerda e esterilização da inteligência publicou que defendi Portugal contra a ditadura comunista que o ameaçou porque tenho minas em Angola e interesse na empresa Torralta. Não tenho nada disso e nem muito menos. Como no conselho da redação do tal semanário há duas pessoas cuja inteligência respeito, escrevi a ambas. Um respondeu-me que nada tinha com isto e julgava a direção do semanário idônea por ter sido elogiada por um sujeito que assaltou o Banco do Brasil antes de 1964, só que nesse tempo os assaltantes não eram terroristas e sim industriais progressistas, agora chamados de intelectuais. O outro, nem respondeu. Está muito ocupado coletando protestos contra a censura às suas canções de protesto que lhe rendem tanto dinheiro e tanta glória. A censura só é pimenta quando arde no seu olho. Diante da calúnia, ele é neutro – desde que a calúnia sirva ao seu esquerdismo milionário. Cito o exemplo para ver a que companhia o *Estado* estará condenado se deixar que se confunda a sua nobre tradição de proteção aos perseguidos e defesa da liberdade com o uso da liberdade para a intriga e a mentira; e a transformação do perseguido de hoje no triunfante perseguidor de amanhã.

Não é possível que se deixe progredir a velha intenção, até aqui malograda, de dividir não somente amigos, mas concidadãos que precisam se manter unidos se se quer fazer com que se reviva no país a proposta por si mesmo tão difícil de conciliar a liberdade com a autoridade, a justiça social com a paz para progredir.

Não só o que o *Estado* já publicou desde 1964 desmente o que publicou a 20 de abril deste ano. Também outros fatos, testemunhos e documentos podem demonstrar que a verdade está muito longe de tudo isto. O episódio de Orly foi apenas um, ao longo esforço que fizemos para evitar o que ora se retoma, o rumo do Brasil para a confusão, a desunião, que é fatal em nome da divergência, que é necessária; da desinformação que é traiçoeira, em nome do

881 Não identificados.

882 Winston Churchill (1874-1965), nascido em Blenheim Palace, na Inglaterra, foi político. De 1924 a 1929, esteve ao lado do governo de Stanley Baldwin como ministro das Finanças, fazendo ainda oposição, nesse período, ao crescimento das forças comunistas na Inglaterra. Primeiro-ministro da Inglaterra de 1940 a 1945, conquistou importantes vitórias contra os nazistas durante a Segunda Guerra Mundial. Participou junto com os líderes Stálin (URSS) e Roosevelt (EUA) da Conferência de Yalta, em 1945, que buscou solução para conflitos ligados à guerra. Derrotado nas eleições de 1945, retornaria ao cargo de primeiro--ministro de 1951 a 1955.

883 Primeiro-ministro da Grã-Bretanha durante a Segunda Guerra Mundial, Winston Churchill tinha uma relação bastante tensa com o general De Gaulle, seu aliado, líder das forças francesas que lutavam contra o nazismo. Churchill costumava dizer que todo homem tinha de carregar uma cruz, e que a dele era a Cruz de Lorena – o símbolo da França Livre. Isso não o impediu de reunir-se e trabalhar com De Gaulle, pois mais importante que qualquer afinidade pessoal era a vitória na guerra.

debate que é indispensável; da adulação que é corruptora em nome do respeito, que é meritório. E assim por diante. Em suma, tudo o que ocorre quando os responsáveis se deixam desunir.

Impossibilitado de me defender, pelas divergências e pelo dever de ser discreto ante fatos que ainda não chegou a hora de contar, acho que essa defesa não me compete. Ela compete ao próprio *Estado de S. Paulo*. Pois a maior vítima é ele próprio, uma vez que toda mentira que ele veicula é uma traição que faz a si mesmo pela mão dos que traem a sua confiança. Mas, não só me defender ou defender-se. Não me interessa muito ser defendido, a esta altura da vida, pois nem esta me interessa muito. E talvez o *Estado* acha que não precisa se defender dos que o traem. Mas ao menos que se defenda o Brasil dessas manobras de confusão para que mais uma vez não fique prisioneiro do estúpido dilema, uma ditadura ou a ditadura oposta, uma impostura ou a impostura contrária, uma estupidez obstinadamente silenciosa ou uma estupidez em álacre balbúrdia.

Eis alguns fatos que posso citar, a propósito da entrevista de Orly:

1. Fui felicitado pelo presidente Castelo Branco por essa entrevista.

2. A carta ao general De Gaulle foi entregue por um seu ministro, com quem almocei em casa de amigos comuns.[881]

3. Minha missão foi rigorosamente cumprida.

4. Foi-me oferecida, pelo embaixador especial que veio preparar a visita de De Gaulle, a Legião de Honra como de praxe, se concordasse em recebê-la, como governador, no Rio [de Janeiro]. Preferi dispensar a condecoração e ausentar-me do Rio [de Janeiro], e deixar que o general chegasse sem a minha presença, para evitar que a intriga tomasse maiores proporções, sabido que esse grande homem era também um grande criador de casos. Se não fosse tão "analfabeto" o seu correspondente em Paris, conheceria a frase de Churchill,[882] sobre a cruz mais pesada que ele carregou durante a guerra, a Cruz de Lorena, símbolo do esforço e do exemplo desse grande líder que é Charles De Gaulle, ao qual não faltaram críticas justas nem injustiças notórias.[883]

Enquanto não se convencerem [de] que o comunista é apenas o nazista com o sinal trocado, os democratas de todos os matizes cairão nessa tolice de acreditar que eles sejam vítimas de monstruosa perseguição. O Líbano, um país inteiro, pacífico e amorável, está sendo assassinado,[884] e quem protesta? Por quê? Em Moçambique, entregue como uma peça de açougue, tem havido massacre,[885] e quem protesta? Não adianta repetir o que o *Estado* já sabe e tem dito. Mas, por que permitir que[,] pelo uso de simples iniciais ou de nome que nada signifiquem, se passe[,] sob a autoridade e à sombra do crédito do *Estado*, a mentira, a deformação intencional dos fatos, a utilização da verdade para fins mentirosos?

Falar de mágoa e de revolta contra a injustiça que me feriu poderia parecer lamúria. A esta altura nada pode me ferir mais do que já fui ferido. Se o *Estado* quiser dar ao mentiroso o direito de reiterar a sua mentira, lembre-se de que não sou eu que devo explicar, mas o próprio *Estado*, pois é ao *Estado* que ele desmente, não a mim.

Não conheço piores inimigos da liberdade do que esses. O adulador que Osório Borba[886] chamava de o "polemista a favor" — hoje muito em voga; insultador de vencidos, incensador do mandão de plantão. O mentiroso por motivo ideológico que se apresenta como vítima quando na realidade é apenas o carrasco que ainda não tem o machado na mão.

Talvez, o pior inimigo, porém, é aquele que em nome dos direitos humanos começa a negar aos outros — pelo terror físico — o primeiro desses direitos que é o direito à vida. E pelo terror intelectual nega um direito ainda mais importante, sem dúvida mais importante, que é o medo de apanhar e a necessidade de circular: o direito de procurar a verdade e, tendo-a encontrado, não permitir que ela se transforme em mentira. Sem dúvida saber que alguém é torturado e nada pode fazer para evitá-lo, é horrível. Mas que fazer quando se impôs a alguém a tortura moral e não só não se evita, como se permite?

O *Estado* está com um mentiroso a bordo. Problema seu. Mas mentem a meu respeito. Problema também seu. Se é verdadeiro o que disse a entrevista com os comen-

884 Referência à Guerra Civil do Líbano, que se estendeu de 1975 a 1990, e cujos antecedentes datam do fim da administração otomana na região. O conflito agravou-se com as mudanças na composição demográfica libanesa, incluindo o afluxo de refugiados palestinos entre 1948 e1982, as disputas inter-religiosas entre facções cristãs maronitas e muçulmanas, bem como o envolvimento da Síria, de Israel e da Organização para a Libertação da Palestina (OLP). Com os Acordos de Taif, firmados na Arábia Saudita, criaram-se as condições para o final definitivo em 1990.

885 Ex-colônia ultramarina portuguesa, Moçambique tornou-se independente a 25 de junho de 1975, na sequência da Revolução dos Cravos e de mais de dez anos de guerra pela libertação. Após a independência, com a denominação de *República Popular de Moçambique*, foi instituído no país um regime socialista de partido único, e deflagrou-se uma guerra civil que durou até 1992.

886 Osório Borba, ver nota 107.

tários do redator anônimo e o que informou o correspondente de Paris, então tudo o que o *Estado* tem dito, desde 1964, a meu respeito, inclusive sobre o incidente de Paris em 1964, foi mentira. Não preciso pois arrolar testemunhas, juntar documentos. É o *Estado* de verdade, o jornal como instituição nacional[,] contra o *Estado* desservido e traído que por displicência, ignorância ou má-fé difunde mentira e torce o pescoço da verdade.

Entre os maiores perigos que se pode correr está o de se confundir amor-próprio com amor à coerência. A liberdade com a liberalidade. A proteção ao perseguido de hoje com o estímulo ao perseguidor de ontem e de amanhã. Quando a tolerância se coloca a serviço da desinformação, a intolerância vira sinônimo de vigilância. Quando se chegar a esse ponto, o máximo [a] que se pode aspirar é sair com vida. Mas com honra, paz e liberdade é que não. Trata-se, portanto, de uma escolha. Eu, por mim, fiz a minha. Paguei muito caro o preço de ter direito de calar sem ser chamado de desertor. Peço que me esqueçam. Não gosto do que estou vendo, mas gosto ainda menos do que pretendem pôr no lugar.

Atenciosamente,

Carlos Lacerda

Índice de cartas

FAMÍLIA
pág.

1   [Sem local], 25 de junho de 1937, para Letícia Lacerda..........................3
2   [Sem local], 02 de julho de 1937, para Letícia Lacerda..........................5
3   [Sem local], 10 de julho de 1937, para Letícia Lacerda..........................7
4   [Sem local], 21 de julho de 1937, para Letícia Lacerda..........................8
5   [Sem local], 23 de julho de 1937, para Letícia Lacerda........................10
6   São Paulo, 04 de agosto de 1937, para Letícia Lacerda.......................11
7   São Paulo, 05 de agosto de 1937, para Letícia Lacerda.......................12
8   [Sem local], 08 de agosto de 1937, para Letícia Lacerda.....................13
9   No trem, 10 de agosto de 1937, para Letícia Lacerda..........................14
10 [Sem local], 15 de agosto de 1937, para Letícia Lacerda.....................15
11 [Sem local], 25 de novembro de 1937, para Letícia Lacerda.................16
12 Rio de Janeiro, 24 de dezembro de 1937, para Letícia Lacerda............17
13 [Sem local], 01 de janeiro de 1938, para Letícia Lacerda.....................18
14 [Sem local], 10 de janeiro de 1938, para Letícia Lacerda.....................19
15 [Sem local], 17 de janeiro de 1938, para Letícia Lacerda.....................20
16 [Sem local], 28 de janeiro de 1938, para Letícia Lacerda.....................21
17 [Sem local], 03 de fevereiro de 1938, para Letícia Lacerda..................22
18 Curitiba, 13 de agosto de 1939, para Letícia Lacerda...........................23
19 [Sem local], 1940, para Letícia Lacerda...24
20 Rio de Janeiro, 23 de agosto de 1942, para Letícia Lacerda................27
21 Rio de Janeiro, 03 de outubro de 1942, para Letícia Lacerda..............28
22 Rio de Janeiro, 04 de novembro de 1942, para Letícia Lacerda..........29
23 São Paulo, domingo, outubro de 1943, para Letícia Lacerda...............30
24 Fortaleza, 24 de janeiro de 1944, para Letícia Lacerda.......................32

AMIGOS
pág.

25 [Sem local], 16 de novembro de 1939, para Olímpio Guilherme...........39
26 Rio de Janeiro, 16 de dezembro de 1943, para Maurício
    Caminha de Lacerda...43
27 Rio de Janeiro, 27 de julho de 1945, para Osório Borba.......................44
28 Rio de Janeiro, 18 e 19 de março de 1953, para Marcelo Garcia...........50
29 Nova York, 02 de dezembro de 1955, para Afonso Arinos
    de Melo Franco..57
30 Nova York, 17 de fevereiro de 1956, para Fernando Veloso.................59
31 Lisboa, 24 de junho de 1956, para Fernando Veloso............................62
32 Rio de Janeiro, 11 de dezembro de 1962, para Juraci Magalhães..........66
33 Rio de Janeiro, 18 de agosto de 1964, para Juraci Magalhães..............68
34 Rio de Janeiro, 06 de julho de 1971, para Betty Castro Maya..............70
35 Rio de Janeiro, 16 de janeiro de 1972, para Luís Forjaz Trigueiro........72
36 Rio de Janeiro, 11 de dezembro de 1972, para Deoclécio Redig
    de Campos...74
37 [Sem local], 13 de outubro de 1975, para Vivi Nabuco...........................76
38 Rio de Janeiro, 11 de dezembro de 1975, para Afonso Arinos
    de Melo Franco..79

AUTORES E LIVROS
pág.

39 [Sem local], 13 de junho de 1933, para Mário de Andrade....................83
40 [Sem local], 15 de julho de 1933, para Mário de Andrade....................84
41 [Sem local], 20 de julho de 1933, para Mário de Andrade....................86
42 Uberaba, 23 de outubro de 1934, para Mário de Andrade....................88
43 Rio de Janeiro, 03 de julho de 1935, para Mário de Andrade..............90
44 [Sem local], 05 de fevereiro de 1938, para Mário de Andrade..............95
45 São Paulo, 11 de outubro de 1941, para Mário de Andrade...................96
46 Rio de Janeiro, 13 de dezembro de 1960, para Diná Silveira
    de Queirós...103
47 Rio de Janeiro, 03 de julho de 1961, para Josué Montelo....................104
48 Rio de Janeiro, 12 de agosto de 1961, para Daniel Joaquim Pereira.....107
49 Rio de Janeiro, 23 de junho de 1967, para Heitor Grilo.....................109
50 Rio de Janeiro, 24 de junho de 1970, para Otto Lara Resende...........111
51 Rio de Janeiro, 08 de outubro de 1970, para Otto Lara Resende.......112
52 Rio de Janeiro, 30 de junho de 1971, para Otto Lara Resende.........113
53 Rio de Janeiro, 02 de janeiro de 1973, para Érico Veríssimo..............114
54 Rio de Janeiro 05 de junho de 1973, para Bruno de Almeida
    Magalhães..118
55 Rio de Janeiro, 28 de junho de 1973, para Gilberto Freyre.................120

POLÍTICA
pág.

56 Rio de Janeiro, 28 de maio de 1947, para Sobral Pinto.......................127
57 Rio de Janeiro, 30 de junho de 1950, para Sobral Pinto......................130
58 Rio de Janeiro, 29 de outubro de 1951, para Afonso Arinos
    de Melo Franco..135
59 Rio de Janeiro, 19 de dezembro de 1952, para D. Hélder Câmara.......137
60 Rio de Janeiro, 19 de dezembro de 1952, para Genolino Amado........138
61 Rio de Janeiro, 26 de junho de 1953, para Afonso Arinos
    de Melo Franco..141
62 Lisboa, 30 de novembro de 1954, para Afonso Arinos
    de Melo Franco..144
63 Norwalk, 30 de janeiro de 1956, para Carlos Alberto Aulicino...........146
64 Nova York, 27 de fevereiro de 1956, para Fernando Veloso...............148
65 Lisboa, 19 de julho de 1956, para Fernando Veloso............................149
66 Lisboa, 21 de julho de 1956, para Afonso Arinos
    de Melo Franco..156
67 Rio de Janeiro, 25 de abril de 1960, para Afonso Arinos
    de Melo Franco..159
68 Rio de Janeiro, 26 de abril de 1960, para Júlio de Mesquita Filho.....160
69 Rio de Janeiro, 11 de maio de 1960, para Jânio Quadros....................169
70 [Sem local], 27 de junho de 1960, para Glycon de Paiva Teixeira.......171
71 Rio de Janeiro, 28 de outubro de 1960, para Raimundo Padilha........173
72 Rio de Janeiro, 02 de janeiro de 1961, para Magalhães Pinto..........175
73 Rio de Janeiro, 24 de janeiro de 1961, para Jânio Quadros................176
74 Rio de Janeiro, 26 de julho de 1961, para Nuno Simões.....................179
75 Rio de Janeiro, 08 de agosto de 1961, para Vitorino Freire...............180
76 Rio de Janeiro, 07 de setembro de 1961, para Herbert Moses............183
77 [Sem local], 02 de setembro de 1961, para Ricardo Castro Béeche.....187
78 Rio de Janeiro, 30 de abril de 1962, para Joe H. González.................188

79 Rio de Janeiro, 24 de julho de 1962, para Henry Kissinger................ 191
80 Rio de Janeiro, 21 de dezembro de 1962, para Amauri Kruel.............. 192
81 [Sem local], 22 de maio de 1963, para João Goulart 193
82 Rio de Janeiro, 12 de junho de 1963, para José Luís Magalhães
Lins.. 197
83 Rio de Janeiro, fevereiro de 1964, para Maurício Roberto............... 199
84 Rio de Janeiro, 04 de abril de 1964, para Bilac Pinto...................... 202
85 Rio de Janeiro, 07 de julho de 1964, para Bilac Pinto...................... 203
86 [Sem local], 21 de julho de 1964, para Bilac Pinto........................... 207
87 Rio de Janeiro, 25 de julho de 1964, para Bilac Pinto...................... 209
88 Ofício GGG nº 776, 17 de agosto de 1964, para Vasco Leitão
da Cunha.. 213
89 Rio de Janeiro, 30 de agosto de 1964, para Nina Ribeiro.................. 215
90 Rio de Janeiro, 31 de agosto de 1964, para Otávio Marcondes
Ferraz... 216
91 Rio de Janeiro, 22 de setembro de 1964, para Luís Cavalcante.......... 219
92 Rio de Janeiro, 24 de setembro de 1964, para Herbert Levy.............. 221
93 [Sem local], 16 de outubro de 1964, para Bilac Pinto......................... 222
94 Rio de Janeiro, novembro de 1964, para Castelo Branco................... 223
95 Rio de Janeiro, 28 de novembro de 1964, para Castelo Branco.......... 224
96 Rio de Janeiro, 30 de novembro de 1964, para Castelo Branco......... 229
97 Rio de Janeiro, 04 de dezembro de 1964, para Castelo Branco........... 231
98 Ofício GGG nº 1225, 17 de dezembro de 1964, para Antônio
Borges Leal Castelo Branco, filho.. 232
99 Rio de Janeiro, 30 de dezembro de 1964, para Tinoco Barreto......... 233
100 Rio de Janeiro, 09 de fevereiro de 1965, para Castelo Branco.......... 236
101 Ofício GGG nº 151, 18 de fevereiro de 1965, para Golberi do Couto
e Silva... 240
102 [Sem local], 20 de março de 1965, para Castelo Branco.................... 242
103 Rio de Janeiro, 30 de abril de 1965, para Gustavo Corção................ 243
104 Rio de Janeiro, 03 de maio de 1965, para Gustavo Corção............... 248
105 Rio de Janeiro, 17 de maio de 1965, para Castelo Branco.................. 250
106 Rio de Janeiro, 25 de maio de 1965, para Castelo Branco................. 252
107 Rio de Janeiro, 03 de junho de 1965, para Herbert Levy.................. 272
108 Rio de Janeiro, 28 de julho de 1965, para José Zobaran Filho.......... 280
109 Rio de Janeiro, 06 de setembro de 1965, para Júlio de Mesquita
Filho.. 281
110 Rio de Janeiro, setembro de 1965, para Nascimento Brito............... 292
111 Rio de Janeiro, 08 de setembro de 1965, para João Agripino........... 295
112 Rio de Janeiro, 10 de setembro de 1965, para Magalhães Pinto........ 297
113 Rio de Janeiro, 07 de outubro de 1965, para Castelo Branco........... 303
114 Rio de Janeiro, 13 de outubro de 1965, para os diretores
do *Diário de Notícias* e do *O Estado de S. Paulo*............................ 305
115 Rio de Janeiro, 21 de outubro de 1965, para Burle Marx................. 309
116 Rio de Janeiro, 15 de fevereiro de 1966, para Gildo Correia
Ferraz... 311
117 Manifesto, 28 de outubro de 1966.. 315
118 Rio de Janeiro, 06 de setembro de 1967, para a direção
da *Folha da Tarde*.. 326
119 Rio de Janeiro, 22 de setembro de 1967, para Joaquim Silveira....... 328
120 Rio de Janeiro, 05 de outubro de 1967, para Júlio de Mesquita
Filho.. 330
121 Rio de Janeiro, 02 de janeiro de 1968, para Júlio de Mesquita
Filho.. 334

122 Rio de Janeiro, 08 de julho de 1968, para Nascimento Brito.............335
123 Rio de Janeiro, 24 de julho de 1968, para Marcos Tamoio................337
124 Rio de Janeiro, 27 de agosto de 1968, para Nascimento Brito..........339
125 [Sem local], dezembro de 1968, para Letícia Lacerda
e filhos..340
126 Rio de Janeiro, 17 de julho de 1970, para a direção do
Diário de Lisboa...342
127 Rio de Janeiro, 07 de agosto de 1970, para Pacheco Areco...............346
128 Rio de Janeiro, 06 de maio de 1971, para Alcino Diniz
e J. Silvestre...347
129 Rio de Janeiro, 29 de setembro de 1971, para Henry Senghor..........349
130 Rio de Janeiro, 09 de abril de 1974, para António de Spinola...........351
131 Rio de Janeiro, 18 de abril de 1974, para Luís Carta.........................354
132 Rio de Janeiro, 05 de agosto de 1974, para Nascimento Brito..........356
133 Rio de Janeiro, 15 de setembro de 1975, para Hélio Bicudo...............358
134 Rio de Janeiro, 17 de maio de 1976, para *O Estado de S. Paulo*...........361

Índice onomástico

Algarismos em fonte comum remetem a pessoas citadas no texto das cartas. Quando a carta for endereçada àquela pessoa, o número aparecerá em **negrito**; quando a página referir-se a uma nota biográfica completa, o número será grafado em negrito azul; e quando a menção ao nome for dentro de uma nota, virá em *itálico*.

A

Abaeté, visconde de *118*
Abelardo *122*
Abramo, Lívio *3*
Abreu, Casimiro de *21*
Abreu Sodré, Roberto Costa de *358*
Abruzzini, Francesco *22*
Abruzzini, Francisca Rafaela. Ver em Fonseca,
    Francisca Rafaela Abruzzini
Abruzzini, Henriqueta Araújo *22*
Abruzzini, Letícia. Ver em Lacerda, Letícia de
Abs, Hermann J. *284*
Afonso, Almino *189*
Agache, Alfredo *200*, 201
Agostinho, santo *247*
Agostini, Ângelo *350*
Agripino, João *164*, 166, 167, **295-296**
Albuquerque do Amaral, Maria Helena de 72
Aleixo, Pedro *III*, **162**
Alkimin, José Maria *204*
Almeida, Aparecida Mendes de 30, *31*
Almeida, Armando d' **96**
Almeida, José Américo de *14*, *15*, **45**, *120*, 354
Almeida, Paulo Mendes de 30, **31**, 95
Almeida Magalhães, Bruno de *118*, **118-119**
Almeida Magalhães, Dario de *III*, **133**
Almeida Magalhães, Rafael de **280**
Álvares Cabral, Pedro 106
Alverga, Ruth **69**, 103, 106, 108, 137, 143, 158, 178,
    182, 191, 192, 221, 230, *339*
Alves, Aluísio *62*, 136, 144, 149, 168
Amado, Genolino *138*, **138-140**
Amado, Gilberto 120, **121**
Amado, Jorge *6*, **98**, 120, 123
Amaral, Tarsila do **30**
Amaral Peixoto, Ernani do **205**
Amoroso Lima, Alceu **134**, 249
Andrade, Joaquim Pedro *293*
Andrade, Mário *6*, **31**, *82*, **83**, **84-85**, 86, **88-89**,
    90-94, **95**, **96-102**, *109*, III, *115*
Andrade, Oswald de *7*, *31*
Andrade Filho, Oswald de *7*
Anjos, Augusto dos **343**
Annah. Ver em Melo Franco, Ana Guilhermina
Apporelly. Ver em Torelly, Aparício
Aragon, Louis *42*
Archer, Renato *328*, **329**
Arinos, Afonso. Ver em Melo Franco, Afonso
    Arinos de
Arinos filho, Affonso. Ver em Mello Franco filho,
    Affonso Arinos de
Arrais, Miguel *203*, **243**, 244

Assis Almeida, Jaime 86, *87*
Assis Chateaubriand, Francisco de *28*, *43*, *293*
Ataíde, Tristão. Ver em Amoroso Lima, Alceu.
Aulicino, Carlos Alberto 74, **75**, **146-147**
Ayala, Walmir *109*
Azevedo, Geyer de *312*
Azevedo, Leonam de *292*
Azevedo Amaral 42

B

Babá (Clara Freitas) 26, 35
Baldwin, Stanley *365*
Baleeiro, Aliomar **141**
Bandeira, Manuel **42**, *82*, *86*, *115*
Barbosa, Rui 118, *145*, **246**, 247, 291
Barcelos, Mauro *171*
Barreto Leite Filho, João Batista **181**
Barros, Ademar de *161*, *262*
Barros Carvalho, Antônio de **182**
Barros Martins, José de 361
Barroso, Ivo **72**, *73*, 116, 121, *122*
Barroso, Silvia Alves 72
Barzini, Luigi 335, **336**
Batista, Fulgêncio *188*
Baptista, Odilon **50**, 52, 54, 55, 56
Baptista, Pedro Ernesto 50, **52**
Béeche, Ricardo Castro **187**, **187**
Belo, Antônio 22
Benário, Olga *129*
Bénézit, Emmanuel *74*
Berardinelli, Cleonice *344*
Bernardes, Artur *2*, *III*, 118
Bernardes, Clarisse 50
Bernardes, Sérgio **50**
Bertaso, Henrique *117*
Besanzoni, Gabriela *292*
Bicudo, Hélio *358*, **358-360**
Bilac Pinto. Ver em Pinto, Olavo Bilac
Bishop, Elizabeth *309*
Bittencourt, Paulo *130*
Bloch, Adolfo *80*
Bolla, Giovanni *74*
Borba, Osório **44**, **44-49**, *366*
Borges, Gustavo Eugênio de Oliveira **152**
Borges, Mauro *224*
Borges de Medeiros, Antônio Augusto **104**
Borges Leal Castelo Branco, Antônio.
    Ver em Castelo Branco, Antônio Borges Leal
Boto de Carvalho *342*
Bouças, Valentim *39*, *62*
Bouças, Vítor 62
Braga, Odilon *III*, **145**

Braga, Roberto. *7*
Braga, Rubem **7**, 96, *112*, 181
Braque, Georges *180*
Braun, Eva *56*
Brizola, Leonel *203*, *326*
Brossard, Paulo **327**
Brunini, Raul, **209**, 211
Bruno, Giordano **76**
Bryant, Cecil Farris **69**
Buarque de Holanda, Aurélio *122*
Buarque de Holanda, Sérgio *108*
Burgard, Marc *269*
Burle Marx, Roberto **309**, **309-310**
Burnier, João Paulo *176*

C

Caetano, Marcelo *351*, **353**
Café Filho, João *45*, **64**, *130*, 145, 147, *148*, 150, *355*
Calazans, Benedito **167**
Câmara, dom Hélder 136, **137**
Camargo Guarnieri, Mozart **109**
Caminha, Aglaiss *42*
Campos, Francisco *47*, *203*, *213*
Campos, Mílton. *III*, *148*, 162
Campos, Paulo Mendes *III*
Campos, Roberto **217**, *221*, 225, *226*, 229, 230, *252*, 253, 254, 255, 257, 258, 260, 262, 263, 264, 265, 268, 269, 272, 273, 274, 275, 281, 283, 284
Campos Sales *200*
Canabarro Lucas, Nemo **153**
Canaro, Francisco *29*
Candido, Antonio *42*
Capanema, Gustavo *101*, *244*
Cardoso, Adauto Lúcio **60**, 62, *III*, 132, 133, 148
Carlos, J. *7*
Carta, Luís **354**, **354-355**
Castelo Branco [Filho], Antônio Borges Leal **232**
Castelo Branco, Carlos **III**
Castelo Branco, Humberto **69**, *130*, *161*, 203, *204*, 205, 207, 209, 210, *211*, *213*, 215, *216*, 217, 218, **220**, *221*, **223**, **224-228**, **229-230**, **231**, **236-239**, *240*, **242**, 247, **250-251**, **252-271**, 273, 277, 283, 284, 297, 298, 300, 301, **303-304**, 305, 306, 307, 308, 312, 313, 314, 365
Castro, Fidel **188**, *213*, 244
Castro, Raúl *188*
Castro Alves *42*
Castro Alves, Dário Moreira de **103**
Castro Maya, Betty 70, **70-71**
Castro Maya, Raimundo Ottoni 70, 71
Castro Rebelo, Edgardo de 84, **85**
Castro Sampaio Corte Real, Augusto de **179**

Cavalcante, Luís **219**, **219-221**
Cavalcanti, Clotilde 84
Cavalcanti, Emiliano Di 180
Cavalcanti, Sandra **275**
Cavalcanti, Tenório *159*
Chagas Freitas, Antônio de Pádua *87*
Chambers, Whittaker 54
Chateaubriand. Ver em Assis Chateaubriand
Chaves, Antiógenes 182
Chianca de Garcia, Eduardo **342**, 343, 344
Chiang Kai-Chek **99**, *189*
Churchill, Winston *256*, **365**
Civis Pereira 42
Clara. Ver em Babá
Claudel, Paul **104**, 105
Coligny, Gaspar II de 363
Condé, João **72**, *86*
Corção, Gustavo **243**, **243-247**, **248-249**
Cordeiro de Farias, Osvaldo **211**
Corrêa, Petrônio *114*
Correia Ferraz, Gildo **311-314**
Corte Real, Augusto de Castro Sampaio **179**
Costa, Lúcio *309*
Costa, Miguel *46*
Costa e Silva, Alberto da *180*
Costa e Silva, Artur da *161*, **238**, *244*, *246*, 266, *305*, 330, 331
Costa-Gavras, Constantin *348*
Coutinho, Odilon *45*
Couto e Silva, Golberi do **240**, **240-241**
Craveiro, Francisco Higino **343**
Cunha, Tristão da *III*
Cumplido, Fanôr **180**
Cupelo Calônio, Elvira. Ver em Fernandes, Elza.

D

Dantas, Vinícius *42*
Day-Lewis, Cecil *42*
De Gaulle, Charles **362**, 363, 365
Di Cavalcanti *180*
Dias, Cícero **180**, 181, 182
Diniz, Alcino **347**, **347-348**
Dostoievski, Fiodor *6*, **56**, 107
Doxiadis, Constantino **199**, 200, 201, *214*
Drummond de Andrade, Carlos *42*, *115*
Duarte filho, João **62**, 65, 144
Duguay-Trouin, René **363**
Dulles W. F. Ver em Foster Dulles, John F.
Dumas, Alexandre 14
Dutra, Eurico Gaspar **128**, 129, 130, *238*

E

Elbrick, Charles *348*
Engels, Friedrich *12*
Etchegoyen, Alcides **63**

F

Falcão, Aluízio *182*
Falcão, Armando *135*, **141**
Faria Lima, Floriano Peixoto *336*
Faruk, rei *210*
Fernandes, Elza *129*
Fernandes, Hélio **68**
Fernandez, Mário Lorenzo 173
Fernando II, dom **157**
Ferrari, Fernando **165**
Ferreira da Silva, Virgulino **56**
Finkenstein, René 137
Fiúza, Iêdo **53**
Fiúza de Castro, Álvaro *63*
Flexa Ribeiro, Carlos Otávio **68**, *242*, 280, 281, 295, 296
Flores da Cunha, José Antônio *209*
Flusin, Geneviève *136*, 137
Fomin, Andrey *247*
Fonseca, Branquinho da *344*
Fonseca, Osvaldo da Cunha *9*
Fonseca, Francisca Rafaela Abruzzini *9*
Fontenelle, Américo 213, *214*
Fontes, Lourival *135*, **138**, 139, 140
Forjaz Trigueiros, Luís **72**, **72-73**, 344
Foster Dulles, John W. *15*, *17*, *28*, *137*, *191*, *213*, 224
Francisca Rafaela. Ver em Fonseca, Francisca Rafaela Abruzzini
Franco, Francisco *153*
Franzen de Lima, João *111*, *162*, **163**
Freire, Vitorino **180**, **180-182**
Freire Alvim. Ver em Sá Freire Alvim, José Joaquim
Freitas, Clara (Babá) 26, 35
Freitas, Rodrigo de *292*
Freud, Sigmund 84, *116*, **121**
Freyre, Gilberto *72*, *108*, **120**, **120-123**, *180*, 182
Freyre, Madalena Guedes Pereira de Melo 120
Fuensalida, Graciela *109*
Fulbert, cônego *122*
Fusco, Rosário **82**, 83, 84, 86

G

Gainza Paz, Alberto **143**
Gama Kury, Adriano da *291*
Gama e Silva, Luís Antônio da *315*

Garcia, Marcelo 50, 50-56
Garcia-Lorca, Federico **11**
García Márquez, Gabriel *6*
Garrastazu Médici, Emílio **119**
Geisel, Ernesto *240*
Gibson Barboza, Mário *119*
Góis Monteiro, Pedro Aurélio de *97*, *101*
Gomes, Eduardo 48, 53, **130**, 131, 132, 133, 134, *145*, *160*
Gonçalves, Silvino *247*
González, Joe H. **188-189**
Gordilho, Pedro *244*
Gordo, José Adolfo da Silva *262*
Gordon, Lincoln *191*
Goulart, João *45*, *59*, *69*, *148*, *153*, *154*, *160*, *161*, *162*, *165*, *167*, *171*, *180*, *191*, **193**, **193-196**, *203*, *209*, *210*, *216*, 217, 218, *219*, 225, *238*, *239*, *243*, *246*, 254, 261, 262, 263, 273, 297, 302, 306, *315*, 328, *329*, *331*, 355
Goulart de Andrade, Gilberto *97*
Griffith, D.W. *14*
Grilo, Heitor **109**, **109-110**
Guarnieri, Mozart Camargo **109**
Gueiros, Nehemias *72*
Guignard, Alberto da Veiga **113**
Guilherme, Olímpio **38**, **39-42**

H

Haydée (prima de Letícia Lacerda) 4
Herba, Charles *177*
Heller, Frederico **284**, 290
Heloísa 122
Hermes da Fonseca, Isolda *72*
Hitler, Adolf 56, *123*, *256*
Hoffmann, Heinrich *56*
Horta Barbosa, Júlio *97*
Houaiss, Antônio *72*, 122

I

Itararé, barão de. Ver em Torelly, Aparício

J

Jafet, Ricardo **224**, 228, 229
Jaffe, David 117
Janussi, Alejandro *118*
Jardim, Luís *120*
Jefferson, Thomas **99**
João VI, dom **158**
Johnson, Lyndon *283*
Joppert, Maurício *53*, **144**, *150*

José I, dom *157*
José Olympio. Ver em Pereira Filho, José Olympio
Jung, Carl Gustav 121
Júnior, Marco Aurélio (pseudônimo de Carlos Lacerda) *15*
Jurema, Abelardo 254

K

Kelly, José Eduardo Prado, Ver em Prado Kelly, José Eduardo
Kennedy, John Fitzgerald *283*, 287, 335
Kissinger, Henry 191, **191**
Kohler, Carlos 66
Koogan, Abrahão *122*
Koch-Grünberg, Theodor *82*
Krieger, Daniel 209, 211
Kruel, Amauri 192, **192**
Kruschev, Nikita 189, 255
Kubistchek, Juscelino *44*, *59*, **60**, *63*, *87*, *113*, *136*, 144, *148*, 153, 154, 155, *156*, *162*, *163*, 164, *165*, 166, 167, *169*, 175, *176*, *182*, *193*, 204, *216*, *221*, 225, 254, 269, *280*, 306, 307, *315*, 326, 331, 354

L

Lacerda, Cláudio *171*, *242*
Lacerda, Letícia 2, **3-4, 5-6, 7, 8-9, 10, 11, 12, 13, 14, 15, 16, 17, 18, 19, 20, 21, 22, 23, 24-26, 27, 28, 29, 30-31, 32-35**, 67, 69, 79, 80, 95, 117, 147, 155, 158, 280, 340, 349, 350
Lacerda, Maurício Paiva de 2, 3, *15*, *17*, 20, 21, 22, 30, *42*
Lacerda, Maurício Caminha de *42*, *43*, *53*
Lacerda, Olga Werneck de 15
Lacerda, Sebastião 2, *26*, **27**, 28, *29*, 30, *31*, 35, *59*, 147, 280, 340
Lacerda, Sebastião de *2*
Lacerda, Sérgio 2, **24**, 25, *26*, *27*, 28, *29*, 30, *31*, 35, 60, III, 147, 240, 280, 340
Lacerda Filho, Maurício *15*, *42*, *53*
Lacerda Paiva, João 8
Lacerda Paiva, Odilon de *33*
Lacerda Paiva, Vera *15*, *33*
Lacerda Simões Lopes, Maria Cristina 2, 66, **67**, 117, 280, 340, 350
Lacombe, Cláudio *244*, 245
Lafayette de Andrade, José Bonifácio *162*
Lafayette Silva *85*
Lage, Henrique *292*
Lage, Antônio Martins, *292*
Lampião. Ver em Ferreira da Silva, Virgulino
Landru, Henri Désiré *56*

Lara Resende, Otto III, **III, 112, 113**
Leal, Vítor Nunes 244
Leite, Tito 72
Leitão da Cunha, Vasco 213, **213-214**
Leme, dom Sebastião *128*
Lênin *234*
Levy, Herbert 161, 162, **221, 272-279**
Lima, Ermírio 53, 56
Lima, Hermes 44, *244*, 245
Lima, Jorge de *120*
Linhares, José *144*
Lins, Álvaro 44
Lins, Miguel 171
Lins do Rego, José *108*, *120*, 342
Lins e Silva, Evandro 83, 87, *244*, 245
Lispector, Clarice *108*
Lopes Cansado, José Maria *III*
Lopes Ribeiro, António 342
Lott, Henrique *59*, *63*, *148*, **153**, 154, 155, 164, *165*, 274
Luchetti, César *171*
Luci (prima de Letícia Lacerda) 4, 6, 9
Lula da Silva, Luiz Inácio *348*
Luso, Pedro *291*
Luz, Carlos *63*, *148*, *151*, **355**

M

Macedo, Luís *114*
Macedo Soares, Lota de *44*, *50*, **309**
Macedo Soares, José Eduardo de 44, *309*
Machado, Alfredo 361
Machado, Guilherme 162, **163**
Machado de Assis, Joaquim Maria *115*, *246*
Maciel, Leandro **163**, 164, 165, 166, 167
Mafuz, Antônio *114*
Magalhães, Eliezer 68
Magalhães, Juraci 66, **66-67, 68-69**, 159, 161, 163, 164, 311, 354, 355
Magalhães, Lavínia Borges 67, 69
Magalhães, Sérgio *159*
Magalhães Lins, José Luís 197, **197-198**
Magalhães Pinto, José de III, **160**, *161*, 162, 163, 164, 165, 166, 167, 168, **175**, *197*, 262, **297-302**
Magalhães Pinto, Waldomiro *197*
Maia, José Joaquim da **98**, 106
Mangabeira, João 49
Mann, Thomas Clifton 225
Manuel II, dom 157, 158
Mao Tsé-Tung **189**
Marcondes, Octalles 361
Marcondes Ferraz, Otávio 216, **216-218**, 288, 289, 290

Marinho, Irineu 225
Marinho, Roberto 225, 258, 292, 293, 294, 300, 309, 312, 313, 314
Marinho Rego, Alceu 87, 171
Martins, Franklin 347
Martins, José de Barros 361
Martins, Luís 30
Martins, Mário 133, 347
Marx, Karl 12, 93
Marx, Roberto Burle. Ver em Burle Marx, Roberto
Matisse, Henry 180
Mauá, visconde de 85, 106
Mauro, Haroldo 87
Maximiliano, Fernando 190
Mazzilli, Ranieri 238, 239, 266
Meira Matos, Carlos de 224
Meireles, Cecília 109
Mello, Maria Thereza Moreira Correa de 73, 355
Mello Franco filho, Affonso Arinos 57, 145, 158
Melo Filho, Murilo 144
Melo Franco, Afonso Arinos 57, **57-58**, 67, 76, **79-80**, 111, **135-136**, **141-143**, **144-145**, **156-158**, **159**, 162, 164, 168, 299
Melo Franco, Afrânio 57, 67
Melo Franco, Ana Guilhermina 57, 58, 80, 145
Melo Franco, Francisco Manoel 145, 158
Melo Franco, Virgílio Alvim de 66, 67, 111, 158
Melo Franco, Virgílio de 158
Mendes, Murilo 232
Mendes Campos, Paulo 111
Mendes de Almeida, Aparecida 30, 31
Mendes de Almeida, Paulo 30, 31, 95
Mendes de Morais, Ângelo 159
Meneguetti, Ildo 161
Mesquita, Alfredo 3
Mesquita, Luís Carlos 31
Mesquita, Rui 31, 171
Mesquita Filho, Júlio de 31, 160, **160-168**, **281-291**, **305**, **330-333**, **334**, 363
Mesquita Neto, Júlio de 31
Michelangelo 74
Milliet, Sérgio 84, 85, 96, 102
Miramar, João (pseudônimo de Mário de Andrade) 85, 86
Miranda, Murilo 92, 115
Módolo, Marcelo 291
Molière 106
Monteiro Lobato 97
Montelo, Josué 104, **104-106**
Montezuma, Nicolau (pseudônimo de Carlos Lacerda) 15
Montini, Giovanni Battista Enrico Antonio Maria. Ver em Paulo VI, papa

Moraes, Marcos Antônio de 86
Moraes, Raul de (pseudônimo de Mário de Andrade) 85
Moreira de Castro Alves, Dário 103
Moreira Salles, Elisa 314
Moreira Salles, Walter 225, 229, 314
Moreyra, Álvaro 3, 7, 12, 43
Moreyra, Eugênia Álvaro 12
Moses, Herbert 183, **183-186**
Mourão Russell, Alberto 232
Müller, Filinto 17, 129, 209, 213
Muniz Falcão, Sebastião 299
Mussolini, Benito 56

N

Nabuco, Carolina 66, 67
Nabuco, Joaquim 67, 76
Nabuco, Vivi 76, **76-78**
Nabuco Filho, José Thomaz 158
Naguib, general 210
Nascimento Brito, Manuel Francisco do 292, **292-294**, **335-336**, **339**, **356-357**
Nasser, Gamal Abdel 210
Nava, Pedro 111, 112, 128
Negrão de Lima, Francisco 242, 336
Neme, Mário Abdo 96, 102
Neves, Tancredo 161, 329
Nicolau II 234
Niemeyer, Oscar 6, 309
Nina (prima de Letícia Lacerda) 4
Nina Ribeiro, Emílio 215, **215**
Nixon, Richard 191
Novais, Manuel 299
Nunes Leal, Vítor. Ver em Leal, Vítor Nunes

O

Oliveira, Afrânio de 272, 275
Oliveira Silva, Amauri de. Ver em Silva, Amauri
Oliveira Brito 299
Olympio, José. Ver em Pereira Filho, José Olympio
Ortenblad, Alberto 314
Ortenblad, Hero 314

P

Pacheco Areco, Jorge 346, **346**
Padilha, Raimundo 173, **173-174**
Paes Barreto, Rui 145
Paes de Carvalho 137
Paiva, Glycon de 171, **171**
Pantoja, Silvia 135

Paulo VI, papa *76*, *248*
Pavel, Alex (pseudônimo de Astrojildo Pereira) *233*
Payols Sabaté, Salvador *292*
Pelegrino, Hélio *III*
Peracchi Barcelos, Walter **326**
Pereira, Astrojildo **233**, 234, 235
Pereira, Daniel Joaquim **107**, **107-108**
Pereira de Souza, Washington Luís 13, 46
Pereira Filho, José Olympio *107*, **108**, 361
Pereira Passos, Francisco **200**
Perón, Juan Domingo *142*, *143*
Pertence, Sepúlveda *244*
Pessoa, João *355*
Picasso, Pablo *180*
Pimenta, Marcos (pseudônimo de Carlos
    Lacerda) *15*
Pinheiro Chagas, Manuel *150*
Pinna, Gérson de 247
Pinay, Antoine **169**
Pinheiro, Adalberto 14
Pinto, Olavo Bilac *III*, 162, **163**, 167, **202**, **203-206**,
    207-208, **209-212**, **222**, 230
Pinto, Maria do Carmo Moreira 212
Platão 246
Poerner, Arthur *84*
Porchat, Reinaldo *291*
Prado Kelly, José Eduardo 45, 144, 148
Prado Júnior, Antônio **200**
Prado Júnior, Caio **84**
Prestes, Júlio *13*, 46
Prestes, Luís Carlos 46, 48, 49, *98*, *127*, *128*,
    129, *182*, *203*, *233*
Proust, Marcel *116*

Q

Quadros, Jânio *III*, *153*, *160*, **161**, 162, 163, 164,
    165, 166, 167, 168, **169-170**, **176-178**, *181*, 183, *193*,
    210, 238, *239*, *240*, *243*, 254, 262, *272*, *347*
Queirós, Eça de *150*
Quintana, Mário **117**

R

Rafael *74*
Ramos, Graciliano 9, 10, *108*, *115*
Ramos, Nereu 45, *148*, *151*
Ramos Jr., José de Paula *82*
Rangel, Lúcio 92
Rao, Vicente **101**, 150
Raposo de Almeida, Antonio Russell *336*
Raquel (prima de Letícia Lacerda) *4*
Rebouças, André *336*

Rebouças, Antônio *336*
Redig de Campos, Deoclécio **74**, **74-75**
Redondo, Jaime *337*
Régio, José **344**
Rego, José Lins do *108*, 120, 342
Rego, Alceu Marinho. Ver em Marinho Rego,
    Alceu
Reidy, Afonso Eduardo *309*
Resende, Leônidas de 84, **85**
Ribas, Ana Maria 110, 353, 360
Ribeiro Coutinho, Odilon. Ver em Coutinho,
    Odilon
Rimbaud, Arthur 72
Rivet, Paul **91**, 92
Roberto, Marcelo *199*
Roberto, Maurício **199**, **199-201**
Roberto, Mílton *199*
Rocha, Glauber *292*
Rocha Pombo, José Francisco 85
Rockefeller, Nelson *191*
Rodrigues, Manuel Maria *342*
Rodrigues Alves, Francisco de Paula *58*, **200**
Rodrigues Alves Pereira, Ana Guilhermina. Ver
    em Melo Franco, Ana Guilhermina
Rola, Mário *28*
Roosevelt, Franklin Delano **256**, 287, *365*
Roosevelt, Theodore **287**
Rosa, Guimarães *108*, *180*
Rosenblatt, Luíza Russovski *116*, 117
Rosenblatt, Maurício **116**, 117
Rosyana 88
Rousseau, Jean-Jacques **115**
Russell Raposo de Almeida, Antônio *336*

S

Sá Freire Alvim, José Joaquim de **169**
Sabino, Fernando *III*, *112*
Sakharov, Andrei **77**
Salazar, António de Oliveira *353*
Saldanha Coelho, José **253**
Salgado, Plínio *85*, 131
Salles, Walter Moreira. Ver em Moreira Salles,
    Walter
Sampaio, Cid **164**
Santiago Pereira, Pedro *67*
Santos, Artur dos **143**, 144
Sargent, Henry 217
Sátiro, Ernâni **303**
Schacht, Hjalmar **256**
Schmidt, Augusto Frederico *86*, **87**, 156
Schnoor, Jorge 169
Seljan, Zora **7**

Senghor, Henry 349, 349-350
Senghor, Léopold Sédar 349
Serpa, Jorge 225
Shakespeare, William 72, 116
Shaw, Paul Varnorden 96, 97
Silva, Amauri 328, 329
Silva, João da (pseudônimo de Carlos
    Lacerda) 15
Silveira, Ênio 361
Silveira, Guilherme da 328
Silveira, Joaquim 328, 328-329
Silveira, Joel 43
Silveira de Queirós, Diná 103, 103
Silvestre, J. 347, 347-348
Simões, João Gaspar 344
Simões, Nuno 179
Simões Lopes, Maria Cristina Lacerda.
    Ver em Lacerda Simões Lopes,
    Maria Cristina
Simonsen, Mário 221
Smith, Adam 156
Soares Sampaio 130
Sobral Pinto 62, 63, 127-129, 130-134
Sodré, Roberto 358
Soljenitzyn, Aleksandr 77
Sousa Dantas, Luís Martins 181
Sousa Dantas, Raimundo 181
Spinola, António de 351, 351-353
Stálin, Josef 256, 365
Stendhal 116

T

Talarico, José Luís Gomes 328, 329
Tamoio, Marcos 336, 337-338
Tamoyo, Belita 336, 337
Tavares, Júlio (pseudônimo de Carlos
    Lacerda) 3, 15
Teixeira, Glycon de Paiva 171, 171
Teixeira Leite, José Roberto 122
Teixeira Pinto 177
Teta. Ver em Fonseca, Francisca Rafaela
    Abruzzini
Teteta. Ver em Fonseca, Francisca Rafaela
    Abruzzini
Thibau, Mauro 225, 226, 229, 286
Tinoco Barreto, José 233, 233-235
Tomás, Américo 353
Torelly, Aparício (Barão de Itararé) 46, 47
Torres, Alberto Francisco 58
Tyndale, John 292

V

Varela, Fagundes 292
Vargas Getúlio 2, 9, 10, 13, 42, 43, 45, 46, 53, 64, 66,
    67, 88, 97, 101, 111, 128, 130, 135, 138, 143, 148, 151,
    153, 160, 162, 167, 180, 181, 193, 200, 211, 213, 224,
    225, 254, 280, 281, 328, 355, 356, 357, 358
Varnorden Shaw, Paul 96, 97
Vassilikos, Vassilis 348
Vaz, Rubens Florentino 152, 356
Veloso, Carol 65
Veloso, Fernando 59, 59-61, 62-65, 148, 149-155
Veloso, Fernando Cícero (filho) 65
Veloso, Haroldo 176
Veríssimo, Érico 114, 114-117
Veríssimo, Mafalda Volpe 117
Viana Filho, Luís 242
Vilela, José Guilherme 244
Villegaignon, Nicolau Durand de 363
Villiers de L'Isle-Adam, Auguste 95
Vinoca (Silvina Lacerda Paiva, tia-avó de Carlos
    Lacerda) 17
Virgulino, Honorato Himalaia 127
Vogüé, Eugène-Melchior de (visconde de) 107
Voltaire 115
Vrodel, Mário 292

X

Xavier d'Araújo, Pedro 53

W

Wainer, Samuel 42, 43, 135, 141, 142, 143, 224
Washington Luís. Ver em Pereira de Souza,
    Washington Luís
Werneck, Geraldo 149
Werneck de Castro, Moacir 6
Werneck, Olga. Ver em Lacerda, Olga Werneck de
Werneck Sodré, Nélson 312
West, Morris L. 76
Wilson, Woodrow 287

Z

Zahar, Jorge 361
Zarur, Alziro 301
Ziloca (apelido de Letícia Lacerda) 6
Zobaran Filho, José 280

© Bem-Te-Vi Produções Literárias
Estrada da Gávea, 712, sala 502 – São Conrado
Rio de Janeiro – RJ
CEP 22610-002
e-mail: bem-te-vi@bem-te-vi.net
www.editorabemtevi.com.br

Proibida toda forma de reprodução desta edição
por qualquer modo ou forma, eletrônica, mecânica,
fotocopiada, gravada ou por qualquer meio sem
autorização expressa do autor e da editora.

Editora responsável
VIVI NABUCO

Editor executivo
SEBASTIÃO LACERDA

Assessor especial
FERNANDO PEDREIRA

Assessoria jurídica
MANOEL NABUCO

Organizadores
CLÁUDIO MELLO E SOUZA
(seleção de cartas)
EDUARDO COELHO
(estabelecimento de texto e notas)

Coordenadora de projetos
LIANA PÉROLA SCHIPPER

Projeto gráfico, diagramação e capa
RAUL LOUREIRO/ CLAUDIA WARRAK

Transcrição das cartas
SOL MORAS SEGABINAZE

Revisão
MAURO BORGES

Índice onomástico
CAROLINA RABELO

Produção gráfica
MARCELLO BRAGA MACHADO

Apoio à produção
PÊTTY AZEREDO

Pesquisa
ALEX COJORIAM
CLÁUDIO MELLO E SOUZA
CRISTINA LACERDA
EDUARDO COELHO

Fontes de pesquisa
OBRAS RARAS DA BIBLIOTECA CENTRAL DOS ESTUDANTES — UNB
INSTITUTO DE ESTUDOS BRASILEIROS (IEB) — USP
FUNDAÇÃO CASA DE RUI BARBOSA
INSTITUTO MOREIRA SALLES
ARQUIVO FAMÍLIA MESQUITA
ARQUIVO FERNANDO DE MORAES
ARQUIVO CRISTINA LACERDA

Conselho Consultivo da Bem-Te-Vi
ANA ARRUDA CALLADO
ANNA LETYCIA
ARMANDO FREITAS FILHO
CLÁUDIO MELLO E SOUZA, *in memoriam*
GILBERTO VELHO, *in memoriam*
LUIZ PAULO HORTA, *in memoriam*
MARCO LUCCHESI
MARIO CARNEIRO, *in memoriam*
MOACIR WERNECK DE CASTRO, *in memoriam*
RICARDO CRAVO ALBIN
SÉRGIO AUGUSTO
SÉRGIO RODRIGUES
SILVIANO SANTIAGO
VERA PEDROSA

Foto da capa
JOHN LOEGARD/ GETTY IMAGES
Foto da página 2
Conferência de Paz de Paris, 1946
ACERVO DE FAMÍLIA

Esta edição segue o Acordo Ortográfico
da Língua Portuguesa em vigor desde 2009.

Foi feito o Depósito Legal junto à
Fundação Biblioteca Nacional.

CIP-BRASIL. CATALOGAÇÃO NA PUBLICAÇÃO SINDICATO NACIONAL
DOS EDITORES DE LIVROS, RJ

L135c
Lacerda, Carlos, 1914-1977
Cartas : família, amigos, autores e livros, política / Carlos Lacerda ;
[organização Cláudio Mello e Souza, Eduardo Coelho ; coordenação
Liana Pérola Schipper]. – 1. ed. – Rio de Janeiro : Bem-Te-Vi, 2014.
384 p. : il. ; 23 cm.
Inclui índice
ISBN 978-85-88747-45-6

1. Lacerda, Carlos, 1914-1977 – Correspondências. 2. Cartas brasileiras.
I. Souza, Cláudio Mello e. I. Coelho, Eduardo. III. Schipper, Liana Pérola.
IV. Título.
13-05538   CDD: 869.96 CDU: 821.134.3(81)-6

26/09/2013 30/09/2013

Este livro foi composto em Fleischmann
e impresso na gráfica R. R. Donnelley
para a Bem-Te-Vi Produções Literárias,
em abril de 2014, mês do centenário
de Carlos Lacerda.